洛阳五女冢遗址

——田野考古发掘报告

洛阳市文物考古研究院 编著

中州古籍出版社

主　编：史家珍

副主编：吴业恒　罗火金

洛阳文物考古丛书编辑委员会

主　　任：刘德胜

副主任：王木林　余江宁　余杰　王献本　凌兴武

委　　员（以姓氏笔画为序）：

王木林　王支援　王丽娟　王献本　史家珍　吕劲松

朱　亮　朱世伟　刘德胜　余　杰　余江宁　周　立

徐金星　桑永夫　谢虎军　蔡运章

内 容 提 要

本书是洛阳五女冢遗址2010~2011年的考古发掘工作报告,全书约300页,30万字左右,包括文字、插图和照片等。五女冢遗址文化内涵十分丰富,包含有新石器时代仰韶文化中晚期,商代早期、战国时期和汉代等各时期文化遗存。本报告系统地对上述各期遗存进行了分期和研究。本文着重对本遗址仰韶文化进行了深入的分析,将仰韶文化划分为三期,总结出了各期文化的特征,并将各期文化与周围邻近地区诸遗址中的仰韶文化遗存进行了对比,对它们之间的相互关系进行了深入的探讨和研究。由于发掘资料比较丰富,出土遗迹、遗物均有本地区各时代文化的典型特征,因此对研究洛阳地区的古代历史文化,具有重要的价值。

目 录

第一章 概述 ·· 1
  第一节 地理沿革 ·· 1
  第二节 地形地貌 ·· 3
  第三节 发掘经过 ·· 5
  第四节 考古发掘报告的整理与编写 ·· 6

第二章 仰韶文化遗存 ·· 8
  第一节 文化堆积与分期 ·· 8
    一、文化堆积分布情况 ·· 8
    二、文化分期情况 ·· 11
  第二节 仰韶文化第一期遗存 ··· 12
    一、遗迹 ·· 12
      （一）墓葬 ·· 12
        1. 大口尖底瓶墓葬 ·· 12
        2. 小口尖底瓶墓葬 ·· 13
      （二）沟 ·· 16
      （三）灰坑 ·· 16
        1. 袋状坑 ··· 16
        2. 台阶状坑 ·· 19
        3. 筒状坑 ··· 19
        4. 敞口圜底状坑 ·· 21
        5. 敞口平底状坑 ·· 22
        6. 喇叭状坑 ·· 24
    二、遗物 ·· 25
      （一）石器 ·· 25
        1. 生产工具 ·· 25

2. 生活用具 ·· 27
　(二)陶器 ·· 29
　　　1. 生活用具 ·· 29
　　　2. 生产工具 ·· 63
　(三)装饰品 ·· 64
　(四)兽骨 ·· 65

第三节 仰韶文化第二期遗存 ···································· 66
　一、遗迹 ·· 66
　　(一)房基 ·· 66
　　(二)灰坑 ·· 72
　　　1. 袋状坑 ·· 72
　　　2. 筒状坑 ·· 19
　　　3. 敞口平底坑 ·· 19
　　　4. 敞口圜底状坑 ·· 21
　　　5. 台阶状坑 ·· 22
　二、遗物 ·· 78
　　(一)石器 ·· 78
　　　1. 生产工具 ·· 78
　　　2. 加工工具 ·· 79
　　(二)陶器 ·· 82
　　　1. 生活用具 ·· 82
　　　2. 生产工具 ··· 112
　　(三)装饰品 ··· 113
　　(四)骨器 ··· 114

第四节 仰韶文化第三期遗存 ··································· 116
　一、遗迹 ··· 116
　　　1. 袋状坑 ··· 116
　　　2. 直筒坑 ··· 117
　二、遗物 ··· 117
　　(一)陶器 ··· 117
　　(二)石器 ··· 121

第五节 结语 ··· 122

一、五女冢遗址仰韶文化各期的特征 ································· 122
　　二、五女冢遗址仰韶文化各期与相邻诸遗址的比较 ············· 129
　　三、关于豫西仰韶文化晚期的定名问题 ···························· 136
　　四、年代的确定 ·· 138
　　五、五女冢遗址仰韶文化遗存的重要价值 ························· 139

第三章　商代文化遗存 ··· 141

第一节　遗迹 ·· 141
　　一、房基 ··· 141
　　二、沟 ··· 143
　　三、灰坑 ··· 146
　　　　1. 祭祀坑 ·· 146
　　　　2. 灰坑 ··· 146

第二节　遗物 ·· 152
　　一、生产工具 ·· 152
　　　　1. 石器 ··· 152
　　　　2. 蚌器 ··· 153
　　二、生活工具 ·· 153
　　三、装饰品 ··· 168
　　四、宗教信仰遗物 ·· 168
　　五、动物遗骸 ·· 168

第三节　结语 ·· 168

第四章　战国时期文化遗存 ··· 170

第一节　遗迹 ·· 170
　　一、沟 ··· 170
　　二、灰坑 ··· 170
　　　　1. 筒状坑 ·· 170
　　　　2. 台阶状坑 ·· 170
　　　　3. 不规则坑 ·· 172

第二节　遗物 ·· 173
　　一、生活用具 ·· 173
　　二、建筑材料 ·· 175
　　三、装饰品 ··· 177

四、兵器	178
第三节　结语	179
第五章　汉代遗存	180
第一节　遗迹	180
一、墓冢	180
二、沟	180
三、灰坑	181
1. 筒状坑	181
2. 不规则子母状坑	183
3. 袋状坑	184
4. 敞口状坑	185
第二节　遗物	186
一、生活用具	186
二、生产工具	191
三、兵器	193
四、建筑材料	194
第三节　结语	196
附表	199
附表1：五女冢遗址仰韶文化一期灰坑统计表	201
附表2：五女冢遗址仰韶文化二期灰坑统计表	210
附表3：五女冢遗址仰韶文化三期灰坑统计表	219
附表4：五女冢遗址商代灰坑统计表	220
附表5：五女冢遗址战国时期灰坑统计表	223
附表6：五女冢遗址汉代灰坑统计表	224
附表7：五女冢遗址仰韶文化一期瓮棺葬统计表	228
附表8：五女冢遗址灰沟统计表	230
附表9：五女冢遗址房址遗迹统计表	232
附表10：五女冢遗址仰韶文化一期典型灰坑陶片陶质陶色统计表	233
附表11：五女冢遗址仰韶文化一期典型灰坑陶片纹饰统计表	235
附表12：五女冢遗址仰韶文化二期典型灰坑陶片陶质陶色统计表	237
附表13：五女冢遗址仰韶文化二期典型灰坑陶片纹饰统计表	238
后记	307

插图目录

图一　五女冢遗址地理位置示意图 …………………………………………………… 3
图二　洛阳地区涧河流域新石器时代遗址分布示意图 ………………………………… 4
图三　五女冢遗址探方遗迹分布图 ……………………………………………………… 6
图四　T0818、T0819、T0820、T0821 东壁剖面图 …………………………………… 10
图五　W11 平面图 ………………………………………………………………………… 12
图六　W18 平剖面图 ……………………………………………………………………… 13
图七　W12 平剖面图 ……………………………………………………………………… 14
图八　W22 平剖面图 ……………………………………………………………………… 14
图九　W1 平面图 ………………………………………………………………………… 15
图十　W17 平剖面图 ……………………………………………………………………… 15
图十一　G8 平剖面图 …………………………………………………………………… 16
图十二　H29 平剖面图 …………………………………………………………………… 16
图十三　H67 平剖面图 …………………………………………………………………… 17
图十四　H213 平剖面图 ………………………………………………………………… 17
图十五　H144 平剖面图 ………………………………………………………………… 18
图十六　H271 平剖面图 ………………………………………………………………… 18
图十七　H187 平剖面图 ………………………………………………………………… 18
图十八　H268 平剖面图 ………………………………………………………………… 18
图十九　H42 平剖面图 …………………………………………………………………… 18
图二十　H238 平剖面图 ………………………………………………………………… 18
图二十一　H168 平剖面图 ……………………………………………………………… 20
图二十二　H266 平剖面图 ……………………………………………………………… 20
图二十三　H166 平剖面图 ……………………………………………………………… 20
图二十四　H83 平剖面图 ………………………………………………………………… 21
图二十五　H201 平剖面图 ……………………………………………………………… 21
图二十六　H212 平剖面图 ……………………………………………………………… 21
图二十七　H103 平剖面图 ……………………………………………………………… 21
图二十八　H141 平剖面图 ……………………………………………………………… 22
图二十九　H275 平剖面图 ……………………………………………………………… 23
图三十　H177 平剖面图 ………………………………………………………………… 23

图三十一	H189平剖面图	23
图三十二	H248平剖面图	23
图三十三	H152平剖面图	24
图三十四	H148平剖面图	24
图三十五	H154平剖面图	24
图三十六	H149平剖面图	24
图三十七~1	五女冢遗址仰韶文化一期石器	26
图三十七~2	五女冢遗址仰韶文化一期石器	27
图三十八	五女冢遗址仰韶文化一期石器	28
图三十九	五女冢遗址仰韶文化一期陶鼎和鼎足	31
图四十	五女冢遗址仰韶文化一期陶甑	33
图四十一	五女冢遗址仰韶文化一期大口尖底瓶	34
图四十二	五女冢遗址仰韶文化一期小口平底瓶	35
图四十三	五女冢遗址仰韶文化一期小口尖底瓶	37
图四十四	五女冢遗址仰韶文化一期陶盘	38
图四十五~1	五女冢遗址仰韶文化一期陶盆	40
图四十五~2	五女冢遗址仰韶文化一期陶盆	41
图四十六	五女冢遗址仰韶文化一期陶大口缸	43
图四十七~1	五女冢遗址仰韶文化一期陶矮领罐	46
图四十七~2	五女冢遗址仰韶文化一期陶矮领罐	47
图四十七~3	五女冢遗址仰韶文化一期陶矮领罐	48
图四十八	五女冢遗址仰韶文化一期陶圆腹罐	50
图四十九	五女冢遗址仰韶文化一期陶折沿罐	51
图五十	五女冢遗址仰韶文化一期陶筒形罐	51
图五十一	五女冢遗址仰韶文化一期彩陶器	52
图五十二	五女冢遗址仰韶文化一期陶钵	54
图五十三	五女冢遗址仰韶文化一期陶碗	56
图五十四	五女冢遗址仰韶文化一期陶杯	57
图五十五	五女冢遗址仰韶文化一期陶壶	58
图五十六	五女冢遗址仰韶文化一期陶瓮	59
图五十七	五女冢遗址仰韶文化一期陶平底器	60
图五十八	五女冢遗址仰韶文化一期陶圈足器	60

图五十九　五女冢遗址仰韶文化一期陶器盖 …………………………………… 61
图六十　五女冢遗址仰韶文化一期陶球 ……………………………………… 62
图六十一　五女冢遗址仰韶文化一期瓦形红陶片 …………………………… 63
图六十二　五女冢遗址仰韶文化一期陶生产工具 …………………………… 63
图六十三　五女冢遗址仰韶文化一期陶环 …………………………………… 65
图六十四　F1、F2、F3、F4平面分布图 …………………………………… 66
图六十五　F1平剖面图 ………………………………………………………… 67
图六十六　F2平剖面图 ………………………………………………………… 68
图六十七　F3平剖面图 ………………………………………………………… 69
图六十八　F4平剖面图 ………………………………………………………… 70
图六十九　F6平面图 …………………………………………………………… 71
图七十　H171平剖面图 ………………………………………………………… 72
图七十一　H63平剖面图 ……………………………………………………… 72
图七十二:1　H59平剖面图 …………………………………………………… 73
图七十二:2　H209平剖面图 ………………………………………………… 73
图七十三　H126平剖面图 …………………………………………………… 73
图七十四　H260平剖面图 …………………………………………………… 73
图七十五　H30平剖面图 ……………………………………………………… 74
图七十六　H71平剖面图 ……………………………………………………… 74
图七十七　H60平剖面图 ……………………………………………………… 75
图七十八　H80平剖面图 ……………………………………………………… 75
图七十九　H101平剖面图 …………………………………………………… 75
图八十　H178平剖面图 ……………………………………………………… 75
图八十一　H45平剖面图 ……………………………………………………… 76
图八十二　H50平剖面图 ……………………………………………………… 76
图八十三　H79平剖面图 ……………………………………………………… 76
图八十四　H193平剖面图 …………………………………………………… 76
图八十五　H24平剖面图 ……………………………………………………… 77
图八十六　H53平剖面图 ……………………………………………………… 77
图八十七~1　五女冢遗址仰韶文化二期石器 ……………………………… 80
图八十七~2　五女冢遗址仰韶文化二期石器 ……………………………… 81
图八十八　五女冢遗址仰韶文化二期陶鼎和鼎足 …………………………… 84

图号	标题	页码
图八十九	五女冢遗址仰韶文化二期陶器盖	85
图九十	五女冢遗址仰韶文化二期陶尖底瓶口部	86
图九十一	五女冢遗址仰韶文化二期陶豆	87
图九十二	五女冢遗址仰韶文化二期陶带流罐	88
图九十三	五女冢遗址仰韶文化二期陶缸	89
图九十四~1	五女冢遗址仰韶文化二期陶盆	92
图九十四~2	五女冢遗址仰韶文化二期陶盆	93
图九十五	五女冢遗址仰韶文化二期陶钵	96
图九十六	五女冢遗址仰韶文化二期陶折沿罐	99
图九十七	五女冢遗址仰韶文化二期陶直领罐	100
图九十八	五女冢遗址仰韶文化二期陶深腹罐	100
图九十九	五女冢遗址仰韶文化二期陶□耳罐	101
图一百	五女冢遗址仰韶文化二期陶矮领罐	103
图一百零一	五女冢遗址仰韶文化二期小陶罐	104
图一百零二	五女冢遗址仰韶文化二期陶筒形器	105
图一百零三	五女冢遗址仰韶文化二期陶小口高领罐	106
图一百零四	五女冢遗址仰韶文化二期陶壶	107
图一百零五	五女冢遗址仰韶文化二期陶瓮	108
图一百零六	五女冢遗址仰韶文化二期陶碗和陶杯	110
图一百零七	五女冢遗址仰韶文化二期陶甑、漏斗形器、器座等	111
图一百零八	五女冢遗址仰韶文化二期陶质生产工具	112
图一百零九	五女冢遗址仰韶文化二期陶环	114
图一百一十	五女冢遗址仰韶文化二期骨器	115
图一百一十一	H25平剖面图	116
图一百一十二	H157平剖面图	116
图一百一十三	H208平剖面图	117
图一百一十四~1	五女冢遗址仰韶文化三期陶器	119
图一百一十四~2	五女冢遗址仰韶文化三期陶器	120
图一百一十五	五女冢遗址仰韶文化三期石器	121
图一百一十六	F5平剖面图	142
图一百一十七	F7平面图	142
图一百一十八	G2平剖面图	142

图一百一十九　G1、G2打破关系图 ··· 144
图一百二十　G6平剖面图 ··· 145
图一百二十一　G7平剖面图 ··· 147
图一百二十二　H175平剖面图 ··· 148
图一百二十三　H133平剖面图 ··· 148
图一百二十四　H206平剖面图 ··· 149
图一百二十五　H55平剖面图 ·· 149
图一百二十六　H123平剖面图 ··· 150
图一百二十七　H214平剖面图 ··· 150
图一百二十八　H119平剖面图 ··· 151
图一百二十九　H180平剖面图 ··· 151
图一百三十　H153平剖面图 ··· 151
图一百三十一　五女冢遗址商代石器、蚌器 ·· 153
图一百三十二　五女冢遗址商代大口尊 ··· 155
图一百三十三　五女冢遗址商代陶口腰部 ··· 155
图一百三十四　五女冢遗址商代陶豆 ··· 156
图一百三十五　五女冢遗址商代陶深腹罐 ··· 157
图一百三十六　五女冢遗址商代陶侈口罐 ··· 158
图一百三十七　五女冢遗址商代陶束颈罐 ··· 158
图一百三十八　五女冢遗址商代陶筒形罐 ··· 159
图一百三十九　五女冢遗址商代陶折沿罐 ··· 159
图一百四十　五女冢遗址商代陶大口罐 ··· 160
图一百四十一　五女冢遗址商代陶器底部 ··· 160
图一百四十二　五女冢遗址商代陶缸 ··· 161
图一百四十三　五女冢遗址商代陶瓮 ··· 162
图一百四十四　五女冢遗址商代陶饼 ··· 163
图一百四十五　五女冢遗址商代陶鬲 ··· 164
图一百四十六　五女冢遗址商代鬲足 ··· 165
图一百四十七　五女冢遗址商代陶盆 ··· 167
图一百四十八　G3平剖面图 ··· 171
图一百四十九　H174平剖面图 ··· 172
图一百五十　H163平剖面图 ··· 172

图一百五十一	H142平剖面图	173
图一百五十二	H117平剖面图	173
图一百五十三	H172平剖面图	173
图一百五十四	五女冢遗址战国时期陶器	175
图一百五十五	五女冢遗址战国时期筒、板瓦和瓦当	176
图一百五十六	五女冢遗址战国时期筒陶环和铁带钩	178
图一百五十七	五女冢遗址战国时期铜镞	178
图一百五十八	G1平剖面图	181
图一百五十九	G5平剖面图	182
图一百六十	H222平剖面图	182
图一百六十一	H5平剖面图	183
图一百六十二	H217平剖面图	183
图一百六十三	H185平剖面图	184
图一百六十四	H124平剖面图	184
图一百六十五	H140平剖面图	184
图一百六十六	H6平剖面图	184
图一百六十七	H74平剖面图	185
图一百六十八	H218平剖面图	185
图一百六十九	H147平剖面图	186
图一百七十~1	五女冢遗址汉代陶器	190
图一百七十~2	五女冢遗址汉代陶器、陶文拓片	191
图一百七十一	五女冢遗址汉代铁器	193
图一百七十二	五女冢遗址汉代兵器	194
图一百七十三	五女冢遗址汉代建筑材料	195
图一百七十四	五女冢遗址汉代陶环	196

图版 ································· 239

图版一	参加发掘的工作人员合影	240
图版二	五女冢遗址全貌	241
图版三	五女冢遗址发掘区场景	242
图版四	五女冢遗址考古发掘现场	243
图版五	五女冢遗址瓮棺的整体提取	244

图版六 五女冢遗址仰韶文化一期瓮棺葬	245
图版七 五女冢遗址仰韶文化一期瓮棺葬	246
图版八 五女冢遗址仰韶文化一期瓮棺葬	247
图版九 五女冢遗址仰韶文化一期瓮棺葬	248
图版十 五女冢遗址仰韶文化一期瓮棺葬和灰坑	249
图版十一 五女冢遗址仰韶文化一期石器	250
图版十二 五女冢遗址仰韶文化一期石器	251
图版十三 五女冢遗址仰韶文化一期石器	252
图版十四 五女冢遗址仰韶文化一期石器	253
图版十五 五女冢遗址仰韶文化一期彩陶	254
图版十六 五女冢遗址仰韶文化一期陶器	255
图版十七 五女冢遗址仰韶文化一期陶器	256
图版十八 五女冢遗址仰韶文化一期陶器	257
图版十九 五女冢遗址仰韶文化一期陶器	258
图版二十 五女冢遗址仰韶文化一期陶器	259
图版二十一 五女冢遗址仰韶文化一期陶器	260
图版二十二 五女冢遗址仰韶文化一期陶器	261
图版二十三 五女冢遗址仰韶文化一期陶器	262
图版二十四 五女冢遗址仰韶文化一期陶器	263
图版二十五 五女冢遗址仰韶文化一期陶器	264
图版二十六 五女冢遗址仰韶文化一期陶器	265
图版二十七 五女冢遗址仰韶文化一期陶器	266
图版二十八 五女冢遗址仰韶文化一期陶器	267
图版二十九 五女冢遗址仰韶文化一期陶器	268
图版三十 五女冢遗址仰韶文化一期陶器	269
图版三十一 五女冢遗址仰韶文化一期陶器	270
图版三十二 五女冢遗址仰韶文化一期陶器	271
图版三十三 五女冢遗址仰韶文化一期彩陶器	272
图版三十四 五女冢遗址仰韶文化一期陶器	273
图版三十五 五女冢遗址仰韶文化一期陶器	274
图版三十六 五女冢遗址仰韶文化一期陶器	275
图版三十七 五女冢遗址仰韶文化一期陶器	276

图版三十八　五女冢遗址仰韶文化一期陶器 ················· 277
图版三十九　五女冢遗址仰韶文化一期陶器和三合土地面 ········ 278
图版四十　五女冢遗址仰韶文化二期房址 ··················· 279
图版四十一　五女冢遗址仰韶文化二期房址和灰坑 ············ 280
图版四十二　五女冢遗址仰韶文化二期石器 ················· 281
图版四十三　五女冢遗址仰韶文化二期石器 ················· 282
图版四十四　五女冢遗址仰韶文化二期石器 ················· 283
图版四十五　五女冢遗址仰韶文化二期彩陶 ················· 284
图版四十六　五女冢遗址仰韶文化二期陶器 ················· 285
图版四十七　五女冢遗址仰韶文化二期陶器 ················· 286
图版四十八　五女冢遗址仰韶文化二期陶器 ················· 287
图版四十九　五女冢遗址仰韶文化二期陶器 ················· 288
图版五十　五女冢遗址仰韶文化二期陶器 ··················· 289
图版五十一　五女冢遗址仰韶文化二期骨器 ················· 290
图版五十二　五女冢遗址仰韶文化三期灰坑 ················· 291
图版五十三　五女冢遗址仰韶文化三期陶器 ················· 292
图版五十四　五女冢遗址商代房址和灰沟 ··················· 293
图版五十五　五女冢遗址商代灰沟和灰坑 ··················· 294
图版五十六　五女冢遗址商代灰坑 ························· 295
图版五十七　五女冢遗址商代石器和蚌器 ··················· 296
图版五十八　五女冢遗址商代陶器 ························· 297
图版五十九　五女冢遗址商代卜骨 ························· 298
图版六十　五女冢遗址商代卜骨 ··························· 299
图版六十一　五女冢遗址战国时期灰沟和灰坑 ··············· 300
图版六十二　五女冢遗址战国时期遗物 ····················· 301
图版六十三　五女冢遗址汉代墓冢和灰坑 ··················· 302
图版六十四　五女冢遗址汉代陶器 ························· 303
图版六十五　五女冢遗址汉代铁器 ························· 304
图版六十六　五女冢遗址汉代铁器 ························· 305
图版六十七　五女冢遗址汉代陶管道 ······················· 306

第一章 概述

第一节 地理沿革

洛阳地处河南省西部，横跨黄河中游南北两岸，因古城位于邙山以南，洛水之北而得名。这里西连秦岭，东望嵩岳，北依邙山，南临伊阙，群山环绕，伊洛□涧，四水纵横，环境优越，地势险要，气候温和，最宜人居。

以历史上各个时期的"洛阳城"为中心的河洛地区，历史上被称为"河南"，与"河东"、"河内"地区共称"三河之地"，是华夏民族最早的政治活动中心。夏都斟寻（今偃师二里头遗址）。商都西亳（今偃师商城遗址）。西周初年，为威慑商代贵族，周公营建雒邑，是为成周城（今老城、□河一带），为京畿之地。平王东迁，初居雒邑，后营王城（今西工区王城公园一带），洛阳为东周首都。战国时期，雒邑改称雒阳。秦置三川郡，郡治雒阳，辖今三门峡市（除灵宝外）、洛阳市（栾川西部除外）、巩义市、荥阳市、郑州市区、中牟县、原阳县。西汉时期称为"河南郡"，为五都之一。"河南"正式成为中国行政区划，此后，"河南郡""河南尹"或者"河南府"均特指此以洛阳为中心的广大地区。东汉时期，洛阳为国都，曹魏因之（今汉魏故城遗址）。

西晋沿袭两汉旧制称河南郡，辖偃师、孟津、巩义、登封、汝州、伊川、汝阳、禹州、嵩县、新安。北魏迁都洛阳，后改河南郡为河南尹。隋复为河南郡，以东都洛阳为中心，辖今偃师、孟津、巩义、登封、伊川、嵩县、宜阳、新安、渑池、陕县等地。唐朝时河南郡更名都畿道河南府，辖区较隋时期增加了今禹州市、新密市、洛宁县、济源市、温县、孟州市。

北宋时期，洛阳为陪都，号曰"西京"，河南府辖今巩义、登封、渑池、偃师、孟津、伊川、新安、宜阳、洛宁、嵩县。金朝时期，河南府辖今巩义、登封、渑池、偃师、孟津、新安、宜阳大部、伊川小部分地区。元朝设河南江北行省。自此"河南"成为省级行政区划，所指代的范围不再限于河洛地区。但以洛阳为中心的河南府一直存在到清朝末年，辖区增加了灵宝、陕县、洛宁。明朝河南府又增加了卢氏、栾川、嵩县、伊川大部，清朝从河南府析置陕州，包括今天的陕县、灵宝、卢氏以及栾川县的一部分地区。

1912年,中华民国建立,废河南府,设河洛道,道尹公署驻洛阳,辖洛阳、偃师等19县。1923年,河南省长公署迁于洛阳,洛阳成为河南省会。1932年日军进攻上海,国民党政府定洛阳为行都,并一度迁洛办公。1939年秋,河南省政府再次迁洛,洛阳第二次成为河南省会。1948年,洛阳解放,析洛阳县城区置市。洛阳市人民民主政府成立。1949年12月,洛阳市人民民主政府改称洛阳市人民政府。1954年,洛阳市升为河南省直辖市。1955年,洛阳县撤销,一部分并入洛阳市,其余部分划入偃师、孟津等县。1956年,建成洛阳市老城区、西工区和郊区,次年成立□河区。1982年,经国务院批准,新成立吉利区。1983年新安、孟津、偃师改隶洛阳市,登封市划归郑州市管辖。1986年,洛阳地区撤销,洛宁、宜阳、嵩县、栾川、汝阳、伊川改属洛阳市。1993年,偃师县改为偃师市。2000年6月,经国务院批准,洛阳郊区更名为洛龙区。

洛阳得天时地利之便,土地肥沃,物产丰富,以优越的地理位置和自然环境,滋润着华夏文明的产生与发展。自旧石器时代晚期以来就成为人们生活繁衍的理想之所,沿伊洛□涧四条河流的两岸分布着数千处新石器时代以来的古文化遗址,星罗棋布的古代文明奠定了洛阳天下之中的物质和人文基础,成就了"天下之中""五都贯洛"的千古传奇,缔造了华夏文明的根基,孕育了丰富的文化底蕴,以"河图洛书"为代表的河洛文化被奉为"人根之祖""人文之祖",使洛阳成为中华文明重要的发祥地之一。清代陈心传赞美洛阳为"天心地胆之中,阴阳风雨之会,四通八达之所,声名文物之区",精辟地描绘出洛阳的天然形势和人文风貌。

涧河为洛河的第二大支流,发源于三门峡市陕县观音堂北马头山,向东流经渑池、义马,至新安县铁门镇入洛阳市境,再向东经磁涧后,贯穿市区北部,至瞿家屯入洛河,全长105公里,集水面积1349平方公里。其中在洛阳市境内河长75公里,流域面积708平方公里。有较大支流25条,主要有金水河、磁涧河、苍涧河、王祥河等,其中金水河集水面积在100平方公里以上,是涧河洛阳境内最大的支流。涧河流域自古以来就是人类文明分布密集区域,据考古调查,涧河流域共发现新石器时代遗址60余处,其中位于今洛阳市境内35处。

20世纪五六十年代,洛阳掀起大规模基本建设,中国社科院考古研究所、北京大学、文化部文物局等单位先后独立或联合对洛阳涧河两岸、洛阳中州路和东周王城遗址区等进行了大规模的钻探、试掘和发掘。在涧河两岸发现了大量仰韶文化、龙山文化、二里头文化、二里岗文化、西周文化、东周文化和汉文化等遗址和墓葬,发掘了洛阳涧滨、东干沟、西干沟、同乐寨、王湾等新石器时代遗址,取得了重要收获。自20世纪60年代以来涧河两岸的大规模经济建设结束,涧河两岸的文化遗存的发掘也随之停止。

第二节　地形地貌

五女冢遗址座落在洛阳市西工区五女冢村西北,涧河东岸台地上,北倚邙山南坡。总面积约3万平方米,中心地理坐标为北纬34°42′185″,东经112°23′105″。(图一)

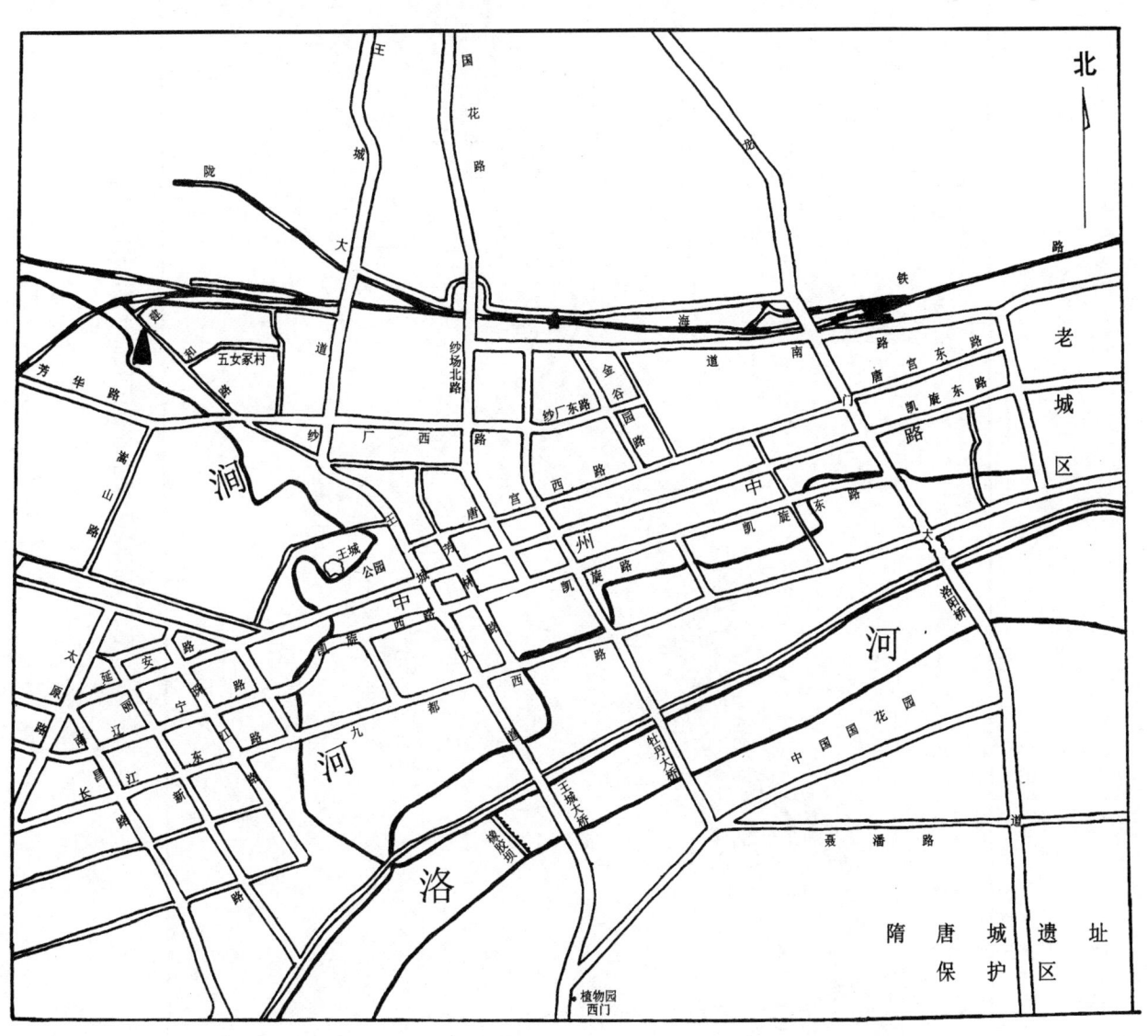

▲表示五女冢遗址所在地

图一　五女冢遗址地理位置示意图

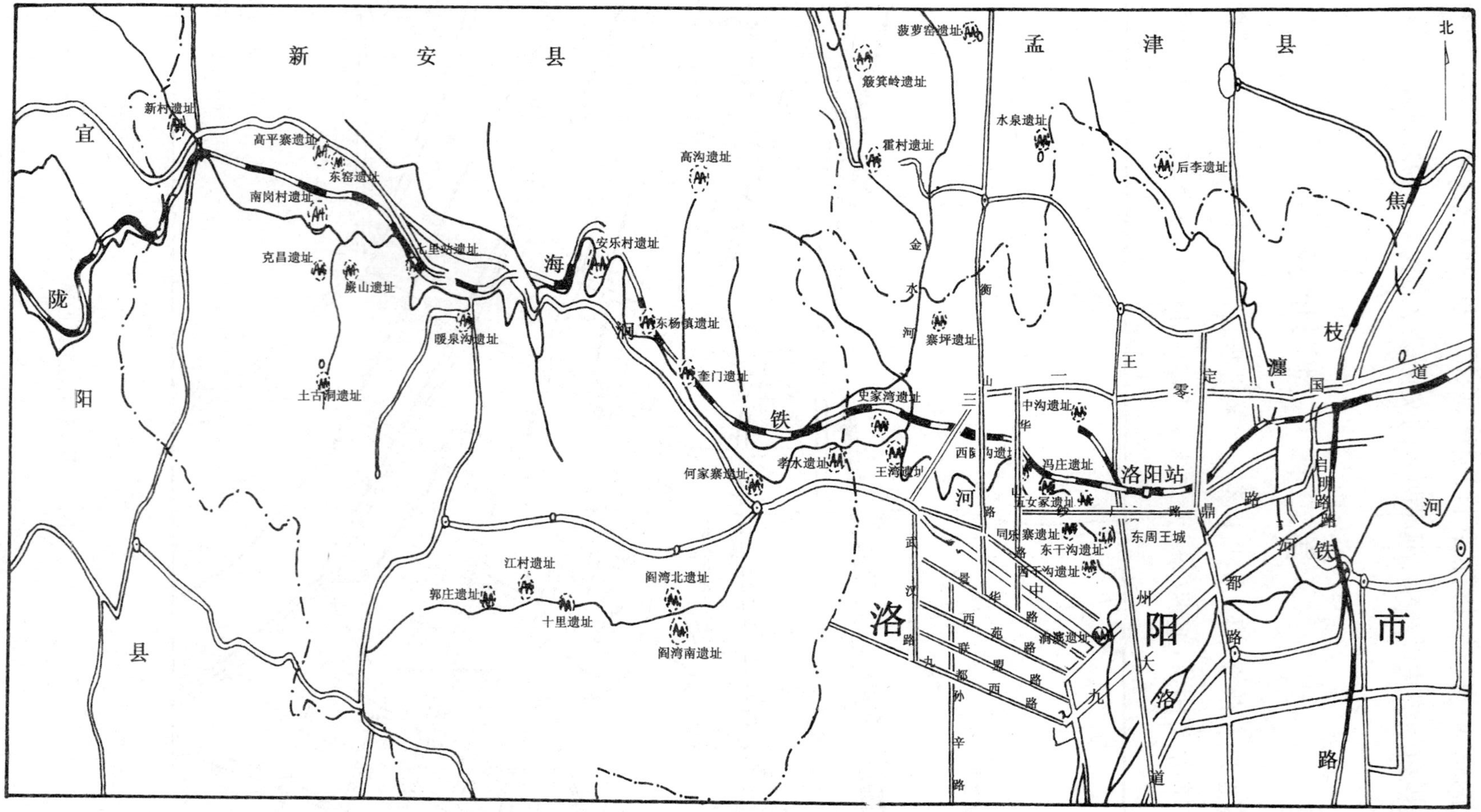

图二 洛阳地区涧河流域新石器时代遗址分布示意图

五女冢遗址西南与同乐寨新石器时代遗址隔涧河相望。西北约1公里处为冯庄和西陡沟新石器时代遗址，再北约4公里为洛阳王湾、史家湾新石器时代遗址，又北1.2公里，为中沟新石器时代遗址；西南1公里处，为洛阳东干沟、西干沟新石器时代、夏商时期遗址，再南约2公里为涧滨新石器时代遗址。（图二）五女冢遗址1975年文物普查时发现。据调查资料，该遗址主要为仰韶文化遗存。

　　五女冢遗址所在地此前为农田，60年代曾进行过土地平整，遗址上地势较平坦。中西部尚存有汉代墓冢1座，封土直径约30米，高4.2米，墓冢覆压范围约2500平方米。封土中夹杂有许多新石器时代遗物，封土以下也发现有灰坑等遗迹。

　　遗址中部和北部分别为洛阳大唐电厂铁路专用线和陇海铁路，专用线和陇海铁路之间为临时仓库设施。根据调查和钻探，五女冢遗址西临涧河，南临一条古河道，北倚邙山，东至建福路，南北长约350米，东西宽约90米，总面积约3万平方米，其中核心区域约2万平方米。（图版二：1、2）

第三节　发掘经过

　　2010年12月，洛阳市西工区五女冢村旧城拆迁改造，需要对五女冢遗址开展考古发掘，洛阳市文物考古研究院随即组成五女冢遗址考古队。考古发掘前，我们结合以往文物普查资料，对遗址周边区域进行了全方位勘查，组织业务人员分析文物钻探资料，深入了解遗址内各类遗迹的分布情况和保存状况等。

　　考虑到该区域将整体取土6米左右的客观实际，我们本着科学保护和多角度收集古遗址信息的目的，审慎研究，制定了考古发掘方案。根据遗迹分布情况，我们采用大面积连续布方，利用坐标法对探方进行统一连续编号，探方编号由西向东，自南向北分别为01、02……如西南角探方编号为T0101，自西向东依次为T0201、T0301……以次类推。遗址发掘区均按10米×10米连续布方。所谓大面积连续布方就是对遗迹分布相对集中的中北部和西南部区域，避开古墓冢保护范围，进行大面积连续布方，整体揭露（图版三：1、2）。以期用有限的发掘面积获取最多的古代信息，从而能够较全面地了解遗存的分布情况、文化内涵、使用和废弃年代等问题，最大限度揭示和收集该遗址所蕴含的古代社会信息。

发掘过程中以《中华人民共和国文物保护法》为基础,切实服从文物保护工作的需要,严格遵守《田野考古工作规程》,对重要遗迹采取全面揭露,局部解剖的方法,进行细致全面的记录和观察,以便深刻了解古文化遗址的文化内涵。

本次发掘领队:史家珍。执行领队及现场负责:吴业恒。

发掘工作分三个阶段。

第一阶段:2010年12月13日~2011年3月26日,一是对遗址进行了整体布方,确定发掘部位和面积;二是发掘了遗址的西北部,发掘面积2600平方米。参加发掘的人员有史家珍、吴业恒、陈南南、陈文超、李光夫、赵朋嘉、郭朝杰、常永卿、屈红国、丁少华、石锴、王遵义、陈南南、郭德伟、彭海军、刘文权、董硕天等。

第二阶段:2011年7月15日~9月26日,主要发掘遗址东北部洛阳市建委培训学校校舍范围内的文化遗迹,发掘面积2000平方米。发掘人员有史家珍、吴业恒、陈南南、陈文超、常永卿、黄超、朱月仁等。

第三阶段,2011年10月20日~12月2日,主要发掘遗址中部和西南部,发掘面积4100平方米。发掘人员有史家珍、吴业恒、马占山、罗火金、陈峰、常永清、屈红国、彭海军、王云涛、郭朝杰、李光夫、刘俊卿、李孝卿、冯少辉、韩战波、史跃团、孟军峰、秦书广、李智伟、李冬建、张连峰、曾光存、侯荣奇、张长杰等。

三个阶段的发掘历时共7个月,发掘10×10平方米探方87个,揭露面积8700平方米,清理灰坑282个、瓮棺葬23座、灰沟8条、房址7座等。(图三)

第四节 考古发掘报告的整理与编写

田野发掘工作结束后,我们随即进入室内整理阶段。成立了《洛阳五女冢遗址》考古报告编写小组,制定了田野考古报告编写计划和时间节点。

《洛阳五女冢遗址》考古报告的整理与编写共分两个阶段:

第一阶段:2011年12月~2012年10月,主要工作为整理、修复。参加人员有史家珍、吴业恒、罗火金、智爱玲、史杭、张长杰、马占山、郑卫、苏静、彭丽莎、郭改伟、王云涛、常永卿、郭朝杰、彭海军、屈红国、李光夫、侯瑛等。

第二阶段:2012年10月~2013年6月,主要工作为绘图、摄影、统计分类、考古报告的编写。参加人员有史家珍、吴业恒、罗火金、智爱玲、苏静、彭丽莎、褚卫红、马占山等。

整理修复人员组成:

组长史家珍,参加人员有吴业恒、罗火金、智爱玲、张长杰、郭改伟、常永卿、王云涛、彭海军、李光夫、郭朝杰、郑卫、史杭、马占山;苏静、彭丽莎、褚卫红(绘图);罗火金、吴业恒(照相)。拓片由褚卫红拓印。

报告编写人员有:史家珍、吴业恒、罗火金、马占山、褚卫红等。

在五女冢遗址的发掘过程中,得到了洛阳市文物管理局和洛阳市文物考古研究院领导的大力支持。在外部压力重重下,经多方协调沟通,采取灵活多变的工作方式,使我们圆满地完成了遗址的发掘工作,在此表示诚挚的谢意!

本次考古发掘还得到河南省文物考古研究所、南阳市、焦作市、偃师市等文物单位的大力支持,在此谨致谢忱!

第二章 仰韶文化遗存

五女冢遗址仰韶文化遗存划分为三个阶段,即仰韶文化一期、仰韶文化二期和仰韶文化三期。这三期文化性质既紧密联系,又互有区别。通过对出土遗迹遗物的研究,我们认为五女冢遗址仰韶文化一期应属于仰韶文化庙底沟类型,相当于仰韶文化中期,是该遗址最早的文化遗存。五女冢遗址仰韶文化三期遗存仅发现几个灰坑,但少数器物身上已出现龙山文化因素,个别器物与庙底沟二期文化的同类器形非常相似,我们将其归入仰韶文化最晚期,即仰韶文化向龙山文化过渡期。五女冢遗址仰韶文化二期介于仰韶文化一期和仰韶文化三期之间,与"仰韶文化王湾类型"特征相似,时代应属于仰韶文化晚期。

五女冢遗址仰韶三期文化相互联系,一脉相承,基本上反映了黄河中游地区,以洛阳为中心的仰韶文化中晚期的文化特征。该遗址出土的仰韶文化遗迹和遗物为我们进一步认识和研究洛阳及其周边地区仰韶文化中晚期文化特征和社会发展基本状况等提供了丰富的实物资料。

第一节 文化堆积与分期

一、文化堆积分布情况

洛阳五女冢遗址文化层在六十年代的土地平整过程中多已被破坏殆尽,仅在发掘区北部的小区域内发现有厚约12厘米~30厘米的文化层,且分为二层,即第③层汉代文化层,第④层仰韶文化层。由于文化层分布面积小、堆积薄、包含遗物不多,因而它对我们研究五女冢仰韶文化的分期无太大的价值。

五女冢遗址文化层虽已破坏殆尽,但仰韶文化遗迹基本上在整个发掘区都有分布,整体趋势是越靠近涧河岸边新石器时代遗迹分布越密集,反之则稀少。仰韶文化遗迹主要为房基、灰坑、灰沟和一部分儿童瓮棺葬。这些遗迹之间存在较多的打破关系,特别是北区的东南角和南区的西部,打破关系还较复杂。这些打破关系为我们对五女冢遗址仰韶文化遗存的分期提供了一些依据。根据出土遗物特征分析,这些遗迹间的打破关系大部分为同期之间的相互打破,只有少数几组打破关系为不同时期间的打破关系,即属于二期的灰坑打破属于一期的灰坑。各遗迹内出土遗物时代特征明显,这些打破关系可作为我们对五女冢遗址仰韶文化分期的一些基本依据。但是,由于此类打破关系数量太少,又为我们对五女冢遗址仰韶文化分期研究带来很大的困难。我们通过对几组有打破关系遗迹的分析研究,对五女冢遗址仰韶文化遗存进行了大段的分期。

我们对五女冢遗址新石器时代文化遗存的分期主要从两个方面入手:一是利用遗址内发现的几组不同时期的灰坑打破关系;二是依靠考古类型学的方法,将两个发掘区内出土的典型陶器与周边地区典型遗址的典型器物进行比较,从而确定各期的早晚顺序和每一期所处的发展阶段,并探讨它们之间的相互关系。通过对出土器物的类型学比较,发掘出土的遗迹遗物,存在着较为明显的差异,显然,他们属于不同时期的文化遗存。两个发掘区中分布的各时期的遗迹遗物则互相交错在一起,具有持续发展的连续性和发展过程中各有特色的阶段性。

根据以上方法进行比较分析,我们将五女冢遗址的仰韶文化遗存分为三期。

现仅选取T0818、T0819、T0820、T0821东壁剖面,介绍一下遗址北部发掘区的探方地层;选取几组有代表性的灰坑打破关系说明先后顺序。

1. T0818、T0819、T0820、T0821东壁剖面(图四)

第①层:耕土层。浅黄色土,土质疏松,厚约25厘米。包含有近现代的陶片、瓷片和唐宋时期的瓷片,以及仰韶时期、商代和汉代陶片。

第②层:於土层。黄色土,土质密实,较为纯净,厚15厘米~30厘米。

第③层:汉代层。浅灰色土,较松软,深约75厘米~104厘米,厚约0厘米~75厘米。出土有大量汉代的陶器和铁器残片,陶器器形有碗、盆、罐、壶、绳纹筒瓦、板瓦等残片。铁器有铁锄、铁镰和铁锛等。

第④层:仰韶文化层。仅存在于四个探方中,呈带状分布。深灰色土,深70厘米~104厘米,厚0~30厘米。内部夹杂有许多红烧土颗粒。出土有少量仰韶文化时期的红陶、灰陶和褐陶片,陶器器形有小口尖底瓶、钵、罐、盆等。

④层下为生土。

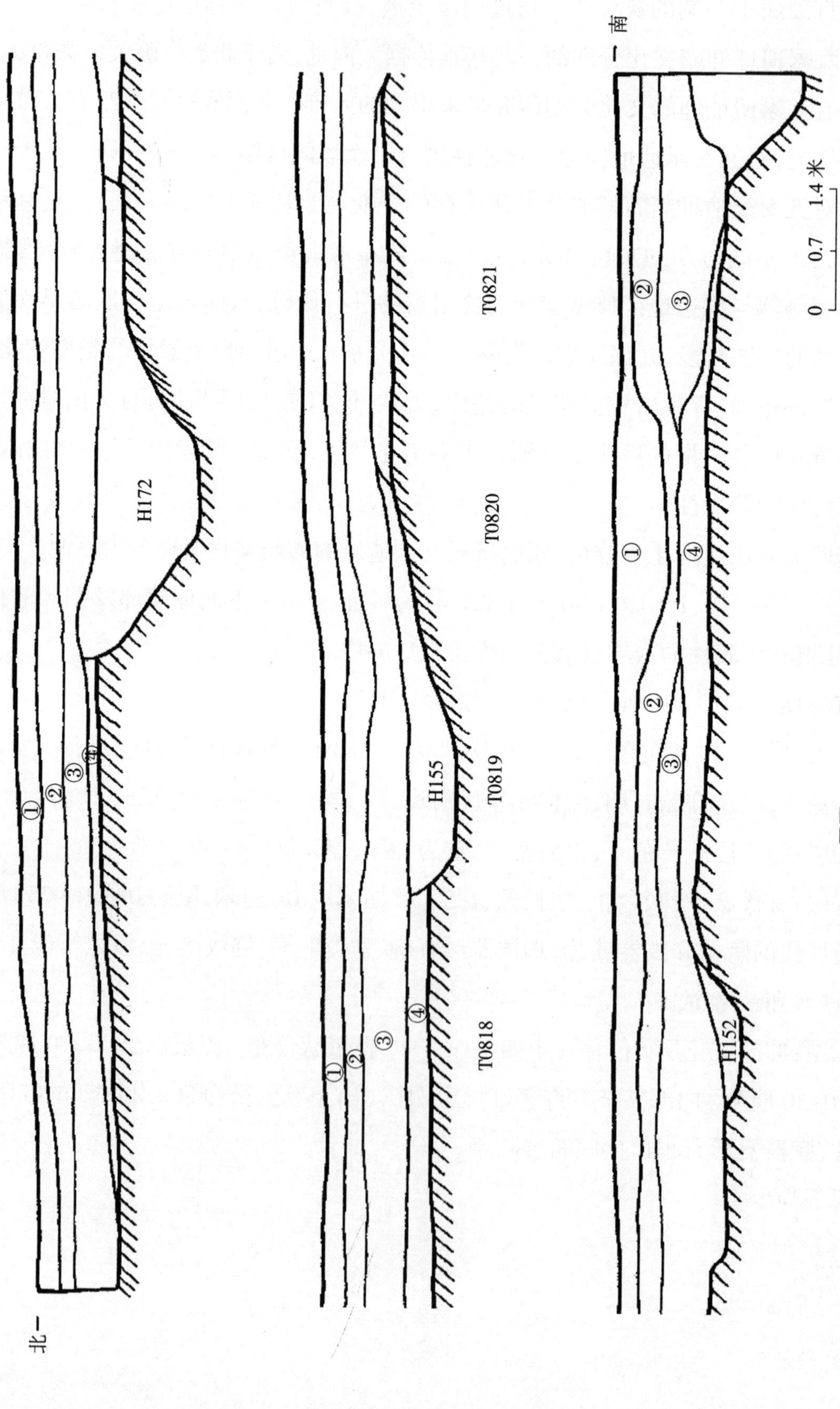

图四　T0818、T0819、T0820、T0821 东壁剖面图

2. 五女冢遗址发掘面积 8700 多平方米，仰韶文化时期灰坑之间的打破关系，共有 22 组，除去同期打破的外，能够分出早晚顺序的有 9 组，即：

H80→H81　　　　H192→H267

H24→H70　　　　H186→H187

H171→H148　　　H239→H226

H258→H282　　　H237→H248

H20→H239→H266

二、文化分期情况

根据以上 9 组灰坑之间的早晚打破关系，我们对各个遗迹单位的出土遗物进行了反复的观察和对比分析，并参考周边已经发表的仰韶文化遗址的分期，将五女冢遗址仰韶文化遗存划分为三期：

第一期：以 H42、H109、H135、H238 等遗迹单位为代表，主要遗物有大口尖底瓶、小口尖底瓶、小口平底瓶、小口高领罐、矮领夹砂罐、折腹盆、大口盆等，这些器物具有仰韶文化中期的典型特征，是五女冢遗址最早的文化遗物。

第二期：以 H27、H192、H239 等遗迹单位为代表，其遗物以折腹盆、带流罐、圈足豆、折沿罐、敛口磨光凹弦纹缸等为典型器，这一期属于仰韶文化晚期遗存。

第三期：以 H20、H157 等遗迹单位为代表，这一期遗迹遗物均较少。遗迹仅为灰坑。遗物以陶器为主，陶色出现深黑色，胎质较厚。器形以带篮纹的小口高领罐、敞口浅腹凹圜底碗、敞口深腹凸圜底碗和盆形鼎为典型器物。根据出土遗物特征，参照洛阳王湾遗址的分期，这一期可归入仰韶文化晚期向龙山文化的过渡期。

五女冢遗址共发现灰坑 282 座，其中仰韶文化一期灰坑 91 座（附表 1），二期 92 座（附表 2），三期 6 座（附表 3），商代灰坑 30 座（附表 4）；东周战国时期灰坑 7 座（附表 5）；汉代灰坑 37 座（附表 6）；另有 19 座灰坑，由于出土遗物太少或没有出土遗物，时代无法断定。此外五女冢遗址还发现仰韶文化一期幼儿瓮棺墓葬 23 座（附表 7），各时期灰沟 8 条（附表 8），各时期房址 7 座（附表 9）。

第二节 仰韶文化第一期遗存

仰韶文化一期遗迹包括幼儿墓葬 23 座,灰沟 1 条,灰坑(窖穴)91 个。灰坑中保留了大量的生产、生活用具以及兽骨等,兹按照类别,分述如下。

一、遗迹

(一)墓葬

在发掘区域内,共发现这一时期幼儿墓葬 23 座,没有发现成年人墓葬。幼儿墓葬多分布在人们居住地点附近。墓圹均为长方形或椭圆形,一般长 0.8 米~1.4 米,宽 0.4 米~0.8 米,方向大多数呈西北—东南向。多数墓葬由于距地表较浅,农耕时被犁去葬具的上部。大部分葬具当时使用的是残器,埋葬时使用多个残破尖底瓶上的大片,覆在葬具之上。其中 W10 使用的残片多达 7 个个体,仅发现有一个完整的小口尖底瓶葬具。由于年代久远和地表的压力,大部分葬具破碎塌陷,填满於土。

幼儿墓使用的葬具主要为大口尖底瓶、小口尖底瓶和夹砂罐,但其组合形式不一样。根据其组合形式,将其分两类,介绍如下:

1. 大口尖底瓶墓葬

利用大口尖底瓶作为主要葬具的墓葬有 2 座。可分两种形式。

(1)用大口尖底瓶作为主要葬具。1 座。W11 墓圹呈长方形,长 1.08 米,宽 0.43 米,深 0.2 米。(图五)

(2)用大口尖底瓶和小口尖底瓶的下部扣合在一起。1 座。W18 墓圹长 1.34 米,宽 0.6 米,深 0.3 米。(图六,图版六:1、2)

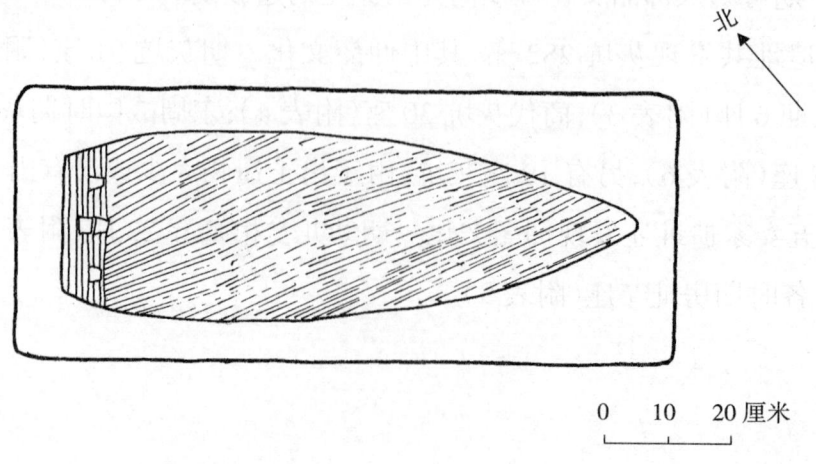

图五 W11 平面图

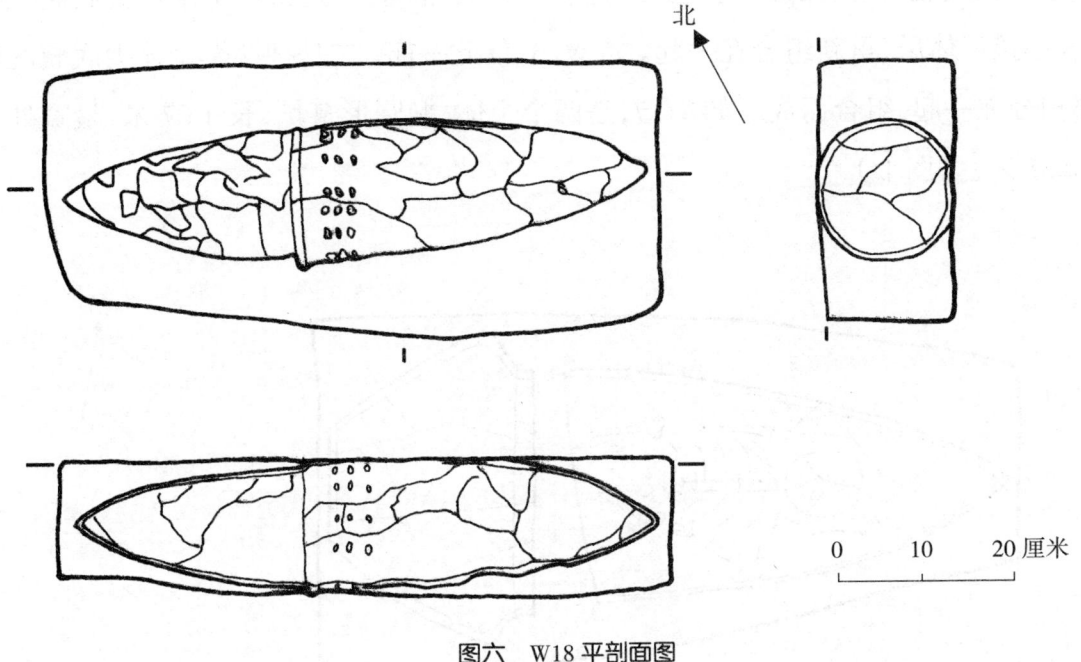

图六　W18平剖面图

2. 小口尖底瓶墓葬

小口尖底瓶葬共发现21座，根据葬具的组合，可分四种形式。

(1)小口尖底瓶和陶罐组合。1座。将一个小口尖底瓶从腹部横向锯开，利用下腹部，装入婴儿尸体后，与一个夹砂弦纹矮领罐扣合在一起埋葬。W12，墓圹呈梯形，西窄东宽，两侧墓圹略呈弧形。圹长0.8米，西、东两端宽度分别为0.22米和0.4米，深0.25米。尖底瓶底部朝西北方向。内部婴儿仰身直肢，头朝西北。(图七，图版七：1)

(2)小口尖底瓶口部与口部组合。4座。将两个尖底瓶分别从腹部拦腰锯开，利用上部装入婴儿后，再将两瓶的腹部相对扣合在一起而成。有的用木质瓶塞将瓶口塞堵。如W22，墓圹呈椭圆形，长1.45米，宽0.45米，深0.25米。发掘时，在北端瓶口内有木塞，木塞已碳化，呈黑色。(图八，图版九：2)

W14：墓圹为长方形，长1.07米，宽0.45米，深0.2米。由两个不同个体的尖底瓶口部所组成。方向286°。(图版八：1)

W15：墓圹为长方形，长1.06米，宽0.4米，深0.14米。由两个不同个体的尖底瓶口部所组成。方向288°。(图版八：2)

(3)小口尖底瓶底部与底部组合。5座。将两个尖底瓶齐腰锯断后，利用下部装入小孩，再将两瓶的下腹部扣合在一起而成。如W1，墓圹呈圆角长方形状，长1.7米，宽0.6米～0.78米，深0.28米(图九)。W2，墓圹呈椭圆形，长1.05米，宽0.56米，深0.3米。(图版十：1)

(4)小口尖底瓶口部与底部组合。11座。分两种情况：一是将一个小口尖底瓶拦腰锯开，装入小孩尸体后，重新组合在一起。如W23，仅此一座。二是把两个个体尖底瓶的口部和底部扣合在一起，组合而成。如W17，是两个个体，椭圆形墓圹，长1.07米，最宽处0.34米，深0.38米。（图十）

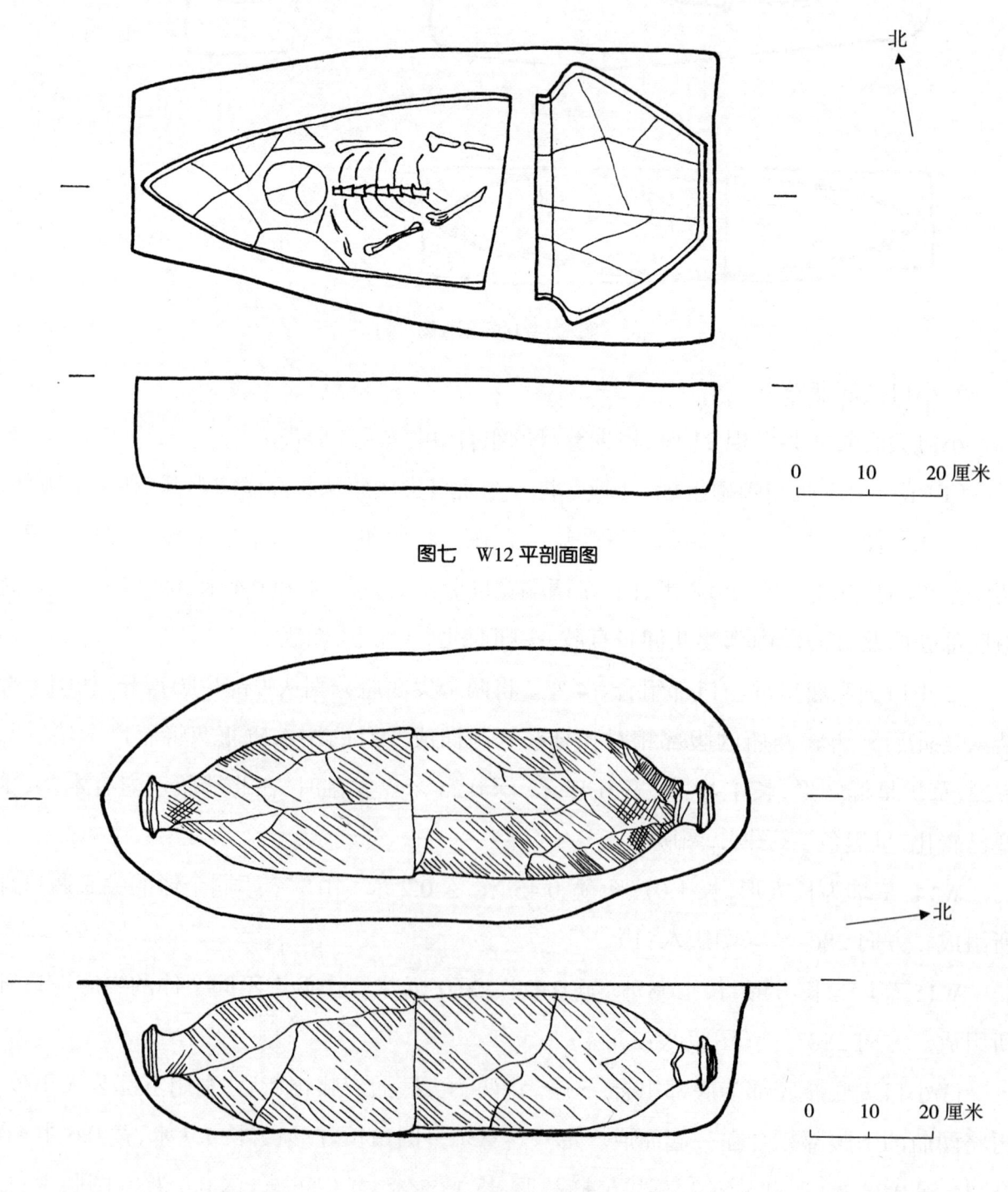

图七 W12平剖面图

图八 W22平剖面图

W16：墓圹呈梯形，长1米，宽0.3~0.4米，深0.14米。由两个不同个体的尖底瓶口部和底部组成。方向291°。（图版九：1）

W13：墓圹为长方形，长0.95米，宽0.34米，深0.16米。由两个不同个体的尖底瓶口部和底部所组成。方向285°。（图版七：2）

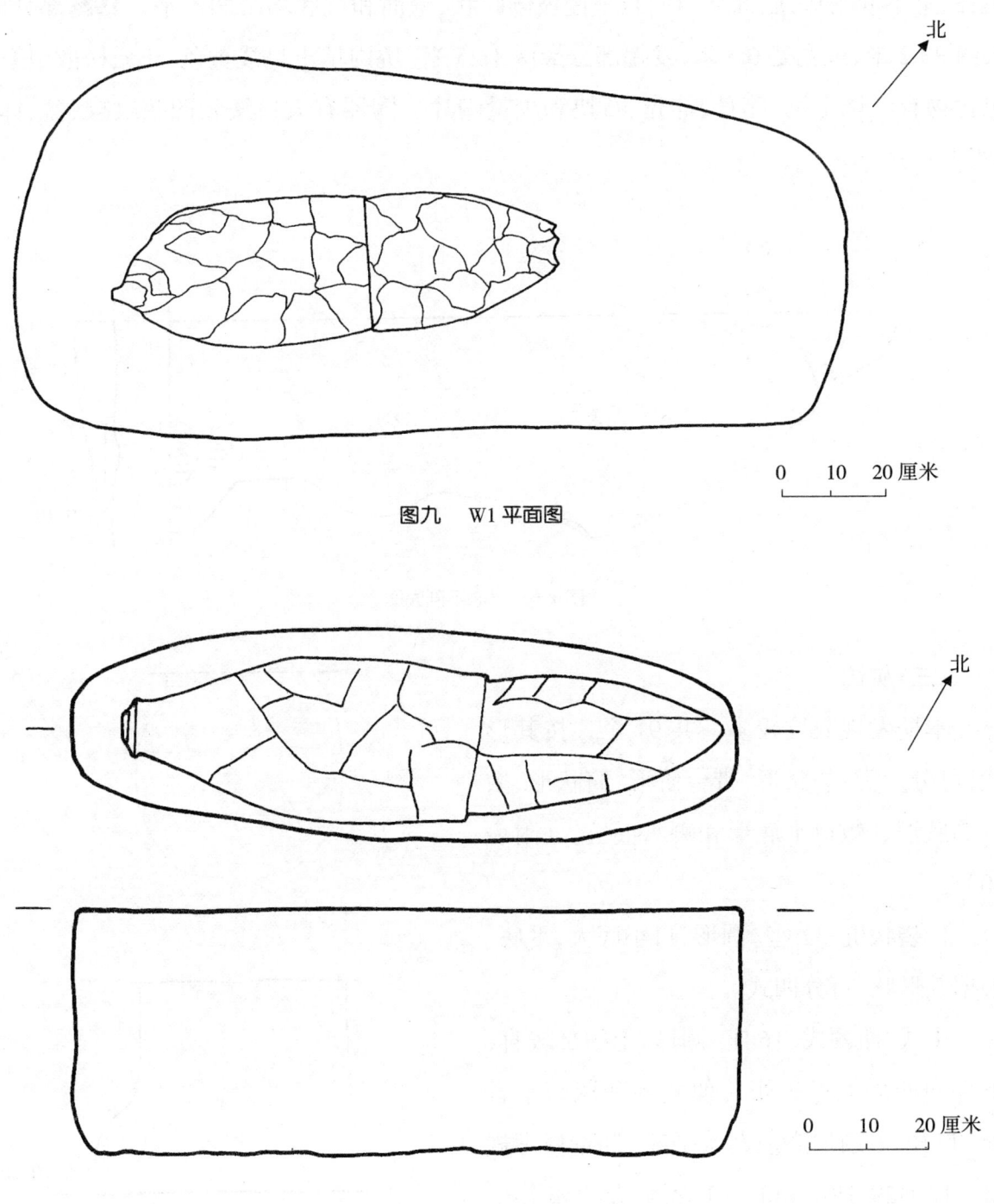

图九　W1 平面图

图十　W17 平剖面图

（二）沟

五女冢遗址仰韶文化一期遗存发现灰沟1条，编号G8。（附表8）

G8：位于南部发掘区的东北部，探方T0410、T0411、T0412的东部。大致呈南北向。开口于第②层下，口部距地表0.25米~0.6米。该沟仅暴露一小部分，具体形状不明。北部被同期的H265所打破；南端又被H202打破；其余部分均打破生土。暴露的西壁边沿参差不齐，呈不规则形，底部从西向东呈慢坡倾斜状，壁面和坑底均凸凹不平。暴露部分南北长约23.2米，最宽处6.5米，发掘部分最深1.25米。坑内填土呈浅黄色，土质松散。填土内包含物有红烧土块、碎骨、蚌壳、石块和少量陶片。陶器有大口矮领凹弦纹罐、盆、钵等。（图十一）

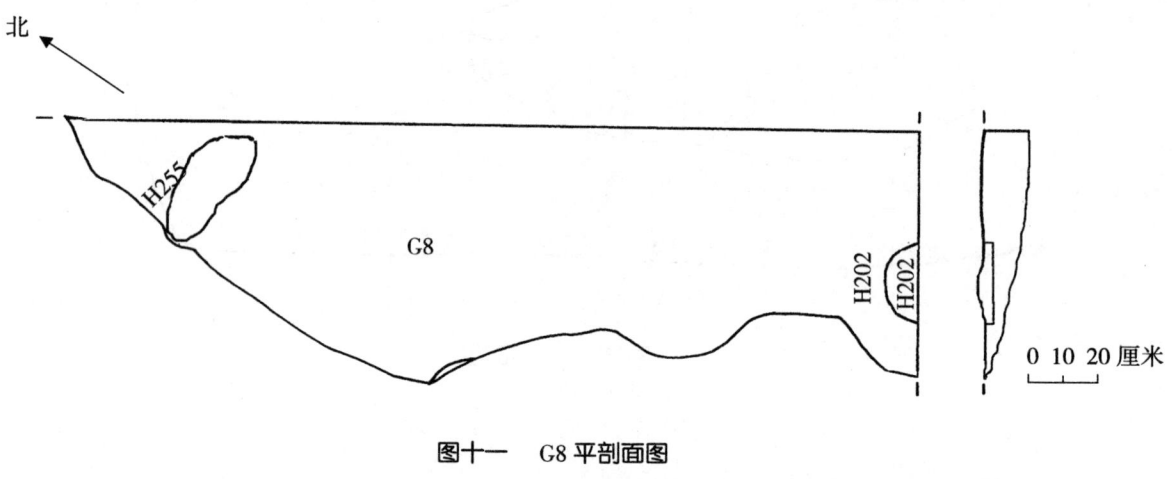

图十一　G8平剖面图

（三）灰坑

本期发现灰坑较多，共91个，按其形状，可分六类：袋状形、带台阶形、筒状形、敞口圜底形、敞口平底形和喇叭形坑。（附表10）

1. 袋状坑　32座。圆形，口小底大，平底。根据其形状，可分四式。

Ⅰ式　瓶颈式。16座。圆形。上腹部较直，下部向四周弧形扩张，似瓶颈和瓶腹结合处。口径和底径相差较大，平底。四壁修理规整。以H29、H67和H213为例，介绍如下。

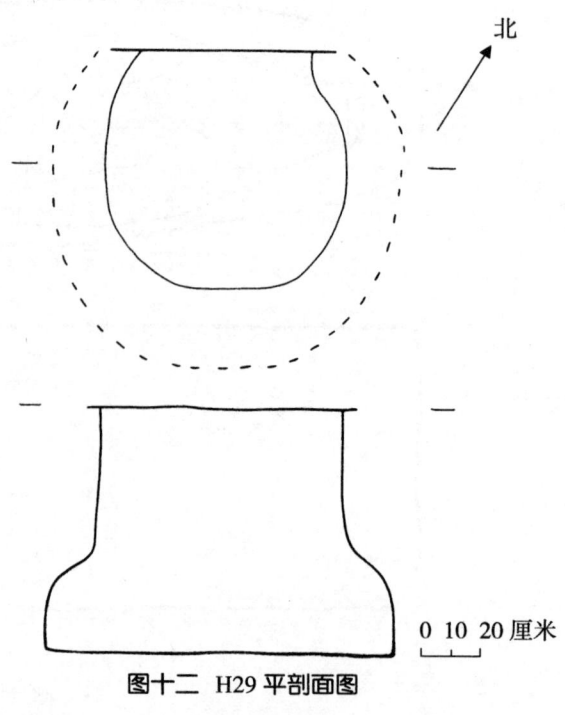

图十二　H29平剖面图

H29：口径 1.64 米，底径 2.38 米，深 1.7 米。（图十二，图版十：2）

H67：口径 1.2 米，底径 2.1 米，深 2.32 米。（图十三）

H213：口径 1.76，底径 2.94 米，深 2.3 米。（图十四）

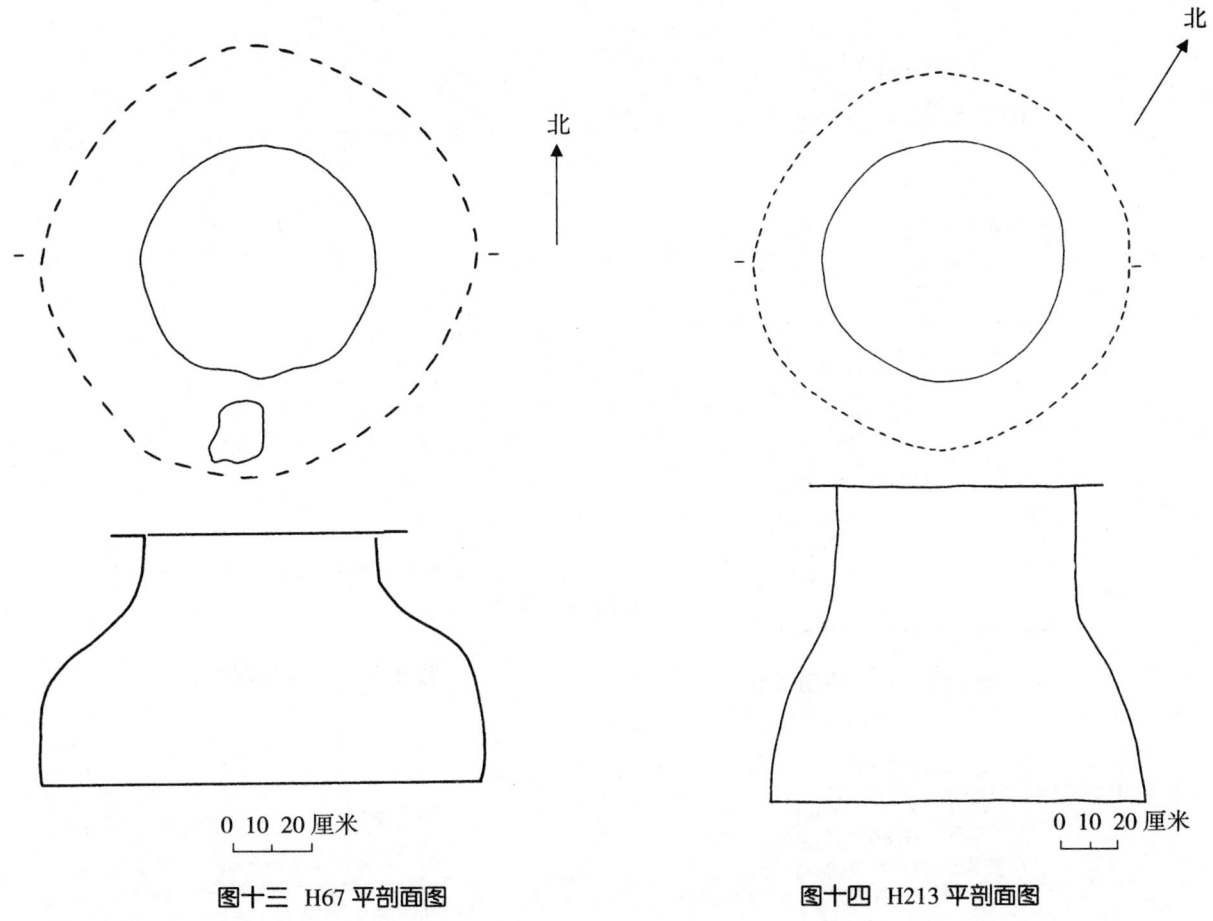

图十三 H67 平剖面图　　　　图十四 H213 平剖面图

Ⅱ式　漏斗式。4 个。圆形。上部呈漏斗状，口部较大，斜壁内收，束颈；下部呈弧壁，向四周扩张，平底。以 H144 和 H271 为例，介绍如下。

H144：口部西侧被 H145 打破。口径 1.08 米，颈腹交界处直径 0.72 米，底径 2.38 米，深 2.6 米。（图十五）

H271：口部被 H272 打破，口径 1.25 米，颈腹交界处直径 1.16 米，底径 2.44 米，深 1.9 米。（图十六）

Ⅲ式　不规则式。4 座。形状多样。

如 H187：口部略呈椭圆形，被 H186 打破。坑体西部呈瓶颈式，东部从开口处向下，弧壁内收，接近底部时又急剧向外扩张，底部呈圆平底。口径 1.56 米～2 米，底径 2.38 米～

2.44米,深2.3米。(图十七)

如H268：口部呈圆形。口部和底部分别被H192和H267打破。上部为瓶颈式；下部略向外扩后,又向内收,呈折腹状,平底。(图十八)

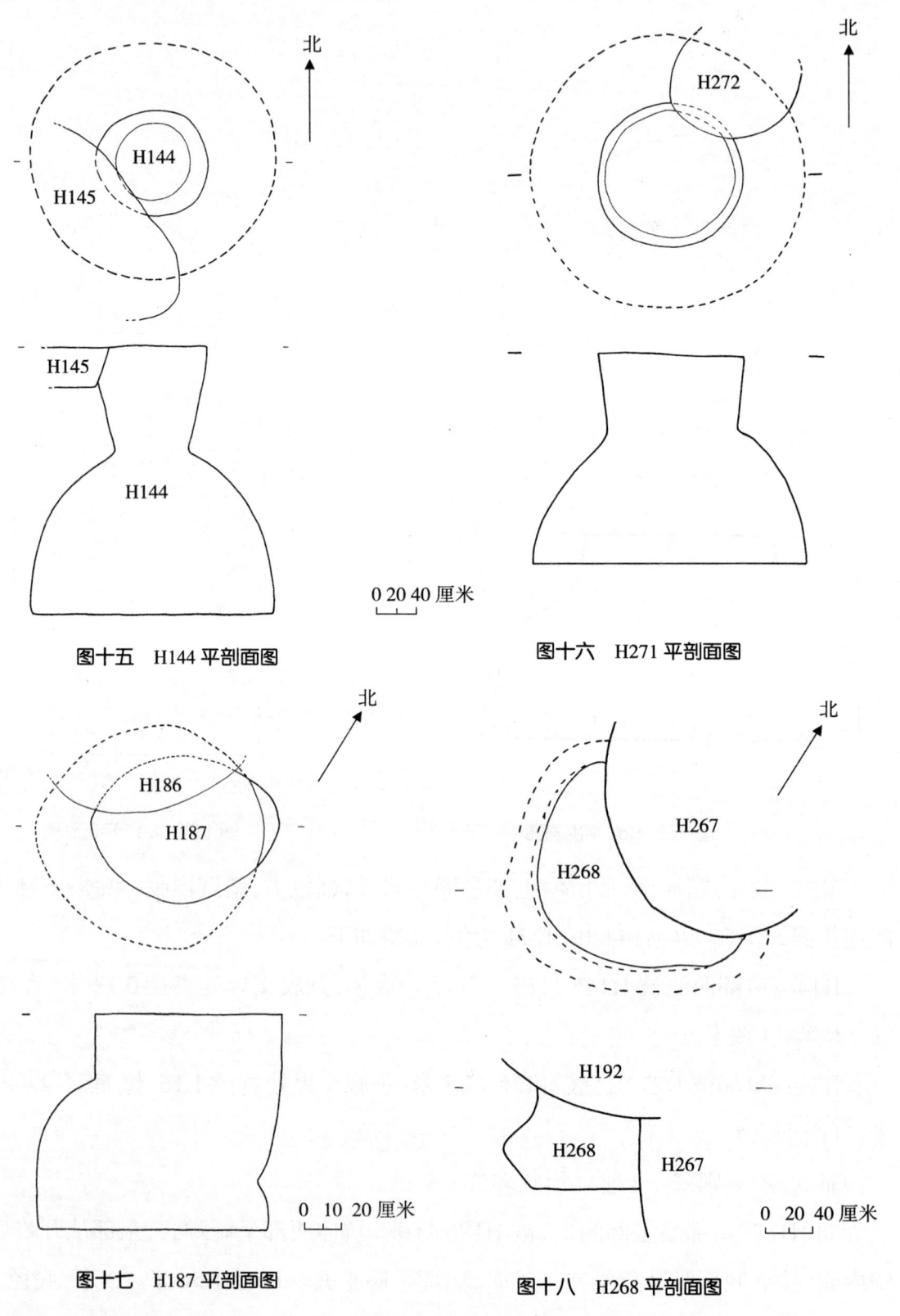

图十五　H144平剖面图

图十六　H271平剖面图

图十七　H187平剖面图

图十八　H268平剖面图

Ⅳ式 瓮式。8座。口小底大。口部和底部基本呈圆形或椭圆形,四壁向外鼓,平底。以H42为例,介绍如下。

H42:口部和底部均呈圆形,四壁外鼓,平底。口径1.3米,底径2.1米,深约2.6米。(图十九)

2. 台阶状坑 4座。口部呈圆形和椭圆形。均为敞口,一侧有台阶。

H238:敞口,口部底部均呈不规则椭圆形。口径3.45米~4.6米,底径2.55米~3.7米,坑深1.9米。西侧有宽0.56米左右的台阶,深约1米。(图二十)

H168:口部呈圆形。西北部未发掘。坑北部有台阶,台阶宽约0.45米,坑南部最深。口径1.95米,最深0.46米。(图二十一)

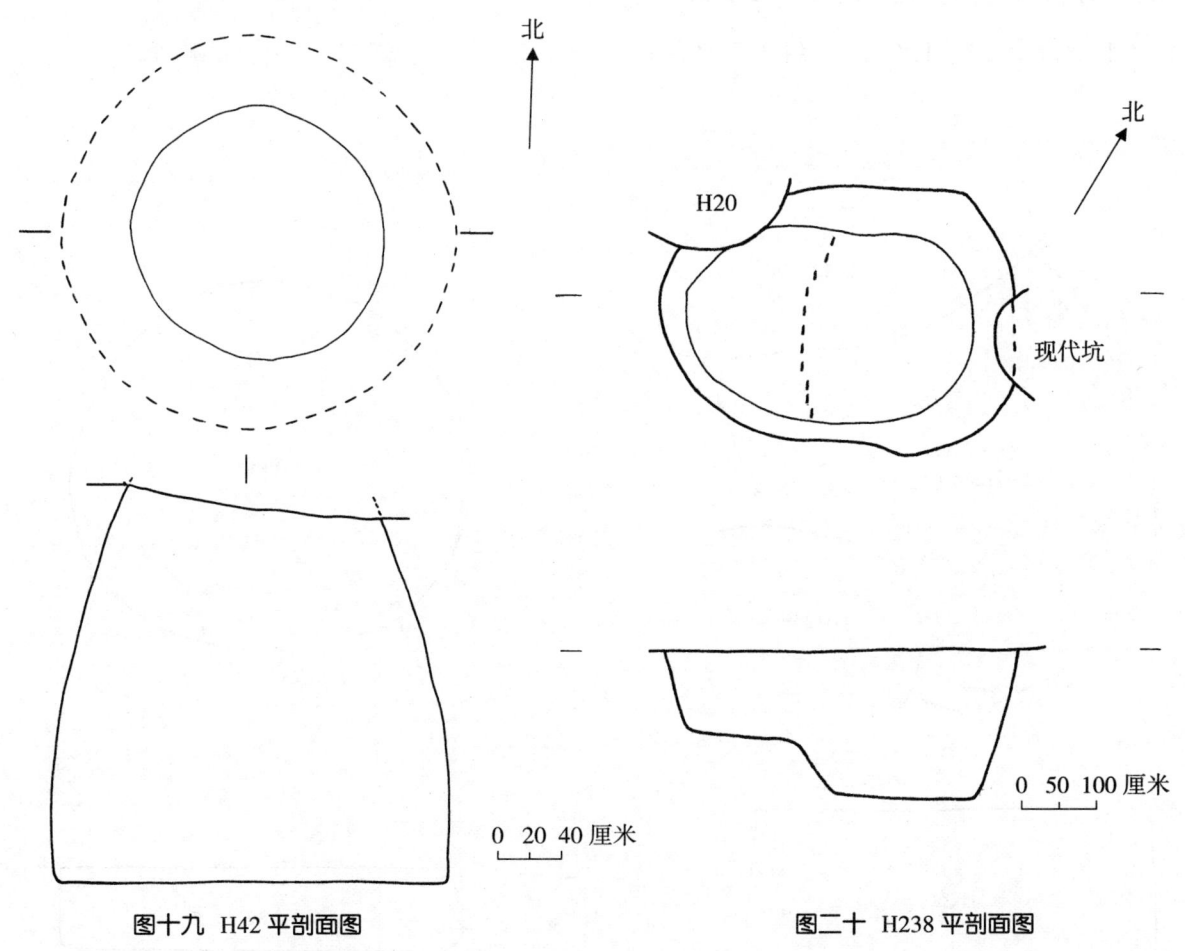

图十九 H42平剖面图　　图二十 H238平剖面图

3. 筒状坑 共19座。坑口平面有圆形、椭圆形和不规则形。坑壁一般较直,四壁有的粗糙,有的修整光滑。底部大部分为平底,个别略呈圜底状或略呈斜坡状。

如H266开口呈椭圆形,口部被H238、H239打破。直壁,平底。最小口径2.34米,底径2.56米,深1.2米。(图二十二)

如 H270：圆形，直壁，平底。坑底平面与四壁结合部呈抹角。口径 1.8 米，底径 1.8 米，深 0.4 米。（图二十三）

如 H83：圆形。直壁平底。在坑底西北角，又套一半圆形小坑，两底相差仅 0.2 米。（图二十四）

如 H201，椭圆形。南部被隔梁所压。四壁中部略内收，略似束腰状，底部东高西低。遗留在南壁隔梁上的口径 2.2 米，底径 2.04 米，深 1.7～1.85 米。（图二十五）

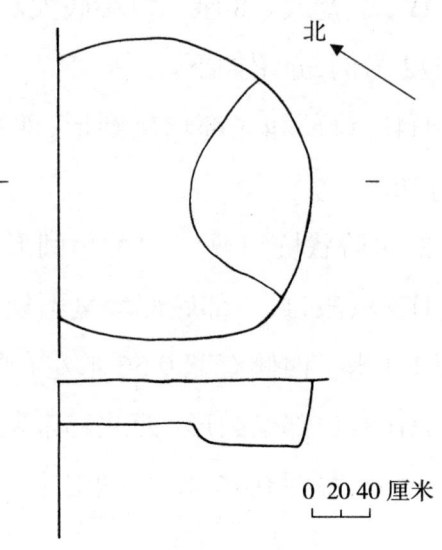

图二十一　H168 平剖面图

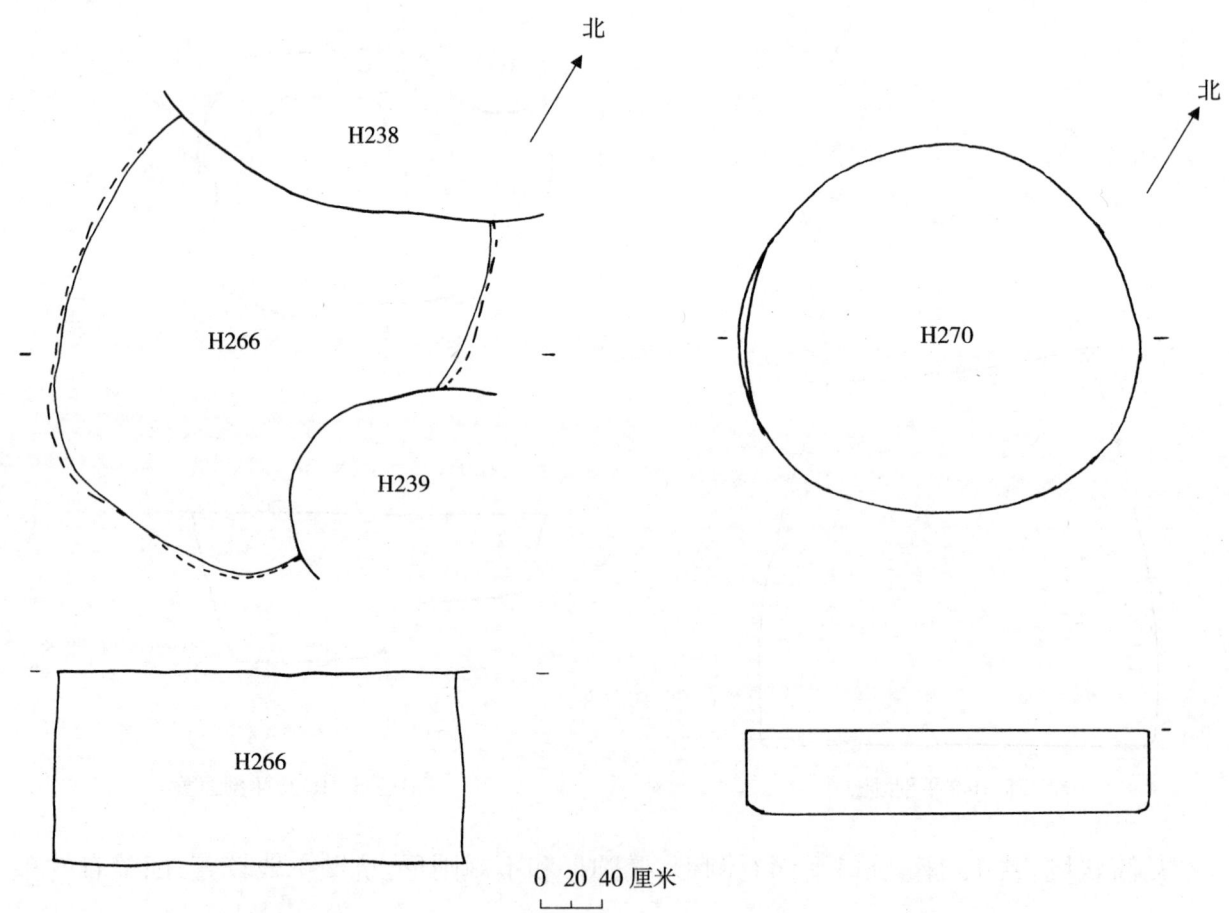

图二十二　H266 平剖面图　　　　　图二十三　H166 平剖面图

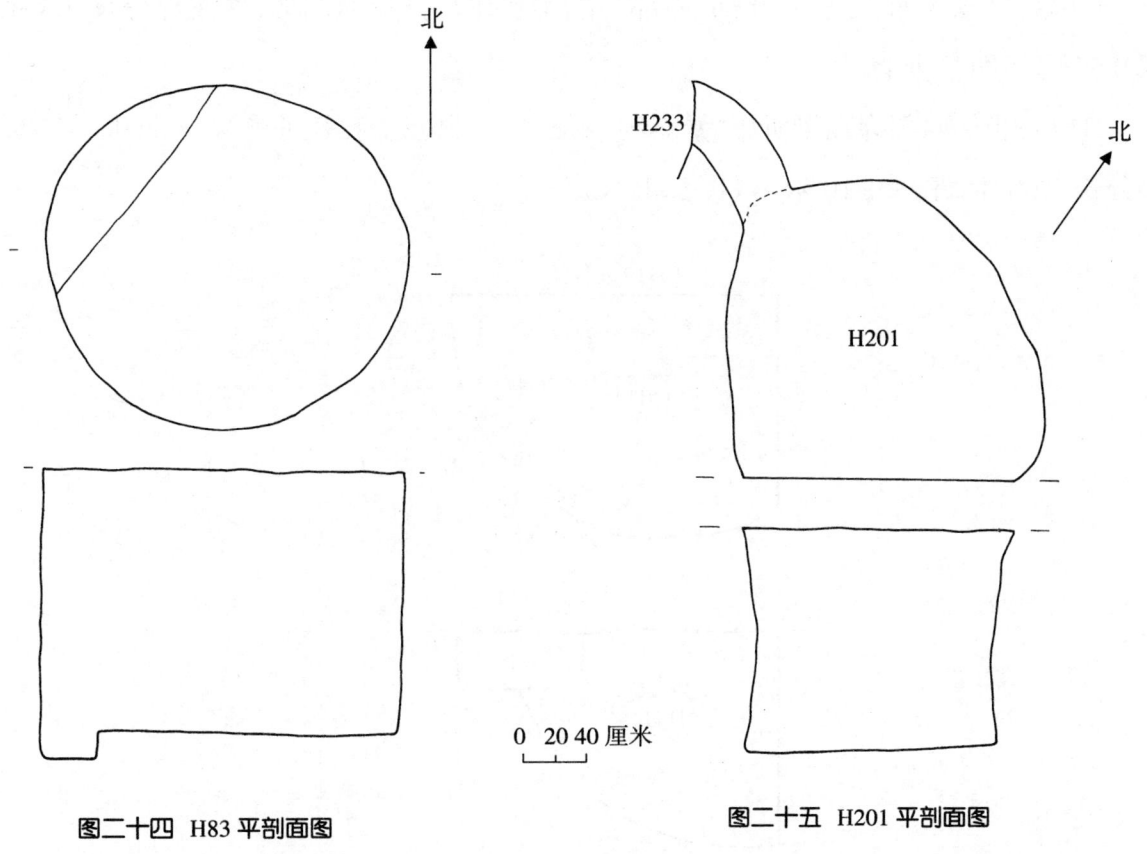

图二十四 H83 平剖面图

图二十五 H201 平剖面图

4. 敞口圜底状坑 14 座。敞口，弧壁内收，锅形底。

H212：口部暴露部分呈不规则椭圆状，北部压在隔梁下。圜底，壁面不平整。暴露口部长 3.6 米，最深 2.02 米。（图二十六）

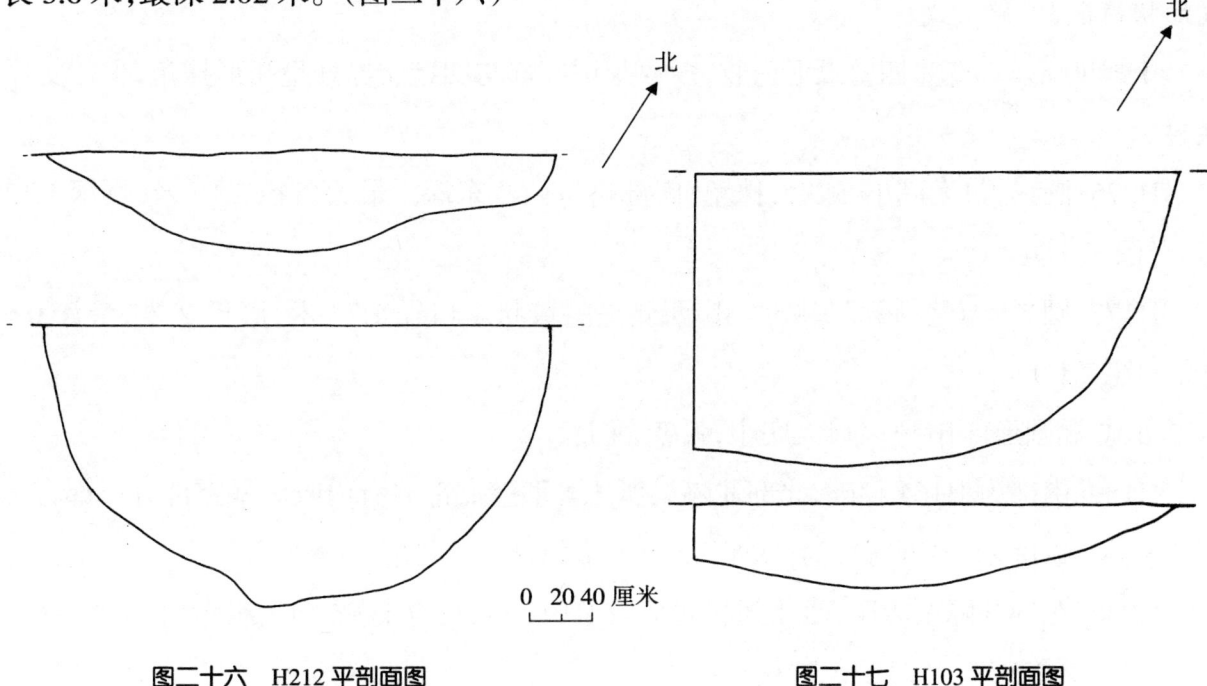

图二十六 H212 平剖面图

图二十七 H103 平剖面图

H103：仅暴露四分之一，北部、西部为隔梁所压。开口为圆形，暴露部分长3.5米，最深0.6米。（图二十七）

H141：北部西部为隔梁所压，暴露约四分之一。圆形。东南部被W18打破。口部暴露部分长1.66米，最深1.10米。（图二十八）

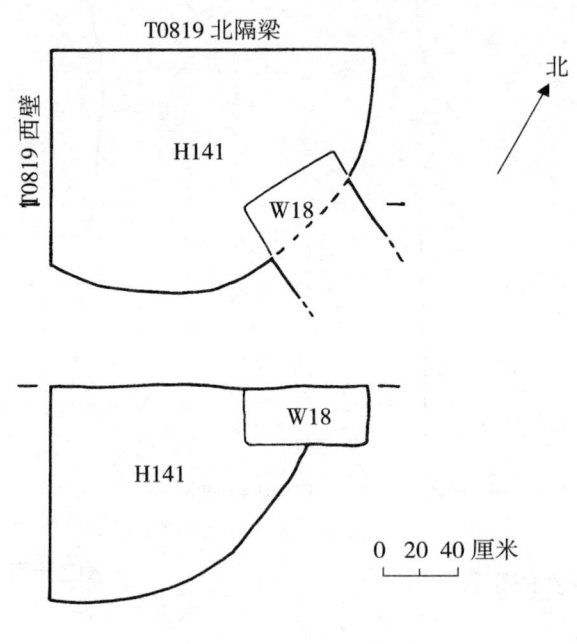

图二十八　H141平剖面图

5. 敞口平底状坑。20座。敞口，大部分底部平整，个别有高低不平现象。根据口部平面形状特征，可分三式。

Ⅰ式　圆形。7座。四壁弧形内收，多数灰坑底部与四壁交界处呈弧形抹角，少数交界明显。

H275：圆形，口大底小，弧壁，抹角，底部略呈西浅东深。最大口径2.16米，最深1.12米。（图二十九）

H177：圆形，弧壁，底部东侧平整，西侧呈斜坡状。口径1.74米，底径2米，最深0.6米。（图三十）

Ⅱ式　椭圆形。10座。口大底小，弧壁，平底。

H189：南部为H164打破，北部北隔梁所压。西壁底部略有内收。暴露部分口部直径2.38米~2.48米，底部直径为1.9米~2.2米，深1.2米。（图三十一）

H248：东部为隔梁所压，西北部和北部被H192和H237打破。口部残径2.4米，底径1.8米，深1.3米。（图三十二）

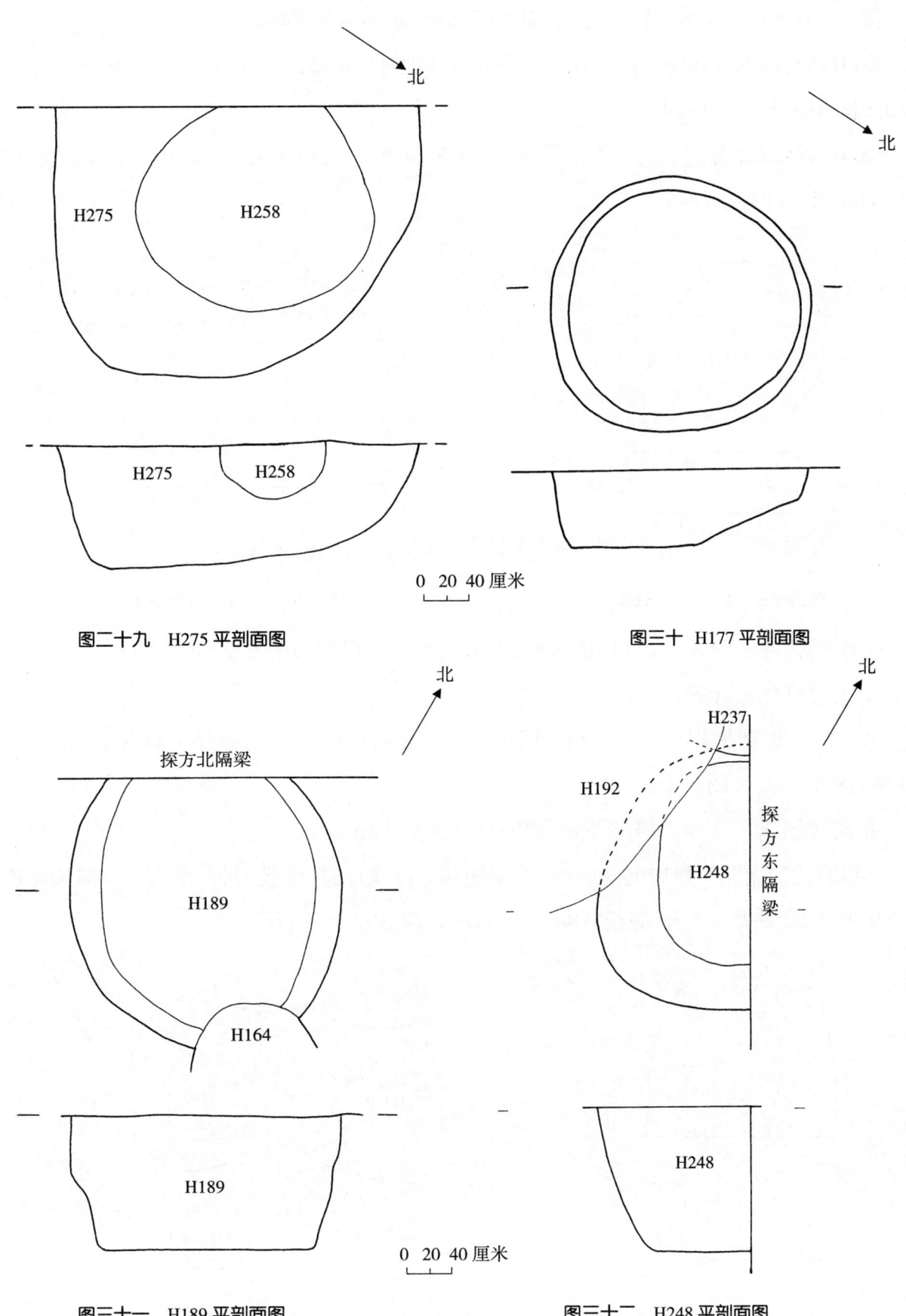

图二十九 H275 平剖面图

图三十 H177 平剖面图

图三十一 H189 平剖面图

图三十二 H248 平剖面图

Ⅲ式 亚腰形。3座。较浅，腹底交界呈抹角，底部不甚平整。

如H152：南部和东部为隔梁所压。底部东浅西深。暴露口部长径2.1米，宽约1.8米，深0.2米~0.3米。（图三十三）

如H148：口部南侧中间内收呈凹状，底部东深西浅。长径3.02米，短径1.90米，深0.7米~0.86米。（图三十四）

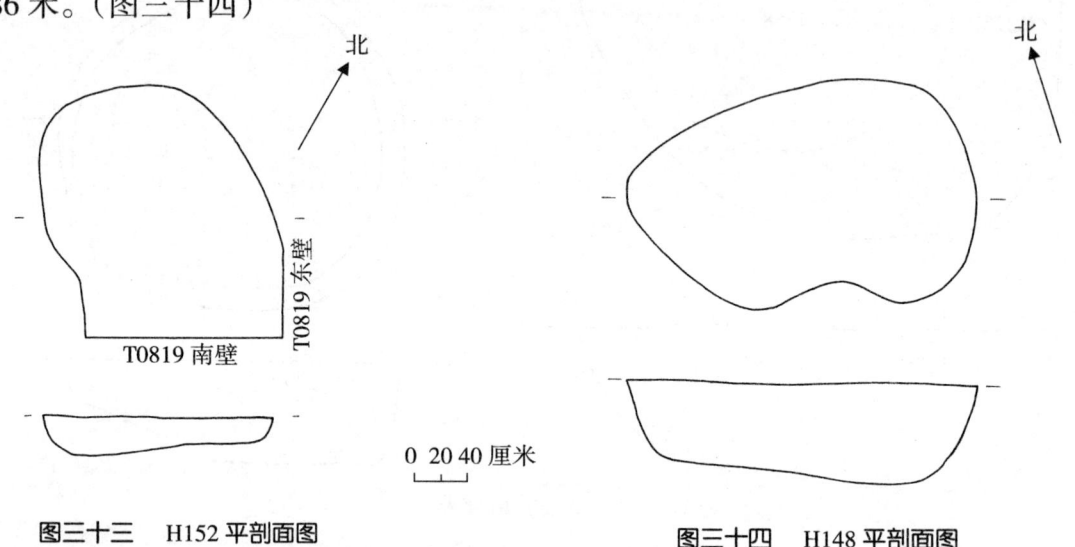

图三十三　H152平剖面图

图三十四　H148平剖面图

6. 喇叭状坑。2座。敞口，呈"倒八字形"，平底。根据四壁形状，可分两式。

Ⅰ式 斜直壁。1座。

H154：南部为隔梁所压。口部平面呈椭圆形。暴露长径1.7米，短径1.44米，底部短径0.9米，深0.6米。（图三十五）

Ⅱ式 弧形壁。1座。口部外撇，四壁呈反弧形，平底。

H149：坑口南北两侧中部向内凹，呈束腰状。口部外撇，弧腹内收，平底。口部长径残长2.9米，凹腰处宽1.7米，底径0.84米~1.06米，深0.71米。（图三十六）

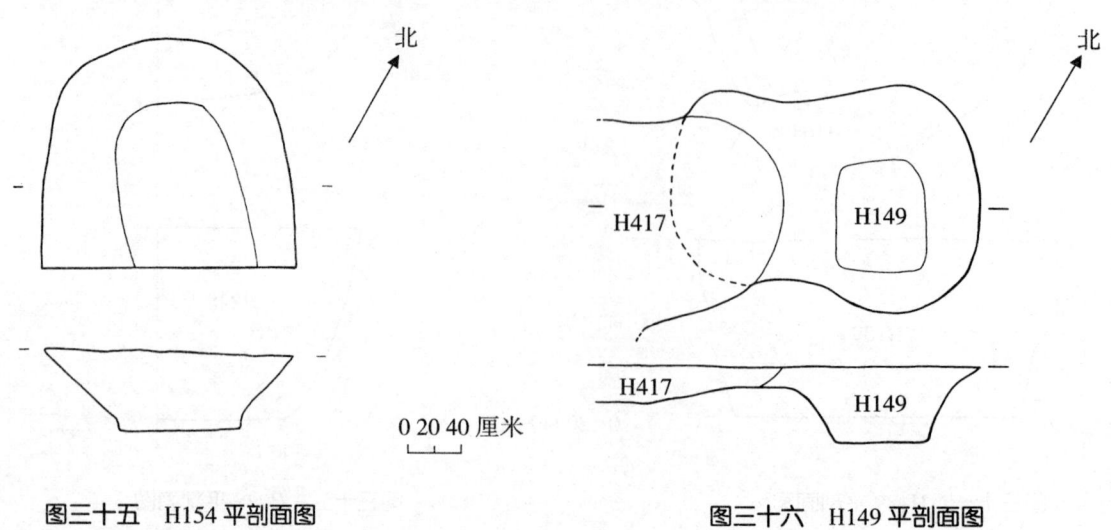

图三十五　H154平剖面图

图三十六　H149平剖面图

二、遗物

五女冢遗址仰韶文化第一期的遗物主要有石器、陶器两大类。按类介绍如下：

（一）石器

大部分质地为青石质，也有少量红砂岩和黄砂岩等。出土数量较少，大部分为残器，少部分完整。其中有一部分是制造石器的废石料。除1件石斧为打制未磨外，其余均通体磨光。器物类型有生产工具和生活用具。现介绍如下：

1. 生产工具

（1）斧　数量较多，均为残器。选择标本7件。均为磨制，青石质，梯形，双面弧刃，断面呈椭圆形，正面和背面均呈弧形外凸。

标本H81:1，残长8.3厘米，宽8.4厘米。（图三十七-1:1，图版十一:1）

标本H194:12，残长6.7厘米，宽9厘米。（图三十七-1:2，图版十一:2）

标本H2:18，残长7.7厘米，宽7.1厘米。（图三十七-1:3，图版十一:3）

标本H194:10，残长9.5厘米，宽9.2厘米。（图三十七-1:4，图版十一:4）

标本H194:11，刃部较宽。残长11.8厘米，刃宽9.2厘米。（图三十七-1:5；图版十一:5）

标本H135:40，形体较小。残长5.5厘米，宽3.7厘米。（图三十七-1:6）

标本H52:1，仅存上部。上窄下宽，呈梯形。两侧呈直面，上下为弧形，弧形顶。残长14.5厘米，宽5.2厘米~7厘米。（图三十七-1:7，图版十二:1）

（2）铲　均为青石质。仅有2件保存较好，其余均为残器。分两型。

A型　窄条形。1件。标本H265:1，断面呈椭圆状。双面刃。长34.3厘米，上宽8.7厘米，刃宽9.6厘米。（图三十七-1:8，图版十二:2）

B型　半圆形。1件。标本H2:15，底端呈弧状，上部呈月牙形，双面刃。最长20.4厘米，宽16.4厘米。（图三十七-1:9，图版十二:3）

（3）陀螺　1件。完整。标本H62:1，黄砂岩。圆锥状。圆平顶，顶平面下有一周凹槽，腹下内收成圆尖状。顶径5.2厘米~5.6厘米。我们推测：它既可以作为网坠，又可兼作儿童玩具。（图三十七-2:10，图版十二:4）

（4）球　1件。标本H187:1，自然鹅卵石。圆形。青石内有绿色斑点。直径约7.4厘米。（图三十七-2:11，图版十三:1）

（5）锛　2件。上窄下宽呈梯形，正面直，背面弧，弧刃。标本H2:17，青石质。完整。上

宽 2.8 厘米，刃宽 6.2 厘米，长 8.3 厘米。（图三十七 -2:12，图版十三:2）

标本 H201:30，白石质。上残。上部残宽 5.6 厘米，刃宽 7.6 厘米，残长 5.2 厘米。（图三十七 -2:13）

（6）凿　1 件。标本 H166:12，青石质。上宽下窄，双面刃。断面呈椭圆形，形似小石斧。残长 5.7 厘米，上宽 3.3 厘米，厚 2.1 厘米，刃宽 2.3 厘米。（图三十七 -2:14，图版十三:3）

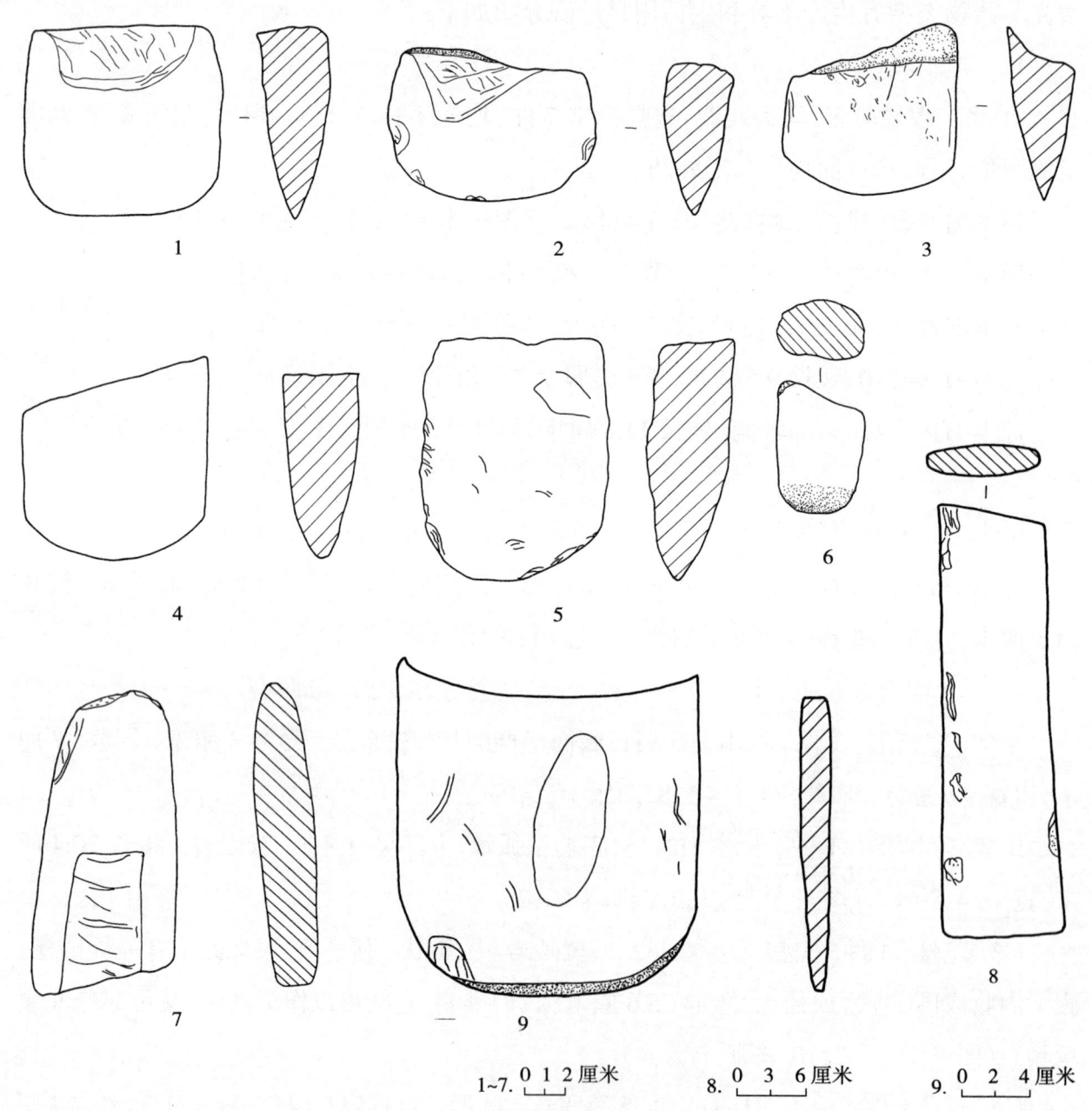

图三十七 -1　五女冢遗址仰韶文化一期石器

1. 石斧(H81:1)　2. 石斧(H194:12)　3. 石斧(H2:18)　4. 石斧(H194:10)
5. 石斧(H194:11)　6. 石斧(H135:40)　7. 石斧(H52:1)　8. A 型石铲(H265:1)　9. B 型石铲(H2:15)

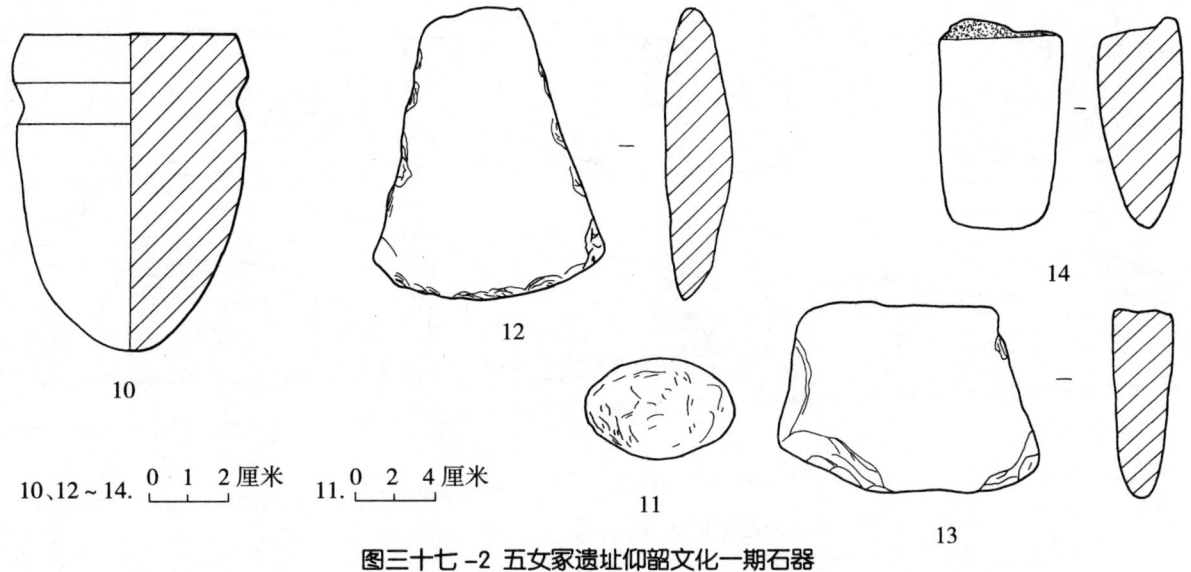

图三十七-2 五女冢遗址仰韶文化一期石器

10. 石陀螺(H62:1) 11. 石球(H187:1) 12. 石锛(H2:17) 13. 石锛(H201:30) 14. 石凿(H166:12)

2. 生活用具

（1）石刀 数量较多，多为残器，完整的较少。石刀是刮削切割工具。质地主要为青石质和砂岩。制作方法是：选择自然鹅卵石，从上面打击掉一块薄石片，对刃部简单修整后，即可使用。这样制造出来的石器，一面光，另一面粗糙。根据石刀的形状，可分两型。

A 型 带缺口石刀。大致呈长方形，从剖面上看，石刀背厚刃薄。石刀或两端，或一端有缺口，缺口呈三角形和半圆形。根据刀刃和刀背形状，可分三式。即弧背弧刃、弧背直刃和直背弧刃。

Ⅰ式 弧背弧刃。标本 H229:2，红砂岩。两端有三角形缺口。残长 8.2 厘米，宽 4.7 厘米。（图三十八:1，图版十三:4）

标本 H250:28，青石质。弧背弧刃，刃部有折角。背上有整修的疤痕。一端有半圆形缺口。长 9.6 厘米，宽 4.6 厘米，厚 1.9 厘米。（图三十八:2，图版十三:5）

标本 H135:43，青石质。弧背弧刃。两端有三角形缺口。长 7.5 厘米，宽 4.4 厘米。（图三十八:3）

标本 H135:41，青石质。两端有缺口。长 7.4 厘米，宽 4.4 厘米。（图三十八:4）

Ⅱ式 弧背直刃。标本 H201:38，红质岩。扁平状。一端残，一端有三角形缺口。残长 7.5 厘米，宽 3.7 厘米。（图三十八:5，图版十四:1）

标本 H135:42，红砂岩。直背弧刃。一端缺口残。长 7.1 厘米，宽 4 厘米。（图三十八:6）

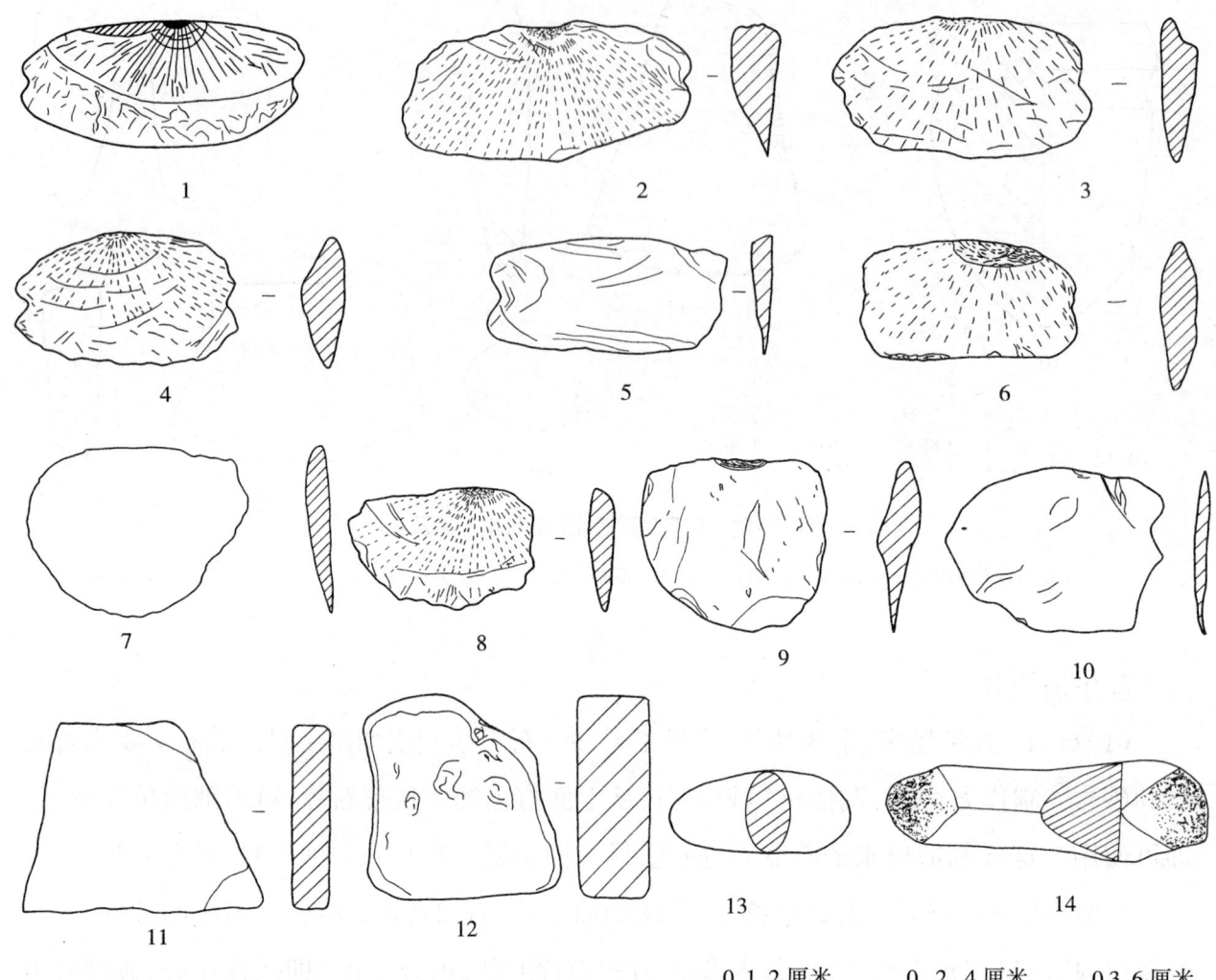

图三十八　五女冢遗址仰韶文化一期石器

1. A型Ⅰ式石刀(H229:2)　2. A型Ⅰ式石刀(H250:28)　3. A型Ⅰ式石刀(H135:43)　4. A型Ⅰ式石刀(H135:41)
5. A型Ⅱ式石刀(H201:38)　6. A型Ⅱ式石刀(H135:42)　7. B型Ⅰ式石刀(H67:30)　8. B型Ⅰ式石刀(H238:30)
9. B型Ⅱ式石刀(H67:2)　10. B型Ⅱ式石刀(H166:11)　11. 砺石(H270:1)　12. 砺石(H270:2)　13. 石杵(H231:1)
14. 研磨器(H191:1)

B型　半圆形石刀。该类石刀也是石片石器。也是直接利用打下的半圆形石片,将较薄的一侧作为刃部略加修整,即可使用。分两式,即直背半圆形刃和半圆形背直刃。

Ⅰ式　直背半圆形石刀　3件。刀背略直,刃部大致呈半圆形状。

标本H67:30,青石质。长10.3厘米,最宽7.6厘米。(图三十八:7,图版十四:2)

标本H238:30,青石质。刃部呈不规则锯齿状。背宽5.3厘米,最宽4厘米。(图三十八:8,图版十四:3)

标本H67:2,红砂岩。仅剩1半。刃略弧。背宽7.1厘米,刃宽5.6厘米。(图三十八:9,图版十四:4)

Ⅱ式 半圆形背直刃刀 1件。刀背呈半圆形,刃部较直。

标本H166:11,弧背,直刃,一端刀尖上翘,一端残缺,形成两个弧状缺口。长5.5厘米,宽6.6厘米。(图三十八:10,图版十四:5)

(2)砺石 2件。标本H270:1,红砂页岩。片状,自然石。形状呈梯形。一面有磨制器物形成的细凹槽。(图三十八:11)

标本H270:2,黄砂页岩。上下面平整,侧面有一个直径约0.5厘米的孔,进深约2.7厘米。应为人工磨制东西而形成。(图三十八:12)

(3)杵 1件。标本H231:1,黄砂岩。自然石。圆柱状。一端粗,一端细。长11厘米,最大直径5厘米。(图三十八:13)

(4)研磨器 1件。标本H191:1,黄砂岩。自然石。半圆柱状。一侧呈平面,一侧起脊;一端大,一端小。在平面上沾有红色颜料。长15.5厘米,宽3.8~4.7厘米。(图三十八:14,图版十四:6)

(二)陶器

1. 生活用具

五女冢遗址仰韶文化一期遗存出土的陶片较多,共复原器物102件。

我们对这一时期的灰坑陶片进行了统计,选择出土陶片较多的26个灰坑的统计数据来说明这时期陶器的陶质、陶色、纹饰和制作工艺等,这些灰坑出土陶器基本上反映了这一时期陶器的制作水平。

选取的26个灰坑中,陶片总数为9597片,其中有纹饰的为1930片。陶质分泥质陶和夹砂陶两种,泥质陶占大宗,达65.58%,夹砂陶较少,占34.42%。泥质陶中又分泥质红陶、泥质灰陶、泥质黑陶和彩陶。其中泥质红陶占绝对优势,达到46.08%;泥质灰陶次之,占17.04%;泥质黑陶较少(其中有一种黑皮红陶,即胎质为红色,内外壁面呈黑色,火候较低,我们将之归入黑陶类。)占1.94%;彩陶片最少,占0.52%。夹砂陶中以夹砂褐陶为主,占25.91%,其他依次为夹砂红陶(4.39%)、夹砂灰陶(4.06%)、夹砂黑陶(0.06%),个别陶器中有夹蚌壳现象。(附表10)

陶器皆为手制,大部分陶器的口部和肩部经慢轮修整,器形规整。器表多为素面,少量泥质陶外表磨光。纹饰种类较少,主要有凹弦纹、附加堆纹、线纹和划纹等。有少量陶器表面装饰有泥条堆塑纹和圆形泥饼。纹饰中以线纹最多，占48.13%，主要用于小口尖底瓶和小口平底瓶上；其次为凹弦纹，占37.56%，主要用于大口矮领罐上；第三为附加堆纹，占7.98%，多用于夹砂陶质的器物上，主要是鼎；最少为划纹，占5.91%，主要用于当作炊具的一种大型圆腹罐和个别鼎上。此外，还有附加堆纹和凹弦纹以及贴小圆饼或贴泥条堆塑的组合，占0.42%。大部分器物上主要使用一种纹饰，个别器物上使用两种，凹弦纹和附加堆纹，数量较少（附表11）。

这时期彩陶数量较少，共发现96片，其中白衣彩陶16片。彩陶主要绘制在泥质红陶的盆、钵、碗和少量罐上；白衣彩陶主要绘在钵和盆上，其中发现一例，在大口尖底瓶上施一周白衣带状纹宽约4.4厘米。彩绘色彩有两种，黑彩和红彩，其中以黑彩为主，红彩较少。大部分为单彩，少量双彩。只有在个别白衣彩陶上（器形主要为钵、盆）的图案中，红、黑彩同时并用，并以黑彩为主角，红彩仅为点缀，红彩均为圆点纹。在钵、碗和罐的口沿处有饰带状纹，均为红彩。彩陶盆、罐上彩绘较丰富，纹饰主要有弧形三角纹、平行线纹、网状纹、圆弧纹、圆点纹、宽带纹、叶瓣纹、垂鳞纹、圆圈纹等，器物上的图案均由这些纹饰组合而成。（图版十五：1、2、3、4、5、6、7）

陶器中能复原和可辨器形的器类有鼎、甑、小口平底瓶、小口尖底瓶、大口尖底瓶、小口高领罐、大口矮领罐、折沿罐、卷沿罐、敛口罐、筒形罐、圆腹罐、叠唇瓮、小罐、大口缸、钵、盆、杯等。现将主要器物，介绍如下：

鼎：数量较少，仅复原2件。以夹砂陶为主，极少量泥质陶。根据形状，可分两型。

A型 罐形鼎 复原1件。标本H42:29，夹砂灰陶，器形较小。微敞口，束颈，鼓腹圜底。下有三个乳钉状足，足残。口径12厘米，腹径13.3厘米，残高8.8厘米。（图三十九：1，图版十六：1）

B型 盆形鼎 数量较多，仅复原1件，其余均为残器。敞口，圆唇或方唇，折腹，上腹微弧，下腹斜收，小平底。多数在折腹处饰捺窝附加堆纹。上腹部多素面，个别饰有不规则平行划纹和斜划纹，有的腹上贴圆形泥饼。

标本H109:5，复原。夹砂褐陶。敞口，折沿外卷，束颈。上腹部较长，斜外鼓；下腹部较短，内收成小平底。最大腹径在折腹处。扁条形足。颈部饰凹弦纹数周，折腹处饰附加堆纹一周，附加堆纹上饰捺窝，捺窝里饰细绳纹。口径22.5厘米，腹径23.7厘米，高17.8厘米（图三十九：2，图版十六：2）

标本H271:2，夹砂灰陶。上部完整，仅足残。口沿内有一道凹槽，上腹饰不规则凹弦，

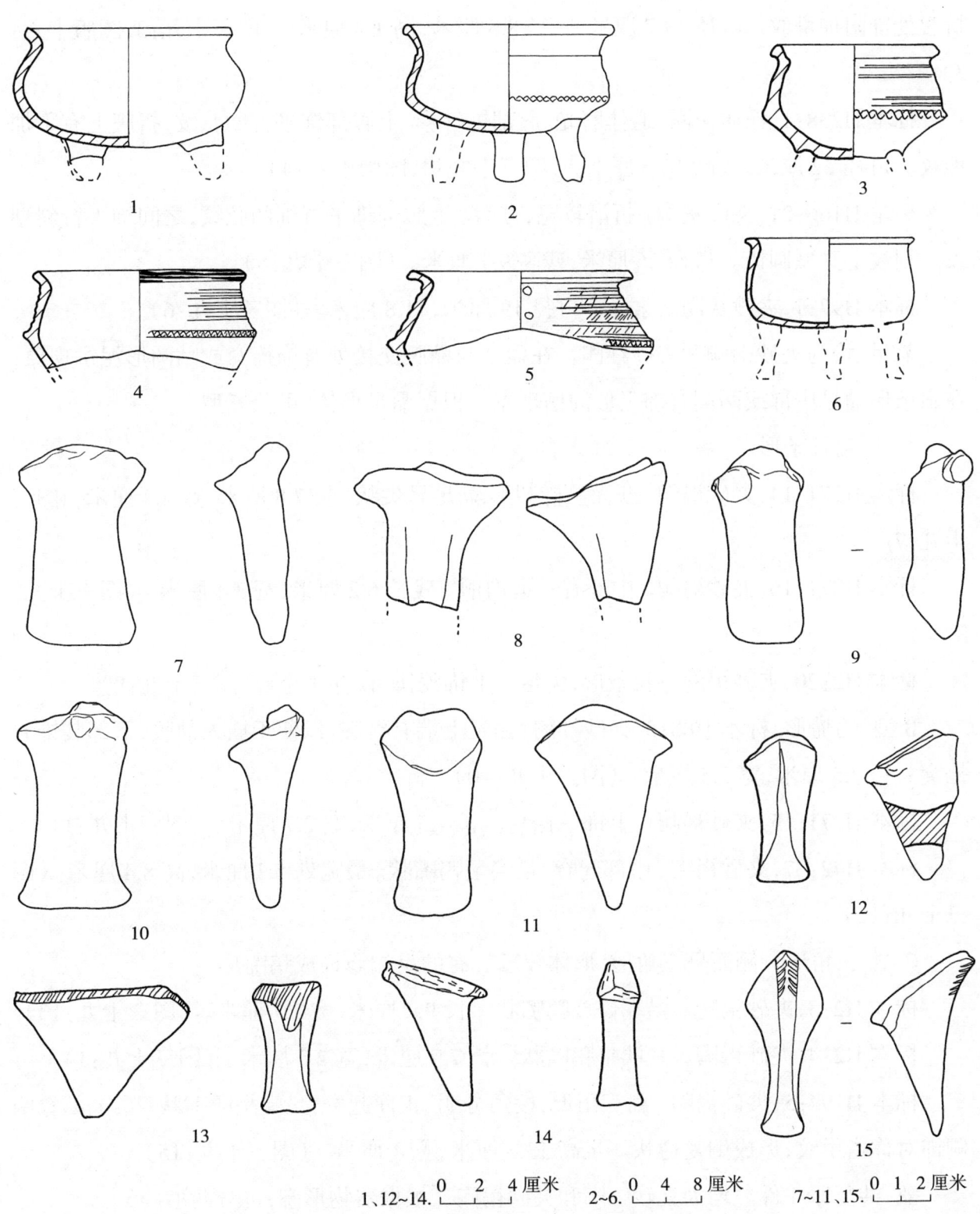

图三十九 五女冢遗址仰韶文化一期陶鼎和鼎足

1. A型鼎（H42:29） 2. B型鼎（H109:5） 3. B型鼎（H271:2） 4. B型鼎（H238:1） 5. B型鼎（H166:21）
6. B型鼎（H97:1） 7. A型鼎足（H271:14） 8. A型鼎足（H271:16） 9. A型鼎足（H2:20） 10. B型鼎足（H83:5）
11. B型鼎足（H271:15） 12. B型鼎足（H42:37） 13. C型鼎足（H2:3） 14. C型鼎足（H2:4） 15. C型鼎足（H194:5）

折腹处饰附加堆纹。口径18.7厘米,底径8.6厘米,高1.4厘米。(图三十九:3,图版十六:3)

标本H238:1,泥质灰陶。通体磨光。唇部饰红彩,上腹部饰平行凹弦纹,折腹上有附加堆纹。口径22厘米,残高10.4厘米。(图三十九:4,图版十六:4)

标本H166:21,夹砂灰陶。折沿较宽,方唇。上腹部饰平行细凹弦纹,之间饰平行斜划纹。划纹上又贴圆饼。口径26厘米,残高9.7厘米。(图三十九:5)

标本H97:1,夹砂灰陶。素面。口径19厘米,11.8厘米。(图三十九:6)

鼎足 均为夹砂褐陶和夹砂红陶。在鼎足与鼎腹交接处有饰捺窝或贴圆形泥饼现象;在扁条形鼎足中部或两侧有饰竖形沟槽现象。根据鼎足形体,可分三型。

A型 扁长条形。

标本H271:14,夹砂褐陶。断面呈椭圆形,鼎足呈尖状。长7.8厘米,宽4.4厘米。(图三十九:7)

标本H271:16,夹砂褐陶。中部有一道沟槽。残长6.2厘米,宽3.4厘米。(图三十九:8)

标本H2:20,夹砂褐陶。长条形,尖足。上饰泥饼,仅存1个。(图三十九:9)

B型 鸭嘴形。标本H83:5,夹砂红陶。鼎足上端有泥突,以便于插入鼎腹,下部装饰有捺窝。长7.5厘米,宽3.5厘米。(图三十九:10)

标本H271:15,夹砂褐陶。上饰一捺窝。长7.5厘米,宽2.7厘米。(图三十九:11)

标本H42:37,夹砂褐陶。中部起脊,足尖呈鸭嘴状。最宽处5.3厘米,高8.4厘米。(图三十九:12)

C型 三角形。侧面呈三角形,形体较矮。有的足端修饰成鸭嘴形。

标本H2:3,夹砂褐陶。足端修成鸭嘴状。长9.4厘米,宽2.7厘米。(图三十九:13)

标本H2:4,夹砂褐陶。足端呈鸭嘴状。长7.9厘米,宽2.2厘米。(图三十九:14)

标本H194:5,夹砂褐陶。扁三角形,棱角分明,正面起脊,足端呈鸭嘴状。足上部脊两侧饰对称指甲纹,形成倒麦穗状。足高13.6厘米,宽4厘米。(图三十九:15)

甑 共复原4件。均为夹砂红陶和夹砂褐陶。根据器物形态,可分两型。

盆形甑 2件。均为夹砂褐陶。大敞口,圆唇外卷贴于外壁,斜壁较浅,平底。底部上有椭圆形长条孔。整体胎壁较厚,粗糙。

标本H109:3,弧腹。腹上部有对称鸡冠状口耳。底部有4个椭圆形孔。口径25.5厘

米,底径 12 厘米,高 12.8 厘米。(图四十:1,图版十六:5、6)

标本 H109:4,斜直腹。底部有 5 个椭圆形孔。口径 25 厘米,底径 9.2 厘米,高 12.3 厘米。(图四十:2,图版十七:1、2)

桶形甑 2 件。均为夹砂红陶。敞口,小圆唇,弧腹较深,平底,底部有孔。口径略大于底径。内壁附有一层水垢。整体胎壁较薄,做工规整。

标本 H42:3,敞口,圆唇,斜直腹,平底。底部有 13 个圆孔,孔径 0.8 厘米～1 厘米。口径 20.8 厘米,底径 11.6 厘米,高 14.2 厘米。(图四十:3,图版十七:3、4)

标本 H238:35,唇下有三周凹弦纹。底部有 1 个圆孔,3 个椭圆形长条孔。口径 21.6 厘米,底径 11.8 厘米,高 13.5 厘米。(图四十:4,图版七:5、6)

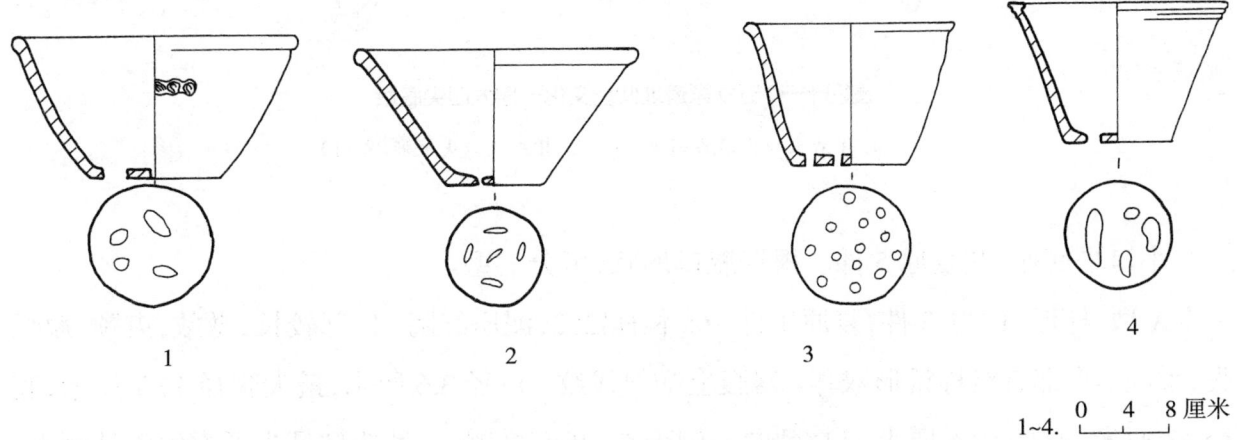

图四十　五女冢遗址仰韶文化一期陶甑

1. 盆形甑(H109:3) 2. 盆形甑(H109:4) 3. 桶形甑(H42:3) 4. 桶形甑(H238:35)

大口尖底瓶 3 件。复原 2 件。厚胎。根据器物形态,可分两式。

Ⅰ式 1 件。复原。标本 H42:1,泥质红陶。厚胎。直口,方唇,瘦弧腹,尖底。口沿下饰数周凹弦纹,通体饰斜线纹。凹弦纹下对称装饰有 3 排 8 组鸟喙状泥突。口外径 23.5 厘米,通高 78.5 厘米。(图四十一:1,图版十八:1)

Ⅱ式 2 件。复原 1 件。标本 W11,泥质红陶。直口,上腹内收,下腹外鼓,似鼓腹状,尖底。口沿下饰数周凹弦纹,通体饰斜细线纹;口沿下装饰有 10 组鸟喙状泥突,每组泥突分一个和上下两个两种形式,二者相间排列;腹中部有一周黑边白衣彩绘宽带纹,宽 4.4 厘米。口径 26 厘米,最大腹径 28.5 厘米,高 88 厘米。(图四十一:2,图版十九:1、2、3)

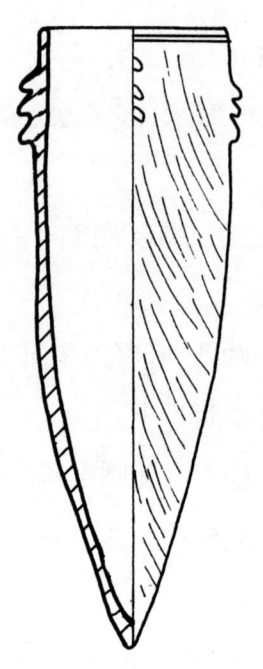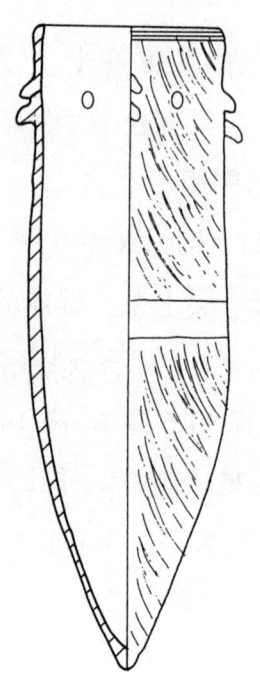

图四十一 五女冢遗址仰韶文化一期大口尖底瓶

1. Ⅰ式大口尖底瓶(H42:1) 2. Ⅱ式大口尖底瓶(W11)

小口平底瓶 共复原5件。根据瓶口形状,可分三型。

A型 杯形口。共3件,复原1件。标本H42:2,泥质红陶。口部较长,微敛,束颈,瘦弧腹,平底。腹部有对称桥形双耳。器腹上饰斜线纹。口径3.6厘米,最大腹径17.7厘米,底径13厘米,通高53.6厘米。口、颈向一侧歪斜,我们推测:这种造型是为了方便向外倒水。(图四十二:1,图版二十:1)

标本H83:1,口呈扁圆形,直口较长,圆唇,直口下平出沿,束颈,溜肩,腹残。颈下饰竖线纹。口径5.3厘米~5.8厘米,残长16.3厘米。(图四十二:4)

标本H83:2,圆口,直口较短,斜沿,束颈。口径3.4厘米,残高6.3厘米。(图四十二:5)

B型 喇叭口。共4件,复原2件。小口,呈喇叭状,向外翻,圆唇,窄平沿,细长颈,鼓腹,腹下内收,平底。颈、腹上饰不规则交叉划纹。口沿处略有残缺。

标本H42:5,泥质黑陶。球形腹。口部略残。口径6厘米,腹径18.8厘米,底径10.8厘米,高30厘米。(图四十二:2,图版二十一:1)

标本H42:17,泥质黑陶,鼓腹。腹上饰不对称半圆形耳。口径4.8厘米,腹径29厘米,底径11.2厘米,高38.6厘米。(图四十二:3,图版二十一:2)

C型　敛包口（与小口尖底瓶的C型一样）。复原2件。小口内敛，窄平沿，细颈，弧腹，平底。

标本H42:6，泥质黑陶。复原。口略残。球形腹。颈下饰不规则交叉划纹。口径3.6厘米，最大腹径20.9厘米，底径11.2厘米，高31.6厘米。（图四十二:6，图版二十一:3）

标本H42:22，泥质红陶。复原。瘦长腹，平底。平沿下饰斜线纹。口径4厘米，最大腹径20.8厘米，底径13.2厘米，高43.8厘米。（图四十二:7，图版二十一:4）

另外还发现1件小口平底瓶底部。

标本H139:5，泥质红陶。弧腹较瘦，平底。腹身饰斜线纹，下腹部素面。底径8厘米，残高15.2厘米。（图四十二:8）

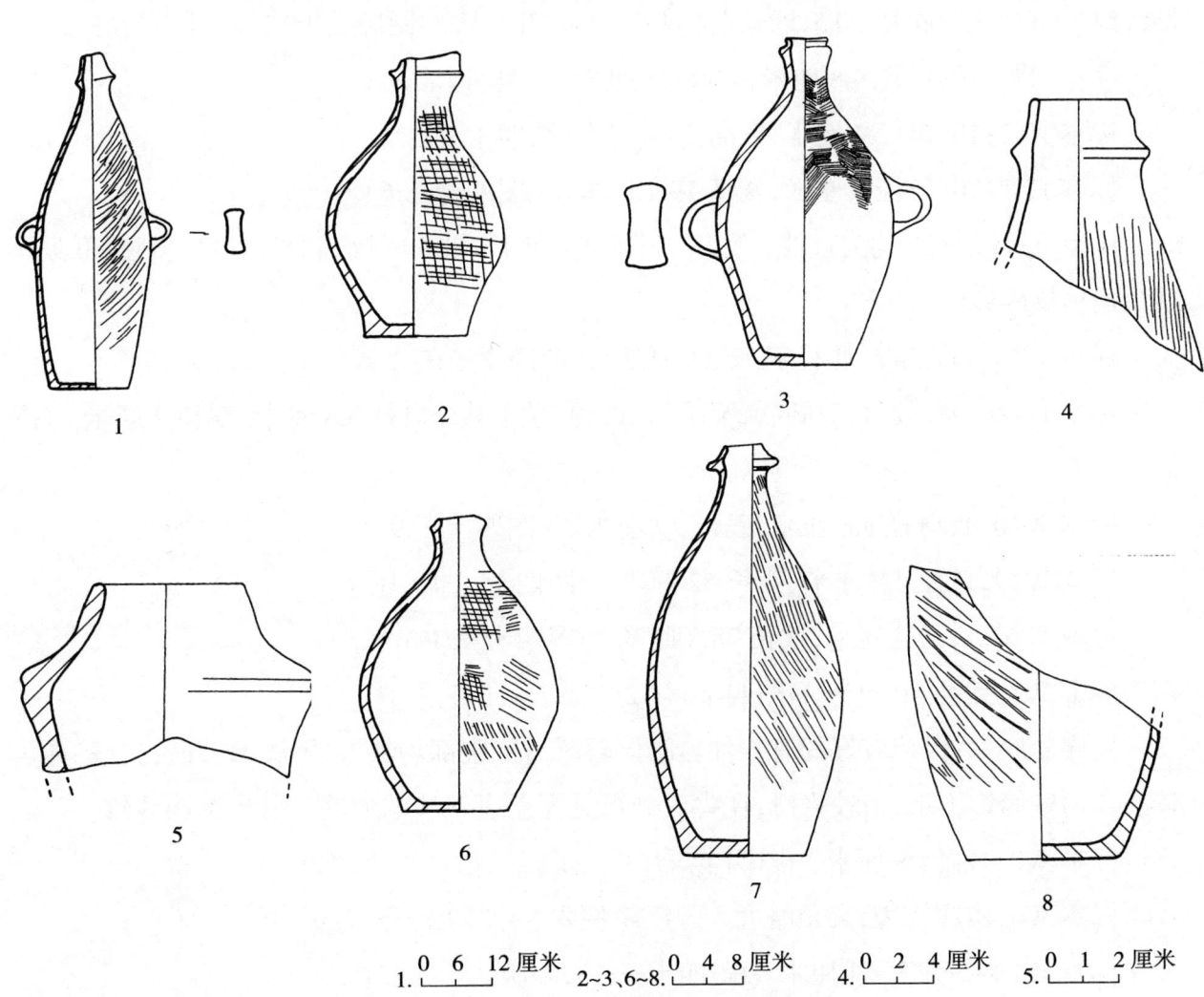

图四十二　五女家遗址仰韶文化一期小口平底瓶

1. A型小口平底瓶(H42:2)　2. B型小口平底瓶(H42:5)　3. B型小口平底瓶(H42:17)　4. A型小口平底瓶(H83:1)
5. A型小口平底瓶(H83:2)　6. C型小口平底瓶(H42:6)　7. C型小口平底瓶(H42:22)　8. 小口平底瓶底部(H139:5)

小口尖底瓶 均为泥质红陶,数量较多,但仅复原1件,其余均为残器。胎体均较薄。根据口部形状,可分四型。

A型 葫芦形口。1件,仅存口部。标本H201:11,泥质红陶。小口,圆唇,下部外鼓,束颈,颈下残。口外径4厘米,残高6.6厘米。(图四十三:1)

B型 扁圆形口。1件,仅存口部。标本H81:11,泥胎内掺蚌壳颗粒。口径8厘米,残高5厘米。(图四十三:2)

C型 敛包口。数量较多,仅复原1件。均为泥质红陶。小敛口,窄平沿,束颈,弧腹,尖底。腹身饰线纹。

标本W23,复原。斜唇内收成小口,平沿,束颈,溜肩,瘦长腹,腰部略内收,尖底。通体饰线纹。口径3.3,腹径20.5,通长77厘米。(图四十三:3,图版二十二:1)

标本H42:16,口径4.8厘米,残高25厘米。(图四十三:4)

标本H42:19,口径4厘米,残高13.7厘米(图四十三:5)。

标本H42:20,口径3厘米,残高19.2厘米。(图四十三:6)

D型 重环形口。均为残器。敛口,口部为重唇形,似双环状,束颈,溜肩,弧腹,下腹均残。通体饰斜线纹。

标本W13,口径4.5厘米,残长41厘米。(图四十三:7)。

标本H42:108,敛口,双圆唇,窄平沿,束颈,颈下残。口径3.8厘米,残长7厘米。(图四十三:8)

标本W10-1,口径4.6厘米,残长29厘米。(图四十三:9)

标本W19,口径4.2厘米,残长52厘米。(图四十三:10,图版二十二:2)

标本W20,口径4厘米,残长38.8厘米。(图四十三:11)

标本W1,残高40厘米。(图四十三:12)

尖底瓶底部:保存较好的有6件。胎体较薄。上腹部均缺失,下腹部较鼓,尖底,夹角较小。内壁修饰不平,但较光滑,在尖底处可见泥条盘筑法的痕迹。通体饰斜线纹。

标本W2,残高48厘米。(图四十三:13)

标本W4,腹底较鼓,夹角略大,残高47厘米。(图四十三:14)

标本W10-2,残高54厘米。(图四十三:15,图版二十二:3)

标本H42:21,残高36厘米。(图四十三:16)

标本H42:24,残高19.2厘米。(图四十三:17)

标本H42:27,残高13厘米。(图四十三:18)

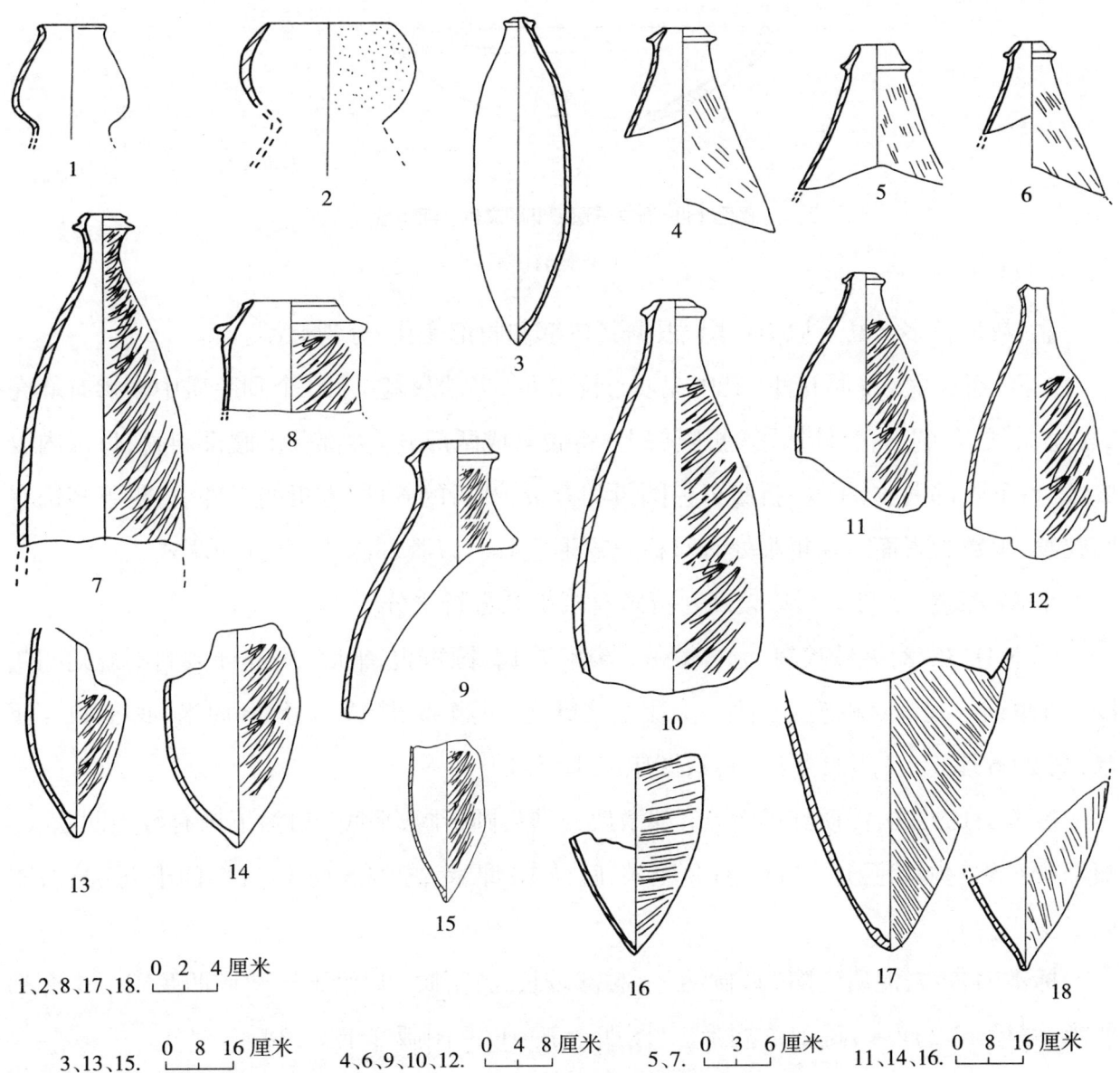

图四十三 五女冢遗址仰韶文化一期小口尖底瓶

1. A型小口尖底瓶(H201:11) 2. B型小口尖底瓶(H81:11) 3. C型小口尖底瓶(W23)
4. C型小口尖底瓶(H42:16) 5. C型小口尖底瓶(H42:19) 6. C型小口尖底瓶(H42:20)
7. D型小口尖底瓶(W13) 8. D型小口尖底瓶(H42:108) 9. D型小口尖底瓶(W10-1)
10. D型小口尖底瓶(W19) 11. D型小口尖底瓶(W20) 12. D型小口尖底瓶(W1) 13. 尖底瓶底部(W2)
14. 尖底瓶底部(W4) 15. 尖底瓶底部(W10-2) 16. 尖底瓶底部(H42:21) 17. 尖底瓶底部(H42:24)
18. 尖底瓶底部(H42:27)

盘 1件。仅存一块盘口。标本H109:26，泥质红陶。大口浅腹。口沿处较直，小平唇，卷斜沿，斜直腹，底残。唇、沿上饰平行划纹。口径29厘米，残高6.7厘米。（图四十四:1）

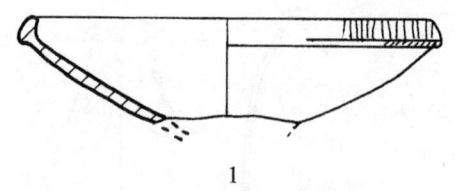

图四十四 五女冢遗址仰韶文化一期陶盘

1.陶盘(H109:26)

盆 数量较多。共复原 20 件。根据其口部和腹部变化,分为七型。

A 型:折腹盆。复原 9 件。其中泥质红陶 8 件,夹砂灰陶 1 件。个别胎质中多掺有蚌壳颗粒。微敛口,圆唇,唇外加厚。折腹偏上,将腹分成两部分。大部分上腹部斜直,口部内收成敛口;下腹部斜收,平底。折腹分为圆折和方折,圆折的 6 件,方折的 3 件。口沿下多饰有凹弦纹,少数为素面。在折腹处有对称鸡冠形□耳。以腹部深浅,划分为两式。

Ⅰ式 深腹。3 件。形体较高。折腹有圆折和方折之分。

标本 H135:8,夹砂灰陶。大口微敛,厚唇,丰肩,圆折腹,平底。肩部饰数周不规则凹弦纹。肩腹结合处饰对称鸡冠□耳。上腹上浆磨光,下腹部粗糙。口径 30 厘米,底径 11.4 厘米,高 22.6 厘米。(图四十五-1:1,图版二十三:1)

标本 H139:20,泥质红褐陶。口部微敛,斜唇,圆折腹,平底。口沿下饰有数周凹弦纹。腹部有对称鸡冠状□耳。口径 31.8 厘米,底径 10 厘米,高 24.5 厘米。(图四十五-1:2,图版二十三:2)

标本 H42:7,泥质红陶。厚圆唇,上腹部较长,方折腹。口沿下饰数周凹弦纹。口径 30 厘米,底径 13.2 厘米,高 21.6 厘米。(图四十五-1:3,图版二十三:3)

Ⅱ式 浅腹。6 件。形体较矮。折腹分圆折和方折。

标本 H42:8,泥质红陶。上腹斜直。口径 32 厘米,底径 13.5 厘米,高 18.9 厘米。(图四十五-1:4,图版二十三:4)

标本 H42:9,泥质红陶。口微敛,斜平沿,内外出棱。上腹部较短。素面。腹上有刮削痕迹。口径 31.4,底径 13.2 厘米,高 15.5 厘米。(图四十五-1:5,图版二十三:5)

标本 H271:1,泥质红陶。器形较小。卷圆唇,上腹略弧,腹部方折,平底。折腹处的鸡冠状□耳上部贴有一个圆形泥饼。口径 26 厘米,底径 10 厘米,高 14.4 厘米。(图四十五-1:6,图版二十三:6)

标本 H97:2,泥质红陶。器形较小。卷平沿,腹部方折。口沿下饰数周凹弦纹。口径 24.5 厘米,底径 13.5 厘米,高 13.4 厘米。(图四十五-1:7,图版二十三:7)

标本H109:14，泥质红褐陶。上腹较短，折腹不太明显。身上带黑斑，有划纹痕迹。腹中部有对称鸡冠状口耳。口径28厘米，底径10.8厘米，高14.2厘米。（图四十五-1:8，图版二十四:1）

标本H109:15，泥质红陶。曲腹。口下饰两三周凹弦纹。口径24.3厘米，腹径26.8厘米，底径11.5厘米。（图四十五-1:9，图版二十四:2）

B型 浅腹盆 复原4件。器形较小。敞口，折沿，腹壁呈斜直或微弧，浅腹，平底。根据沿部形态，可分两式。

Ⅰ式 平折沿。4件。

标本H42:12，泥质灰陶。敞口，平沿，圆唇，斜直腹，下腹略内收，小平底。口径22厘米，底径9.7厘米，高7.5厘米。（图四十五-1:10，图版二十四:3）

标本H67:1，泥质红陶。圆唇，腹部略深。沿上有两道凹弦纹。口径19.4厘米，底径11厘米，高9.8厘米。（图四十五-1:11）

标本H135:10，泥质灰陶。直口，平沿略呈弧形，圆唇，腹外壁呈弧形，内壁上腹部较直，下腹部内折呈斜直腹，平底。口径22.4厘米，底径11.6厘米，高7.8厘米。（图四十五-1:12，图版二十四:4）

标本H97:5，泥质灰陶。宽沿微斜，圆唇，浅弧腹，弧度较大，底残。平沿上的裂缝两侧有对称小孔，对钻。口径24.8厘米，残高7.8厘米。（图四十五-1:13，图版二十四:5）

Ⅱ式 斜折沿。1件。

标本H135:9，泥质红陶。敞口，圆唇，斜折沿，斜直腹，下腹略内收，平底。沿较宽，中间下凹，形成轨道式。折沿下有一周凹槽。该盆在烧制过程中，被烧变形，口部成椭圆形。口径28.5厘米～30厘米，底径10厘米，高12.4厘米。（图四十五-1:14，图版二十四:6）

C型 敞口盆 1件。复原。标本H210:2，夹砂褐陶。敞口，尖斜唇，弧腹，平底。口沿外有一周凹弦纹。口径22.8厘米，底径10.5厘米，高11.2厘米。（图四十五-1:15，图版二十四:7）

D型 敛口盆 标本4件，复原1件。根据口部形态，可分两式。

Ⅰ式 厚唇。复原1件。大口，口部内折，叠唇，斜出沿，弧腹，平底。标本H135:11，复原。泥质红陶。口径35厘米，底径16厘米，高16.5厘米。（图四十五-2:16；图版二十四:8）

Ⅱ式 薄唇。均为残器。大口，口部内折，尖唇，圆肩，弧腹。肩上饰一周凹槽纹。标本H42:39，泥质灰陶。口径32厘米，残高14厘米。（图四十五-2:17）

E型 曲腹盆 复原1件。斜折沿，敛口，圆鼓腹，腹下内收，平底。整个形体矮胖。

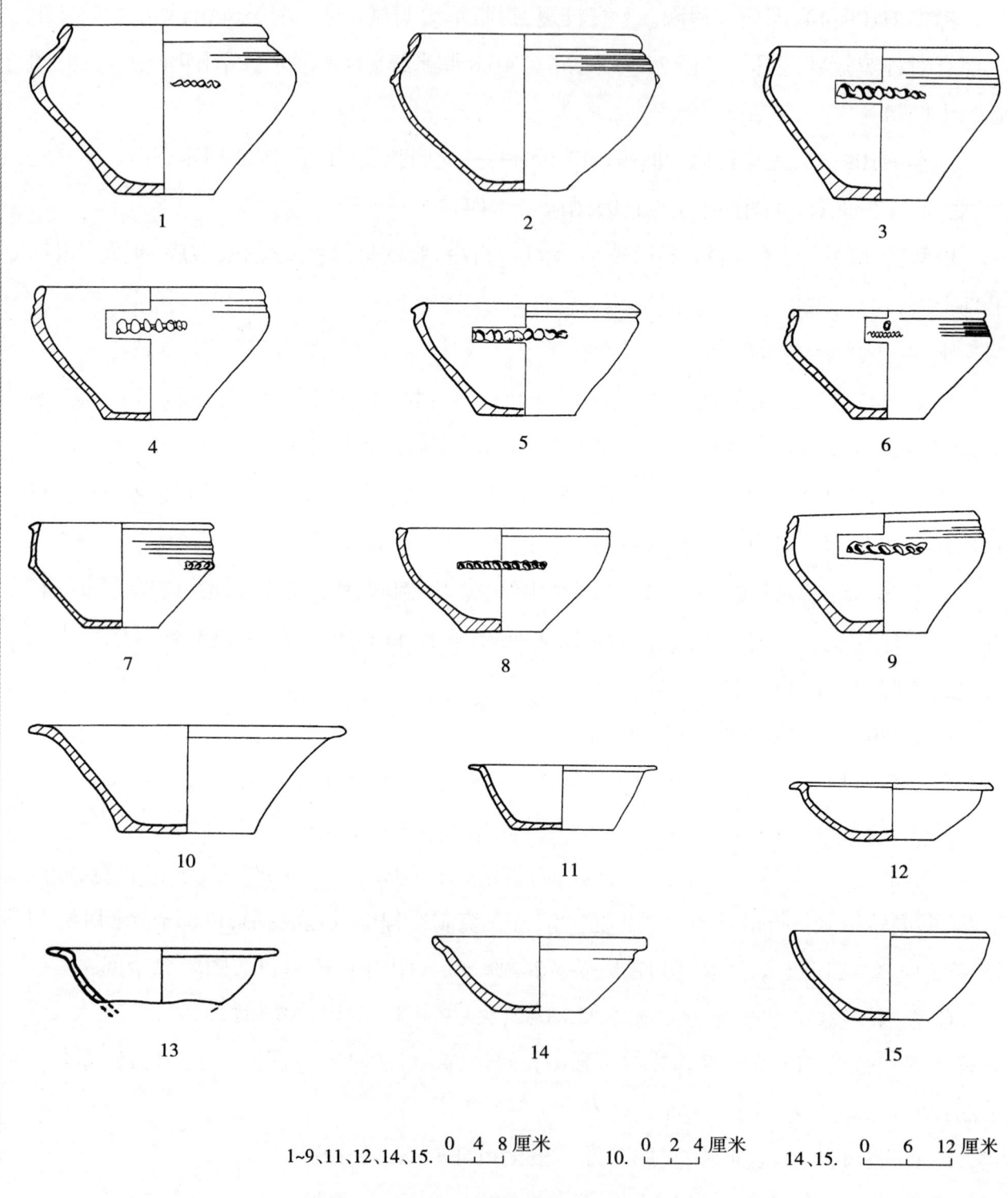

1~9、11、12、14、15. 0 4 8厘米　　10. 0 2 4厘米　　14、15. 0 6 12厘米

图四十五-1　五女冢遗址仰韶文化一期陶盆

1. A型Ⅰ式盆(H135:8)　2. A型Ⅰ式盆(H139:20)　3. A型Ⅰ式盆(H42:7)　4. A型Ⅱ式盆(H42:8)
5. A型Ⅱ式盆(H42:9)　6. A型Ⅱ式盆(H271:1)　7. A型Ⅱ式盆(H97:2)　8. A型Ⅱ式盆(H109:14)
9. A型Ⅱ式盆(H109:15)　10. B型Ⅰ式盆(H42:12)　11. B型Ⅰ式盆(H67:1)　12. B型Ⅰ式盆(H135:10)
13. B型Ⅰ式盆(H97:5)　14. B型Ⅱ式盆(H135:9)　15. C型盆(H210:2)

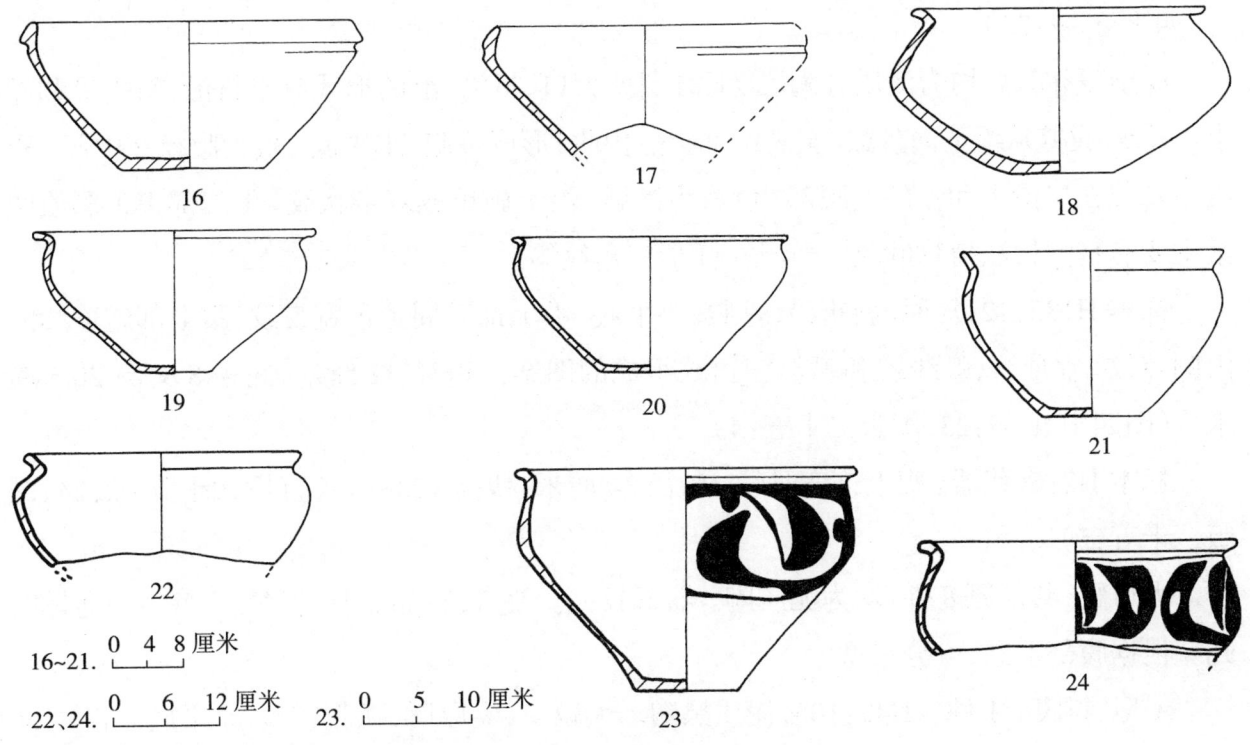

图四十五-2 五女冢遗址仰韶文化一期陶盆

16. D型Ⅰ式盆(H135:11) 17. D型Ⅱ式盆(H42:39) 18. E型盆(H139:4) 19. F型Ⅰ式盆(H42:10)
20. F型Ⅰ式盆(H213:10) 21. F型Ⅱ式盆(H42:11) 22. F型Ⅱ式盆(H67:3) 23. G型盆(H135:12)
24. G型盆(H2:6)

标本 H139:4，泥质黑陶，通体磨光。口径 29.5 厘米，底径 13 厘米，高 19 厘米。（图四十五-2:18，图版二十五:1）

F型 鼓腹盆 复原 3 件。均为泥质陶，分为泥质灰陶和泥质红陶。口部微敛，折沿，圆唇，上腹外鼓，下腹弧状斜收，平底。根据形体，可分两式。

Ⅰ式 折沿盆。复原 2 件。折沿外卷，圆肩。标本 H42:10，泥质灰陶，外皮上有的地方呈褐红色。微敛口，卷平沿，曲腹，腹下迅速内收，小平底。素面磨光。口径 30.3 厘米，腹径 28.6 厘米，底径 8 厘米，高 15.5 厘米。（图四十五-2:19，图版二十五:2）

标本 H213:10，泥质红陶。卷平沿，圆唇。素面磨光。口径 30 厘米，底径 12 厘米，高 14.4 厘米。（图四十五-2:20）

Ⅱ式 束颈盆。复原 1 件。斜折沿，束颈，圆肩。

标本 H42:11，泥质红陶。敞口，卷沿，束颈，溜肩，弧腹，小平底。素面磨光。口径 28 厘米，底径 10 厘米，高 17.5 厘米。（图四十五-2:21，图版二十五:3）

标本 H67:3，斜沿，尖唇，束颈，鼓肩。肩上有刮削痕迹。口径 32 厘米，残高 12.5 厘米。

（图四十五-2:22）

G型 彩陶盆 均为泥质红陶。复原1件。大口，折沿，沿的形式有平折沿、斜折沿和卷沿。深腹，腹壁从沿下向外鼓，至腹中部突然内收，形成垂腹，小平底。最大腹径在中部。彩绘主要施在口沿上和盆的上腹部。色彩为黑彩。沿上施单或双带状纹。上腹部黑色彩绘图案主要有：弯月纹、植物叶纹、圆点纹、弧形三角纹等。

标本H135:12，复原。斜折沿，垂腹，小平底。沿上饰一周黑色宽带纹，腹上部施连续的由圆点纹、弯月纹、弧线纹和弧形三角纹组成的图案。口径32厘米，底径8.8，高20.5厘米。（图四十五-2:23，图版二十五:4）

标本H2:6，残器。腹上饰弯月纹。口径34厘米，残高12.8厘米。（图四十五-2:24，图版二十五:5）

大口缸 共复原8件，均为泥质陶。器形较大。敛口，唇部加厚，斜腹，平底。均通体磨光。根据腹部形态，可分三型。

A型 斜腹。1件。H42:105，泥质黑陶。大敞口，尖厚唇，弧腹较瘦，小平底。口径50厘米，底径13.5厘米，高37厘米。（图四十六:1；图版二十六:1）

B型 折腹。共6件。泥质红陶和泥质灰陶各3件。敛口，弧肩内折，斜直腹，小平底。泥质红陶缸肩上饰数周凹弦纹，泥质灰陶缸均为素面。最小口径43厘米，最大口径51.5厘米。

标本H42:104，泥质红陶。肩上饰数周凹弦纹。口径41厘米，底径19.5厘米，高45厘米。（图四十六:2，图版二十六:2）

标本H135:1，泥质红陶。肩上有数周凹弦纹。口径47.2厘米，底径19.5厘米，高37厘米。（图四十六:3，图版二十六:3）

标本H135:2，泥质红陶。肩上有数周凹弦纹。口径47.4厘米，底径21厘米，高30厘米。（图四十六:4，图版二十七:1）

标本H109:1，泥质灰陶。素面。口径46.5厘米，腹径51.5厘米，底径16厘米，高37厘米。（图四十六:5，图版二十七:2）

标本H139:9，泥质灰陶。素面。口径54厘米，底径21.5厘米，高32厘米。（图四十六:6，图版二十七:3）

标本H42:106，泥质灰陶。素面。口径42厘米，底径24厘米，残高38厘米。（图四十六:7，图版二十七:4）

C型 曲腹。1件。H29:1，泥质红陶。敛口，平唇，鼓肩，曲腹，小平底。口径38.5厘米，底径15厘米，高42厘米。（图四十六:8，图版二十七:5）

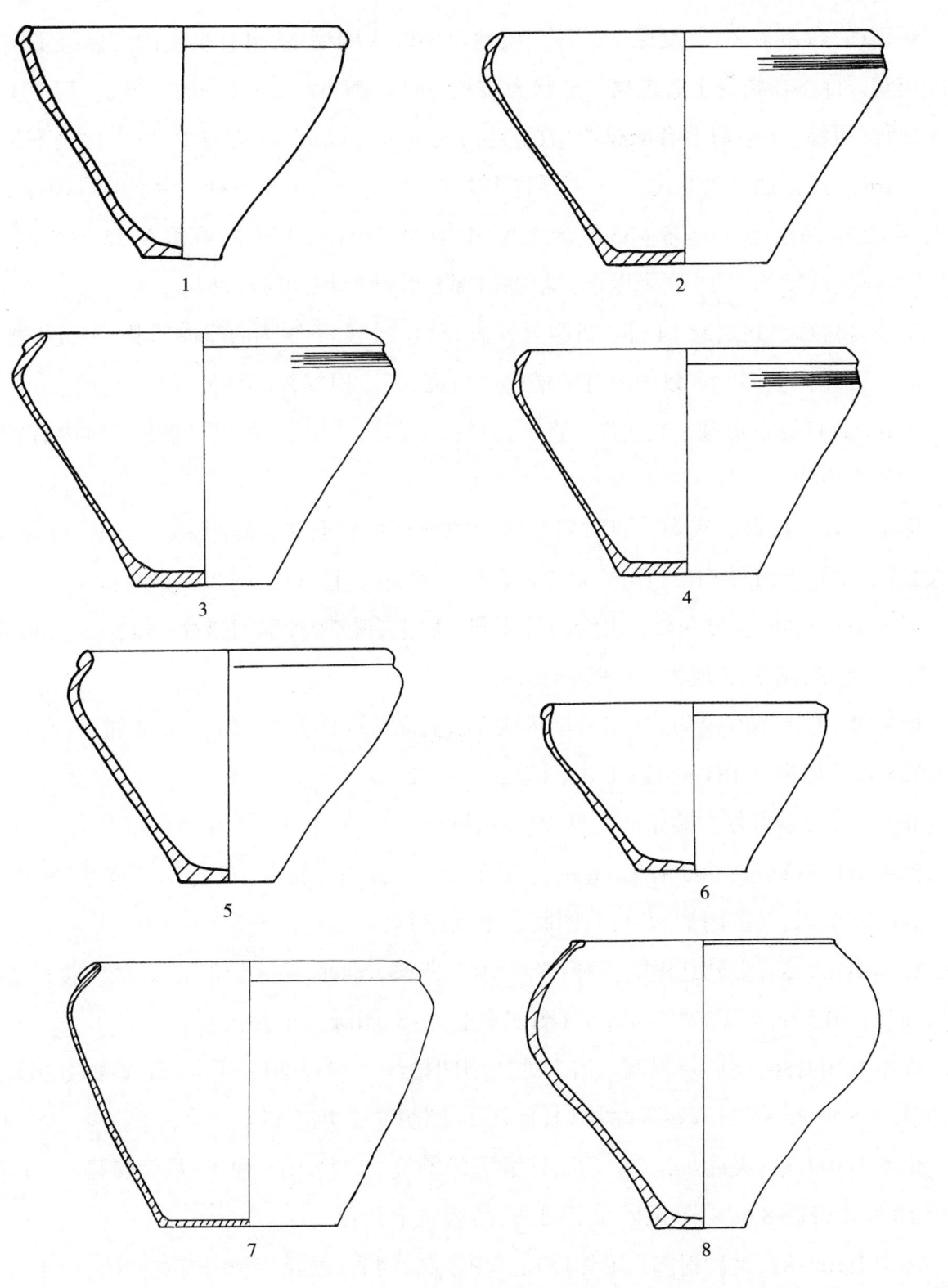

图四十六 五女冢遗址新石器时代一期陶大口缸

1. A 型（H42:105） 2. B 型（H42:104） 3. B 型（H135:1） 4. B 型（H135:2） 5. B 型（H109:1） 6. B 型（H139:9） 7. B 型（H42:106） 8. C 型（H29:1）

矮领罐 数量最多，共复原23件。质地以夹砂褐陶为主，也有少量的夹砂红褐陶和夹砂灰陶。许多器物身上有黑斑。形状为矮领，弧肩，圆折腹，下腹内收，平底。肩上上浆磨光，腹部粗糙。多数肩上有凹弦纹，数量约占三分之二以上。素面较少，所占比例不足三分之一。有的领内呈"轨道式"。这类器物根据器形，可分大中小三种。大型的口径在21~35厘米之间，高度在25厘米~35厘米之间；中型的口径在20厘米，高度在25厘米左右；小型的口径、高度均在15厘米以下。根据口部和腹部形状，可分六型。

A型 扁腹罐 共复原14件。折腹处外鼓，呈扁圆形，下腹内收呈曲腹状，多数折棱明显。最大腹径在上部。多数领内有凹槽，呈"轨道式"。根据领部特征，可分三式。

Ⅰ式 直口钉盖形领。共3件。直领，方唇，上部内外出沿，形成钉盖形。领内有宽凹槽。均为大型罐。

标本H42:61，夹砂灰陶。大口，斜平唇，出沿较尖。肩上有数周凹弦纹。口径33厘米，最大腹径47厘米，底径12.5厘米，高29厘米。（图四十七-1:1,图版二十八:1）

标本H135:86，夹砂灰陶。出沿内外略圆。肩上有较密较细凹弦纹。口径32.5厘米，底径15.5厘米，高26.5厘米。（图四十七-1:2）

标本W12，夹砂红褐陶。出沿外圆内尖。肩上饰数周凹弦纹。口径22.4厘米，底径12厘米，高16.5厘米。（图四十七-1:3,图版二十八:2）

Ⅱ式 直口卷沿领。共4件。直领外卷，圆唇。

标本H135:22，夹砂红褐陶。卷沿，折腹略圆，下腹内收较大。口径31.5厘米，底径15厘米，高29厘米。（图四十七-1:4,图版二十八:3）

标本H109:33，夹砂红褐陶。领下有一道宽凹槽。素面。口径18厘米，最大腹径27.5厘米，底径10.5厘米，高21.5厘米。（图四十七-1:5,图版二十九:1）

标本H109:36，夹砂灰褐陶。肩上饰数周凹槽纹。口径20.2厘米，最大腹径26.8厘米，底径8.8厘米，高21.6厘米（图四十七-1:6,图版二十九:2）

标本H109:37，夹砂灰褐陶。肩上饰数周凹槽纹。口径16.8厘米，最大腹径26厘米，底径10厘米，高18.6厘米（图四十七-1:7,图版二十九:3）

标本H109:81，夹砂褐陶。形体瘦长。领较高，溜肩，鼓腹。领内有宽凹槽，肩上饰数周细凹弦纹。口径17.5厘米，最大腹径24厘米，底径12厘米，高22.2厘米。（图四十七-1:8,图版二十九:4）

Ⅲ式 斜折领。共6件。该式罐形体较小，为小型类。领外折，领壁内侧有凹槽。

标本H109:39，夹砂灰褐陶。器形最小。上腹部有数周模糊凹弦纹。口径12.5厘米，最大腹径16厘米，底径7.5厘米，高10厘米。（图四十七-1:9，图版三十:1）

标本H109:92，夹砂红褐陶。尖唇，斜沿，外出尖沿。肩部有数周凹弦纹。口径19.8厘米，腹径25.2厘米，底径12厘米，高18.2厘米。（图四十七-1:10，图版三十:2）

标本H109:41，夹砂红褐陶。肩上饰有数周凹槽纹。口径16.8厘米，最大腹径24.3厘米，底径9.6厘米，高16.6厘米。（图四十七-1:11，图版三十:3）

标本H109:42，夹砂灰褐陶。三角唇。领内壁上有一周浅沟槽，肩上有数周凹弦纹。口径15.2厘米，最大腹径21.5厘米，底径10厘米，高15.4厘米。（图四十七-1:12，图版三十:4）

标本H109:91，夹砂灰褐陶。圆唇，唇内有一周浅沟槽，形成倒钩状。素面。口径19.2厘米，最大腹径24.6厘米，底径9.8厘米，高16.4厘米。（图四十七-1:13，图版三十:5）

标本H42:107，夹砂红褐陶。圆唇，沿内有一道凹槽，肩上有数周凹弦纹。口径16厘米，最大腹径21.8厘米，底径10厘米，高19.3厘米。（图四十七-1:14，图版三十:6）

B型 圆腹罐。共复原3件。矮领，腹部成圆形，最大腹径在中部或接近中部，呈圆鼓腹。根据领部特征，可分两式。

Ⅰ式 直领。3件。标本H109:31，夹砂红陶，器形最大。外壁身上带黑斑。大口，直领，唇外斜，出沿，圆腹，平底。领内侧有一道凹槽，领肩之间饰一道凸线纹。素面。口径30.2厘米，最大腹径41.2厘米，底径15厘米，高43.3厘米。（图四十七-1:15，图版三十一:1）

标本H109:35，夹砂灰陶。直领，外卷沿。肩上饰数周凹弦纹。口径24.2厘米，最大腹径35.4厘米，底径15.5厘米，高27.5厘米。（图四十七-2:16，图版三十一:2）

标本H135:23，夹砂红褐陶。器形最小。矮领，圆唇。领内有一周凹槽。器身上有黑斑。底残口径12.8厘米，最大腹径18厘米，残高11厘米。（图四十七-2:17，图版三十一:3）

Ⅱ式 斜折领 1件。标本H229:1，夹砂灰陶。略小口，圆唇。领略向外撇，成喇叭口状。圆腹外鼓，小平底。领下饰两周凹弦纹，上腹部饰交叉划纹。口径17.8厘米，最大腹径32厘米，底径13厘米，高18厘米。（图四十七-2:18，二十六,2，图版三十一:4）

C型 弧腹罐。共复原6件。矮领。腹部特点是最大腹径仍在上部，略向下移。弧度介于扁圆和圆形之间，呈弧腹。根据器物领部特征，可分三式。

Ⅰ式 直口钉盖形领。2件。矮领，直口，方唇，内外出沿，形成钉盖形。

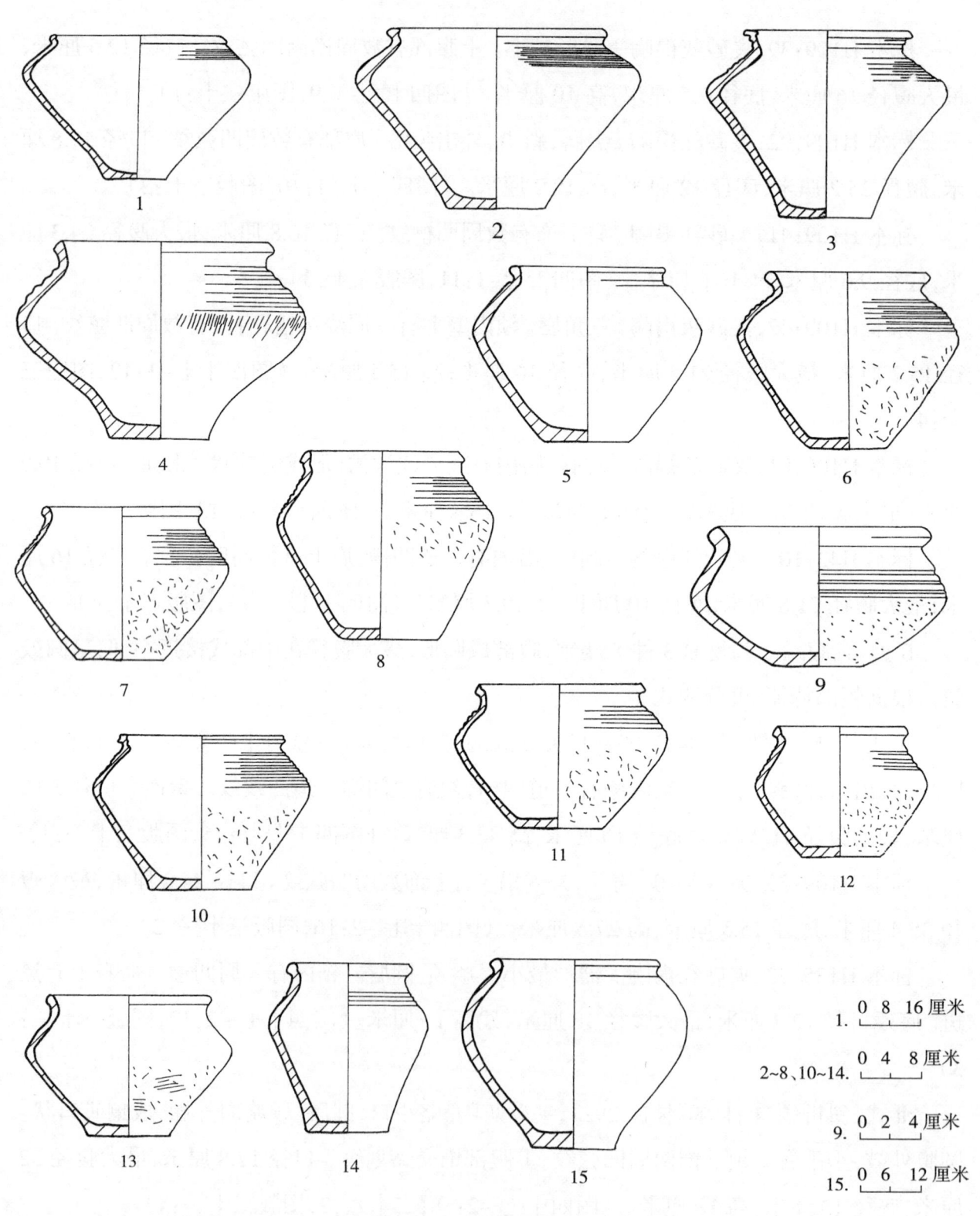

图四十七-1 五女冢遗址仰韶文化一期矮领罐

1. A型Ⅰ式（H42:61） 2. A型Ⅰ式（H135:86） 3. A型Ⅰ式（W12） 4. A型Ⅱ式（H135:22） 5. A型Ⅱ式（H109:33）
6. A型Ⅱ式（H109:36） 7. A型Ⅱ式（H109:37） 8. A型Ⅱ式（H109:81） 9. A型Ⅲ式（H109:39）
10. A型Ⅲ式（H109:92） 11. A型Ⅲ式（H109:41） 12. A型Ⅲ式（H109:42） 13. A型Ⅲ式（H109:91）
14. A型Ⅲ式（H42:107） 15. B型Ⅰ式（H109:31）

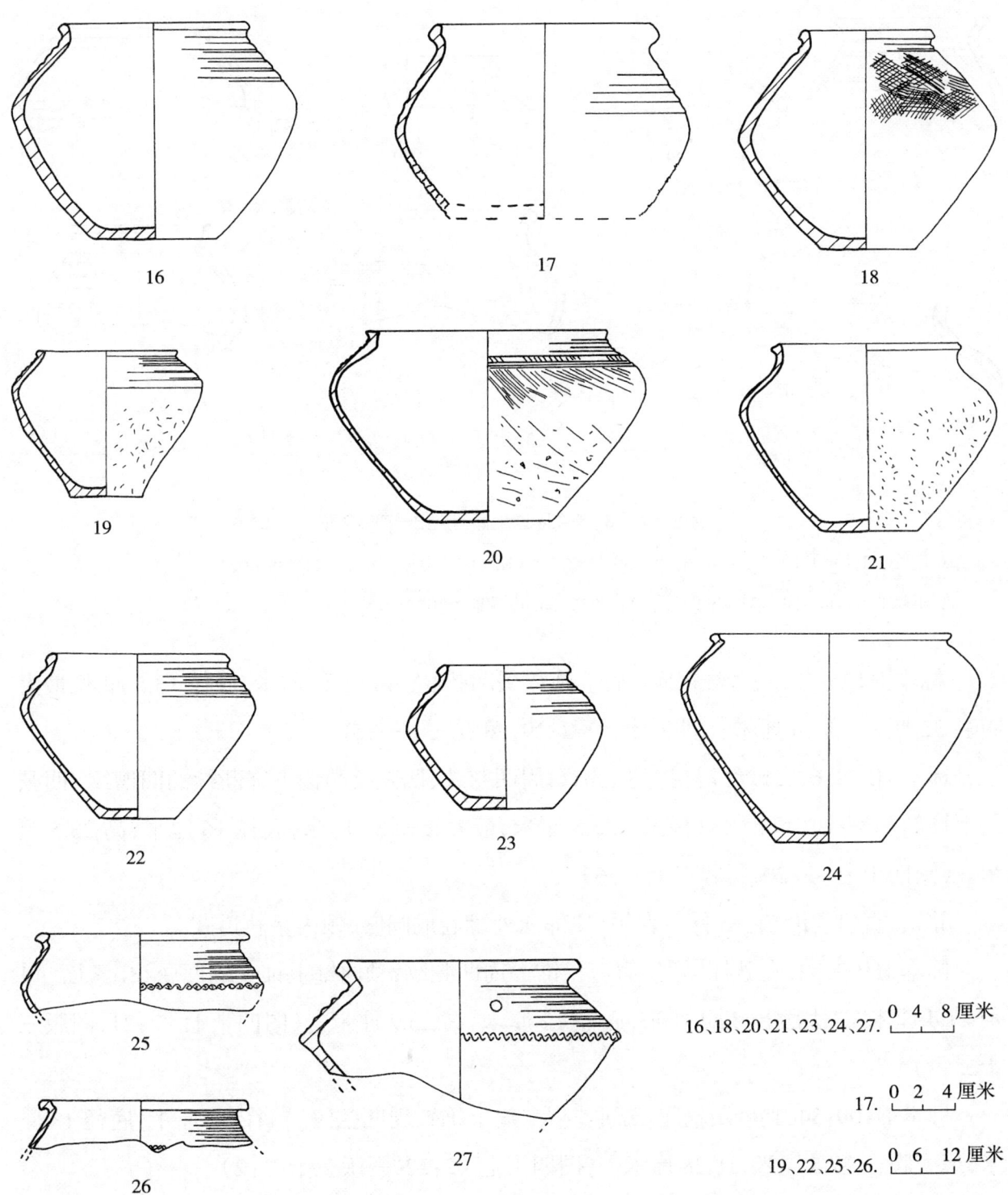

图四十七-2 五女冢遗址仰韶文化一期矮领罐

16. B型Ⅰ式（H109:35） 17. B型Ⅰ式（H135:23） 18. B型Ⅱ式（H229:1） 19. C型Ⅰ式（H135:18）
20. C型Ⅰ式（H238:6） 21. C型Ⅱ式（H109:32） 22. C型Ⅱ式（H109:34） 23. C型Ⅱ式（H109:38）
24. C型Ⅲ式（H135:21） 25. D型（H42:79） 26. D型（H2:30） 27. D型（H282:2）

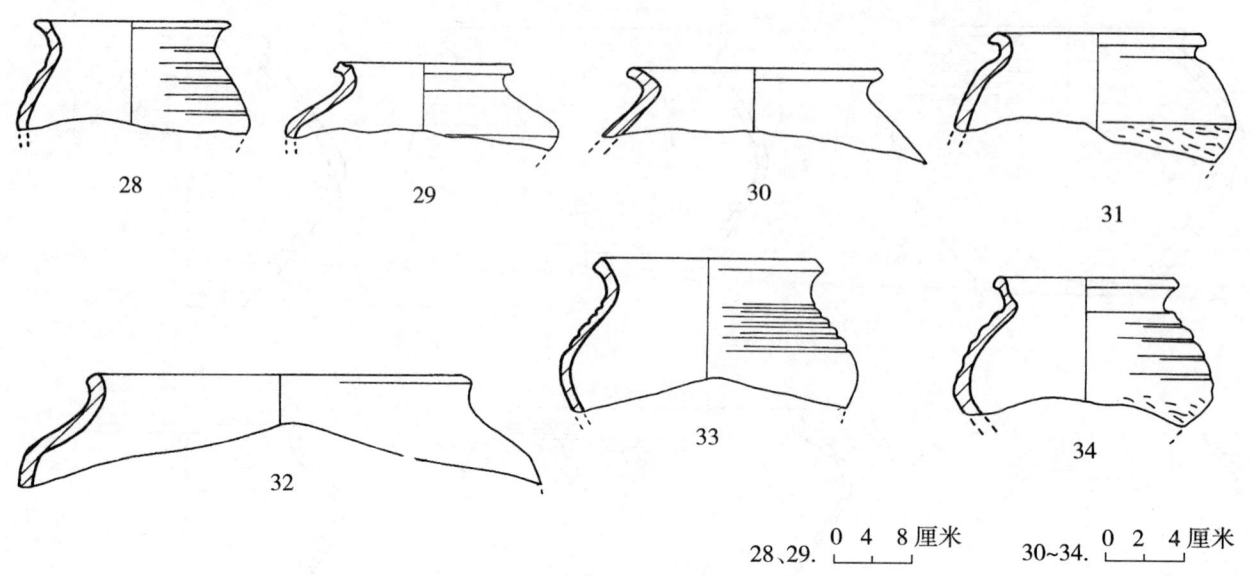

图四十七 -3　五女冢遗址仰韶文化一期矮领罐

28. E 型（H166:8）　29. F 型（H166:10）　30. 小罐Ⅰ式（H213:7）　31. 小罐Ⅰ式（H238:40）
32. 小罐Ⅱ式（H42:84）　33. 小罐Ⅲ式（H42:83）　34. 小罐Ⅲ式（H271:4）

标本 H135:18，夹砂红褐陶。肩上饰数周凹弦纹。口径 23 厘米，底径 13.5 厘米，最大腹径 32 厘米，高 24 厘米。(图四十七 -2:19，图版三十一:5)

标本 H238:6，夹砂红褐陶。肩上饰数周凹弦纹，凹弦纹凸棱上饰断续的凹槽纹。凹弦纹下饰斜凹槽纹。口径 23.6 厘米～25.5 厘米，最大腹径 37 厘米，底径 16 厘米，高 23.5 厘米。(图四十七 -2:20，图版三十一:6)

Ⅱ式　直口卷沿领。3 件。直领，顶部向外翻卷成圆唇，领内呈轨道式。

标本 H109:32，夹砂红褐陶。肩上仅饰一周凹弦纹，领内壁上饰一周凹弦纹。素面。口径 21.4 厘米，最大腹径 32.4 厘米，底径 12 厘米，高 23.7 厘米。(图四十七 -2:21，图版三十二:1)

标本 H109:34，夹砂红褐陶。器形较大。肩上饰数周凹弦纹。口径 30 厘米，底径 13 厘米，最大腹径 37.5 厘米，高 28 厘米。(图四十七 -2:22，图版三十二:2)

标本 H109:38，夹砂灰陶。肩上饰数周凹弦纹。口径 15.5 厘米，底径 11 厘米，最大腹径 22.5 厘米，高 17.4 厘米。(图四十七 -2:23，图版三十二:3)

Ⅲ式　斜折领。1 件。

标本 H135:21，夹砂褐陶。领内有沟槽，为轨道式。素面。口径 30.5 厘米，最大腹径 39 厘米，底径 14 厘米，高 38.6 厘米。(图四十七 -2:24，图版三十二:4)

D型 折腹罐。5件。均为残器，器形较大。敞口，斜沿，斜肩较长，折腹有角，腹较深，下腹残。肩上饰数周凹弦纹，折腹处饰一周附加堆纹。

标本H42:79，夹砂灰陶。折沿，斜下唇，沿内呈"轨道式"。口径36厘米，残高15.5厘米。（图四十七-2:25）

标本H2:30，夹砂灰陶。沿内呈"轨道式"。口径46厘米，残高13.5厘米。（图四十七-2:26）

标本H282:2，夹砂红陶。外壁上有大面积的黑斑。沿外翻成三角形唇。肩上饰数周凹弦纹，上贴小圆饼。口径28厘米，残高20厘米。（图四十七-2:27）

E型 1件。束颈罐。标本H166:8，夹砂灰陶。微敞口，外折平出沿，束颈，溜肩，腹部外鼓呈扁圆形，下腹残。肩上饰数周凹弦纹。口径16厘米，残高9.5厘米。（图四十七-3:28）

F型 1件。直领罐。标本H166:10，夹砂灰陶。直口，口部外折成方唇，扁腹，下腹残。口沿内有一道凹槽，腹部有刀削痕迹。肩上素面磨光，肩下粗糙。口径18厘米，残高8厘米。（图四十七-3:29）

小罐 均为夹砂罐。数量较少，共6件，均为残器。形体较小，高度在15厘米以下。器形是大口矮领罐的微型版。根据口部形态，可分三式。

Ⅰ式 侈口罐。2件。侈口，外卷沿，圆唇，束颈，圆腹，下腹残。素面。腹身上有黑斑。标本H213:7，夹砂褐陶。口径12厘米，残高5.2厘米。（图四十七-3:30）

标本H238:40，夹砂褐陶。上腹磨光，下腹粗糙。口径10厘米，残高6厘米。（图四十七-3:31）

Ⅱ式 直口罐。2件。直口，矮直领圆唇，短斜肩，折腹，下腹残。标本H42:84，夹砂褐陶。口径18厘米，残高6.4厘米。（图四十七-3:32）

Ⅲ式 束颈罐。2件。宽折沿，圆唇，束颈，鼓腹，上腹较长。下腹残。上腹部饰凹弦纹。标本H42:83，夹砂褐陶。弧肩。口径10厘米，残高7.4厘米。（图四十七-3:33）

标本H271:4，夹砂褐陶。口微敞，矮领，束颈明显，上腹略鼓，深腹。口沿内有凹槽，肩上饰凹弦纹。口径10厘米，残高7厘米。（图四十七-3:34）

圆腹罐 5件。器形较大，胎体较薄。大口，矮领，圆腹，平底。器身上有贴泥条和泥饼现象。从器身上有火烧的痕迹分析，此类器物应为炊具。根据腹部特征，可分三型。

A型 球形腹。3件，复原1件。夹砂红褐陶。身上有许多火烧的黑斑。根据领部特征，可分两式。

Ⅰ式 折领。复原。大口,方唇,束颈,球形腹,平底。腹上遍饰密集的划纹。标本 H200：1,口径28.5厘米,底径12厘米,最大腹径34.8厘米,高29.5厘米。（图四十八：1,图版三十二：5）

Ⅱ式 直领。大口,矮直领,斜卷沿,短颈,球形腹,下腹部残。领内有"轨道式"凹槽。口沿下饰一周较短的竖线纹,器身遍饰密集的斜线纹。标本 H42:85,夹砂褐陶。口径28厘米,残高16.6厘米。（图四十八：2）

B型 鼓腹。2件。标本 H42:86,夹砂灰陶。大口,矮直领,圆唇,溜肩,鼓腹,下腹残。领内有"轨道式"凹槽。颈下有浅细轮制加工痕迹。素面。口径32厘米,残高11.8厘米。（图四十八：3）

标本 H282:1,夹砂褐陶。矮领,沿外翻,领内侧微凹,圆肩,圆折腹,下腹残。肩上饰较浅凹弦纹。上腹磨光,下腹粗糙。口径20.6厘米,高20厘米。（图四十八：4）

C型 弧腹。1件。标本 H191:2,夹砂褐陶。大敛口,厚平唇,鼓肩,下腹内收。口下饰数周较浅凹弦纹,腹上饰斜交叉划纹。上腹斜贴鸡冠状泥条。口径34厘米,残高10.5厘米。（图四十八：5）

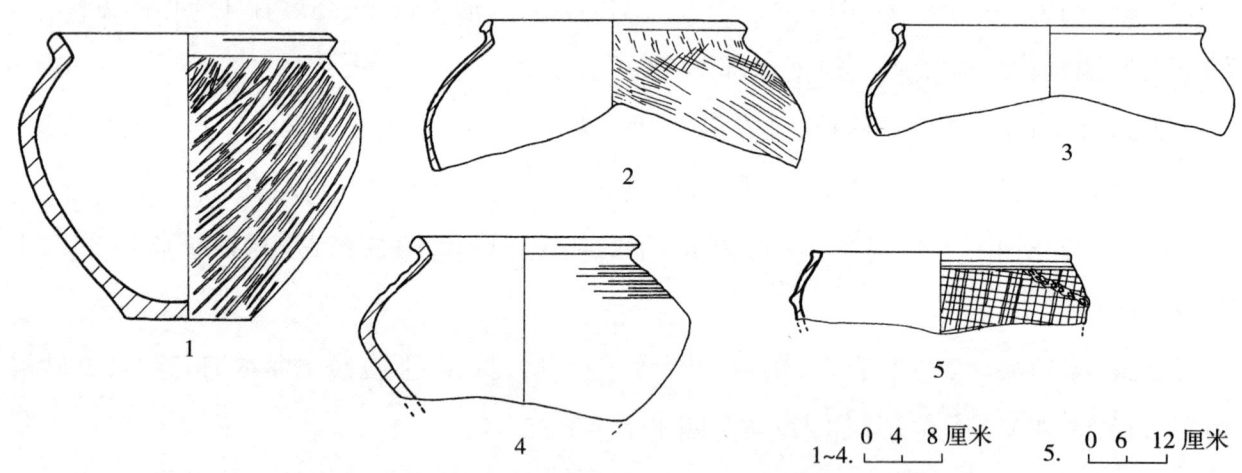

图四十八 五女冢遗址仰韶文化一期圆腹罐

1. A型Ⅰ式(H200:1) 2. A型Ⅱ式(H42:85) 3. B型(H42:86) 4. B型(H282:1) 5. C型(H191:2)

折沿罐 18件。有夹砂褐陶和夹砂灰陶。无完整器。敞口,折沿,唇向内斜或略平,沿内有棱,形成倒钩状,圆腹,下腹均残。多数器身素面,少数肩上饰细凹弦纹。

标本 H194:17,夹砂褐陶。口径22厘米,残高5.8厘米。（图四十九：1）

标本 H2:45,夹砂灰陶。口径20厘米,残高6.2厘米。（图四十九：2）

标本 H2:43,夹砂灰陶,表面发黑。口径22厘米,残高6厘米。（图四十九：3）

标本 H2:42,夹砂灰陶。沿较平。肩上有浅细凹弦纹。口径 22 厘米,残高 7 厘米。(图四十九:4)

标本 H231:2,夹砂灰陶。折沿较宽,唇内起棱。肩上有浅细凹弦纹。口径 21 厘米,残高 5.8 厘米。(图四十九:5)

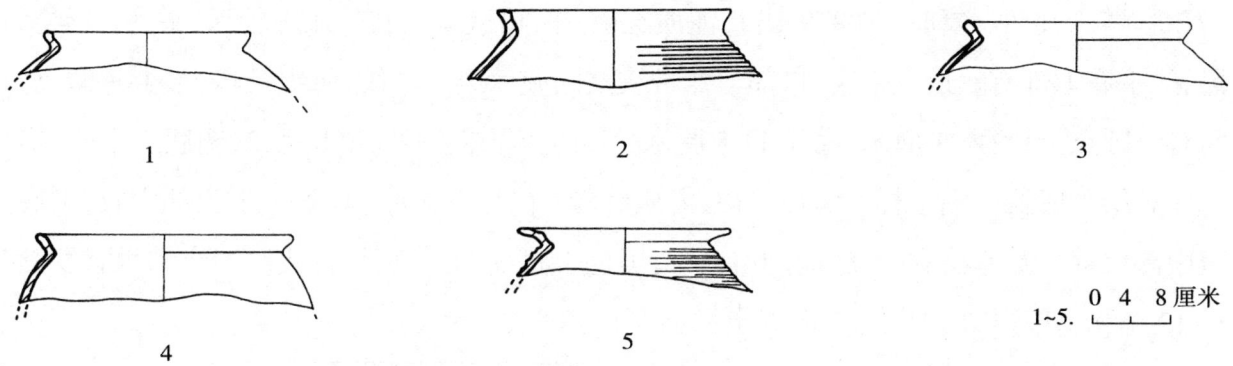

图四十九 五女家遗址仰韶文化一期折沿罐

1. 折沿罐(H194:17) 2. 折沿罐(H2:45) 3. 折沿罐(H2:43) 4. 折沿罐(H2:42) 5.折沿罐(H231:2)

筒形罐 2 件。宽平沿,直腹,下腹残。标本 H42:81,泥质黑陶。唇上有一周凹线纹,沿上有一周凹槽。沿下饰数周凹弦纹。口径 22 厘米,残高 6.7 厘米。(图五十:1)

标本 H42:82,夹砂灰陶。圆唇。沿上有一周浅凹槽。素面。口径 22 厘米,残高 7.4 厘米。(图五十:2)

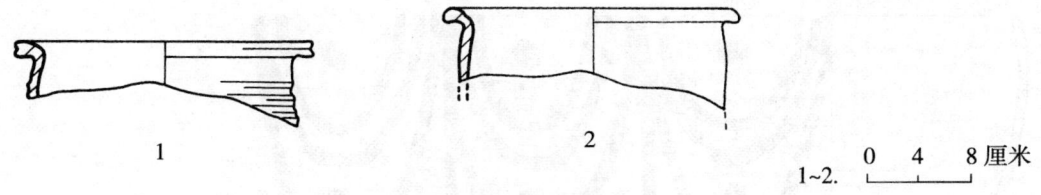

图五十 五女家遗址仰韶文化一期筒形罐

1. 筒形罐(H42:81) 2. 筒形罐(H42:82)

彩陶器 复原 2 件,另外残片较多。我们选择保存较好的几个器物,介绍如下。

彩陶罐 1 件。复原。标本 H135:14,泥质红陶。直口,斜唇出沿,溜肩,鼓腹,平底。施黑彩纹饰。斜唇上饰一周宽带纹。颈下和腹中部也各饰一周宽带纹,二者之间画三组纹饰。主题图案为同心圆纹,每组之间以双平行线纹和三角纹相隔。口径 14.7 厘米,底径 8.8 厘米,高 21.2 厘米。(图五十一:1,图版三十三:1)

彩陶折沿罐 2 件。

标本H109:66，泥质红陶。斜折沿，束颈，鼓腹，下残。口径21厘米，残高7.8厘米。口沿以下施白衣，在白衣上进行彩绘。图案是在折沿下画四道不规则彩带纹，除第三条为红彩外，其余均为黑彩。在第一和第二条之间的空隙处填平行竖线纹。彩带纹下饰弧形三角纹、斜线纹等。由于保存较少，图案不明朗。（图五十一:2，图版二十五,3）

彩陶钵 1件。复原。T0819④:1，泥质红陶。敞口微敛，圆唇，弧腹较深，平底。彩绘为黑彩。平底上部有一道宽带纹。口部与宽带纹之间施六组垂鳞纹，每组三道，最上垂鳞纹中间有一圆点。口径21厘米，底径11.5厘米，高16.7厘米。（图五十一:3，图版三十三:2）

彩绘平底器 1件。标本H135:13，泥质红陶。仅存下腹部。鼓腹。下腹部内收，平底。腹中部仅存一点彩绘。白衣施地，下有一道黑色带状纹，上画竖平行线纹圆点和垂鳞纹。底径12厘米，残高16.6厘米。（图五十一:4）

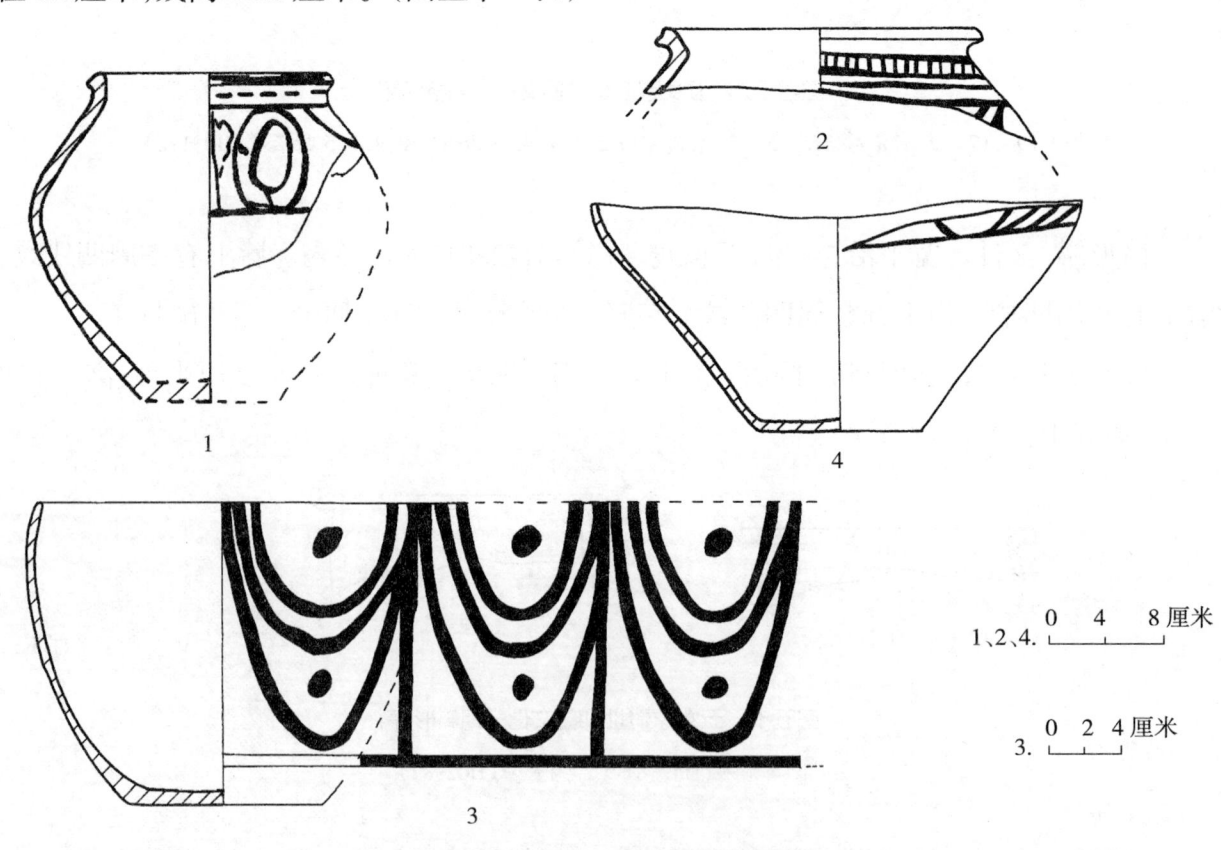

图五十一 五女冢遗址仰韶文化一期彩陶器
1.彩陶罐(H135:14) 2.彩陶折沿罐(H109:66) 3.彩陶钵(T0819④:1) 4.彩绘平底器(H135:13)

钵 数量较多，共复原18件。陶质有泥质灰陶和泥质红陶两种，通体磨光。在大量的陶钵残器中，口沿下饰红色彩带的"红顶钵"比较多，其中有一件在"红顶钵"红色彩带下又饰对称的双竖线纹。依据口部和腹部形态，可分五型。

A型 直口钵。复原11件。直口微敛，尖圆唇，内折腹。上腹较直，下腹略曲，平底。根据腹部形态，可分两式。

Ⅰ式 曲腹钵。共复原3件。标本H109:86，泥质灰陶。下腹向内弧，收成平底。口径24厘米，底径10厘米，高12.4厘米。（图五十二:1，图版三十四:1）

标本H42:26，泥质红陶。口径25.6厘米，底径9.6厘米，高13.4厘米。（图五十二:2，图版三十四:2）

标本H42:25，泥质灰陶。口径24.2厘米，底径9.3厘米，高11.8厘米。（图五十二:3，图版三十四:3）

Ⅱ式 斜腹钵。复原共8件。直口微敛，外壁折腹处折棱明显，弧腹或斜直腹，平底。其中一部分口部饰有彩绘。

标本H109:11，泥质灰陶。口径23.2厘米，底径10.4厘米，高11.4厘米。（图五十二:4，图版三十四:4）

标本H109:85，口径25.9厘米，底径8.8厘米，高12.1厘米。（图五十二:5，图版三十四:5）

标本H109:87，上红下灰。口径26.2厘米，底径10厘米，高12.5厘米。（图五十二:6，图版三十四:6）

标本H109:88，彩绘泥质灰陶。外壁口沿处均饰一周红彩带状纹，彩带下又饰对称双竖线纹。口径21.8厘米，底径9厘米，高10.6厘米。（图五十二:7，图版三十四:7）

标本H97:3，泥质红陶。尖唇。口径27厘米，底径10.8厘米，高12.5厘米。（图五十二:8，图版三十四:8）

标本H271:8，泥质灰陶。圆唇。口径26.4厘米，底径10.5厘米，高12.6厘米。（图五十二:9，图版三十五:1）

采集G6:1（G6为商代灰沟），泥质红陶。口径26.6厘米，底径12.6厘米，高10厘米。（图五十二:10，图版三十五:2）

标本H135:7，泥质红陶。底残。口沿下饰一周黑彩宽带纹，折腹上饰一道黑彩线纹，二者之间饰弧状垂线纹和平行斜线纹。口径24.8厘米，残高12.4厘米。（图五十二:11，图版三十五:3）

B型 敛口钵。多为残器，仅复原1件。敛口，鼓肩，弧腹或斜直腹，下残。

标本H135:6，泥质红陶。口径24厘米，残高8.6厘米。（图五十二:12）

标本H97:4 泥质灰陶。口径24厘米，残高8厘米。（图五十二:13）

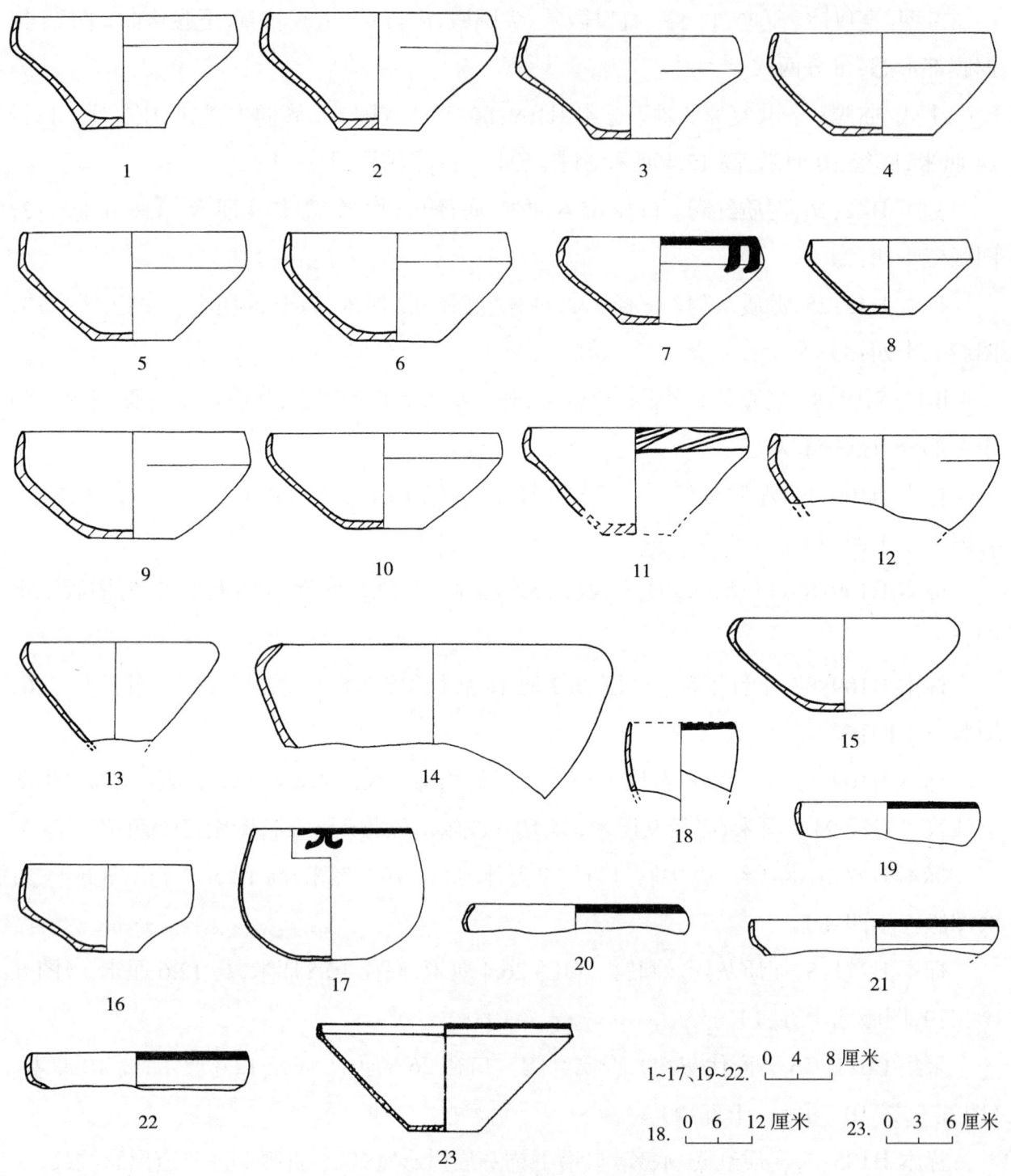

图五十二 五女冢遗址仰韶文化一期陶钵

1. A型Ⅰ式(H109:86) 2. A型Ⅰ式(H42:26) 3. A型Ⅰ式(H42:25) 4. A型Ⅱ式(H109:11)
5. A型Ⅱ式(H109:85) 6. A型Ⅱ式(H109:87) 7. A型Ⅱ式(H109:88) 8. A型Ⅱ式(H97:3)
9. A型Ⅱ式(H271:8) 10. A型Ⅱ式(G6:1) 11. A型Ⅱ式(H135:7) 12. B型(H135:6) 13. B型(H97:4)
14. B型(H67:4) 15. B型(H210:1) 16. C型(H139:1) 17. D型(H109:30) 18. D型(H67:7)
19. E型(H42:46) 20. E型(H42:47) 21. E型(H42:48) 22. E型(H42:49) 23. E型(H109:71)

标本H67:4 泥质红陶。口径38厘米,残高20厘米。(图五十二:14)

标本H210:1,泥质红陶,上红下灰。复原。口径24.5厘米,底径8.2厘米,高11.7厘米。(图五十二:15,图版三十五:4)

C型 曲腹钵 复原1件。

标本H139:1,泥质红陶,颜色暗红。大口微敛,上腹弧形,下腹反弧形内收,形成曲腹,小平底。口径19厘米,底径6.8厘米,高10.5厘米。(图五十二:16,图版三十五:5)

D型 圜底钵 2件,复原1件。

标本H109:30,泥质灰陶,薄胎,通体磨光。口微敛,尖唇,桶形深腹,圜底。最大径在下腹部。口沿下饰一周红色宽带纹,其下又饰对称弧形"儿"字纹。在口部一侧有一道竖向裂痕在口沿下裂纹两边各有一个小圆孔,单面钻。(关于口沿下裂纹两边的小圆孔,应当是当时人们在钵有裂纹以后,为了继续使用进行修复时留下的痕迹。它为我们再现了当时人们修复陶器的方法,是我国仰韶文化时期对陶器修复的实物例证。)口径19厘米,最大腹径22厘米,高15.6厘米。(图五十二:17,图版三十五:6、7)。

标本H67:7,泥质灰陶。直口,圆唇,深弧腹,底残。口沿处饰一周红彩宽带纹。口径18厘米,残高13厘米。(图五十二:18)

E型 红顶钵。均为泥质陶。复原1件。在钵口沿处有一周红色带状纹,宽0.8厘米~1.4厘米。根据口部形状,分敛口钵和直口钵两式。

标本H42:46,泥质红褐陶。敛口钵。肩上红色,肩下灰色。口径20.8厘米,残高5.2厘米。(图五十二:19)

标本H42:47。泥质灰陶。敛口钵。口径24.8厘米,残高3.4厘米。(图五十二:20)

标本H42:48,直口钵。泥质红褐陶。上腹红色,下腹灰色。口径28厘米,残高5.1厘米。(图五十二:21)

标本H42:49。泥质红褐陶。直口钵。上腹红色,下腹灰色。口径28厘米,残高5.1厘米。(图五十二:22)

标本H109:71,泥质红陶。直口钵。直口斜腹,平底。口径24厘米,底径6.9厘米,高10厘米。(图五十二:23)

F型 小钵。数量较少,共复原3件。均不泥质陶。器形与直口钵相似,只是器形较小,直口微敛,内折腹,下腹内曲,平底。

标本H2:2 泥质灰陶。口沿饰一周红色宽带纹。口径15厘米,底径6.5厘米,高8厘

米。(图五十三:1,图版三十六:1)

标本 H271:3 泥质红陶。形体较矮,上腹占下腹的二分之一。口沿上饰一周红色宽带纹。口径 16 厘米,底径 4.5 厘米,高 9.2 厘米。(图五十三:2,图版三十六:2)

标本 H109:82 泥质灰陶。形体瘦高。素面。口径 8 厘米,底径 4.5 厘米,高 6.5 厘米。(图五十三:3,图版三十六:3)

碗 数量较多,多为残片,复原 3 件。均为泥质陶,胎体较薄,通体磨光。根据器物形态,可分两型。

A 型 敞口碗。复原 2 件。尖圆唇,弧腹,小平底。口沿下饰一周红色彩带。根据形钵,可分两式。

Ⅰ式 深腹碗。标本 H139:14,胎体外壁上红下灰。敞口,弧腹,腹较深,平底。沿下有红色宽带纹。口径 14.4 厘米,底径 5.6 厘米,高 7.2 厘米。(图五十三:4,图版三十六:4)

Ⅱ式 浅腹碗。标本 H109:83,外壁上红下灰。敞口,弧腹,下腹急内收,形成浅腹,平底上凹。沿下有红色宽带纹。口径 14.6 厘米,底径 5.6 厘米,高 5.6 厘米。(图五十三:5,图版三十六:5)

B 型 敛口碗。1 件。标本 H42:33,泥质红陶。微敛口,腹外鼓,较深,最大腹径在下部,小平底。口径 20 厘米,最大腹径 22 厘米,底径 3 厘米,高 9.8 厘米。(图五十三:6,图版三十六:6、7)

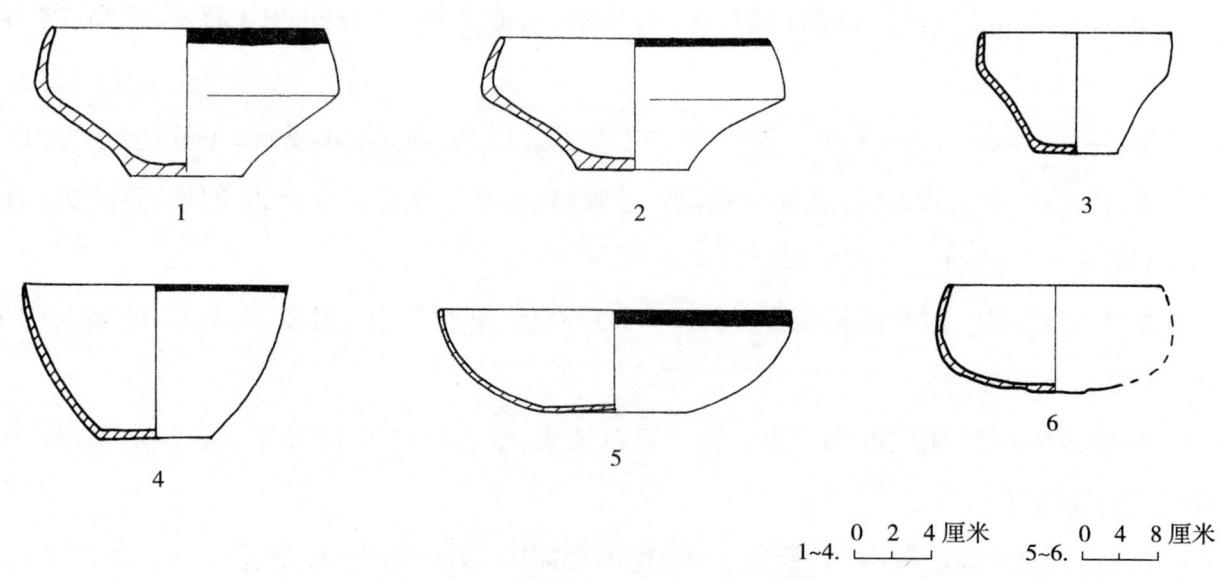

图五十三 五女冢遗址仰韶文化一期陶碗

1. F 型小钵(H2:2) 2. F 型小钵(H271:3) 3. F 型小钵(H109:82) 4. A 型Ⅰ式碗(H139:14)
5. A 型Ⅱ式碗(H109:83) 6. B 型碗(H42:33)

折沿杯 3件。完整。厚胎。敞口,折沿外撇,圆唇,斜直腹或直腹,平底上凹。底部侧面饰有圆形捺窝。

标本H42:59,夹砂褐陶。口大底小,呈喇叭口形,斜直腹底部上凹。口径7.3厘米,底径3.7厘米,高6.3厘米。(图五十四:1,图版三十七:1)

标本H109:90,夹砂褐陶。圆折沿,桶形腹,底部微凹。口径6.2厘米,底径3.7厘米,高5.6厘米。(图五十四:2,图版三十七:2)

标本H42:60,夹砂红陶。尖折沿,桶形腹。口径6.8厘米,底径4.1厘米,高6.5厘米。(图五十四:3,图版三十七:3)

觚形杯 1件。标本H238:16,夹砂褐陶。圆形,口部残缺,束腰,平底。底径6.4厘米,残高3.4厘米。(图五十四:4)

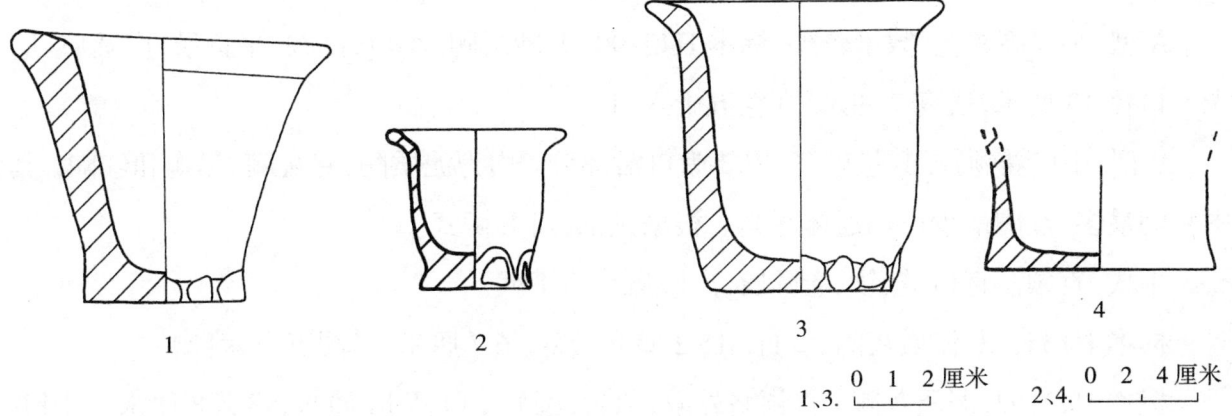

图五十四 五女冢遗址仰韶文化一期陶杯

1.折沿杯(H42:59) 2.折沿杯(H109:90) 3.折沿杯(H42:60) 4.觚形杯(H238:16)

壶 4件。按口腹特征,分四型。

A型 束颈壶 1件。标本H109:28,夹砂红陶,胎体内掺蚌壳颗粒。小敞口,圆唇,束颈,弧腹,腹部瘦长,下腹残。肩上有手抹痕迹。口径22厘米,残高10厘米。(图五十五:1)

B型 折沿壶 1件。标本H42:95,夹砂褐陶。器形较大。小敞口,折沿,圆唇,束颈,溜肩,肩下残。折沿内有一道沟槽,肩上有数周凹槽纹,肩下饰斜划纹。口径11.5厘米,残高11厘米。(图五十五:2)

C型 蛋形壶 1件。复原。标本H42:30,泥质灰陶。小口,弧腹,平底。口径1厘米,腹径6.7厘米,底径4.6厘米,高8厘米。(图五十五:3,图版三十七:4)

D型 小口高领壶 1件。复原1件。标本H42:4,泥质红陶。小口,高领,卷圆唇,弧肩,鼓腹,平底。素面。口径9.6厘米,底径8.7厘米,高21.5厘米。(图五十五:4,图版三十七:5)

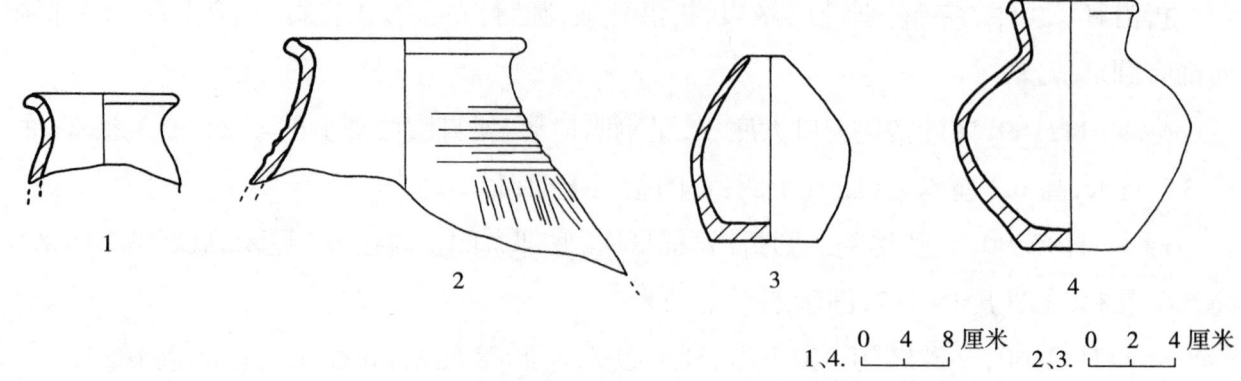

图五十五 五女冢遗址仰韶文化一期陶壶

1. 束颈壶（H109:28） 2.折沿壶（H42:95） 3.蛋形壶（H42:30） 4.小口高领壶（H42:4）

陶瓮，数量较多，依照口沿和颈部特征可分四型。

A型 小口高领瓮 数量较少。标本 H42:90，夹砂黑陶。小口，高领，平折沿，广圆肩。磨光。口径 13 厘米，残高 7 厘米。（图五十六:1）

B型 小口矮领瓮 数量较多，主要为口沿部分。均为泥质陶，有灰陶、黑陶和红陶。其中灰陶最多，红陶最少。均通体磨光。根据领部，可分两式。

Ⅰ式 直领。直口，矮领，卷圆唇，广圆肩。肩下残。

标本 H135:33，泥质灰陶。口径 15.2 厘米，残高 6.7 厘米。（图五十六:2）

标本 H42:92，泥质灰陶。直领略外敞，圆唇，圆肩。口径 14 厘米，残高 8 厘米。（图五十六:3）

标本 H42:93，泥质红陶。口径 16 厘米，残高 6.8 厘米。（图五十六:4）

标本 H42:94，泥质黑陶。方唇。口径 16 厘米，残高 7.5 厘米。（图五十六:5）

Ⅱ式 斜领。标本 H66:1，泥质灰陶。口径 15 厘米，残高 7.5 厘米。（图五十六:6）

标本 H42:91，泥质黑陶。口外撇，尖唇，广圆肩，肩下残。器表磨光。口径 17 厘米，残高 4.5 厘米。（图五十六:7）

标本 H166:5，夹砂黑陶。直领上部外撇，圆唇。口径 15.4 厘米，残高 10.8 厘米。（图五十六:8）

C型 大口叠唇瓮 5件。均为夹砂陶，残器。胎质有夹砂灰陶、夹砂红陶和夹砂黑陶。敛口，厚唇，圆肩，肩下内收，深腹，腹下残。肩上上浆磨光，肩下粗糙。肩上饰凹弦纹。

标本 H42:97，夹砂灰陶。肩上饰数周凹弦纹。肩下有对称鸡冠状□耳。口径 34.5 厘米，高 11.5 厘米。（图五十六:9）

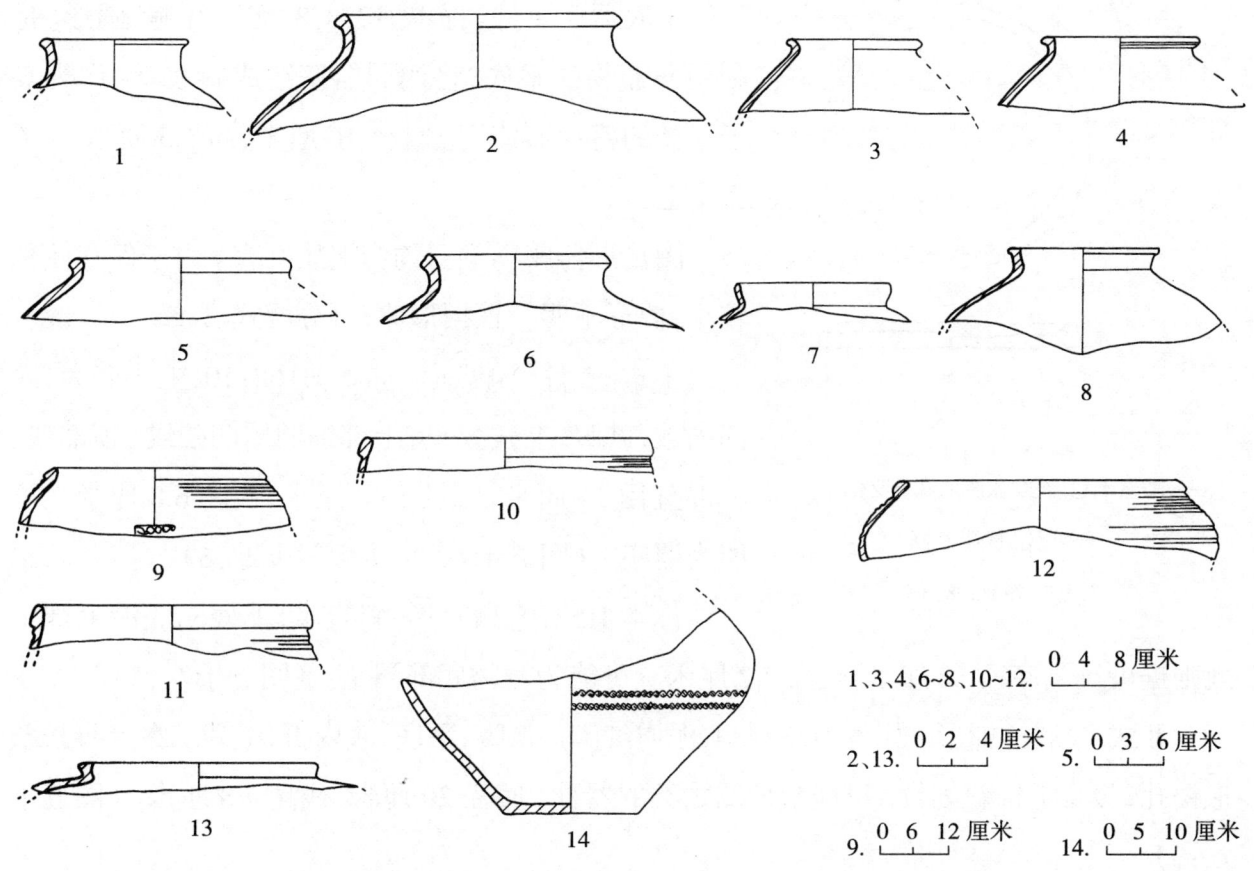

图五十六 五女家遗址仰韶文化一期陶瓮

1. A型（H42:90) 2. B型Ⅰ式（H135:33) 3. B型Ⅰ式（H42:92) 4. B型Ⅰ式（H42:93) 5. B型Ⅰ式（H42:94)
6. B型Ⅰ式（H66:1) 7. B型Ⅱ式（H42:91) 8. B型Ⅱ式（H166:5) 9. C型（H42:97) 10. C型（H42:98)
11. C型（H42:99) 12. C型（H42:102) 13. D型（H28:1) 14.陶瓮底部（H109:89)

标本 H42:98，夹砂黑陶。肩上饰数周比较规则的凹弦纹。口径 34 厘米，残高 5 厘米。（图五十六:10)

标本 H42:99，夹砂红陶。肩上饰数周凹弦纹。口径 28 厘米，残高 5.5 厘米。（图五十六:11)

标本 H42:102，夹砂灰陶。肩上饰线刻凹弦纹。口径 32 厘米，残高 10 厘米。（图五十六:12)

D型 小口瓮 1件。标本 H28:1，夹砂红陶。小口，方唇，矮直领，广圆肩。肩部较平。肩上饰有模糊的细凹弦纹。领高 0.8 厘米，口径 12 厘米，残高 8.2 厘米。（图五十六:13)

小口矮领瓮底部 1件。标本 H109:89，泥质灰陶。圆鼓腹，平底。腹下饰两周扭索状附加堆纹。残高 37 厘米，底径 20 厘米。（图五十六:14)

平底器　1件。标本H238:3,泥质红陶。圆形。是利用残器物的平底,将四周器壁磨成斜坡状,作为盘子一类的盛食器使用。直径16厘米,高1.5厘米。(图五十七:1)

圈足形器座　3件。均为泥质红陶。由于保存体积较小,器形不明。根据形体,可分两式。

Ⅰ式　2件。喇叭形。标本H168:10,上小底大,底部内敛,鼓腹,上残。外壁上部饰四周凹弦纹。顶部残。上部直径14厘米,底径15.6厘米,残高6.8厘米。可能为器座。(图五十八:1,图版三十七:6)

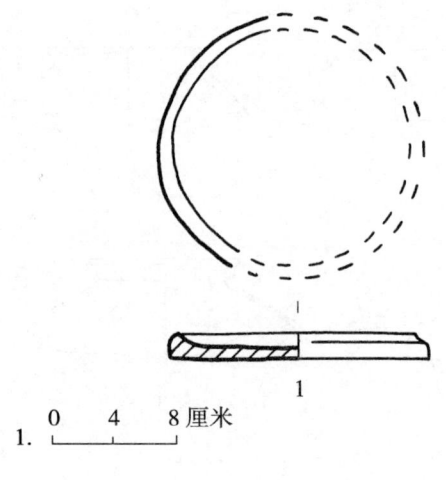

图五十七　五女冢遗址仰韶文化一期出土陶平底器
1.平底器(H238:3)

标本H57:9,喇叭形,斜直腹,上残。底沿上饰不规则锯齿纹。底径12厘米,残高7.2厘米。可能为器物底部圈足。(图五十八:2)

Ⅱ式　1件。桶形。标本H238:39,泥质红陶。弧腹,平底,底内折,上残。腹上有长条形镂孔,腹身上饰斜划纹。可能为炉圈之类的器种。底径20厘米,残高7.8厘米。(图五十八:3)

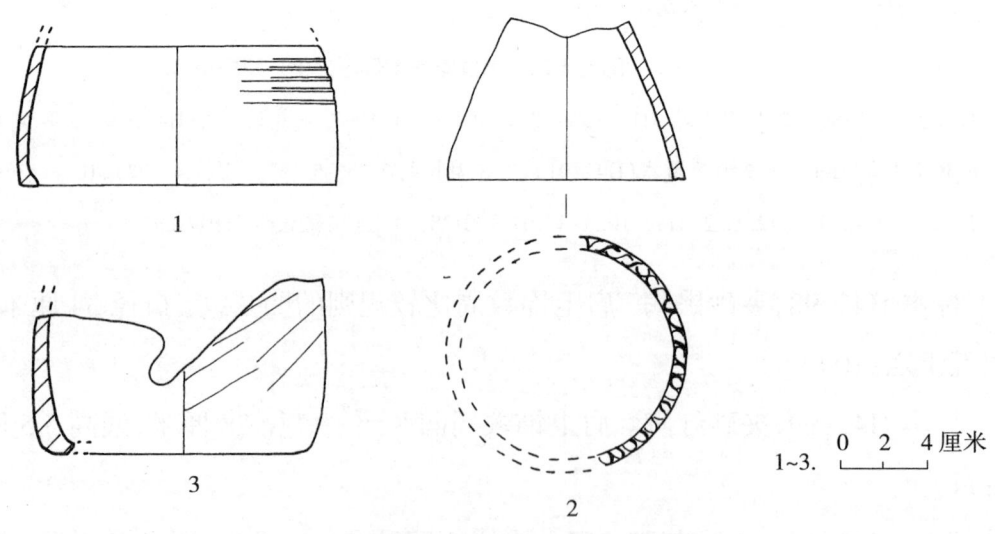

图五十八　五女冢遗址仰韶文化一期陶圈足器
1.Ⅰ式(H168:10)　2.Ⅰ式(H57:9)　3.Ⅱ式(H238:39)

器盖　数量较多,复原5件。均呈隆起状。大多数器盖表面上浆磨光,少数粗糙。根据钮部形状,分三型。

A型　桥形钮。复原1件。均为夹砂褐陶。盖身隆起呈半球形,圆厚唇。上有桥形钮。

形体较大。

标本 H135：15，复原。顶部有扁状桥形钮，钮两端装饰有四个圆形小泥饼。表面粗糙。直径31.4厘米，高15.2厘米。（图五十九：1，图版三十八：1、2）

标本 H246：1，钮残。夹砂褐陶。半球形，厚沿，圆唇。表面较光。直径26.4厘米~27.2厘米，残高8厘米。（图五十九：2，图版三十八：3）

标本 H238：17，钮残。夹砂灰陶。方唇，弧腹上收，顶部较平。直径22.4厘米，残高4.2厘米。（图五十九：3）

B型 半圆形钮。复原2件。均为夹砂陶，多数为夹砂褐陶，个别为夹砂灰陶。盖身呈弧形隆起状，扁圆唇。顶部有半圆形钮。

标本 H109：7，夹砂红褐陶。复原。上浆磨光。直径22厘米，高8.8厘米。（图五十九：4，图版三十八：4）

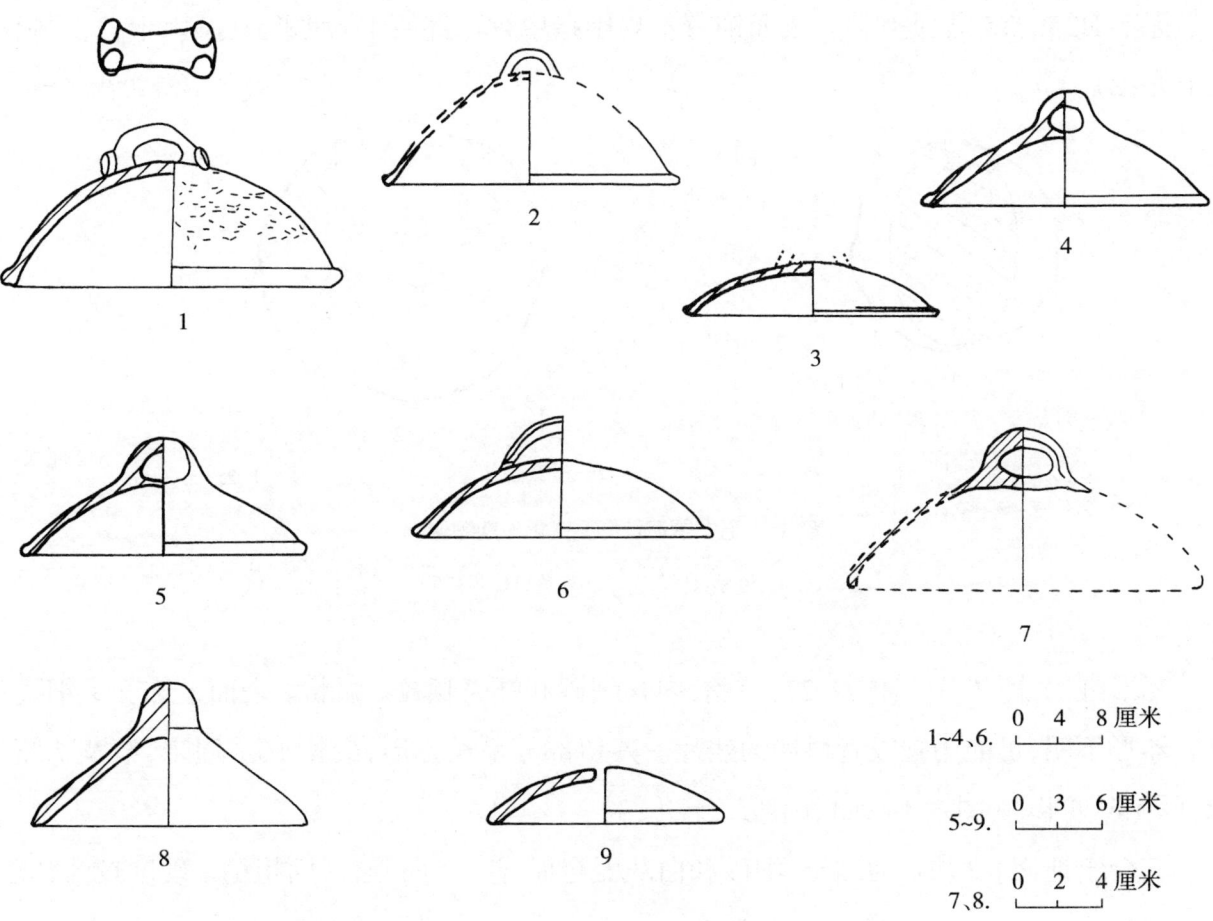

图五十九 五女冢遗址仰韶文化一期陶器盖
1. A型（H135：15） 2. A型（H246：1） 3. A型（H238：17） 4. B型（H109：7） 5. B型（H109：8）
6. B型（H135：16） 7. B型（H83：27） 8. C型（H109：10） 9. C型（H109：9）

标本H109:8,夹砂灰陶。复原。上浆磨光。沿上卷成圆形。直径17.2厘米,高6.9厘米。(图五十九:5,图版三十八:5)

标本H135:16,钮残。夹砂褐陶。表面粗糙。直径23.6厘米,残高6厘米。(图五十九:6,图版三十八:6)

标本H83:27,夹砂灰陶。钮上中央有一道凸棱。残高5.4厘米。(图五十九:7)

C型 柱状钮。复原1件。器盖形体最小。盖身弧度较小,上浆磨光。

标本H109:10,夹砂灰陶。器身较直,尖圆沿。钮呈圆柱状,柱顶残。直径11.5厘米,残高4厘米。(图五十九:8,图版三十八:7)

标本H109:9,夹砂红陶。沿上卷。顶部有一圆孔,用于安装柱状钮。直径14.5厘米,高4.2厘米。(图五十九:9,图版三十八:8)

陶球 2件。标本H57:2,泥质红陶。直径3厘米。(图六十:1,图版三十九:1)

标本H250:15,泥质褐陶。表面饰有不规则指甲纹。直径4.6厘米。(图六十:2,图版三十九:2)

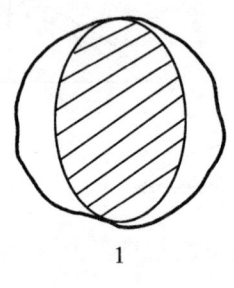 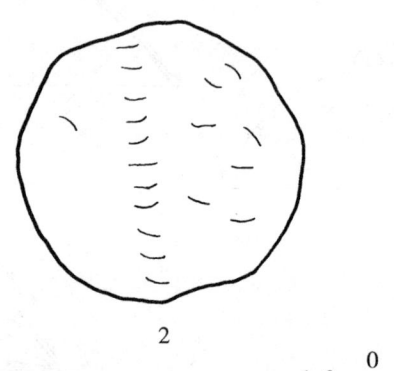

图六十 五女冢遗址仰韶文化一期陶球

1. 陶球(H57:2) 2. 陶球(H250:15)

瓦形红陶片 1片。H109:27,厚胎,内含细砂和蚌壳颗粒。弧状。表面上饰交叉细线纹。器形不明,可能为缸或者坩埚的残片。残留部分呈长方形,最长10.8厘米,最宽7厘米,厚1.8厘米。(图六十一:1,图版三十九:3)

三合土地面。2块。为黏土、细砂和白灰混合而成。一面光,一面粗糙。硬度较大,应为室内地面。

标本H238:36 表面泛红。不规整形,保存面积约60平方厘米。内含蚌壳颗粒较多。厚0.6厘米~1.8厘米。(图版三十九:4)

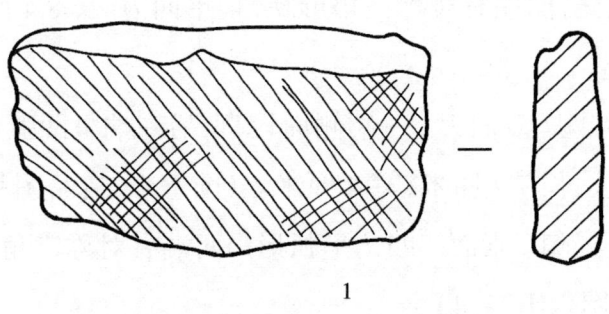

图六十一 五女冢遗址仰韶文化一期出土瓦形红陶片

1. 瓦形红陶片（H109:27）

标本 H231:4，表面呈褐色。略呈方形，保存面积约 85 平方厘米。（图版三十九:4）

2. 生产工具

生产工具仅发现 5 件陶刀，均为泥质陶，直背直刃，是利用残废陶器腹部，打制而成。均呈长方形，剖面呈弧形。两端有对称三角形缺口，刀刃分单面刃和双面刃。介绍如下。

标本 H2:1，泥质灰陶。两端有三角形缺口，其中一端缺口有上下两个。单面刃。长 8 厘米，宽 4.1 厘米。（图六十二:1，图版三十九:5）

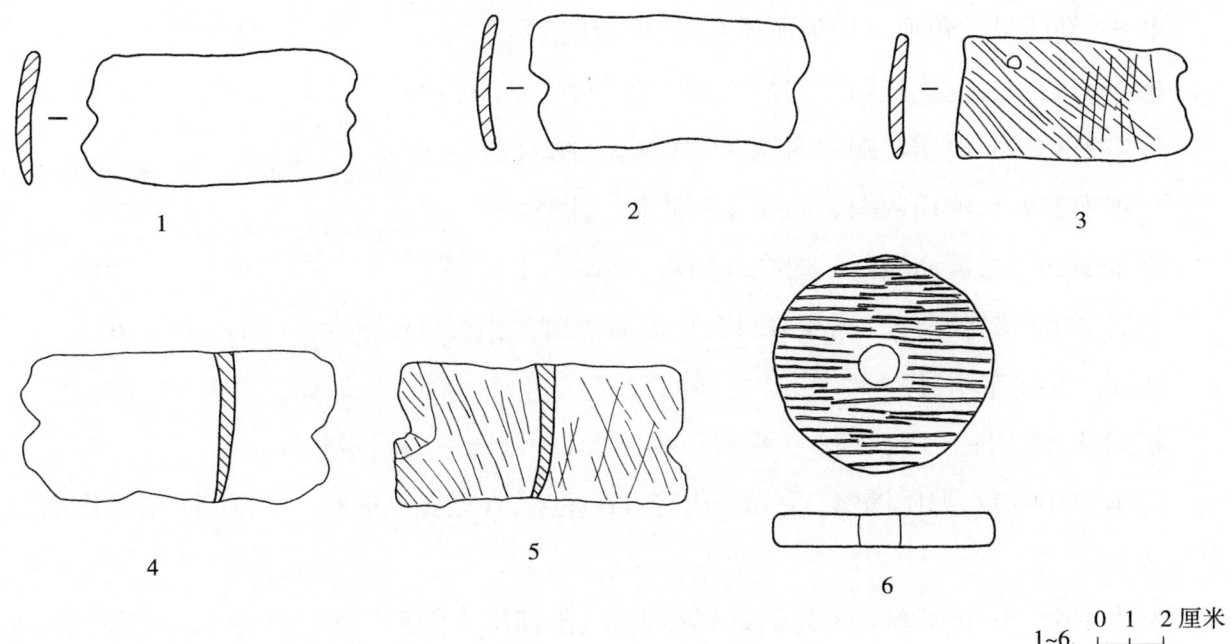

图六十二 五女冢遗址仰韶文化一期陶生产工具

1. 陶刀（H2:1） 2. 陶刀（H2:28） 3. 陶刀（H182:3） 4. 陶刀（H135:19） 5. 陶刀（H135:20） 6. 纺轮（H238:38）

标本 H2:28，泥质红陶。两端有对称三角形缺口。单面刃。长 8.4 厘米，宽 4.5 厘米。(图六十二:2，图版三十九:6)

标本 H182:3，泥质红陶。双面刃。一端侧面较直，另一端呈凹弧形，上有三角形缺口。双面刃。刀面上饰细线纹，长 7.7 厘米，宽 4 厘米。(图六十二:3，图版三十九:7)

标本 H135:19，泥质红陶。素面。四角呈弧形。两端有对称三角形缺口。单面刃。长 9.4 厘米，宽 4.8 厘米。(图六十二:4)

标本 H135:20，泥质红陶。刀面饰线纹。方角。单面刃。长 8.5 厘米，宽 4.2 厘米。(图六十二:5)

纺轮　1件。磨制。标本 H238:38，泥质红陶。圆饼形，中有一孔。表面饰有划纹。直径 6.2 厘米，孔径 1.2 厘米。(图六十二:6，图版三十九:8)

(三)装饰品

环　均为泥质陶，有灰、黑、褐色。通体磨光，少部分外侧饰扭索纹和指甲纹，大部分为素面，数量较多，除一件完整外，其余均为残段。根据剖面和纹饰，可分四式。

Ⅰ式　剖面呈半圆形。

标本 H28:2，泥质灰陶。外壁中间起一条凸棱。内径 4.5 厘米，宽 1.4 厘米。(图六十三:1)

Ⅱ式　剖面呈三角形。均为泥质灰陶和泥质黑陶。

标本 H83:22，泥质灰陶。内径 5.5 厘米。(图六十三:2)

标本 H83:23，泥质灰陶。内径 3.9 厘米。(图六十三:3)

标本 H229:3，泥质灰陶。内径 4.3 厘米。(图六十三:4)

标本 H267:1，泥质黑陶。内径 4 厘米。(图六十三:5)

Ⅲ式　剖面呈椭圆形。标本 H247:1，泥质黑陶。内径 4.6 厘米。(图六十三:6)

Ⅳ式　带纹饰环　共4件。

扭索状环　3件。1件完整，2件残。扁圆形，外侧饰一周扭索状纹。

标本 H109:77，泥质褐陶。完整。内径 4.6 厘米，外径 5.8 厘米。(图六十三:7，图版三十九:9)

标本 H67:19，泥质红陶。外侧饰斜绳索纹，剖面呈半圆形。内径 5 厘米。(图六十三:8)

指甲纹环　1件。标本 H109:78，泥质灰陶。剖面呈半圆状，外侧饰一周指甲纹。内径 5 厘米，外径 5.7 厘米。(图六十三:9)

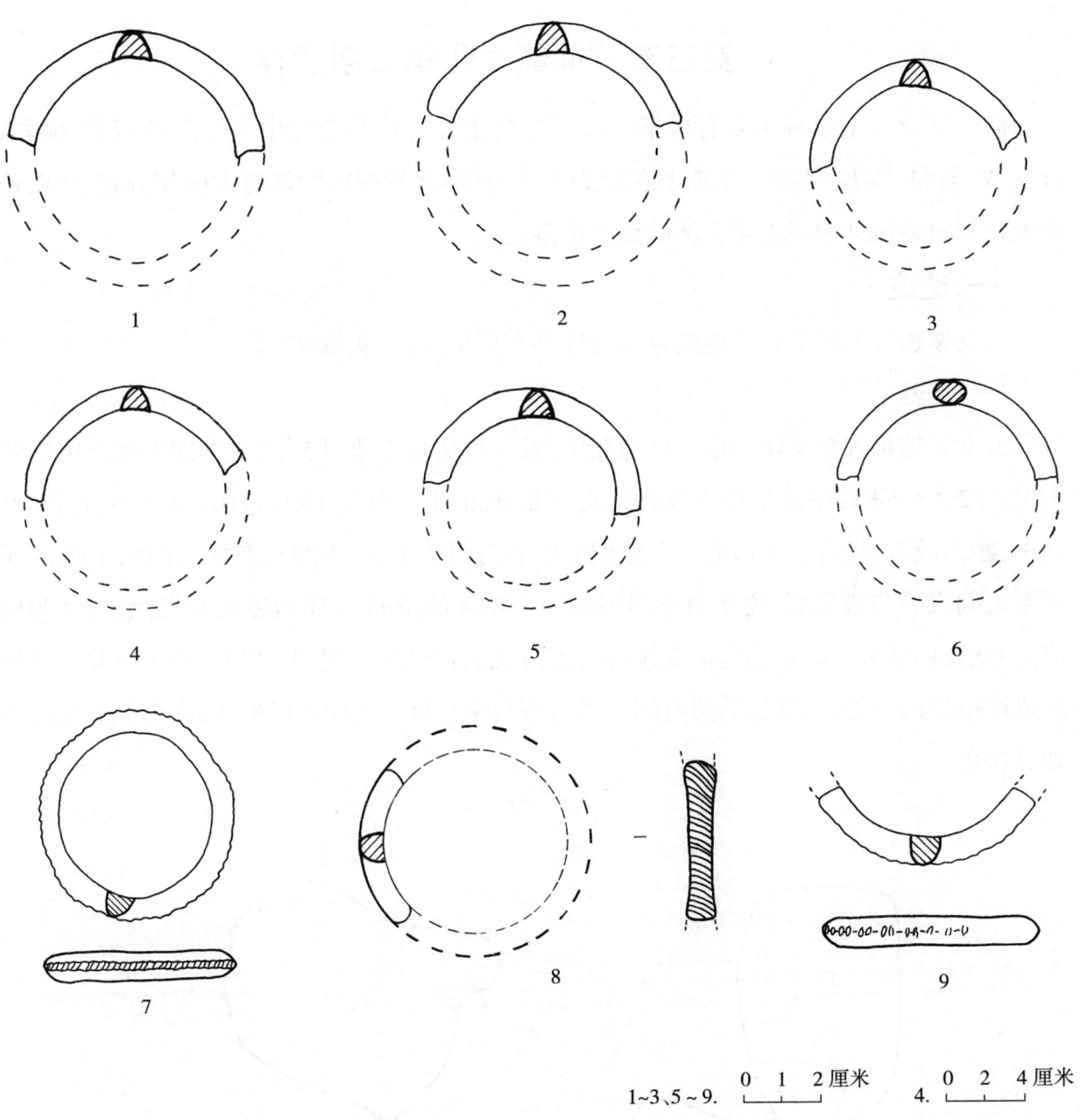

图六十三 五女冢遗址仰韶文化一期陶环

1. Ⅰ式（H28:2） 2. Ⅱ式（H83:22） 3. Ⅱ式（H83:23） 4. Ⅱ式（H229:3） 5. Ⅱ式（H267:1） 6. Ⅲ式（H247:1）
7. Ⅳ扭索状环（H109:77） 8. Ⅳ扭索状环（H67:19） 9. 指甲纹环（H109:78）

（四）兽骨

在灰坑中，发现有羊、猪、狗、兔、鸡等动物骨骸。

第三节 仰韶文化第二期遗存

仰韶文化二期遗迹主要有房基、灰坑，遗物主要有这些遗迹中所出土的石器、陶器、骨器、蚌器和动物骨骼等。这期遗存较为丰富，在南北发掘区中均有大面积分布，表明该遗址在当时是涧河两岸人类生活的重要聚落之一。

一、遗迹

五女冢遗址仰韶文化二期遗存的遗迹共有房址 5 座、灰坑 92 座。

（一）房基

五女冢遗址仰韶文化二期文化遗存中，共发现房址 5 座，均为半地穴式（附表 9）。其中 F1、F2、F3、F4 四座房址位于发掘区北区的东北部，探方 T0924、T0925、T1024、T1025 之中，距离较近，组合起来形成一个近似方形和封闭的小区，中间有空地。（图六十四）4 座房基之间没有打破关系，说明每座房屋为一个单独的空间，4 座房屋近在咫尺，可互为照应，因此我们认为当时在建造该建筑群时有可能进行过统一规划。但是，也不排除是逐渐形成该格局的可能性，这还需要有同类考古资料来佐证。这种布局形式，在仰韶文化时期独具特色。

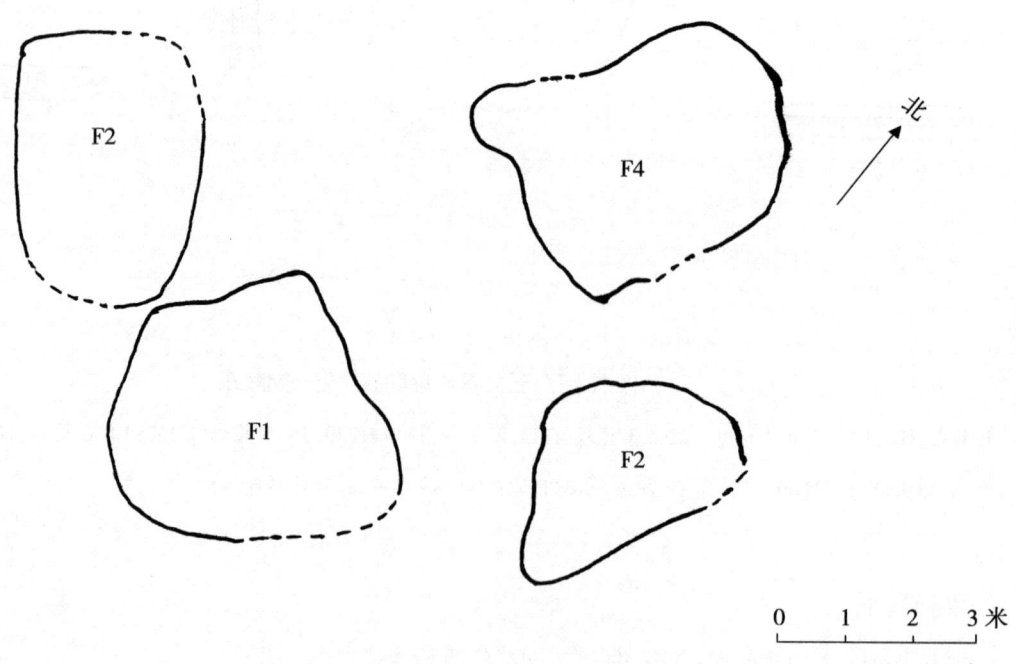

图六十四 F1、F2、F3、F4 平面分布图

F1位于小区的西南角,F2位于小区的西北角,F3位于小区的东南角,F4位于小区的东北角。F1和F2间距最小,最近处仅距离0.3米。F2和F4间距最大,达4米左右。这一布局形式应是五女冢遗址仰韶文化第二期时人们集中居住的形式之一。

F1:半地穴台阶式。位于T0924中部。开口于三层下,口部距地表深0.5米,打破生土,南部被汉代灰坑打破。该房屋坐西向东,平面呈不规则圆形。南北长约4.2米,东西宽约3.76米,保存深度约1.68米。门道位于东部,呈台阶式,有三层台阶。台阶宽0.26米~0.56米,高约0.2米~0.5米。底面中部有一道土棱,将底部分为南北两部分。北部活动面厚约0.06米,南部活动面厚约0.16米。四周没有发现柱洞。房内填土文化层较多。我们认为该房屋原来应为半地穴式,后来废弃为灰坑。灰坑内出土的陶器相对应晚于该房屋的使用年代。

该房址内出土遗物较多,有陶豆、折沿罐、叠唇瓮、小口瓮、大口盆、陶球、直口钵、器盖等,还发现1件半圆形缺口石刀。其中豆、折沿罐等为五女冢仰韶文化第二期遗存的典型器和标准器。因此,该房址应属于五女冢遗址第二期文化遗存。(图六十五,图版四十:1、2)

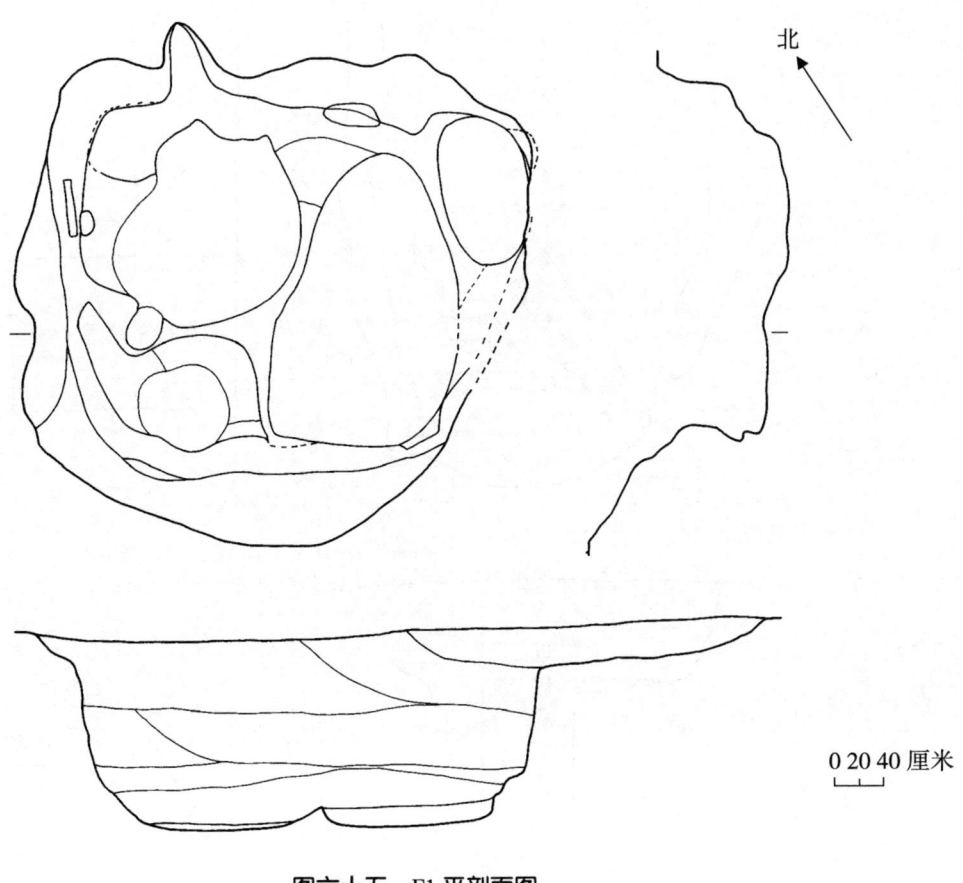

图六十五　F1平剖面图

F2:半地穴台阶式。位于T0925中部。开口于三层下。口部距地表0.75米,打破生土。南部被一汉代竖井打破,东北角被一座现代墓葬破坏。房址平面呈圆角长方形,北部略宽,南部较窄。口部大,底部小,四壁呈弧状,底部较平整。在西北角有一通道,呈台阶式。通道长0.96米,宽0.6米~0.84米。两层台阶,台阶高分别为0.34米和0.38米。口部南北长约4.32米,北部宽约2.48米,南部宽约1.7米。底部南北长约3.6米,宽呈不规则形,北宽南窄,西部呈束腰形,东部呈扁弧状。最宽处2.34米。南部有一半月形台面,台面平整。在台面的东部有长方形红烧土灶台,东西长1.26米,宽0.4米~0.76米。在灶台面上有厚约0.08米的草木灰。房址内出土陶片较少,共11片,其中磨光黑陶2片,泥质灰陶1片,夹砂灰陶8片。器形标本有折沿罐3件,大口矮领弦纹罐1件、盆2件。另出土有草拌泥红烧土块7块和灰色烧土块3块。从遗物上看,该房址也应为五女冢遗址第二期遗存。烧土块应为附近或该房屋的墙上遗物。(图六十六,图版四十一:1)

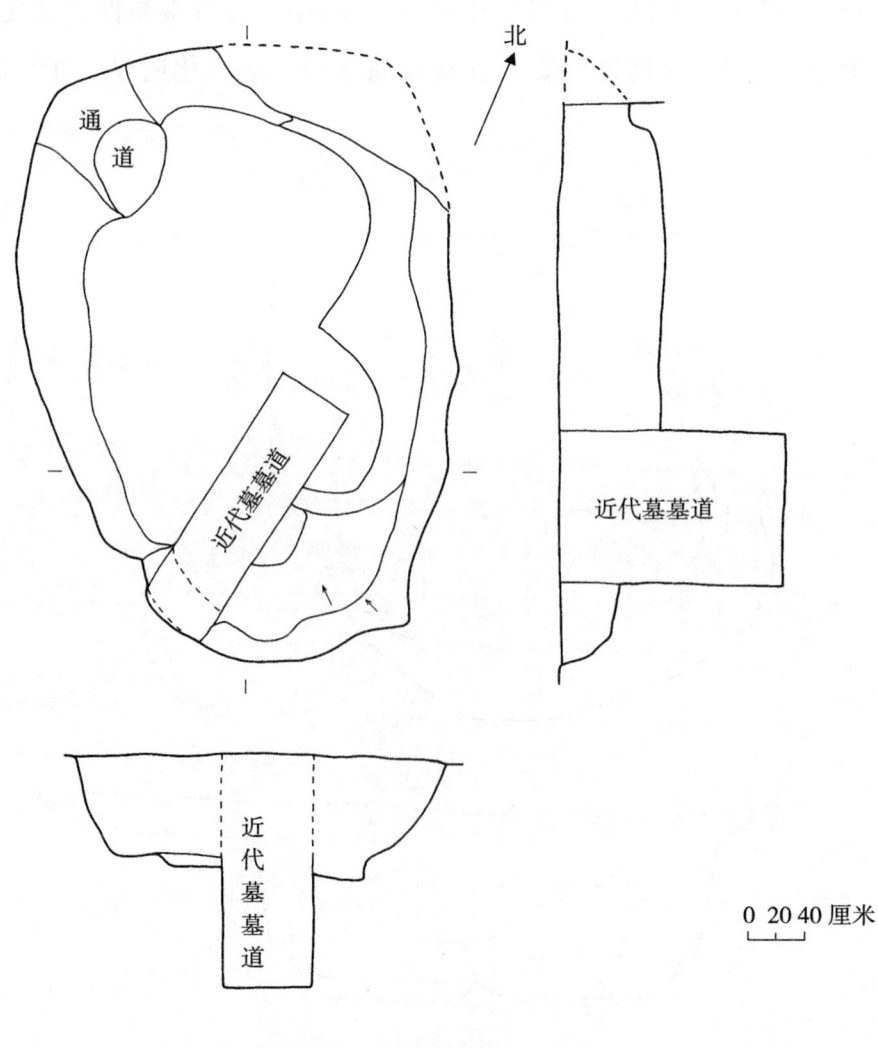

图六十六　F2平剖面图

F3：半地穴斜坡式。位于 T1024 西北部和 T1025 西南角。开口于三层下。口部距地表 0.64 米，打破生土。被 H74 打破。该房坐西向东，平面向东呈"凸"字形，凸出去的部分可能为通道。通道顶部向外突出，略呈长方形，宽 1.6 米~1.8 米，进深 0.8 米~1.0 米。底部呈斜坡状。房内平面大致呈长方形。室内四壁修整较为规整，其中北壁、南壁修整规范，北壁呈斜向而不整齐，西南角向外略凸出，转角处为圆角，呈圆弧状。室内地面东高西低，东部呈斜坡状，西部平整。斜坡从通道东端一直延伸到室内中部，长约 2.26 米；后部平整，宽约 0.92 米。

该房址内出土遗物较为丰富，有直口钵、叠唇瓮、大口矮领凹弦纹罐、小口高领罐、白衣彩陶钵，特别是带流罐，是五女冢遗址仰韶文化第二期遗存的典型器。（图六十七）

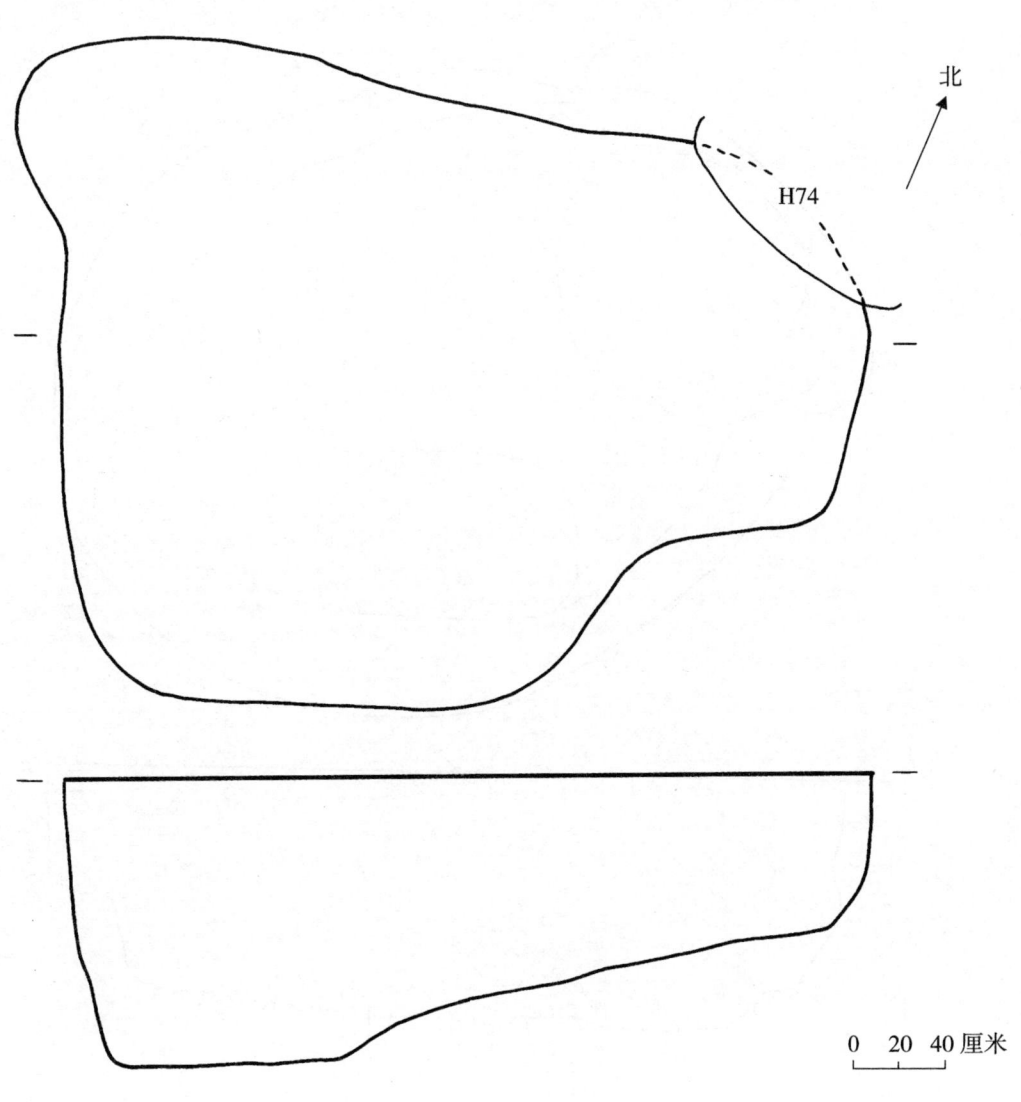

图六十七 F3 平剖面图

F4：半地穴台阶式。位于 T1025 西部。开口于三层下。口部距地表 0.92 米,打破生土。中部和西部被两个现代坑打破,东南角被 H109 打破。该房口大底小,平面呈椭圆形。口部南北最长约 4.36 米,东西最宽处约 3.46 米。底部不甚平整,四周有一层台阶,台阶宽约 0.08 米 ~0.56 米,高约 0.18 米 ~0.5 米。底平面南北长约 4 米,东西最宽处约 2.72 米。在西壁偏南部有一长方形坑斜向外延伸,南北宽 0.6,进深 0.5 米。在底部南端和东壁下,各有一个较浅的平底坑。南端的坑,平面呈不规则扁圆形,最深处 0.12 米,直径 1.3 米 ~1.36 米,最长直径约 1.62 米。东壁下的坑,除东壁呈直壁外,其余三壁均呈圆弧形,总体呈椭圆形。南北长 1.38 米,东西宽 0.9 米,深约 0.12 米。房内的这两个坑我们分析应是灶火坑,坑内未没有发现遗物。(图六十八)

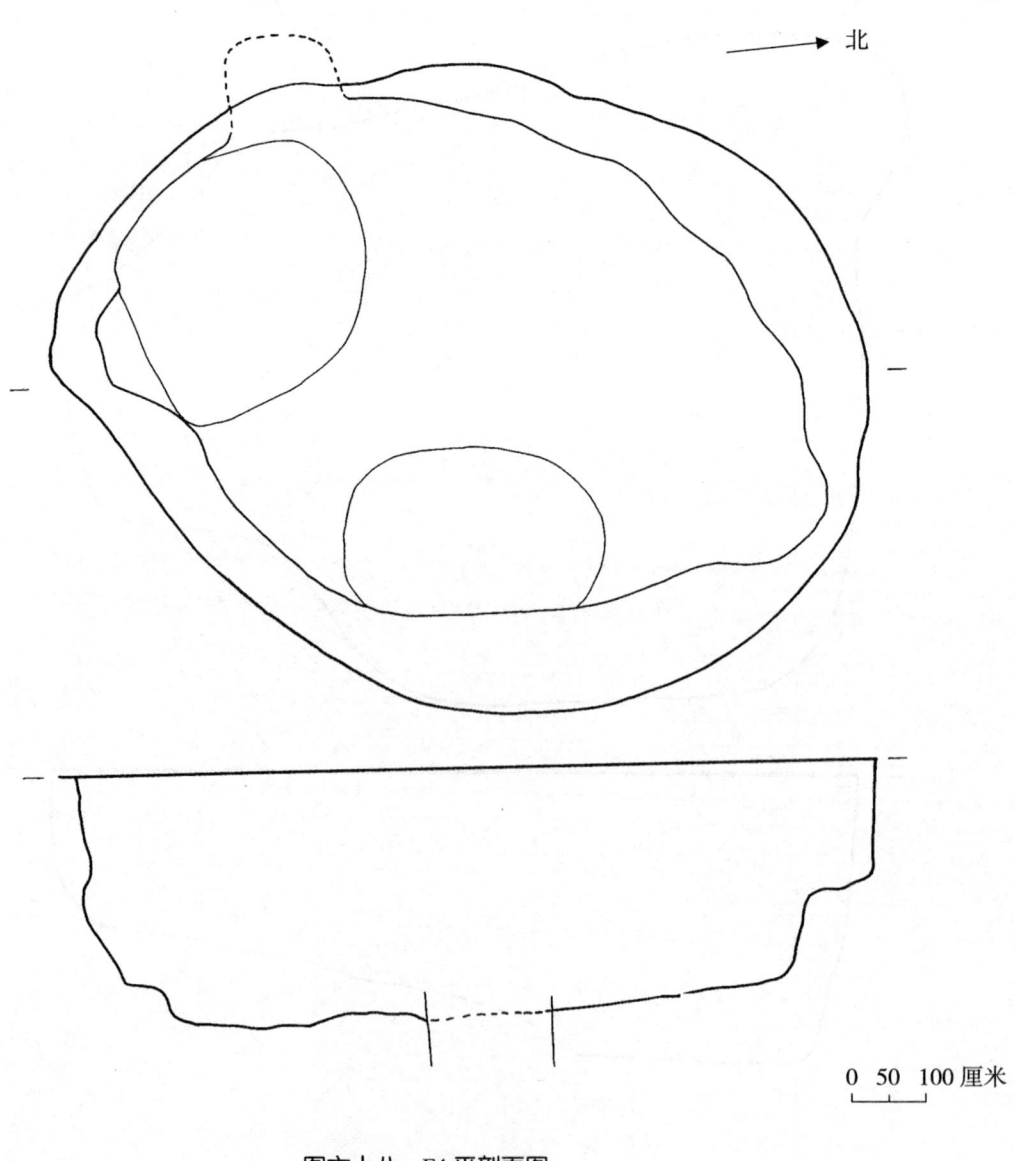

图六十八　F4 平剖面图

F6：半地穴棚顶房。位于南部发掘区 T0208 中部偏西，开口于二层下，口部距地表 0.3 米，打破生土。该房子平面呈圆角长方形，面阔 2.9 米~3 米，进深 2.6 米，残深约 0.2 厘米。东北至西南向。室内西部正中有一片长方形生土地面，东西长约 1.36 米，南北宽约 1.6 米。室内不规则分布 5 个洞，编号为 D1~D5。除 D2 为灶坑外，其余应为柱洞。

D1 位于南壁偏东部，扁圆形，直径 0.26 米~0.3 米，深 0.06 米；D2 位于中部，长方椭圆形，长径 0.96 米，短径 0.52 米，深 0.2 米；北壁东部有两个柱洞，其中 D3 略呈弧壁长方形，底部铺设有料僵石，长 0.68 米，宽 0.46 米，深 0.05 米；D4 呈圆形，直径 0.16 米，深 0.03 米；D5 位于北壁西部，圆形，直径 0.3 米，深 0.12 米。柱洞内填土均呈深灰色，内含草木灰和红烧土颗粒。室内填土呈浅灰色土，土质疏松，出土有第二期文化遗存的叠唇瓮和直口钵等遗物。根据该房址的平面结构和柱洞的分布情况，我们认为该房屋应为半地穴式，但较浅，地面上搭建有顶棚，中间的二号洞（D2），应为灶火坑。（图六十九）

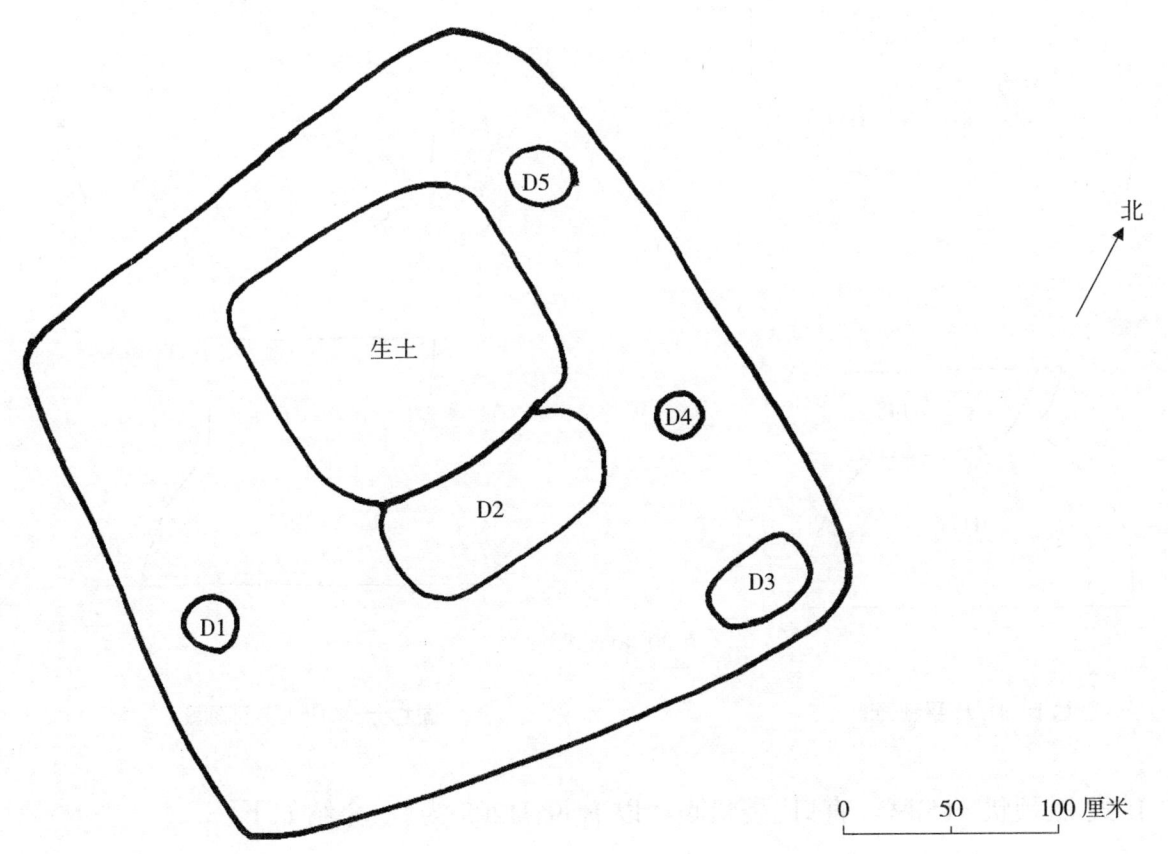

图六十九 F6 平面图

(二)灰坑

五女冢遗址仰韶文化二期遗存共发现灰坑92座。根据其形状,可分为袋状坑、直筒状坑、敞口平底状坑、敞口圜底坑和台阶形坑五种类型。每种形状的坑,根据其变化又可以分为不同的式。现介绍如下:

1. 袋状坑。共32座。口部和底部均为圆形和椭圆形,口小底大。根据其形状和特点,又可分为:漏斗式、瓶颈式、瓮式、亚腰式四式。

Ⅰ式 漏斗状 2座。敞口,束颈,袋状底。以H171、H63为例,介绍如下。

H171:口部呈圆形。口径1.6米,束颈处直径1.16米,底径2.8米,深2.05米。(图七十,图版四十一:2)

H63:口部呈椭圆形。口径1.3米~1.52米,束颈处直径1.26米,底径2.32米,深1.64米。(图七十一)

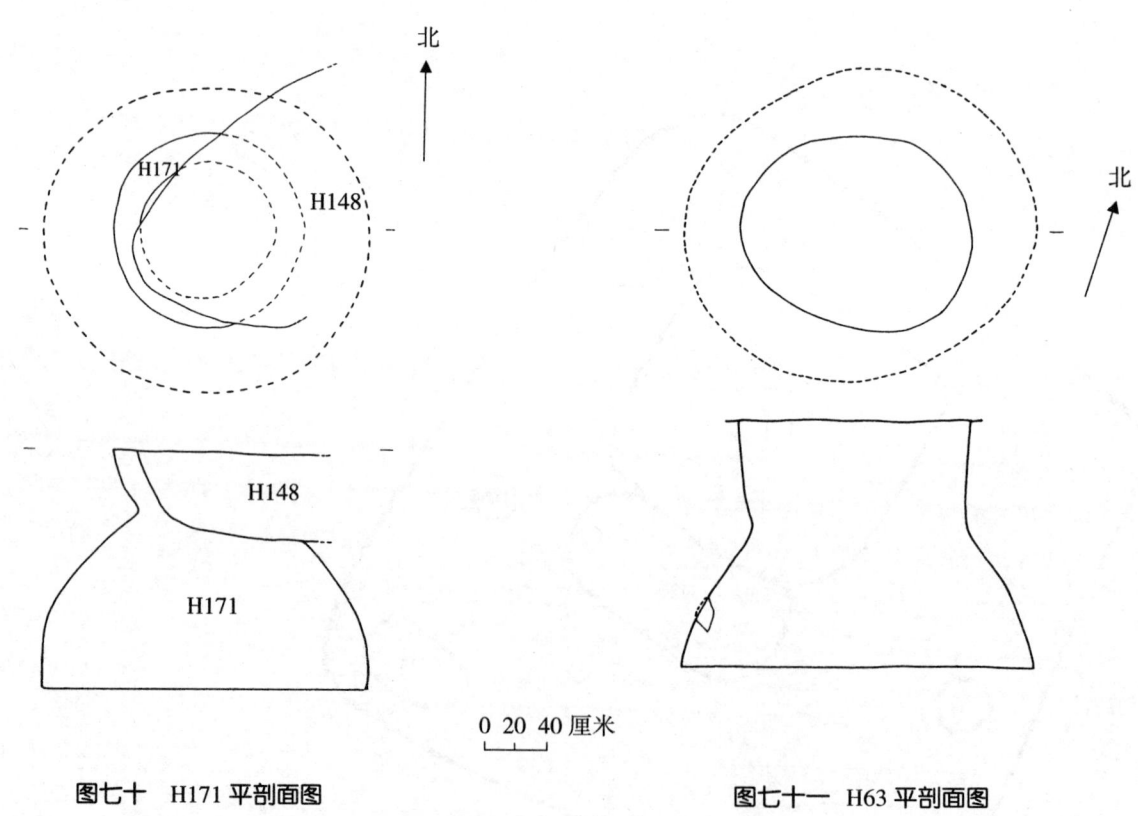

图七十 H171平剖面图　　　图七十一 H63平剖面图

Ⅱ式 瓶颈状 15座。直口,袋状底。以H59、H209为例,介绍如下。

H59 口部呈圆形。口径1.1米,口深0.3米。底径2.1米,深1.4米。(图七十二:1)

H209 口部呈椭圆形。东部坑壁不太规则。口径1.38米~1.46米,底径2.5米,深2.08米。(图七十二:2)

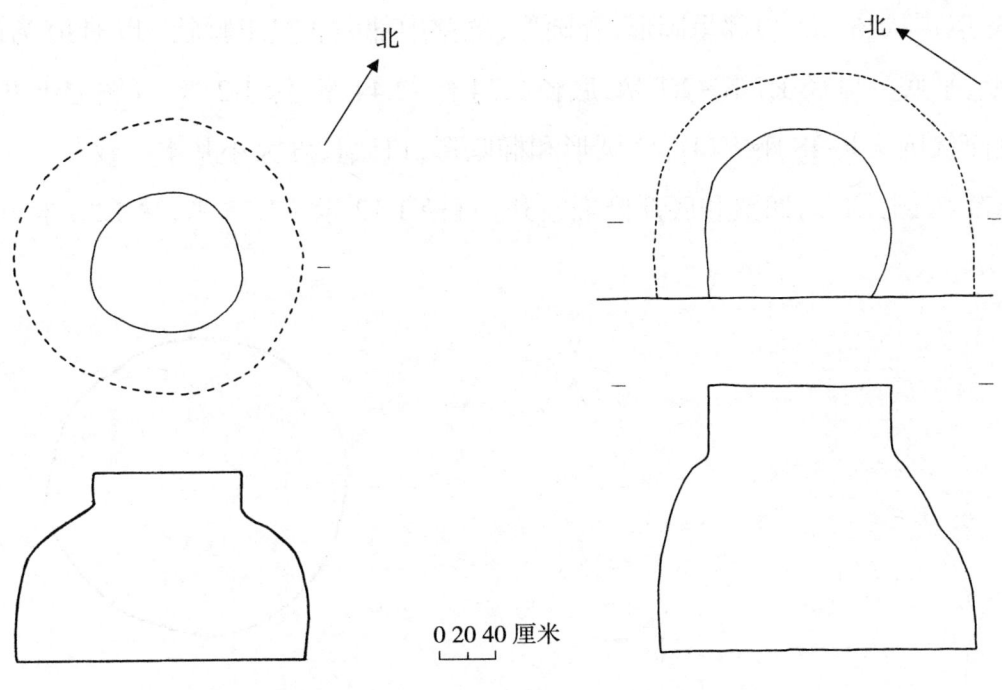

图七十二:1　H59 平剖面图　　　　图七十二:2　H209 平剖面图

Ⅲ式　瓮状　9座。圆形和椭圆形口，弧壁外鼓，平底。大部分坑壁整修平整。以H126、H260为例，介绍如下。

H126：口底均呈圆形。口径1.48米，底径1.36米，深1.4米。（图七十三）

H260：口底均近似圆形。口径2.1米~2.2米，底径2.08米，深0.7米。（图七十四）

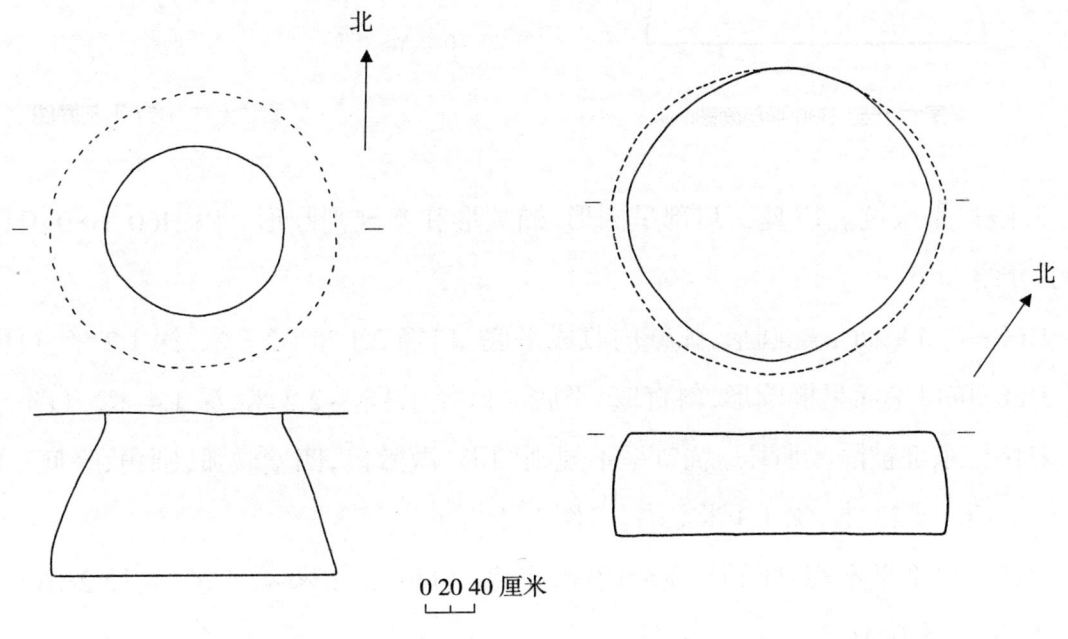

图七十三　H126 平剖面图　　　　图七十四　H260 平剖面图

Ⅳ式 束腰状 6座。口部呈圆形,椭圆形,坑壁中部内收呈束腰状。以H30为例:椭圆形口,弧壁,平底。口径1.7米~2.1米,底径2.24米~2.44米,深1.2米。(图七十五)

2. 直筒状坑。共28座。口部为圆形和椭圆形,口底长度大小基本一致。

以H71为例:圆形,四壁和底部修理整齐。直径1.12米~1.15米,深1.26米。(图七十六)

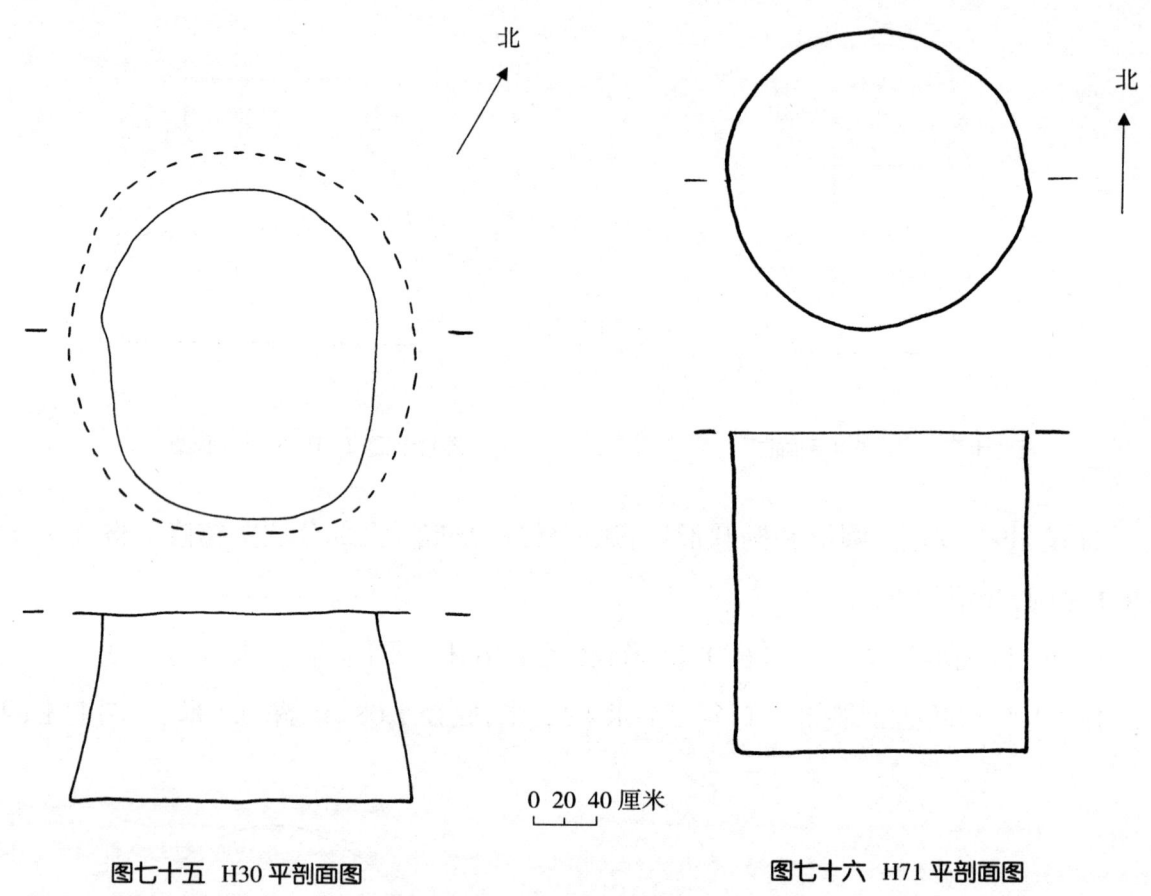

图七十五 H30平剖面图　　　　图七十六 H71平剖面图

3. 敞口平底坑。17座。口部呈圆形、椭圆形和不规则圆形。以H60、H80、H101、H178为例,介绍如下。

H60:坑口平面呈椭圆形,弧壁内收成平底。口径2.1米~2.3米,深1.2米。(图七十七)

H80:坑口平面呈椭圆形,斜直壁,平底。口径1.3米~2.2米,深1.4米。(图七十八)

H101:东部被隔梁所压。坑口呈不规则圆形,微敞口,四壁微弧,圆角,平底。暴露部分直径3.36米~4.22米,深1.3米左右。(图七十九)

H178:口部呈不规则圆形,弧壁内收,平底。口径2.32米~2.6米,底径2.16米~2.4米,深0.7米。(图八十)

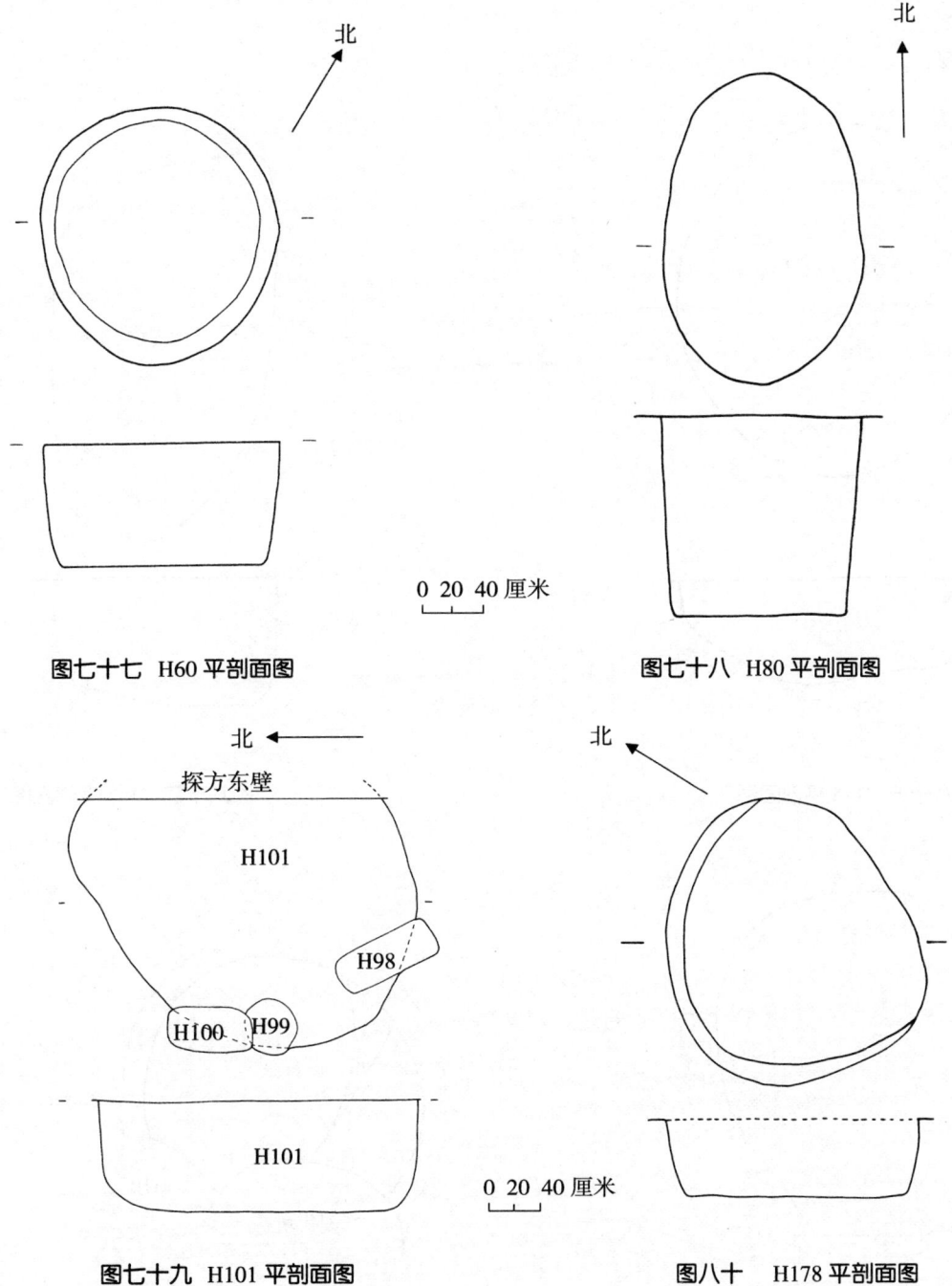

图七十七 H60 平剖面图

图七十八 H80 平剖面图

图七十九 H101 平剖面图

图八十 H178 平剖面图

4. 敞口圜底坑　11座。口部呈圆形和椭圆形，敞口或微敞口，圜底。以 H45、H50 和 H79 为例，介绍如下。

H45：口部呈椭圆形，弧壁内收，圜底。口径 1.8 米～2.06 米，深 0.6 米。（图八十一）

H50：口部呈弧边长方形，近似椭圆形。四壁斜收，圜底，底部东浅西深。口径 2.06 米～2.5 米，深 1.38 米。（图八十二）

H79：口部呈梨状椭圆形，暴露口径 2.16 米～2.5 米，最深处 1.38 米。（图八十三）

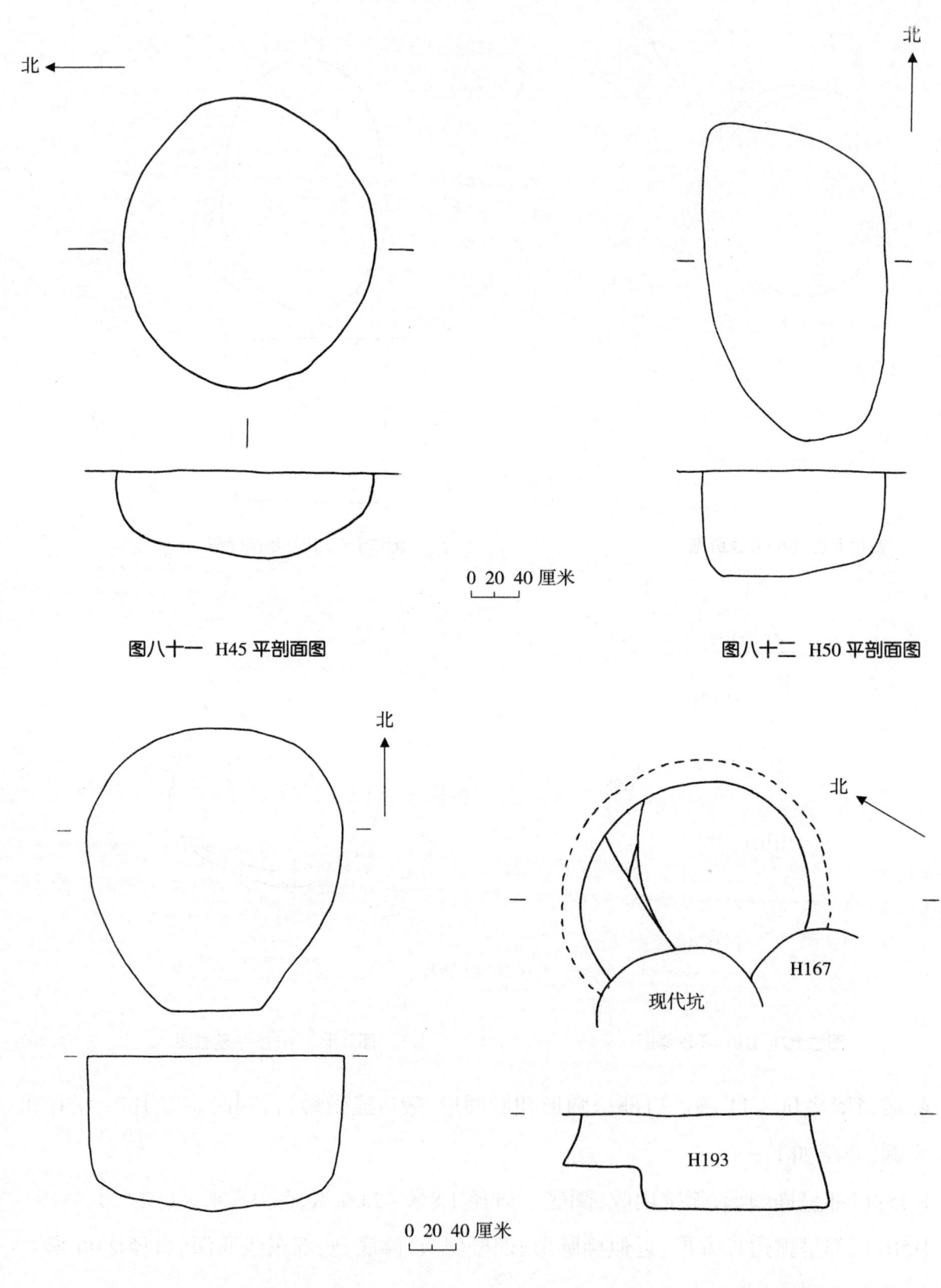

图八十一 H45 平剖面图

图八十二 H50 平剖面图

图八十三 H79 平剖面图

图八十四 H193 平剖面图

5. 台阶式坑 4座。在坑壁一侧有台阶。口部分别为圆形和圆角长方形,平底。分三式:

Ⅰ式:束腰袋状台阶坑 1座。H193:口底均为圆形,四壁束腰呈亚腰形。在坑西侧口底之间有一层台阶。坑口径1.68米,底径1.98米,坑深0.7米。南部被H167和一个现代坑打破。西侧台阶宽约1.6米,进深0.54米,高0.3米。(图八十四)

Ⅱ式:长方形筒状台阶坑 2座。H24:口部平面呈弧线圆角长方形,被一个现代坑打破。在西南角有两层台阶。坑口长2.66米,宽2米。坑底长2.66米,宽2.15米。坑深1.8米。两层台阶,台阶宽0.78米,第一层进深0.14米,高0.4米;第二层进深0.25,高0.1米。(图八十五)

Ⅲ式:圆形筒状台阶坑 1座。

H53:除北侧为直壁外,其余周围均有台阶,台阶呈斜坡状。口径2.96米~3米,深1.5米。台阶最宽处0~0.72米。(图八十六)

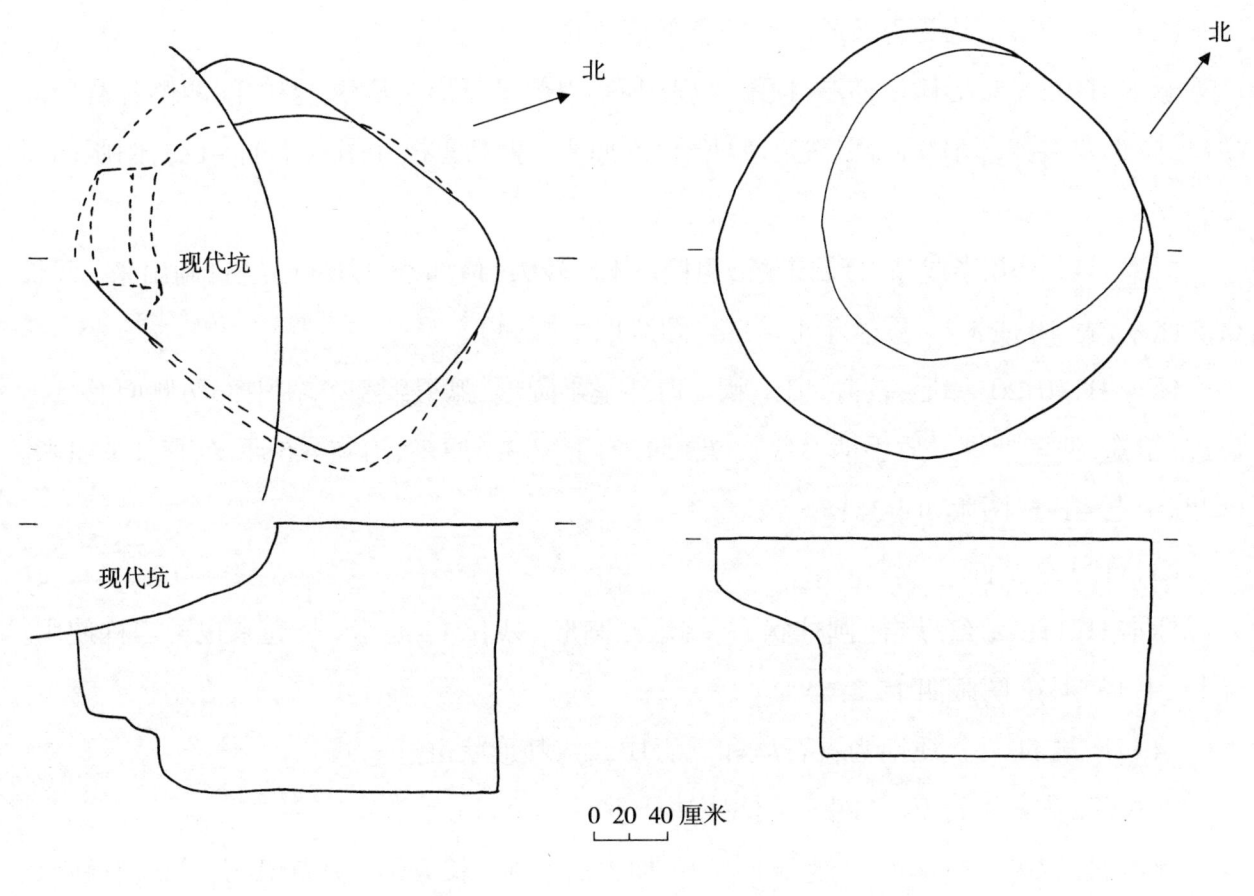

图八十五 H24平剖面图　　　　　　　　图八十六 H53平剖面图

二、遗物

遗物出土有石器、陶器和骨器。按其用途可分为生产工具、生活用具和装饰品三大类。

（一）石器

共28件。按其用途可分为生产工具和加工工具两类，分类介绍如下。

1. 生产工具

标本共19件。石质为青石质和砂岩质。器形有石钺、石斧、石刀、石磨棒（杵）、石铲等。

（1）石钺 2件。1件完整，1件残，均磨制精细。扁状梯形，上窄下宽，形体较短。双面弧刃。中部有孔，孔为对钻。

标本H195:10，青石质。完整。弧刃较宽。上部有一对钻大孔。背宽5.5厘米，刃宽7.7厘米，长10.4厘米。外侧孔径2.3厘米~1.6厘米；内侧孔径1.2厘米~1.4厘米。（图八十七-1:1，图版四十二:1）

标本H84:1，青石质。上部残。断面呈椭圆形。刃宽6.5厘米，残长6.7厘米，外侧孔径1.3~1.5厘米；内侧孔径0.6厘米。（图八十七-1:2，图版四十二:2）

（2）石斧 9件，均为青石质。较完整的仅1件。

标本H192:35，形体呈梯形，顶端呈扁圆形，刃部呈弧形。刃残。腰中间两侧各有反向缺口，应为安装捆绑木柄使用痕迹。残长14.5厘米，厚3厘米。（图八十七-1:3，图版四十二:3）

标本H190:30，半成品，打制未磨，粗糙。体形较大，顶部残。刃部已经打制出来。残长11.5厘米，宽10厘米。（图八十七-1:4，图版四十二:4）

标本H190:20，梯形，较薄，扁平状。顶部呈半圆形，弧刃，刃残。在中部两侧面有打击痕迹，粗糙，便于捆绑木质手柄。残长7.3厘米，上宽3.7厘米，刃宽4.5厘米，厚1.1厘米。（图八十七-1:5，图版四十二:5）

（3）石磨棒 1件。

标本H211:12，红砂岩。圆柱状，一端呈凸圆形。残长11厘米。竖起来也可当杵使用。（图八十七-1:6，图版四十二:6）

（4）刀 共11件。质地为青石质和砂岩质。依其形状可分六式。

Ⅰ式 弧背直刃石刀。3件。1件残缺严重。

标本H132:9，青石质。自然石上打下，加工后使用。长方形。弧背弧刃。两端有缺口。长10.2厘米，宽5.3厘米。（图八十七-1:7，图版四十三:1）

标本 H126:1，青石质。弧背直刃。刃部一角缺。两端有不对称半圆形缺口。长9.2厘米，宽4.6厘米，背厚1.6厘米。（图八十七-1:8，图版四十三:2）

标本 H260:2，青石质。弧背，弧刃内凹。一端残，一端有三角形缺口。残长10.2厘米，宽5.3厘米。（图八十七-1:9）

Ⅱ式　扁圆形石刀。3件。圆背弧刃。

标本 H236:7，青石质。刃略呈弧形，两端刀尖缺失。刃部宽8.3厘米，背宽7.1厘米。（图八十七-1:10）

标本 H171:20，青石质。一端有缺口。长7.8厘米，宽6.2厘米。（图八十七-1:11，图版四十三:3）

标本 H211:3，青石质。扁圆饼形，前后中部均向外凸。直径6.8厘米~7.4厘米。（图八十七-1:12，图版四十三:4）

Ⅲ式　直背弧刃石刀。1件。标本 H60:2，青石质。背较直，弧刃。一端残缺，一端有缺口。残长5.7厘米，宽6.2厘米。（图八十七-2:13）

Ⅳ式　靴形石刀。2件。打制。扁形较短。前部呈不规则半圆形，尖刃，两侧内凹。该石刀系从鹅卵石上打下，一面较光，一面粗糙。

标本 H192:6，青石质。弧背弧刃，两侧呈束腰弧形。刃宽7.8厘米，高6.6厘米。（图八十七-2:14，图版四十三:5）

标本 H193:4，青石质。斜背，直刃，两侧呈束腰弧形。整体像靴形。刃宽5.2厘米，高5.9厘米。（图八十七-2:15，图版四十三:6）

Ⅴ式　镰刀形石刀。1件。标本 H193:3，黄砂岩。直背直刃。一端呈弧形尖状；一端较直，有三角形缺口。刃长3.8厘米，宽4.4厘米。（图八十七-2:16，图版四十三:7）

Ⅵ式　三角形石刀。1件。标本 H63:3，青石质。底面较平，另一面呈三角形锥状，三棱脊，三面均可作刃。刃长8厘米~9厘米。（图八十七-2:17，图版四十三:8）

2.加工工具

共5件，有石凿、砺石等。

（1）石凿　1件。标本 H101:1，青石质。扁条形，弧刃，上部残，下部向内收。宽3.5厘米，残长5.5厘米。（图八十七-2:18，图版四十四:1）

（2）垫饼　1件。标本 H107:1，红砂岩。自然石。呈扁平状，不规则圆形。周边有敲击痕迹。直径5.5厘米~6.3厘米，厚约0.9厘米。（图八十七-2:19，图版四十四:2）

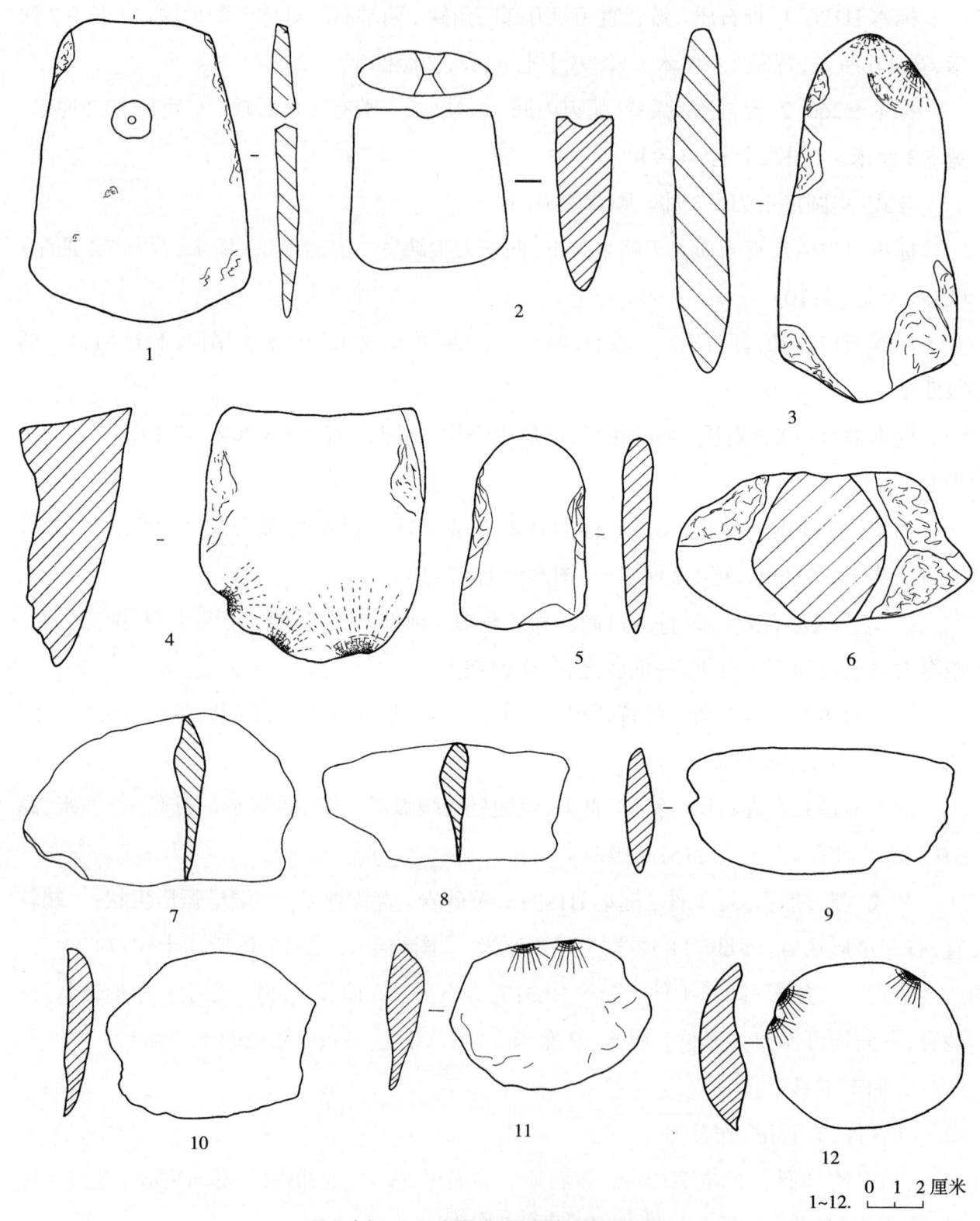

图八十七-1 五女冢遗址仰韶文化二期石器

1. 石钺(H195:10) 2. 石钺(H84:1) 3. 石斧(H192:35) 4. 石斧(H190:30) 5. 石斧(H190:20)
6. 石磨棒(H211:1) 7. Ⅰ式石刀(H132:9) 8. Ⅰ式石刀(H126:1) 9. Ⅰ式石刀(H260:2) 10. Ⅱ式石刀(H236:7)
11. Ⅱ式石刀(H171:20) 12. Ⅱ式石刀(H211:3)

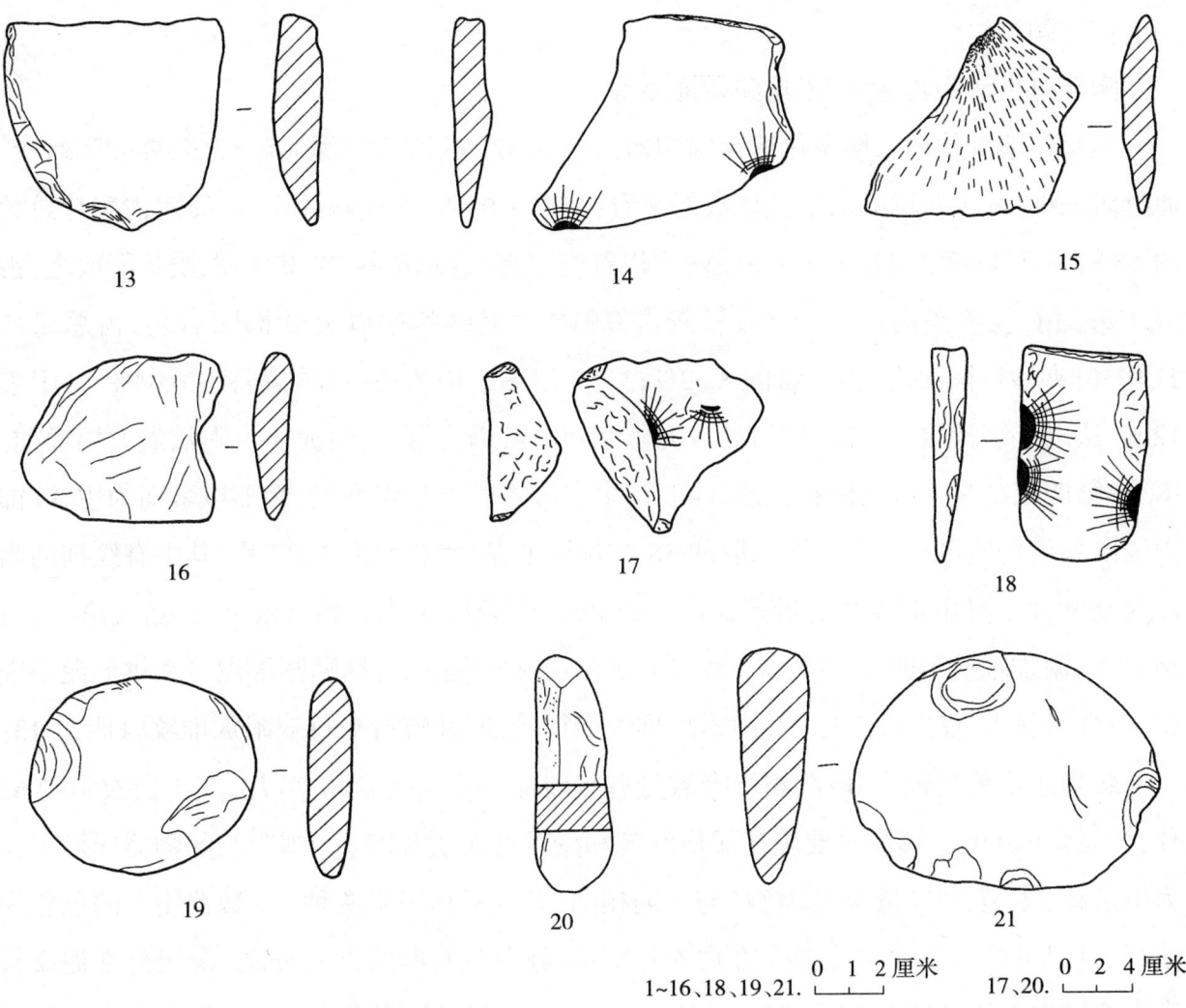

图八十七-2　五女冢遗址仰韶文化二期石器

13. Ⅲ式石刀（H60:2）　14. Ⅳ式石刀（H192:6）　15. Ⅳ式石刀（H193:4）　16. Ⅴ式石刀（H193:3）

17. Ⅵ式石刀（H63:3）　18. 石凿（H101:1）　19. 垫饼（H107:1）　20. 杵（H126:10）　21. 研磨器（H193:5）

（3）砺石　1件。标本H101:20，黄砂岩。长方形，形如砖，五面磨光，一端粗糙。长36厘米，宽17.8厘米，厚9厘米。（图版四十四:3）

（4）杵　1件。标本H126:10，红石质。上部呈三棱柱，斜尖首；下部逐渐成呈扁平状。中部一侧有缺口，正好手握。长13.3厘米，宽3.3厘米~4厘米。（图八十七-2:20，图版四十四:4）

（5）研磨器　1件。标本H193:5，青石质。扁圆形自然石。一侧薄一侧厚；一侧呈弧状，一侧呈半圆。四周边缘有缺口。一面有研磨痕迹，沾有红色颜料。长9.7厘米，宽8厘米。（图八十七-2:21，图版四十四:5）

(二)陶器

陶器有生活用具、生产工具和装饰品等。

五女冢遗址仰韶二期文化遗存的陶器共复原32件。陶质以泥质陶较多,夹砂陶略少。通过对该期18个灰坑的陶系统计数据来看,在出土的4627块陶片中,泥质陶占陶片总数的58.81%,夹砂陶占41.19%。泥质陶中以红陶居多,占总量的29.35%;泥质灰陶次之,占27.9%;另有泥质黑陶,占0.65%;彩陶占0.91%。夹砂陶中以夹砂褐陶居多,占总量的21.91%;夹砂红陶次之,占总量的8.52%;夹砂灰陶占10.72%;夹砂黑陶占0.04%。(附表12)。从以上统计数字我们可以看出,泥质红陶数量仍为第一,但泥质灰陶数量大幅增加。第三、第四依次是夹砂褐陶和夹砂红陶。许多夹砂罐肩上上浆磨光。陶器以素面为主,纹饰中线纹数量仍然最多。在二期选取的18个灰坑中,陶片总数为4627片,其中有纹饰的陶片为999片,其中带线纹的最多,占42.54%;凹弦纹次之,占33.03%;划纹第三,占14.41%;附加堆纹第四,占9.72%。另有少量在双附加堆纹上,粘贴圆形泥饼和拱形泥条现象,但数量很少,仅发现3片。其中附加堆纹变得较细,并流行平行双附加堆纹。(附表13)

彩陶总量依然较少,但白衣彩陶数量有所增加。共发现彩陶96片,其中白衣彩陶62片,占总量的60%。彩陶主要施在泥质红陶和少量的泥质灰陶上。施彩绘的陶器器形主要为折沿罐、钵、壶和少量陶盆。色彩与一期相同,有红彩和黑彩两种。多数器物上的色彩为单彩,且以黑彩为主,红彩较少。在白衣彩陶上,施双色彩的约占三分之一。另外在泥质灰陶上个别也有饰红黑两彩的,但数量特别少。这一时期彩陶图案基本上继承了第一期的风格,有网状纹、平行线纹、竖线纹、圆点纹、太阳纹、方格内填交叉线纹、睫毛纹、弧形三角纹和对称"V"形叶瓣纹等。其中在折沿罐口沿下流行饰网状纹和多组竖线纹的较多,弧形三角纹和叶瓣纹的也不少。(图版四十五:1、2、3、4、5、6)陶器制作方法仍以手制为主,器物的口部大部分经过慢轮修整。大部分器物,尤其是陶罐都是采用手制和轮制相结合方法制作而成。肩、口为轮制,腹部为手制。主要器形有尖底瓶、鼎、钵、罐、带流器、盆、瓮、豆、碗、环、杯、甑、漏斗式器物等。介绍如下:

1. 生活用具 主要有尖底瓶、鼎、钵、罐、带流器、盆、瓮、豆、碗、环、杯、甑、漏斗式器物等。

鼎 数量较少,均为夹砂陶,残器。口腹部残片较少,足较多。

罐形鼎 2件。夹砂黑陶。1件完整,1件残。形状相似。敞口,折沿,束颈,折腹,上腹部呈弧形,下腹斜直,小平底。底有三足。鼎的最大腹径在中部。

标本 H239:3，方唇，沿上有一周凹槽，折腹处饰一周扭索状附加堆纹。平底上部有三个鼎足，均脱落。口径 15.7 厘米，腹径 18.6 厘米，残高 9.8 厘米。（图八十八:1,图版四十六,1）

H239:7，卷圆唇。折腹处饰一周捺窝附加堆纹。底残。口径 24 厘米，残高 6.4 厘米。（图八十八:2）

鼎足 数量较多，共 19 个。根据形状，可分三型。

A 型 鸭嘴状。数量最多。侧面呈三角形。素面较多。少数在足腹结合处饰有捺窝。

标本 H93:1，夹砂褐陶。扁三角形。身上有手抹痕迹。长 11.5 厘米，宽 1.9 厘米。（图八十八:3）

标本 H192:21，夹砂灰陶。圆脊。上下饰两个捺窝。正面宽 3.8 厘米，高 10.5 厘米。（图八十八:4）

标本 H101:4，夹砂褐陶。圆脊。饰一个捺窝。正面宽 2 厘米，高 8 厘米。（图八十八:5）

标本 H171:19，夹砂灰陶。方脊。饰三个捺窝。正面宽 1.5 厘米，高 8.8 厘米。（图八十八:6）

标本 H75:8，夹砂褐陶。圆脊。素面。正面宽 2.2 厘米，高 7 厘米。（图八十八:7）

标本 H132:2，夹砂褐陶。方脊。素面。正面宽 2.5 厘米，高 8 厘米。（图八十八:8）

标本 H80:1，夹砂红陶。圆脊。脊上斜施指甲纹。正面宽 2.8 厘米，高 8.8 厘米。（图八十八:9）

B 型 扁条状。断面呈横椭圆形。

标本 H101:30，夹砂，红皮黑陶。正面宽 3.5 厘米，高 6.6 厘米（图八十八:10）。

标本 H50:11，夹砂红陶。中间有一道竖凹槽。正面宽 2.5 厘米，残高 5.8 厘米。（图八十八:11）

标本 H60:7，夹砂红陶，内掺蚌壳颗粒。足底端从内向外斜削。足顶呈扁尖状，用于插入鼎腹，外又包裹一层泥。正面宽 2.5 厘米，高 7.4 厘米（图八十八:12）。

C 型 方形。1 件。上圆下方。

标本 H60:8，夹砂灰陶。正面宽 2 厘米，高 5.8 厘米（图八十八:13）。

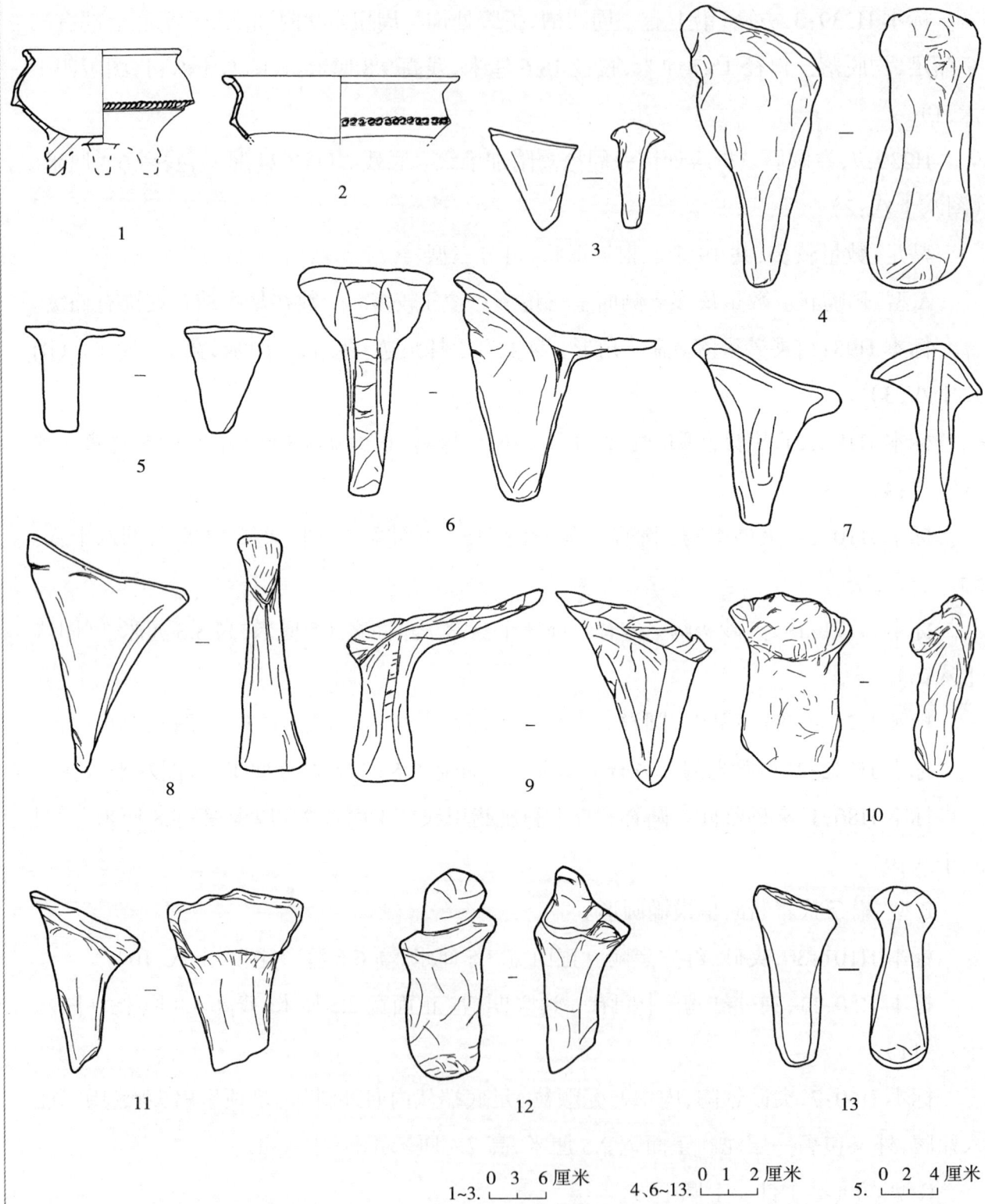

图八十八 五女冢遗址仰韶文化二期陶鼎和鼎足

1. 罐形鼎（H239:3） 2. 罐形鼎（H239:7） 3. A型鼎足（H93:1） 4. A型鼎足（H192:21） 5. A型鼎足（H101:4）
6. A型鼎足（H171:19） 7. A型鼎足（H75:8） 8. A型鼎足（H132:2） 9. A型鼎足（H80:1）
10. B型鼎足（H101:30） 11. B型鼎足（H50:11） 12. B型鼎足（H60:7） 13. C型鼎足（H60:8）

器盖 均为夹砂陶。数量较多,但仅复原2件。器盖呈弧形隆起状,但隆起的弧度较缓。器盖边沿多呈扁圆形凸起。

根据钮的形状,可分五型。

A型 半圆形钮。复原2件。采集标本H22:12,夹砂褐陶(H22为汉代灰坑)。复原。盖上有黑斑。盖面隆起较缓,鼓腹,方唇。口沿上饰两周凹弦纹。表面粗糙。直径25厘米,高7.5厘米。(图八十九:1)

标本H239:2,夹砂褐陶。复原。盖面呈弧形隆起,隆起弧度较小。三角缘,折棱明显。半圆形钮,钮上饰一道凹槽纹。表面上浆光滑。直径18.7厘米,高7.5厘米。(图八十九:2,图版四十六,2)

B型 桥形钮。1件。钮为宽带拱形。

标本H63:6,夹砂灰陶。钮两侧饰有捻富状附加堆纹。残高4厘米。(图八十九:3)

C型 平顶花式钮。1件。

标本H245:2,夹砂红陶。钮呈平顶状,外出沿,花瓣状边缘。盖残。直径8.2厘米,残高4厘米。(图八十九:4)

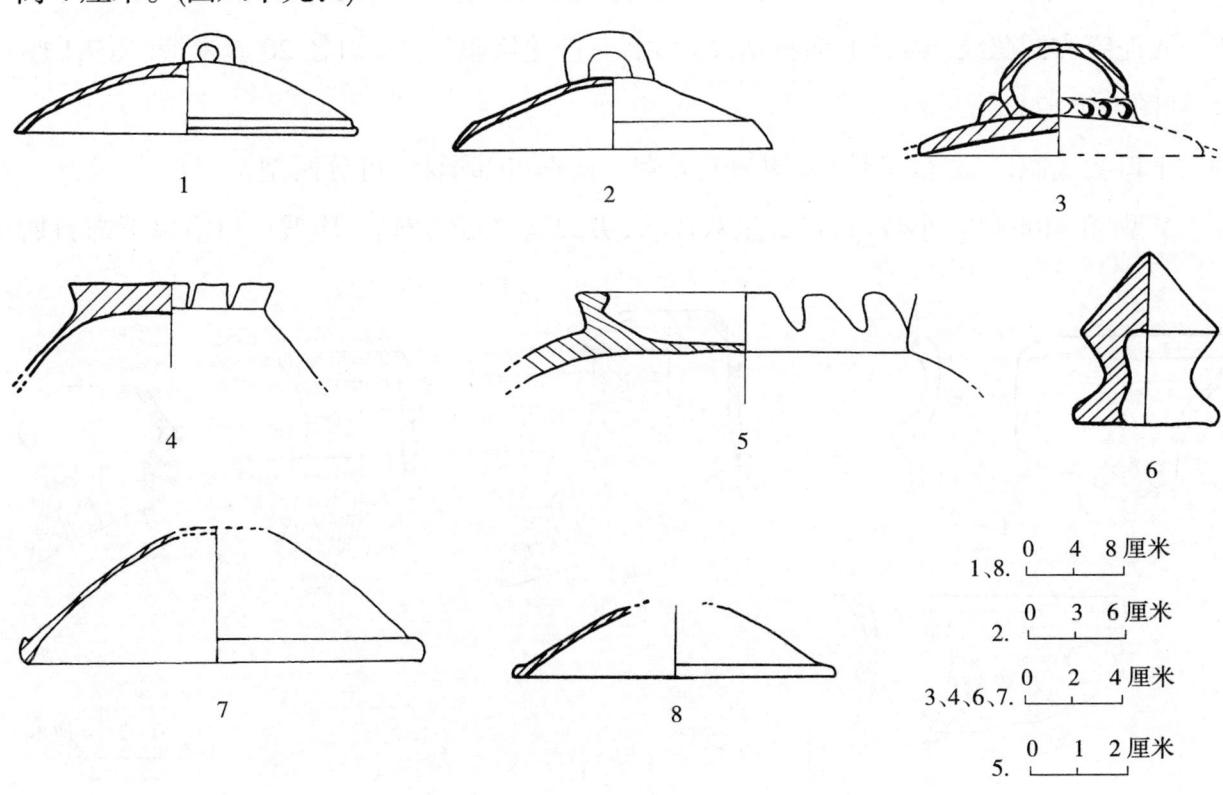

图八十九 五女家遗址仰韶文化二期器盖

1. A型(H22:12) 2. A型(H239:2) 3. B型(H63:6) 4. C型(H245:2) 5. D型(H111:1) 6. E型(H102:5)
7. 残器盖(H204:2) 8. 残器盖(H132:1)

D型 凹顶花式钮。2件。标本 H111:1,夹砂灰陶。顶部四边上翘呈花瓣状,中间凹陷。盖残。直径约 6.5 厘米,残高 3.3 厘米。(图八十九:5)

E型 蘑菇状钮。1件。标本 105:5,泥质红陶。顶部呈圆锥状,束颈,盖面残。(图八十九:6)

此外,还有较多缺失钮部的器盖。以下介绍 2 件。

标本 H204:2,夹砂灰陶。弧形,隆起较高。方唇上翘。直径 17 厘米,残高 5.5 厘米。(图八十九:7)

标本 H132:1 夹砂褐陶。盖面上部呈弧形,下部向外撇。厚圆唇。直径 24 厘米,残高 5.4 厘米。(图八十九:8)

大口尖底瓶口部 2件。均为泥质灰陶,仅存口部。根据口部形状,可分两型。

A型 1件。敞口。标本 H192:16,泥质灰陶。口部外撇,卷圆唇,腹略弧,下残。口下饰一周泥突。器身饰斜划纹。口部有慢轮修整痕迹。口径 30 厘米,残高 8.5 厘米。(图九十:1)

B型 1件。直口。标本 H24:9,泥质灰陶。直口,斜卷沿,尖斜唇,直腹,腹残。口部下饰一周泥突和凹弦纹。器身上饰斜划纹。口部有慢轮修整痕迹。口径 20 厘米,残高 7.1 厘米。(图九十:2)

小口尖底瓶口部 数量较多,均为泥质陶。根据口部形状,可分两型。

A型 重环形口。小敛口,口部呈双环状,尖圆唇,短颈,斜肩,腹残。口沿以下饰斜划

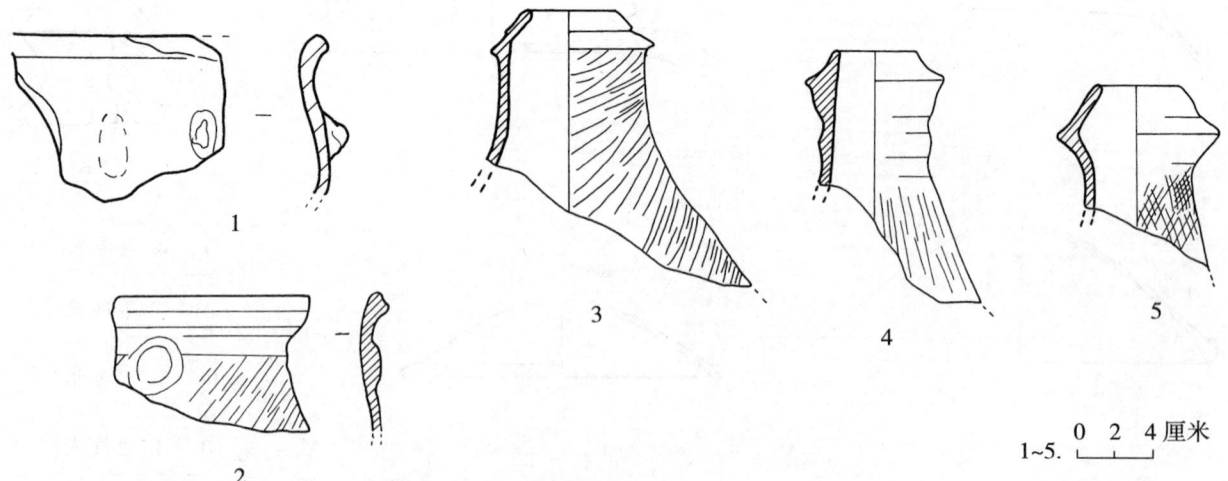

图九十 五女冢遗址仰韶文化二期尖底瓶口部

1. A 型大口尖底瓶(H192:16) 2. B 型大口尖底瓶(H24:9) 3. A 型小口尖底瓶(H190:22)
4. B 型小口尖底瓶(H192:14) 5. B 型小口尖底瓶(H126:1)

纹。

标本 H190:22,泥质灰陶。口径 4 厘米,残高 12.8 厘米。(图九十:3)

B 型　敛包口。小口内敛,平沿或斜沿,细长颈。

标本 H192:14,泥质红陶。斜沿,颈部饰两周浅凹槽。通体饰斜线纹。口径 3.8 厘米,残高 12.2 厘米。(图九十:4)

标本 H126:1,平沿。颈以下饰交叉斜线纹。口径 4 厘米,残高 7 厘米。(图九十:5)

豆　9 件。均为泥质灰陶。磨光。豆盘均残,仅存部分圈足。复原 3 件豆座。根据器形,可分两型。

A 型　圆鼓式豆座。5 件,复原 3 件。豆座顶小底大,腹部外鼓,底部出沿。中部有圆形和长方形镂孔。

标本 H110:1,豆座中部饰对称圆形镂孔。底径 14 厘米,残高 7 厘米。(图九十一:1,图版四十六:3)

标本 H132:7,豆座中部饰对称圆形镂孔和对称长方形镂孔。其中长方形镂孔分上下两层。两种孔相间排列。底径 12.2 厘米,残高 5.5 厘米。(图九十一:2,图版四十六:4)

标本 H167:4,腹中部饰 4 个对称圆形镂孔,口径 16 厘米,残高 7.3 厘米。(图九十一:3,图版四十六:5)

B 型　束腰式豆座。4 件。圈足腰部内收。

标本 H192:23,腰部饰有圆形镂孔。底径 14 厘米,残高 4.5 厘米(图九十一:4)。

标本 H27:13,圈足较低。底径 16 厘米,残高 3.3 厘米。(图九十一:5)

标本 H257:2,胎体较薄。束腰处饰一周凸弦纹。底径 10 厘米,残高 6 厘米。(图九十一:6)

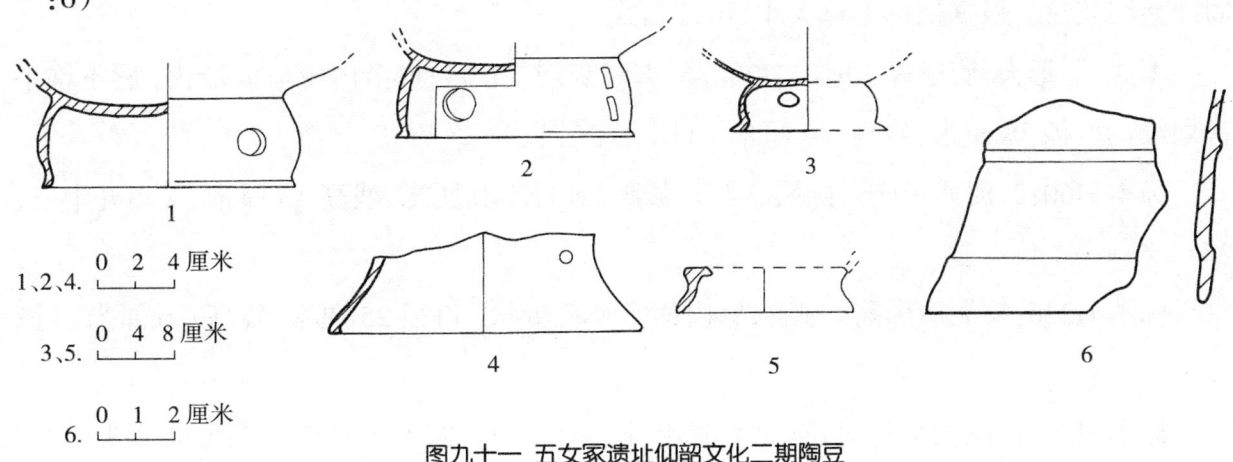

图九十一　五女家遗址仰韶文化二期陶豆

1. A 型(H110:1)　2. A 型(H132:7)　3. A 型(H167:4)　4. B 型(H192:23)　5. B 型(H27:13)　6. B 型(H257:2)

带流罐 5件。均为残器,仅存流的口部。器体呈罐形,敛口,厚圆唇,弧腹下残。唇下饰有一周凹弦纹。根据罐口沿与流的结合形状,可分两型。

A型 流在罐口下,流上有横梁。横梁呈宽带状。标本H78:5,夹砂灰陶。宽扁流。口径38厘米,残高8.8厘米。(图九十二:1)

标本H101:21,泥质灰陶。流残。口径30厘米,残高7.5厘米。(图九十二:2)

B型 流在罐口上,流上无横梁。标本H260:3,夹砂灰陶。流部残缺。口径32厘米,残高5.7厘米。(图九十二:3)

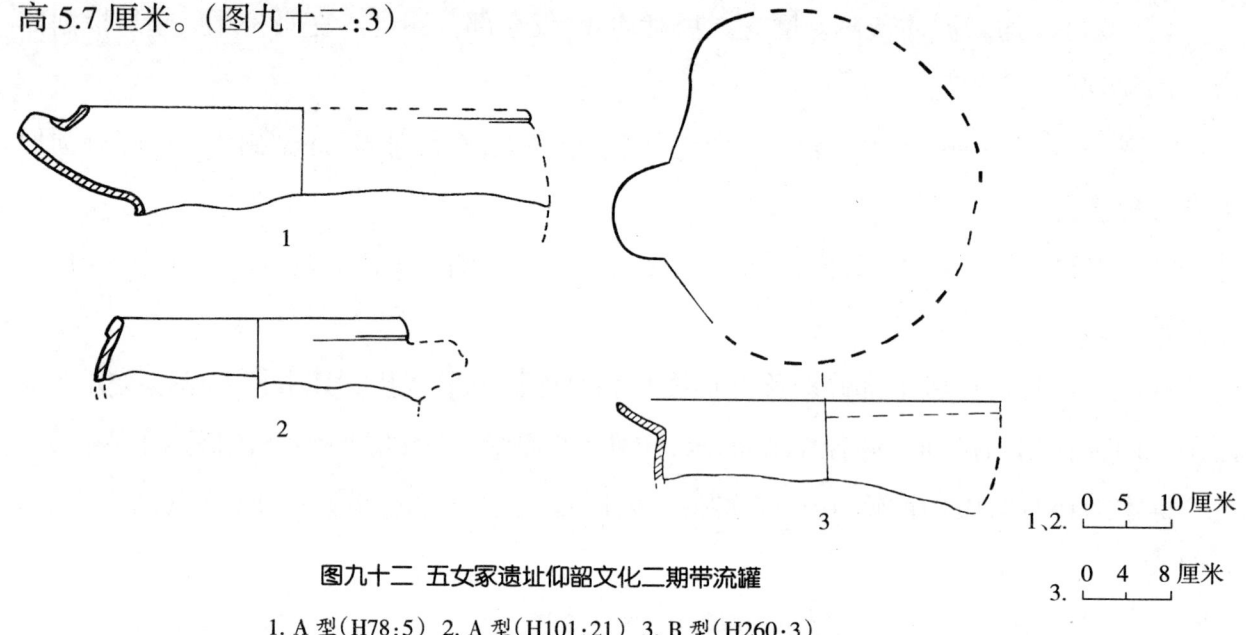

图九十二 五女冢遗址仰韶文化二期带流罐

1. A型(H78:5) 2. A型(H101:21) 3. B型(H260:3)

缸 数量较多,均为残器。根据口部形制,可分三型。

A型 敛口缸。数量最多。胎质主要为泥质黑陶和泥质灰陶,个别胎中夹细砂。通体磨光。敛口,口沿内折,呈宽带状。口部内侧较厚。方唇或圆唇,斜直腹,腹残。唇下饰数周规整凹弦纹。根据器形形体大小,可分两式。

I式 器形大,腹壁厚。标本H236:6,夹砂灰陶。方唇,口沿内壁呈宽带状。唇下饰平行划纹。口径38厘米,残高6.5厘米。(图九十三:1)

标本H60:2,泥质黑陶。圆唇,鼓肩,弧腹。口径40厘米,残高13厘米。(图九十三:2)

标本H236:5,泥质黑陶。圆唇,唇内壁呈圆弧带状。口径25厘米,残高6.6厘米。(图九十三:3)

标本H50:1,泥质灰陶,胎质为夹细砂。圆唇,唇内有圆形带状纹。口径34厘米,残高9厘米。(图九十三:4)

Ⅱ式 器形小,腹壁薄。标本H24:15,黑陶。口下饰浅凹槽纹。口径38厘米,残高7.2厘米。(图九十三:5)

B型 直口缸。均为夹砂灰陶和夹砂红陶。根据口沿特征,可分三式。

Ⅰ式 卷圆唇口。1件。直口,卷圆唇,直腹,下残。沿下饰一周附加堆纹,堆纹上捺窝。腹上饰密集竖线纹。

标本H50:3,夹砂,红胎黑皮。口径30厘米,残高5.7厘米。(图九十三:6)

Ⅱ式 条带状口。4件。厚沿,方唇,直腹。口沿下饰一周附加堆纹。标本H239:8,夹砂红陶。口下饰斜线纹。口径26厘米,残高10.5厘米。(图九十三:7)

标本H63:7,夹砂灰陶。方唇,腹略弧。口沿下有一周附加堆纹。口径34厘米,残高7厘米(图九十三:8)。

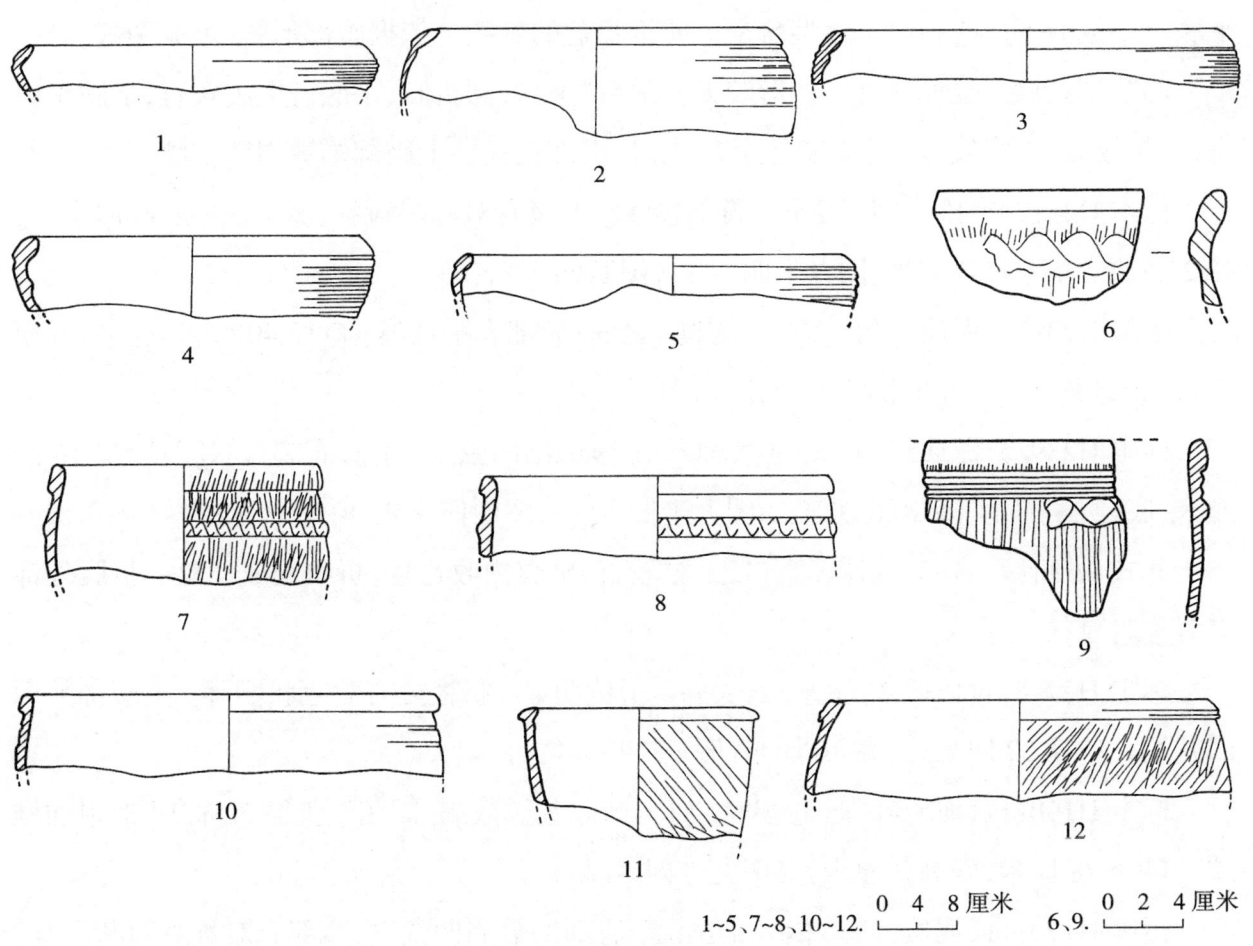

图九十三 五女冢遗址仰韶文化二期陶缸

1. A型Ⅰ式(H236:6) 2. A型Ⅰ式(H60:2) 3. A型Ⅰ式(H236:5) 4. A型Ⅰ式(H50:1) 5. A型Ⅱ式(H24:15)
6. B型Ⅰ式(H50:3) 7. B型Ⅱ式(H239:8) 8. B型Ⅱ式(H63:7) 9. B型Ⅱ式(H167:9) 10. B型Ⅱ式(H78:2)
11. B型Ⅲ式(H192:9) 12. C型(H60:4)

标本 H167:9，夹砂灰陶。卷圆唇。沿下饰三周凸线纹，口下和腹上饰竖线纹。口下有对称鸡冠状口耳。口径 28 厘米，残高 9 厘米。（图九十三:9）

标本 H78:2，夹砂，红胎灰皮。沿下饰两周细凹弦纹，腹上素面。口径 42 厘米，残高 8.5 厘米（图九十三:10）。

Ⅲ式 1件。钉盖形口。直口微敛。斜唇，内外出沿，直腹。口下饰斜线纹。标本 H192:9，泥质红陶。口径 22 厘米，残高 10.8 厘米。（图九十三:11）

C型 弧腹缸 1件。标本 H60:4，夹砂褐陶。口微敛。斜沿，弧腹外鼓。口沿下饰斜划纹，斜沿上饰三周凹弦纹。口径 40 厘米，残高 10.7 厘米。（图九十三:12）

盆 数量较多，复原 7 件。根据器形，可分七型。

A型 敛口盆。复原 3 件。口部微敛，上腹部或直或略弧，折腹处呈圆折，下腹部内收，平底。多数沿下饰凹弦纹。该型盆是一期折腹盆的延续。依据腹部形状，可分两式。

Ⅰ式 圆折腹。复原 3 件。器形较大。敛口，圆唇，圆折腹，平底。上腹较直，下腹呈斜直；上腹较短，下腹较深。上腹部上浆较光滑，下部粗糙。上腹部饰数周凹弦纹。

标本 H24:2，夹砂褐陶。复原。腹部较浅。上腹有对称鸡冠状口耳。口径 30 厘米，底径 21.5 厘米，高 12.8 厘米（图九十四-1:1，图版四十六:6）。

标本 H239:4，泥质红陶。复原。深腹。素面，肩部有手抹痕。口径 40 厘米，底径 16 厘米，高 25.5 厘米。（图九十四-1:2，图版四十六:7）

标本 H239:5，泥质红陶。复原。深腹。上腹饰细凹弦纹。上腹有鸡冠状口耳。口径 36 厘米，底径 14 厘米，高 20.6 厘米。（图九十四-1:3，图版四十六:8）

Ⅱ式 方折腹。均为残器。直口，上腹较直，下腹内收迅猛，折腹处成棱角。折腹处饰有对称鸡冠状口耳。

标本 H27:8，直口微敛，窄平沿，尖唇。折棱明显。折棱处有鸡冠状口耳。上腹饰数周凹弦纹。口径 32 厘米，残高 10 厘米（图九十四-1:4）。

标本 H190:11，泥质红陶。卷圆唇。肩上饰凹弦纹数周，凹弦纹上贴对称"U"形附加堆纹。口径 28 厘米，残高 7 厘米。（图九十四-1:5）

标本 H170:11，泥质红陶。内外平出沿。肩部饰数周凹弦纹，腹部有对称鸡冠状口耳。口径 28 厘米，残高 7.5 厘米。（图九十四-1:6）

标本 H101:2，泥质灰陶。宽厚沿，圆唇，沿内有一周凹槽。肩上饰数周凹弦纹，下腹内收。口径 34 厘米，残高 7.9 厘米。（图九十四-1:7）

B型 敞口盆。根据器物口沿和腹部形态,可分两式。

Ⅰ式 弧腹。标本H63:2,夹砂红陶。敞口,圆唇,腹部略弧,下残。口径24厘米,残高4.4厘米。(图九十四-1:8)

采集标本H131:11,(商代灰坑)泥质红陶。圆唇,弧腹,下残。口径24厘米,残高8.2厘米。(图九十四-1:9)

Ⅱ式 斜直腹。大敞口,斜直壁,下残。

标本H192:4,夹砂灰陶。沿外卷,底残。口径26厘米,残高6.8厘米。(图九十四-1:10)

标本H58:3,夹砂红陶。沿外侈,沿下有一道凹槽。上腹部有小口耳。内外磨光。口径34厘米,残高8.6厘米。(图九十四-1:11)

标本H167:3,夹砂灰陶。唇上有一道凹槽。沿下有对称。口径28厘米,残高8厘米。(图九十四-1:12)

C型 浅腹盆。通体磨光,形体较小。敞口,斜折沿,沿较宽,弧腹。部分沿上有凹槽。根据口沿形状和彩绘,分三式。

Ⅰ式 直折沿。敞口,折沿,沿较宽,浅弧腹,下残。

标本H101:22。泥质灰陶。敞口,斜折沿,厚沿外翻,折腹。沿边缘成尖唇。腹部有一周附加堆纹(也可能为口耳),下腹有刀削痕。口径34厘米,残高8厘米。(图九十四-1:13)

标本H258:2,泥质红陶。斜窄沿,圆唇,弧腹。上腹有对称鸡冠状口耳。口径26厘米,残高5.8厘米。(图九十四-1:14)

标本H101:3,泥质红陶。斜沿,弧腹。口径30厘米,残高4.4厘米。(图九十四-1:15)

Ⅱ式 折沿上有凹槽。5件。沿稍宽,沿上有一道宽凹槽,弧腹,下残。该种类型应为龙山文化双腹盆的滥觞。

标本H78:4,泥质灰陶。沿外壁下有一周凹槽。腹身有刀削痕迹。口径23厘米,残高4.6厘米。(图九十四-2:16)

标本H53:1,泥质灰陶。圆唇。口径24厘米,残高7.5厘米。(图九十四-2:17)

标本H60:13,夹砂红陶。方唇。口径28厘米,残高5厘米。(图九十四-2:18)

Ⅲ式 彩绘折沿盆。1件。标本H190:21,夹砂灰陶。斜折沿,圆唇,弧腹略深。圆唇上饰黑彩;沿上饰三角纹,两组相对排列。口径30厘米,残高7.2厘米。(图九十四-2:19)

D型 折腹盆 数量较多。胎质有泥质红陶,泥质黑陶和泥质灰陶,其中以泥质灰陶最

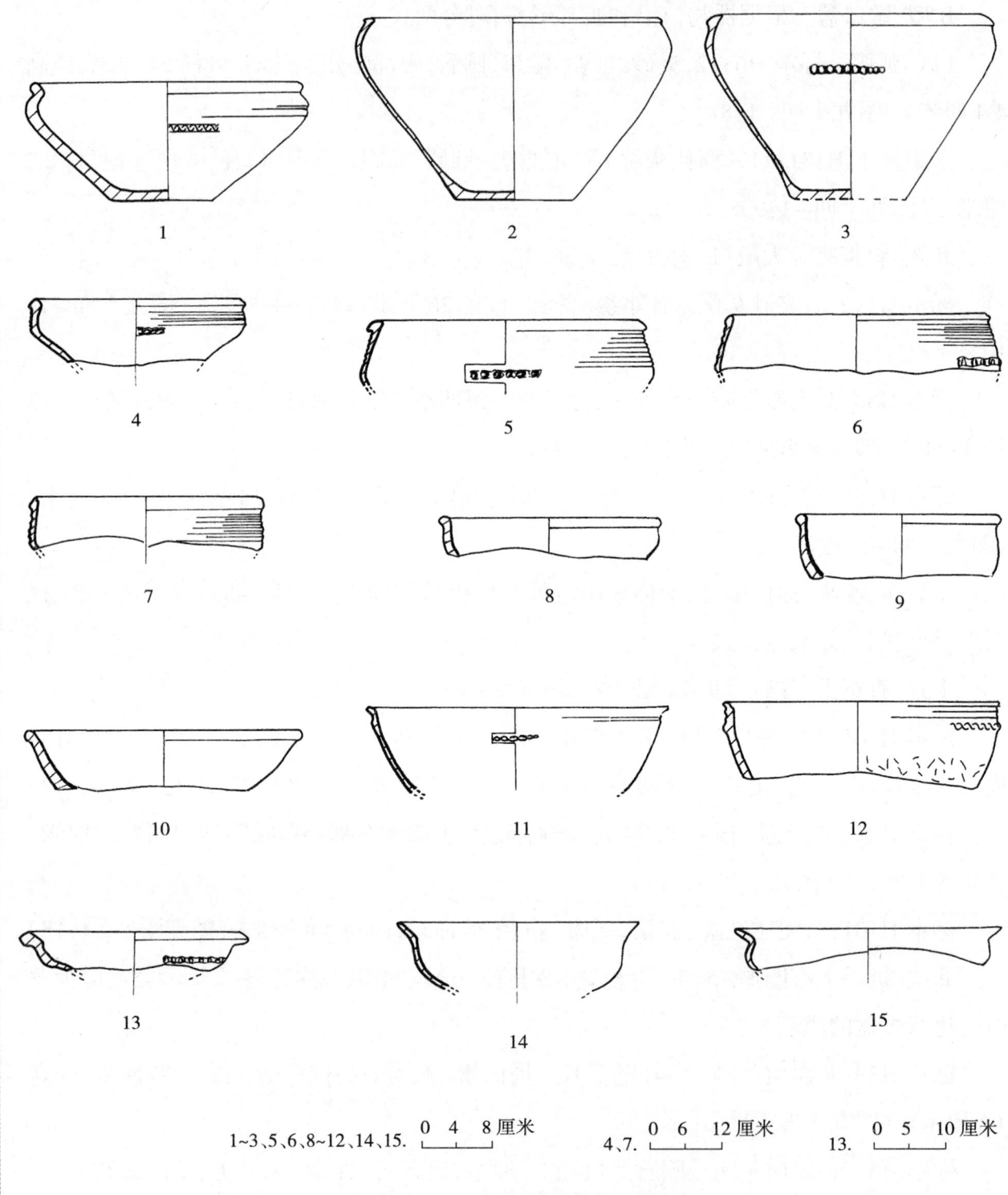

图九十四-1 五女冢遗址仰韶文化二期陶盆

1. A型Ⅰ式(H24:2) 2. A型Ⅰ式(H239:4) 3. A型Ⅰ式(H239:5) 4. A型Ⅱ式(H27:8) 5. A型Ⅱ式(H190:11)
6. A型Ⅱ式(H170:11) 7. A型Ⅱ式(H101:2) 8. B型Ⅰ式(H63:2) 9. B型Ⅰ式(H131:11)
10. B型Ⅱ式(H192:4) 11. B型Ⅱ式(H58:3) 12. B型Ⅱ式(H167:3) 13. C型Ⅰ式(H101:20)
14. C型Ⅰ式(H258:2) 15. C型Ⅰ式(H101:3)

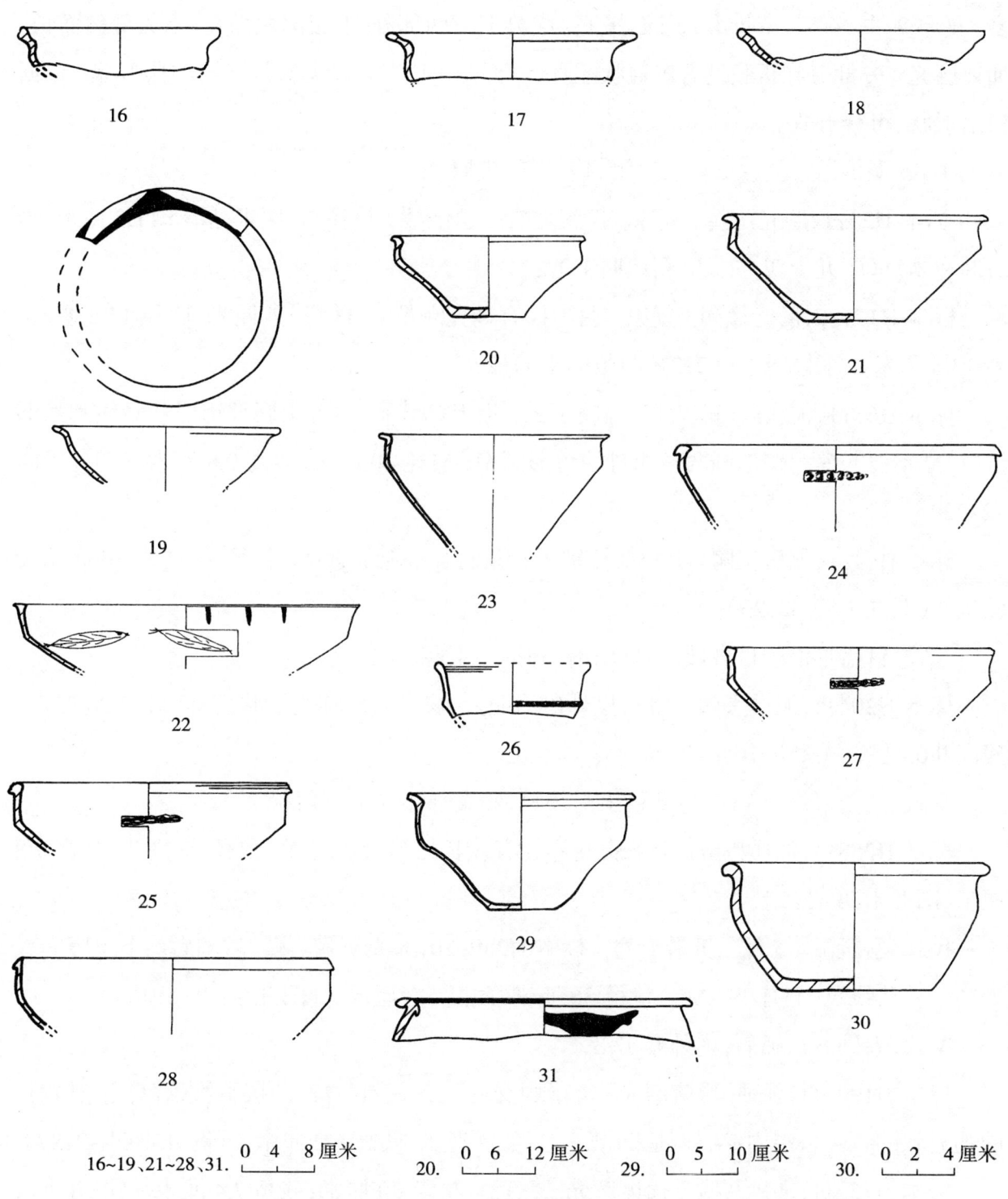

图九十四-2 五女冢遗址仰韶文化二期陶盆

16. C型Ⅱ式（H78:4） 17. C型Ⅱ式（H53:1） 18. C型Ⅱ式（H60:13） 19. C型Ⅲ式（H190:21）

20. D型Ⅰ式（H31:1） 21. D型Ⅰ式（H171:2） 22. D型Ⅰ式（H63:1） 23. D型Ⅰ式（H64:1）

24. D型Ⅱ式（H204:1） 25. D型Ⅲ式（H258:1） 26. D型Ⅳ式（H239:20） 27. D型Ⅴ式（H192:11）

28. D型Ⅴ式（H75:11） 29. E型（H27:1） 30. F型（H4:1） 31. G型（H27:9）

多。复原2件。直口，窄折沿，折腹，平底。腹分上下两部分，上腹部短而直，下腹部斜而长。通体磨光。一部分在折腹处有鸡冠状口耳，一部分无口耳。该类盆是二期的典型器。根据口沿形状，可分五式。

Ⅰ式 平折沿。复原2件。窄沿，略外斜，尖唇。

标本H31:1，磨光灰陶。复原。折腹处有一道凸棱。口径31厘米，底径11.8厘米，高21.8厘米。（图九十四-2:20，图版四十七:1）

标本H171:2，磨光黑陶。复原。胎中掺有蚌壳颗粒。口径31.4厘米，底径11.8厘米，高13.8厘米。（图九十四-2:21，图版四十七:2）

标本H63:1，泥质红陶。大口，沿略上鼓。沿上饰红彩，盆外上腹部饰黑彩竖线和弧形纹（模糊不清），盆内壁上画两条相对的鱼形图案。口径40厘米，残高9.8厘米，（图九十四-2:22）

标本H64:1，泥质灰陶。上腹部特别短，下腹长。深腹。素面。口径26厘米，残高12.6厘米。（图九十四-2:23）

Ⅱ式 钉盖形沿。口微敛，内外出沿，外沿向下翻。

标本H204:1，泥质黑陶。大口，里外出沿明显。腹部有对称鸡冠状口耳。口径38厘米，残高9.6厘米。（图九十四-2:24）

Ⅲ式 三角形沿。3件。尖唇，出沿较短，和腹部相连呈三角状。

标本H258:1，泥质黑陶。上下腹交界处有较长的鸡冠状口耳。口径28厘米，残高7.2厘米（图九十四-2:25）。

Ⅳ式 斜折沿。3件。折沿上翘。标本H239:20，磨光灰陶。敞口，圆唇。上下腹交界处饰一周凸线纹，上有小捺窝。口径36厘米，残高5.7厘米。（图九十四-2:26）

Ⅴ式 卷圆唇。弧唇，内外略出沿。

标本H192:11，泥质，黑陶磨光。上下腹交界处有一周凸棱，凸棱上饰捺窝。上有较长的鸡冠状口耳。口沿内壁有两道凹槽。口径32厘米，残高6.2厘米。（图九十四-2:27）

标本H75:11，夹砂灰陶。通体磨光。素面。口径30厘米，残高7.4厘米。（图九十四-2:28）

E型 曲腹盆。复原1件。标本H27:1，泥质红陶。通体磨光。斜折沿，圆唇，上腹较直，圆折腹，下腹急收成小平底。素面。口径34厘米，底径9.8厘米，高17.4厘米。盆上有一道裂缝，口沿上和腹上部的裂缝两侧，各对称钻有4个小孔。这应为当时修复留下的痕

迹。(图九十四-2:29,图版四十七:3)

F型 小盆 1件。复原。形体较小。标本H4:1,泥质红陶。口微敛,卷圆唇,束颈,鼓腹,平底。通体磨光。口径14.8厘米,底径8厘米,高7.2厘米。(图九十四-2:30,图版四十七:4)

G型 深腹彩陶盆。标本H27:9,口径30厘米,残高5.5厘米。敛口,钉盖沿,弧腹,下残。沿上饰黑彩宽带纹,上腹饰弧形三角纹等。(图九十四-2:31)

钵 数量较多,复原10件。均通体磨光。由于钵均为泥质陶,故在口沿外侧施彩绘的较多,彩绘图案有宽带纹、平行竖线纹、"人"字纹、弧线纹和弧形三角纹,个别为白衣彩陶。根据器物形体,大小和口部特征可分三型。

A型 敛口钵。复原3件。敛口,鼓肩,斜直腹,平底。

标本H190:25,泥质红陶。复原。敛口,尖唇,下腹呈斜直壁,平底。口径24.5厘米,底径11.5厘米,高10.7厘米。(图九十五:1,图版四十七:5)

标本H167:1,泥质红陶。复原。口径24厘米,底径10.5厘米,高9.6厘米。(图九十五:2,图版四十七:6)

标本H31:3,泥质黑陶。复原。上腹较窄。口径22厘米,底径8厘米,高12.2厘米(图九十五:3)。

标本H257:1,泥质红陶。口沿上饰一周红色宽带纹,肩上有一周宽约4.8厘米的白衣彩带,上绘黑彩平行线加圆点和弧形三角纹。口径30厘米,残高11.4厘米。(图九十五:4,图版四十七:7)

B型 直口钵。复原5件。直口,腹内折,平底。根据下腹的弧度可分两式。

Ⅰ式 直口弧腹钵。复原1件。直口微敛,折腹,折棱明显,平底。上腹短,下腹长;上腹略外鼓,下腹微外弧。

标本H60:1,泥质红陶。复原。口沿处饰一周红色宽带纹。口径22厘米,底径9.2厘米,高12.2厘米。(图九十五:5,图版四十七:8)

采集标本H22:1,泥质红陶(H22为汉代灰坑)。口沿处的红色带状纹下,又饰对称弧线纹。口径24厘米,底径9.4厘米,残高11.8厘米(图九十五:6,图版四十八:1)。

采集标本H22:2,泥质黑陶(H22为汉代灰坑)。口径24厘米,残高11.2厘米。(图九十五:7)

Ⅱ式 直口曲腹钵。复原4件。直口微敛,折腹,下腹略内收呈反弧形,平底。

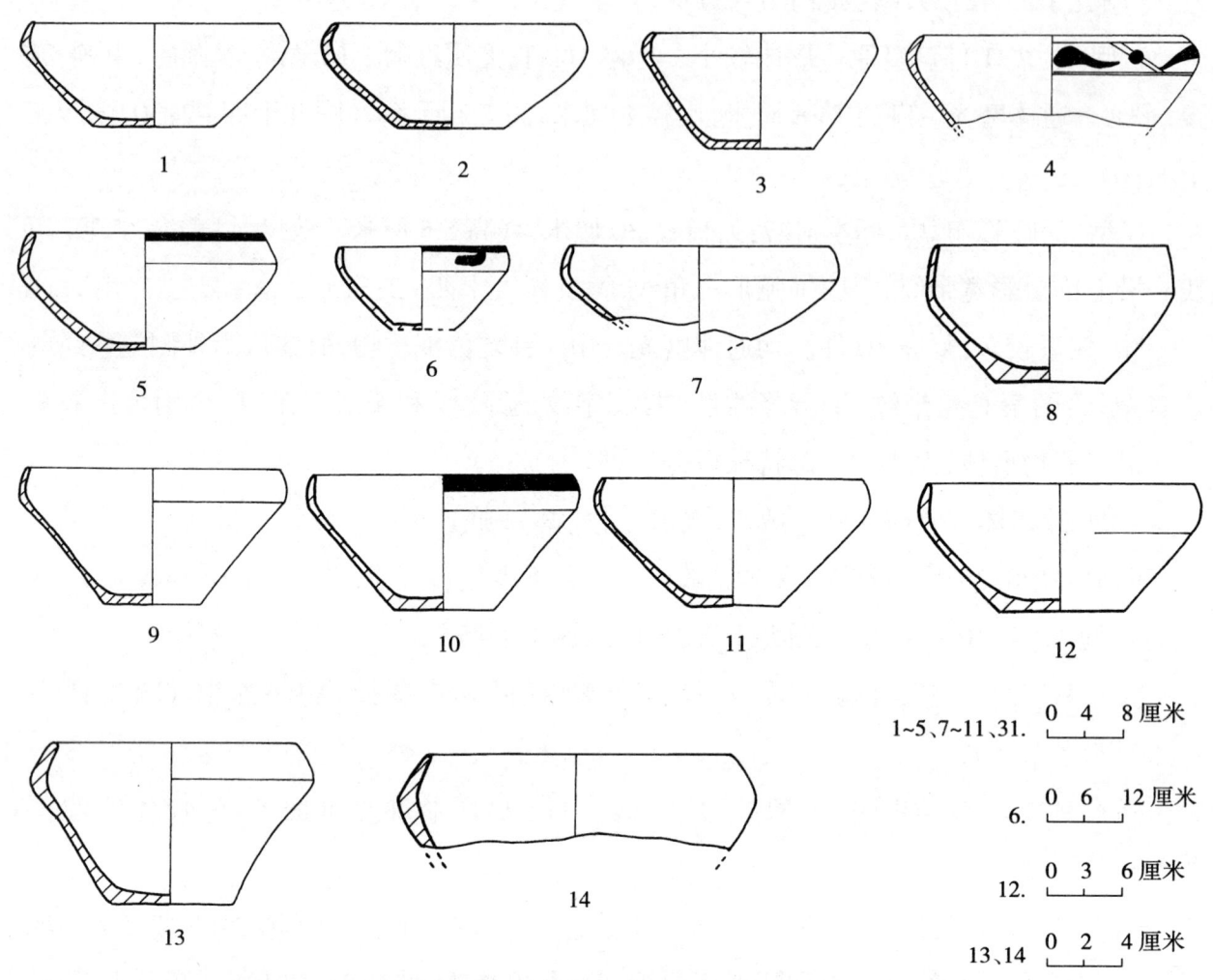

图九十五 五女冢遗址仰韶文化二期陶钵

1. A型(H190:25) 2. A型(H167:1) 3. A型(H31:3) 4. A型(H257:1) 5. B型Ⅰ式(H60:1)
6. B型Ⅰ式(H22:1) 7. B型Ⅰ式(H22:2) 8. B型Ⅱ式(H59:1) 9. B型Ⅱ式(H39:3) 10. B型Ⅱ式(H239:10)
11. B型Ⅱ式(H39:2) 12. C型(H59:2) 13. C型(H258:28) 14. C型(H50:5)

标本H59:1,泥质黑陶。复原。口径20.8厘米,底径9厘米,高12厘米。(图九十五:8,图版四十八:2)

标本H39:3,泥质灰陶。复原。口径26.4厘米,底径10.5厘米,高14.4厘米。(图九十五:9,图版四十八:3)

标本H239:10,泥质红陶。复原。上有黑斑。口沿处有一周红色宽带纹。口径26厘米,底径13.3厘米,高14.4厘米。(图九十五:10)

标本H39:2,泥质红陶。复原。口径25厘米,底径9.5厘米,高12.6厘米。(图九十五:11)

C型 小钵（也可能是碗,由于它与折腹钵形状基本一样,只是器形较小,故我们称之为小钵）。该类器形较小,高度较低,高度小于10厘米。共7件,复原2件。形体小,胎体薄。直口微敛,上腹略弧,下腹略内收,小平底。

标本H59:2,泥质红陶。复原。形体较矮。口沿上有一单面钻小孔。口径18厘米,底径8.4厘米,高9厘米。该钵当时就补修过。（图九十五:12,图版四十八:4）

标本H258:28,泥质灰陶。复原。上腹较短,占下腹的四分之一;下腹内收,呈曲腹。口径13厘米,底径6.2厘米,高8.2厘米。（图九十五:13,图版四十八:5）

标本H50:5,夹砂灰陶。口径14厘米,残高4.6厘米。（图九十五:14）

折沿罐 数量较多,仅复原1件,其余均为残器。以夹砂灰陶和夹砂褐陶为主,极少数为泥质陶。器形为小折沿,圆肩,弧腹,平底。腹上部多为素面,少量饰凹弦纹和附加堆纹。基本上以肩部的附加堆纹为界,上部上浆磨光,下部胎体较粗糙。部分器物在肩上或腹上饰一道或两道较窄的附加堆纹,个别器物在两道附加堆纹之间有加贴圆形小饼或拱状宽带泥块现象。这类器形是第二期的典型器。根据器物口部折沿形态,可分三型。

A型 窄折沿。均为夹砂陶。数量最多,但仅复原1件。沿较窄,斜唇或平唇,弧肩,深腹,平底。口沿向内斜折起棱,即有"倒钩"现象。根据器身纹饰,可分三式。

Ⅰ式 肩上素面。个别器身上饰附加堆纹。

标本H78:1,夹砂灰陶。复原。圆唇,腹上部饰一道扭索状附加堆纹,腹中部饰两周断续细泥条状附加堆纹,上有手抹痕迹。口径20厘米,底径11.6厘米,高27.6厘米。（图九十六:1,图版四十八:6）

标本H245:1,夹砂灰陶。斜平唇。腹上部饰一道扭索状附加堆纹。口径22厘米,残高21厘米。（图九十六:2）

标本H80:4,夹砂黑陶。腹中部有一周扭索状附加堆纹。口径22厘米,残高9.2厘米。（图九十六:3）

标本H171:25,夹砂灰陶。口沿外撇。中部腹有一周扭索状附加堆纹。口径20厘米,残高14.8厘米。（图九十六:4）

Ⅱ式 肩上饰凹弦纹罐。均为残器。肩部饰浅细密集规整的凹弦纹,个别腹上饰附加堆纹。

标本H256:1,夹砂灰陶。肩上饰数周凹弦纹和两道细附加堆纹。口径18.2厘米,残高10.5厘米。（图九十六:5）

标本H80:10,夹砂褐陶。肩上有红斑。平唇。上腹饰一道附加堆纹。口径24厘米,残高9厘米。（图九十六:6）

标本H234：5，夹砂灰陶。斜唇。口径24厘米，残高8.8厘米。（图九十六：7）

标本H111：3，夹砂红陶。器身有火烧黑斑。斜唇。腹中部还饰两道凸弦纹。口径24厘米，残高10.5厘米。（图九十六：8）

Ⅲ式 折沿彩陶罐 标本2件。均为泥质红陶。折沿，尖唇，鼓腹，下腹残。沿下饰红彩网状纹、平行线纹、竖线纹和"S"纹。

采集标本H131：1，泥质红陶。（H131为商代灰坑）。沿外撇，圆唇，束颈，鼓腹，下残。沿下用六条平行线纹分割出上下两条宽带空间，上部内填网状纹，下部内填数组竖线纹。再下有蛇状纹。口径32厘米，残高15厘米。（图九十六：9，图版四十五：1）

标本H112：9，泥质红陶。折沿，尖唇。沿下饰网状纹、平行线纹和竖线纹。口径26厘米，残高6.5厘米。（图九十六：10，图版四十五：2）

B型 宽折沿。1件。标本H24：18，夹砂灰陶。沿较宽，微外折，尖斜唇。沿下有数周凹弦纹。口径18厘米，残高6厘米。（图九十六：11）

C型 鼓沿。均为夹砂陶残器。折沿，圆唇，沿中部向外鼓。根据沿部特征，可分两式。

Ⅰ式 内直外鼓沿。折沿上面较直，下面呈弧形，圆唇或斜唇，沿内均有"倒钩"。

标本H93：6，夹砂灰陶。素面。斜唇。口径36厘米，残高6.2厘米。（图九十六：12）

标本H31：6，夹砂红陶。素面。圆唇。口径38厘米，残高6.5厘米。（图九十六：13）

标本H236：2，夹砂灰陶。圆唇，外卷沿。肩上饰凹弦纹。口径28厘米，残高8.5厘米。（图九十六：14）

Ⅱ式 凹槽沿。折沿下面向外鼓，沿面上有一周凹槽。圆唇，束颈，圆肩。肩下残。素面较多，个别上腹部饰凹弦纹、附加堆纹和在附加堆纹上贴圆形小泥饼。

标本H45：2，夹砂灰陶。沿内有宽凹槽。素面。口径16厘米，残高5.2厘米。（图九十六：15）

标本H63：4，夹砂灰陶。肩上饰两道附加堆纹加圆饼。口径21厘米，残高5厘米。（图九十六：16）

采集标本H131：10，夹砂灰陶。（商代灰坑）肩上饰细线纹。口径12.6厘米，残高5.5厘米。（图九十六：17）

折沿罐是五女冢遗址仰韶文化第二期遗存的典型器物，除以上介绍的以外，还发现4片折沿罐肩部，均为夹砂灰陶。肩上饰较细的双行附加堆纹，附加堆纹上贴圆饼或宽带拱形泥片，呈系状。

标本H167：10，夹砂灰陶。肩上有双道扭索状附加堆纹加圆饼穿孔。（图九十六：18）

标本H63：11，夹砂灰陶。双附加堆纹上贴宽带拱形泥片。（图九十六：19）

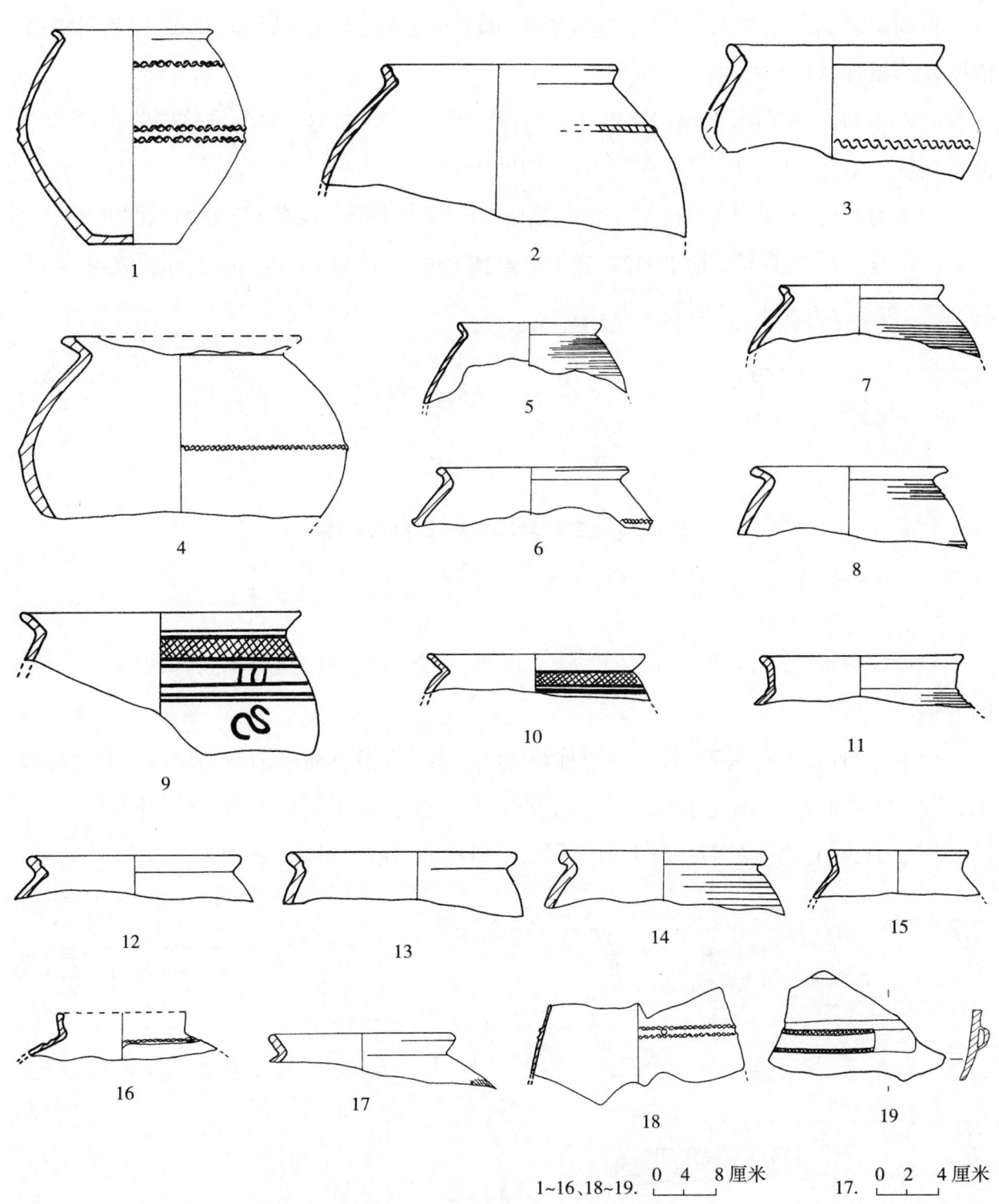

图九十六 五女冢遗址仰韶文化二期折沿罐

1. A型Ⅰ式(H78:1) 2. A型Ⅰ式(H245:1) 3. A型Ⅰ式(H80:4) 4. A型Ⅰ式(H171:25) 5. A型Ⅱ式(H256:1)
6. A型Ⅱ式(H80:10) 7. A型Ⅱ式(H234:5) 8. A型Ⅱ式(H111:3) 9. A型Ⅲ式(H131:1) 10. A型Ⅲ式(H112:9)
11. B型(H24:18) 12. C型Ⅰ式(H93:6) 13. C型Ⅰ式(H31:6) 14. C型Ⅰ式(H236:2) 15. C型Ⅱ式(H45:2)
16. C型Ⅱ式(H63:4) 17. C型Ⅱ式(H131:10) 18. 折沿罐残片(H167:10) 19. 折沿罐残片(H63:11)

直领罐 5件。均为夹砂陶。大口，矮领，圆唇或方唇，圆腹。肩部饰凹弦纹或斜划纹。依据领部特征，可分两式。

Ⅰ式 敞口。斜直领。标本H239:12，夹砂褐陶。方唇，弧肩。肩上饰数周凹弦纹，腹上饰斜划纹。口径34厘米，残高9厘米。（图九十七:1）

标本H258:18，夹砂褐陶。肩上饰斜划纹。口径26厘米，残高8.2厘米。（图九十七:2）

Ⅱ式 直口。矮直领。标本H27:7，夹砂红陶。方唇，圆腹，下残。肩上饰斜线纹。口径24厘米，残高5.6厘米。（图九十七:3）

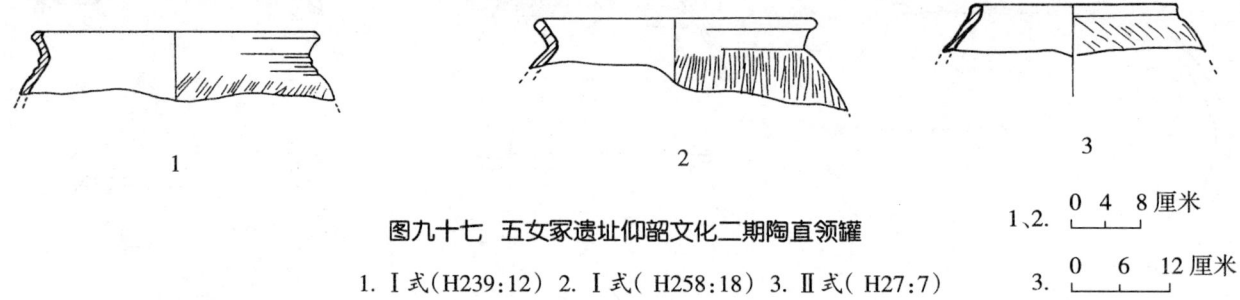

图九十七 五女冢遗址仰韶文化二期陶直领罐
1. Ⅰ式（H239:12） 2. Ⅰ式（H258:18） 3. Ⅱ式（H27:7）

敛口深腹罐 3件。敛口，口径较大，卷圆唇，弧腹，腹下残。这种器物像我们今天使用的砂锅。

标本H24:1，泥质灰陶。腹上饰对称鸡冠状鋬耳。口沿下通体饰斜竖划纹。口径32厘米，残高11.7厘米。（图九十八:1）另外，发现有与之陶质、陶色和纹饰一样的凹圜底。

标本H24:4，泥质黑陶。肩下饰竖划纹。口径32厘米，残高13厘米。（图九十八:2）

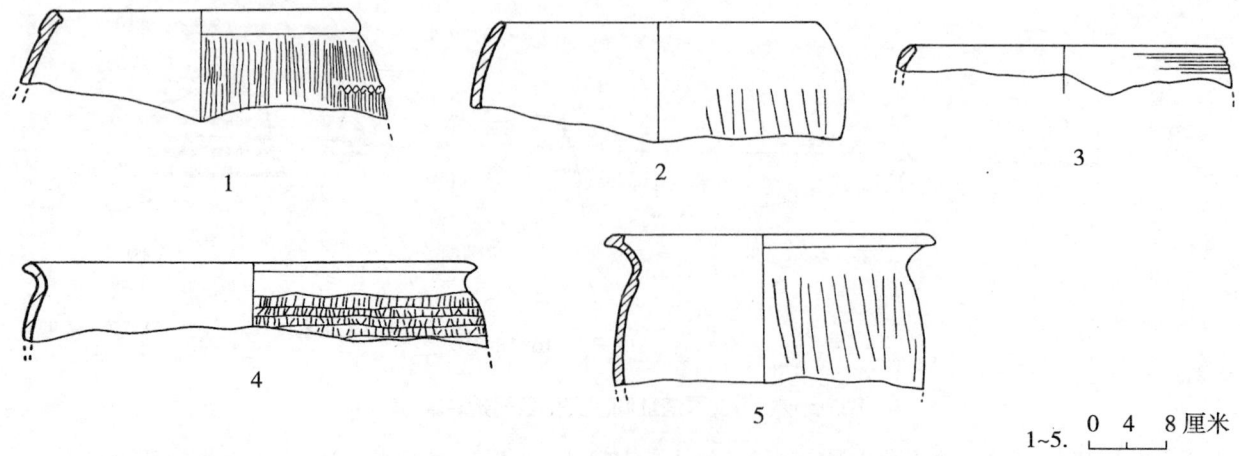

图九十八 五女冢遗址仰韶文化二期深腹罐
1. 敛口深腹罐（H24:1） 2. 敛口深腹罐（H24:4） 3. 敛口深腹罐（H78:3） 4. 敞口深腹罐（H192:17）
5. 敞口深腹罐（H192:11）

标本 H78:3,夹砂灰陶。口微敛。口沿下饰数周凹弦纹。器内壁附有一层白色水垢。口径 36 厘米,残高 5 厘米。(图九十八:3)

敞口深腹罐 3 件。厚胎。大敞口,外折沿,束颈,弧腹。下腹残。口沿下饰竖划纹。

标本 H192:17,夹砂灰陶。磨光。口沿下饰竖划纹,之上又饰凹弦纹。口径 44 厘米,残高 8.6 厘米。(图九十八:4)

标本 H192:11,夹砂红陶。器壁上有黑斑。内壁口沿下饰两道凹槽;外壁饰竖划纹。口径 42 厘米,残高 10.5 厘米。(图九十八:5)

□耳罐 7 件。口沿外饰对称鸡冠状□耳。根据肩部特点,可分两型。

A 型 折腹罐 5 件。斜直领外撇,斜肩较短,折腹,下腹残。

标本 H234:20,夹砂灰陶。敞口,圆唇,斜肩,直腹,下残。鋬耳较长。折腹处饰一周附加堆纹。口径 22.2 厘米,残高 9.2 厘米。(图九十九:1)

标本 H167:2,直领,外直内斜,尖唇,折腹。唇上饰一道凹弦纹,折腹处饰一道凹弦纹和一道扭索状附加堆纹。口沿外有对称鸡冠状□耳。口径 16 厘米,残高 11 厘米。(图九十九:2)

B 型 圆腹罐。2 件。小口微敞,折沿,圆腹,下腹残。肩上磨光。口沿外饰扭索状鋬耳。该罐与折沿缸形状相似,就是多了□耳。

标本 H110:4,夹砂灰陶。斜沿外卷,圆唇。内沿中间有一道浅凹槽。口径 14 厘米,残高 6.5 厘米。(图九十九:3)

标本 H24:14,夹砂灰陶。矮直领,方唇。唇内饰一周凹槽。口径 18 厘米,残高 5.8 厘米。(图九十九:4)

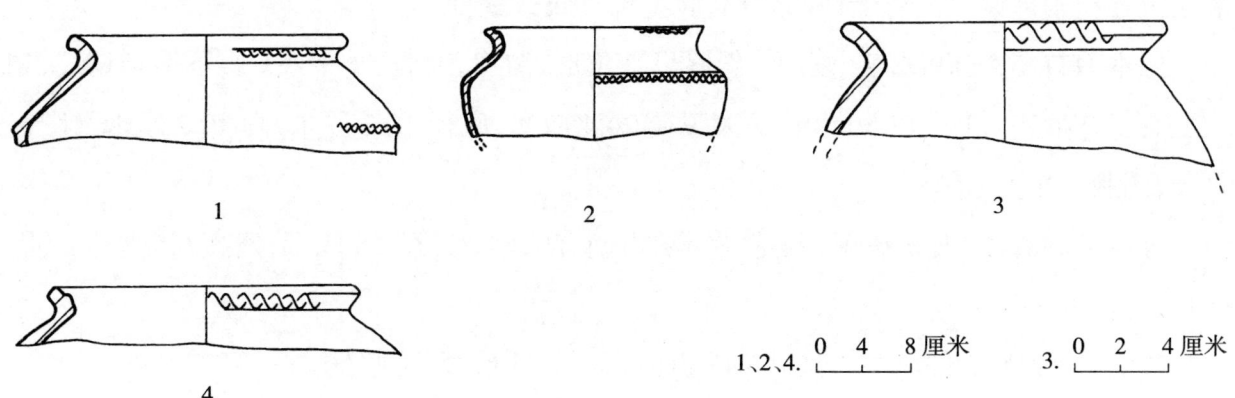

图九十九 五女冢遗址仰韶文化二期陶鋬耳罐

1. A 型(H234:20) 2. A 型(H167:2) 3. B 型(H110:4) 4. B 型(H24:14)

矮领罐 数量较多，均为夹砂陶。矮领外折，微敞口，弧肩或斜肩，折腹或弧腹，腹较深，平底。肩部上浆磨光，下腹粗糙。多数肩上饰凹弦纹，少数为素面。其中折腹罐体积最大，圆腹罐体积最小。根据器物腹部特征，可分三型。

A型 折腹罐。数量较少，均残。上腹较短，下腹较长。根据器物折腹特征，可分圆折和方折两式。

Ⅰ式 方折。2件。折棱明显。矮领，微敞。肩上饰凹弦纹或素面，折腹处饰一周附加堆纹。

标本H193:6，夹砂褐陶。平唇外鼓。外壁上有火烧黑斑。折腹处饰一周凹弦纹和附加堆纹。口径26厘米，残高10.6厘米。（图一百:1）

采集标本H22:19（H22为汉代灰坑），夹砂褐陶。直领微敞，斜沿尖唇。肩上饰数周凹弦纹，折腹处饰一周附加堆纹。口径28厘米，残高14厘米。（图一百:2）

Ⅱ式 圆折。4件。

标本H192:8，夹砂灰陶。器形较大。大口略外敞，斜唇，弧肩，肩以下残。领内有一道凹弦纹，肩上饰数周凹弦纹。口径28厘米，残高9厘米。（图一百:3）

标本H24:3，夹砂黑陶。胎较薄。圆唇，领略外敞，弧肩，圆折腹，下腹内收。肩上饰较浅凹弦纹，腹上饰一周附加堆纹，上饰捺窝。上腹磨光，下腹粗糙。口径24厘米，残高12.8厘米。（图一百:4）

标本H239:6，夹砂褐陶。素面。矮领微敞，方唇，鼓腹，下腹内收。上腹磨光，下腹粗糙。口径16.5厘米，残高13.2厘米。（图一百:5）

B型 鼓腹罐。4件，复原1件。矮领外撇，卷圆唇或方唇，溜肩，鼓腹，平底。肩部略长，最大腹径在中部偏上。肩上饰凹弦纹，腹上饰划纹或素面。

标本H27:5，夹砂褐陶。复原。斜唇呈三角形，溜肩，鼓腹，小平底。腹下饰竖划纹，划纹上有指抹痕迹。口径18.5厘米，最大腹径24.4厘米，底径10.2厘米，高19.2厘米。（图一百:6，图版四十九:1）

标本H258:19，夹砂褐陶。外卷沿。领内壁有凹槽。口径16厘米，残高6.5厘米。（图一百:7）

C型 圆腹罐 2件。均为夹砂陶。折沿，束颈，球形腹，下腹残。

标本H178:8，夹砂灰陶。窄折沿，尖唇，腹上饰一周不规则附加堆纹。口径16厘米，残高9厘米。（图一百:8）

标本 H190:32，夹砂红褐陶。口沿外卷，圆唇。腹上有火烧黑斑痕迹。口径 14 厘米，残高 8.5 厘米。（图一百:9）

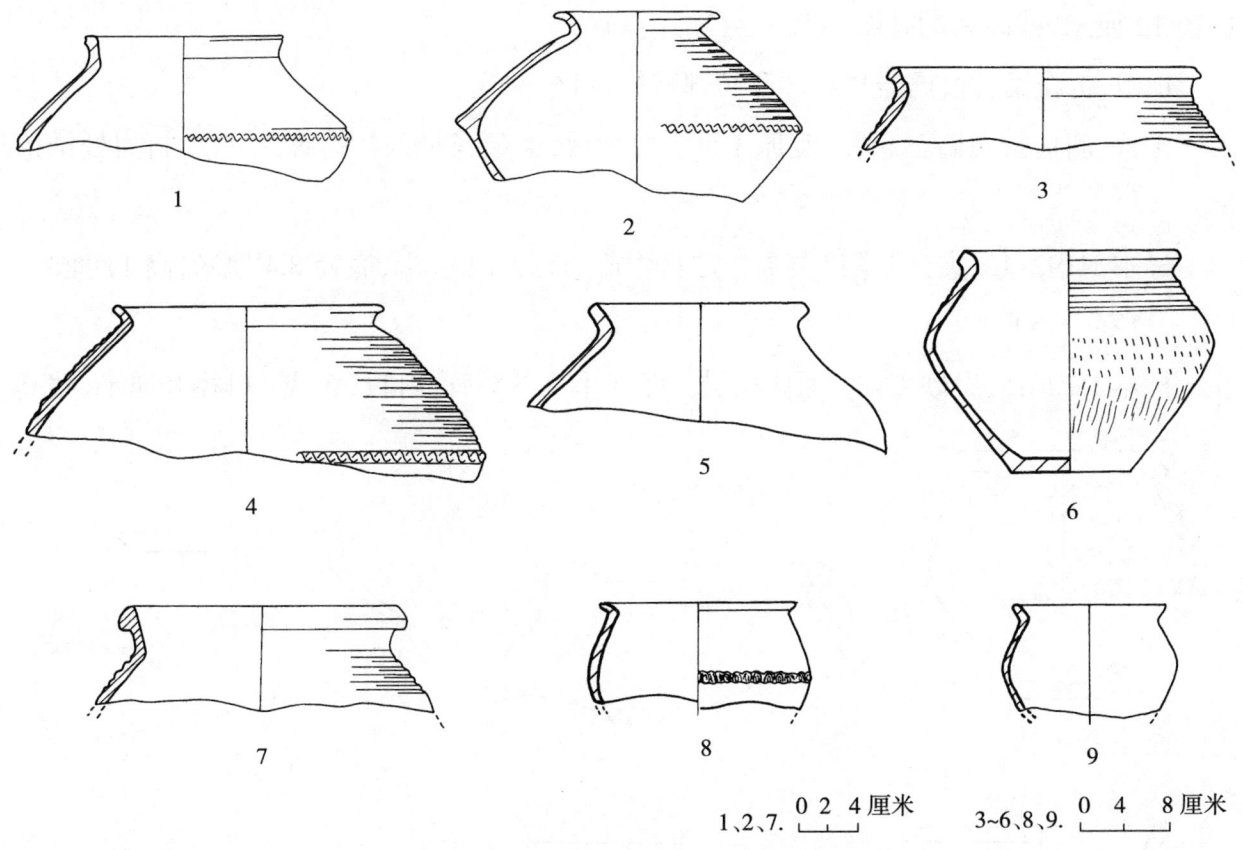

图一百　五女冢遗址仰韶文化二期矮领罐

1. A 型 I 式（H193:6）　2. A 型 I 式（H22:19）　3. A 型 II 式（H192:8）　4. A 型 II 式（H24:3）　5. A 型 II 式（H239:6）
6. B 型（H27:5）　7. B 型（H258:19）　8. C 型（H178:8）　9. C 型（H190:32）

小陶罐　均为夹砂陶。数量较多，复原 3 件。器形较小，高度均在 13 厘米以下。根据器物形体，可分两型。

A 型　鼓腹罐。标本 4 件，复原 1 件。均为夹砂褐陶和夹砂灰陶。折沿，束颈，鼓腹，下腹急剧内收，小平底。素面。

标本 H239:9，泥质褐陶。复原。圆唇。腹上有火烧黑斑。口径 10 厘米，最大腹径 11.6 厘米，底径 4.6 厘米，高 11 厘米。（图一百零一:1，图版四十九:2）

标本 H192:6，夹砂灰陶。敞口，尖唇，方沿 束颈，弧肩，鼓腹，下腹残。腹中部饰一周指甲纹。口径 14 厘米，残高 7.6 厘米。（图一百零一:2）

标本 H80:3，夹砂黑陶。折沿，平唇，束颈，溜肩，弧腹，下腹残。上腹部饰一周细凹弦

纹和模糊戳印纹。口径10厘米,残高11.5厘米。(图一百零一:3)

标本H258:25,泥质褐陶。高领,圆唇,领内略凹,圆腹,下腹残。腹部饰数周凹弦纹。口径12厘米,残高8.2厘米。(图一百零一:4)

B型 折腹罐。根据器物肩部和腹部特征,可分两式。

Ⅰ式 斜肩折腹罐。2件。复原1件。口微敞,束颈,斜折肩,折腹,平底。折肩处饰捺窝。

标本H192:13,夹砂灰陶。复原。肩上磨光。口径12厘米,底径8.4厘米,高11厘米。(图一百零一:5)

标本H226:5,夹砂褐陶。通体粗糙。直口,圆唇,平肩,斜腹,底残。口径8厘米,残高

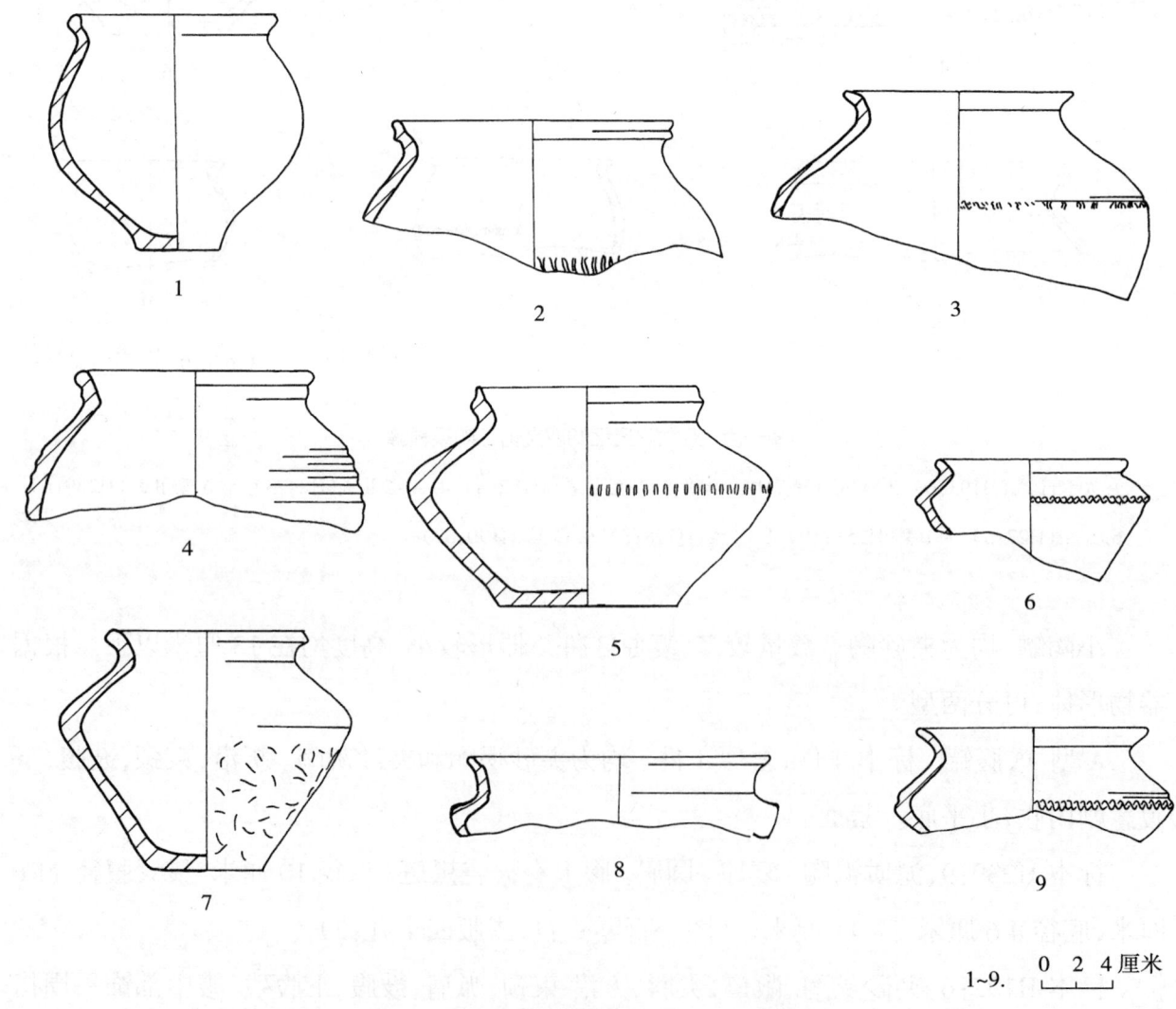

图一百零一 五女冢遗址仰韶文化二期小陶罐

1. A型(H239:9) 2. A型(H192:5) 3. A型(H80:3) 4. A型(H258:25) 5. B型Ⅰ式(H192:13)
6. B型Ⅰ式(H226:5) 7. B型Ⅱ式(H71:1) 8. B型Ⅱ式(H84:2) 9. B型Ⅱ式(H110:5)

6.8厘米。(图一百零一:6)

Ⅱ式 弧肩折腹罐。6件,复原1件。敞口,弧肩,圆折腹,平底。大部分肩上为素面,少部分饰有凹弦纹。个别折肩处饰附加堆纹。

标本H71:1,泥质灰陶。复原。直领微敞,卷圆唇。素面。口径9.5厘米,腹径13.5厘米,底径6.4厘米,高12.5厘米。(图一百零一:7,图版四十九:3)

标本H84:2,夹砂灰陶。折沿,顶部外撇,斜唇,肩部近平,方折腹,折棱明显,下腹残。沿内饰一道凹槽。素面。口径13厘米,残高7.8厘米。(图一百零一:8)

标本H110:5,夹砂灰陶。折沿,束颈,弧肩,折腹。折腹处一道凹弦纹一道饰扭索状附加堆纹。口径12厘米,残高5.8厘米。(图一百零一:9)

桶形罐 2件。薄胎。直筒形,底残。直口,窄折沿,圆唇,直腹微弧,下腹均残。通体磨光。

标本H47:2,泥质黑陶。窄沿外撇,深弧腹,下腹略向内收,底残。腹中部饰一道扭索状附加堆纹。口径14.1厘米,腹径13.2厘米,底径11.6厘米,残高13.2厘米(图一百零二:1,图版四十九:4)。

标本H50:2,泥质灰陶。口沿外饰花边,腹中部饰一周附加堆纹。下腹残。口径18厘米,残高8厘米。(图一百零二:2)

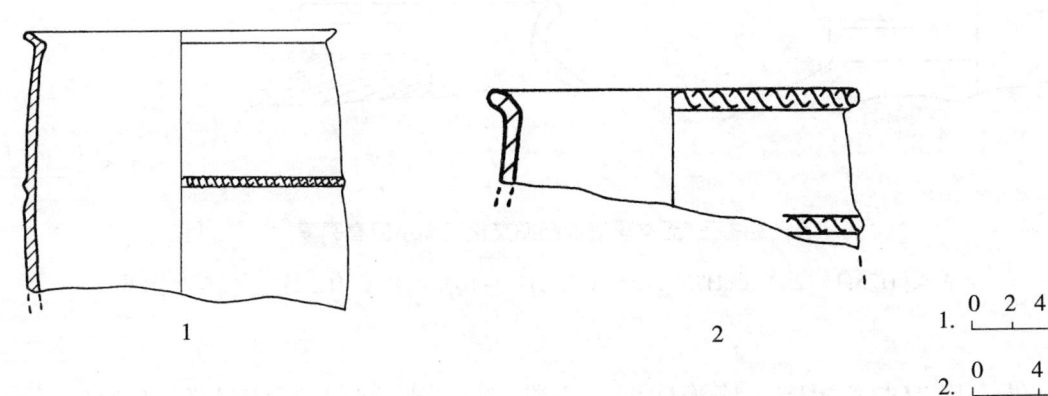

图一百零二 五女冢遗址仰韶文化二期桶形器
1. 桶形器(H47:2) 2. 桶形器(H50:2)

小口高领罐 12件。为泥质灰陶或黑陶。磨光。均为残器,仅存口部。直领,大部分口沿顶部外折,广圆肩。根据器形大小、胎体厚薄,可分两型。

A型 4件。器形较大。胎体较厚。略显粗重。胎体为泥质灰陶或黑陶。唇分圆唇和平唇。口沿处略向外撇。均为素面,磨光。

标本 H75:1,泥质灰陶。胎内掺有蚌壳颗粒。领顶部向外撇,圆唇。口径 13 厘米,残高 5.4 厘米。(图一百零三:1)

标本 H75:2,泥质黑陶。平唇。口径 10.5 厘米,残高 5.5 厘米(图一百零三:2)。

标本 H171:10,泥质灰陶。领略向外撇。尖唇,鼓肩。口径 11.4 厘米,残高 8.2 厘米。(图一百零三:3)

B 型 8 件,器形略小。胎体略薄,略显轻薄。均为泥质灰陶,内掺蚌壳颗粒。领顶外撇,尖唇,圆肩。少部分素面,大部分肩腹上饰斜划纹。

标本 H132:3,素面。口径 12 厘米,残高 5.5 厘米。(图一百零三:4)

标本 H79:1,腹上饰划纹。口径 12 厘米,残高 4.8 厘米。(图一百零三:5)

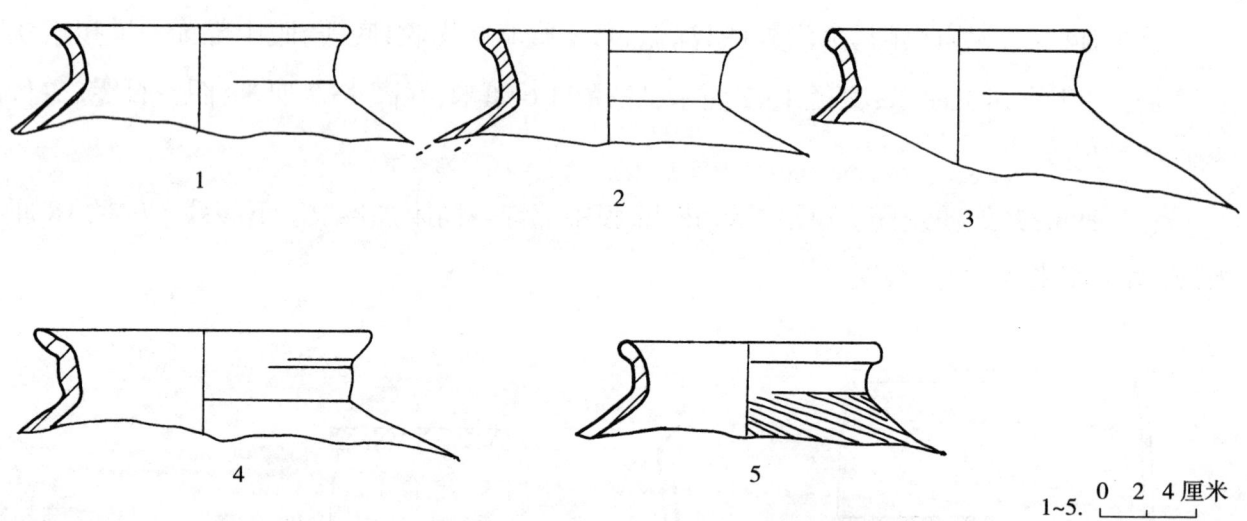

图一百零三 五女冢遗址仰韶文化二期小口高领罐

1. A 型(H75:1) 2. A 型(H75:2) 3. A 型(H171:10) 4. B 型(H132:3) 5. B 型(H79:1)

壶 2 件。均为夹砂褐陶。均为残器。小敞口,束颈,溜肩,弧腹较深,下腹残。

标本 H258:23,平唇,唇内内凹。口径 15 厘米,残高 9.2 厘米。(图一百零四:1)

标本 H236:4,圆唇。口径 14 厘米,残高 7 厘米。(图一百零四:2)

小壶 5 件。器形最小,均为残器。小口微敞,尖圆唇,溜肩,弧腹,下腹内收,均残。

标本 H192:30,泥质灰陶。折沿,尖唇。口径 3.4 厘米,残高 5.4 厘米。(图一百零四:3)

标本 H192:31,夹砂灰陶。外折沿,方唇。口径 8 厘米,残高 5.7 厘米。(图一百零四:4)

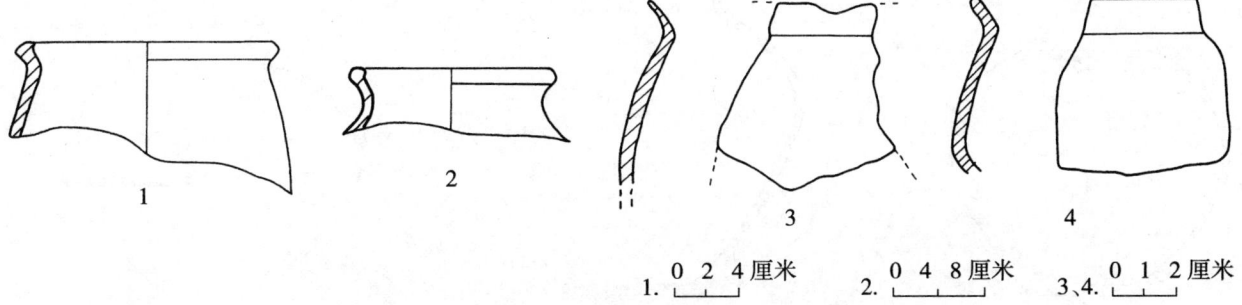

图一百零四　五女冢遗址仰韶文化二期陶壶

1. 陶壶（H258:23）　2. 陶壶（H236:4）　3. 小陶壶（H192:30）　4. 小陶壶（H192:31）

小口瓮　5件，复原3件。均为泥质黑陶或泥质灰陶，通体磨光。小敛口，广圆肩，弧腹或鼓腹，根据器物口部和腹部形状，可分三型。

A型　圆腹瓮。2件，复原1件。

标本H107:3，泥质灰陶。复原。敛口，圆唇，球形腹，腹下略内收，小平底。通体磨光。仅唇外饰一道凹弦纹。口径11.2厘米，最大腹径17.6厘米，底径11.7厘米，高26.2厘米。（图一百零五:1，图版四十九:5）

B型　扁腹瓮。2件。腹均残。小口，矮领，鼓肩，肩下急速内收，下腹残。

标本H27:6，泥质灰陶。矮直领，方唇，广圆肩，扁腹外凸，下腹残。最大腹径在上腹部。口径18厘米，腹径38.5厘米，残高19.5厘米。（图一百零五:2，图版四十九:6）

标本H239:1，泥质黑陶。矮领略外撇，呈喇叭形，圆唇，广圆肩，扁腹，下腹残。最大腹径在上腹部。腹下饰一周附加堆纹。口径13.4厘米，腹径37.5厘米，残高27.2厘米。（图一百零五:3，图版五十:1）

C型　鼓腹瓮。2件，复原。均为泥质灰陶。矮领，圆唇，广圆肩，鼓腹，小平底。最大腹径在腹中部。通体磨光。腹下饰附加堆纹，堆纹上饰捺窝。

标本H27:3，腹下饰一道附加堆纹。口径18.3厘米，最大腹径32.3厘米，底径13.3厘米，高27.5厘米。（图一百零五:4）

标本H27:2，口微敞，卷圆唇。腹下饰两道附加堆纹，堆纹上饰细绳纹。口径16厘米，最大腹径33.8厘米，底径11.4厘米，高30.4厘米。（图一百零五:5，图版五十:3）

矮领瓮。敛口，矮领，外撇，圆肩，下腹均残。

标本H101:11，泥质灰陶。矮直领，圆唇，外出沿圆肩。磨光。素面。口径26厘米，残高5厘米。（图一百零五:6）

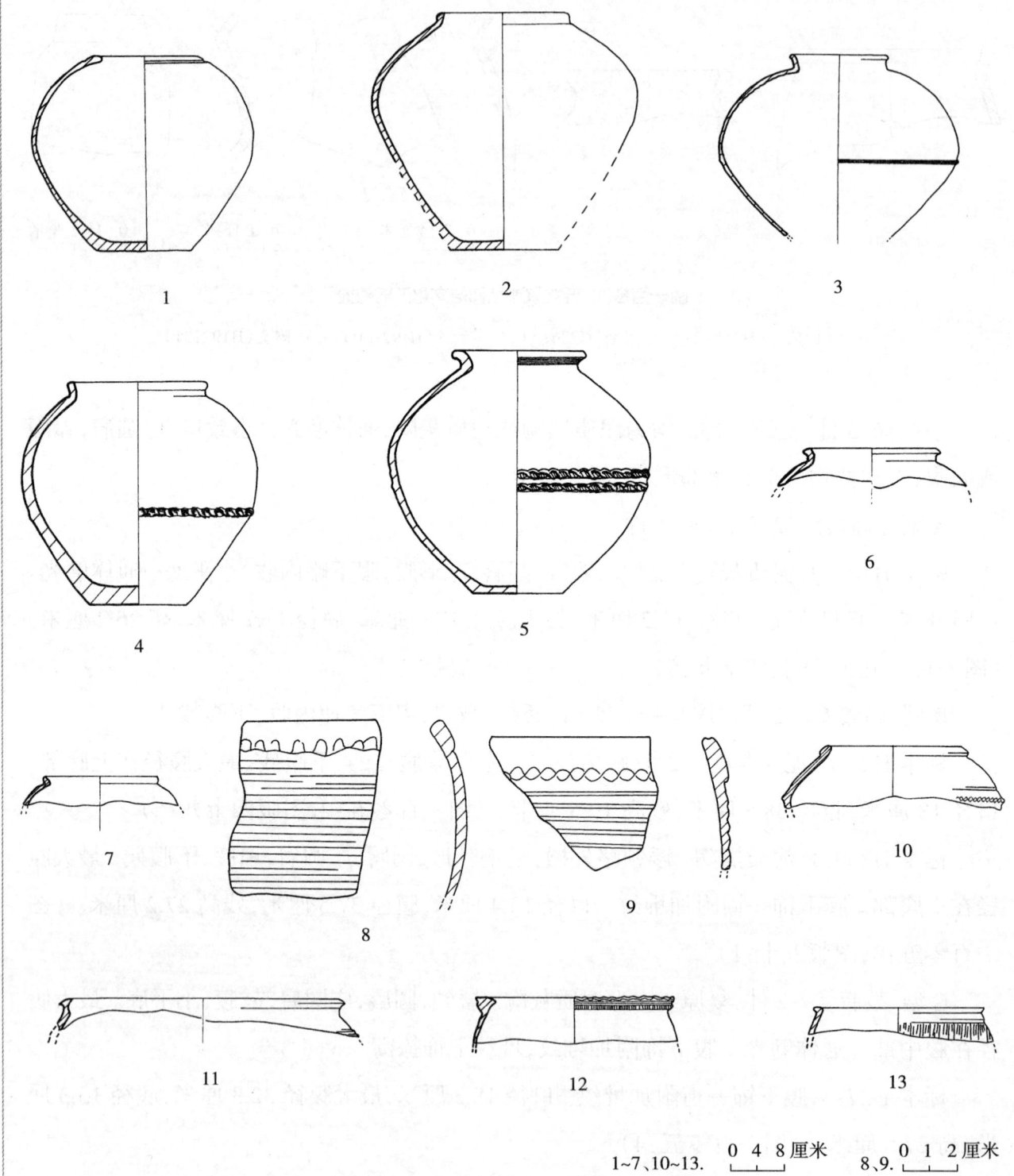

图一百零五　五女冢遗址仰韶文化二期陶瓮

1. A型小口瓮（H107:3）　2. B型小口瓮（H27:6）　3. B型小口瓮（H239:1）　4. C型小口瓮（H27:3）
5. C型小口瓮（H27:2）　6. 矮领瓮（H101:11）　7. 矮领瓮（H22:13）　8. A型叠唇瓮（H192:36）
9. A型叠唇瓮（H258:15）　10. B型叠唇瓮（H192:10）　11. B型叠唇瓮（H27:22）　12. 平沿瓮（H45:11）
13. 平沿瓮（H112:1）

采集标本H22:13,泥质灰陶,灰胎红皮(H22为汉代灰坑)。微敞口,三角形领,内斜沿,广圆肩,下残。口径20厘米,残高5.2厘米。(图一百零五:7)

叠唇瓮。6件。器形较大,均为夹砂灰陶。口部泥条反卷贴于口沿上部,形成厚唇。大敛口,圆肩,圆腹,下腹残。根据口部特征,可分二型。

A型 花边口沿瓮。3件。叠唇外饰捺窝,形成花边形。薄方唇。唇下饰数周凹弦纹。

标本H192:36,唇下饰数周细凹弦纹。口径36厘米,残高5.5厘米。(图一百零五:8)

标本H258:15,唇下饰数周粗凹弦纹。口径34厘米,残高4厘米。(图一百零五:9)

B型 厚唇瓮。3件。叠唇有宽有窄,尖唇或圆唇。圆肩,肩下残。素面。

标本H192:10,夹砂褐陶。肩上饰一周凹弦纹,凹弦纹下又饰一周附加堆纹。堆纹以上上浆磨光,以下粗糙。口径18厘米,残高10.8厘米。(图一百零五:10)

标本H27:22,夹砂灰陶。宽厚唇,口部较尖。口径38厘米,残高6.8厘米。(图一百零五:11)

平沿瓮。2件。均为夹砂灰陶。敛口,平唇,外出沿,弧腹较深,下腹残。

标本H45:11,夹砂灰陶。出沿上施捺窝,呈花边状,沿下饰竖划纹。口径24厘米,残高5.5厘米。(图一百零五:12)

标本H112:1,夹砂灰陶。平唇,小尖沿。沿下饰凹弦纹和竖划纹。口径22厘米,残高5厘米。(图一百零五:13)

碗 数量较多,多为残器,仅复原1件。以泥质陶为主,少量夹砂陶。泥质陶口部多饰红彩或黑彩宽带纹。根据器物形体,可分两型。

A型 敛口碗 复原1件。敛口、鼓腹、腹较深,平底。

标本H27:4,泥质红陶。复原。直口微敛,鼓腹,腹下内收,平底。口径14厘米,底径9厘米,高11厘米。(图一百零六:1,图版五十:4)

标本H193:13,泥质灰陶。口微敛。口径18厘米,残高5厘米。(图一百零六:2)

B型 直口碗。直口,弧腹,下腹均残。标本H190:23,夹砂褐陶。微敛,圆唇,弧腹,底残。口沿下有涂抹痕迹。口径17.5厘米,残高8.4厘米。(图一百零六:3)

标本H27:20,泥质灰陶。口微敛,唇内加厚,弧腹,下残。口沿上饰一周红彩宽带纹。口径16厘米,残高3厘米。(图一百零六:4)

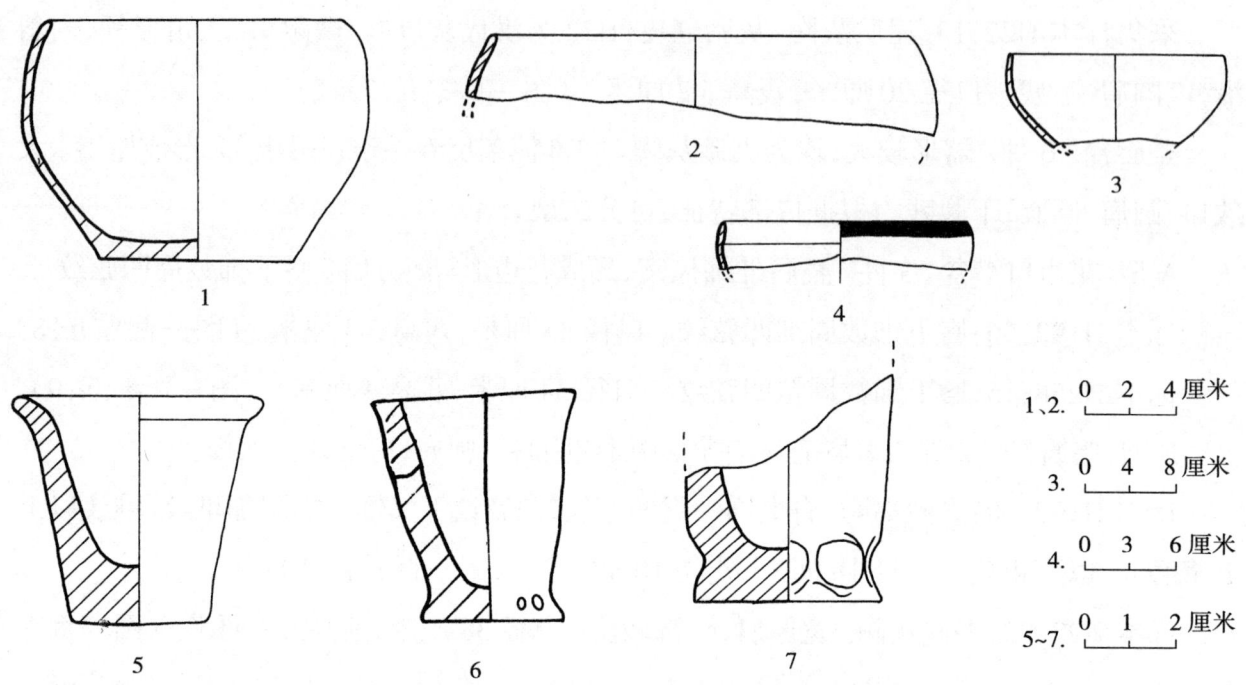

图一百零六　五女冢遗址仰韶文化二期陶碗和陶杯

1. A 型陶碗（H27∶4）　2. A 型陶碗（H193∶13）　3. B 型陶碗（H190∶23）　4. B 型陶碗（H27∶20）
5. A 型陶杯（H75∶20）　6. B 型陶杯（H101∶10）　7. B 型陶杯（H188∶1）

杯　3件。复原2件。根据器形，可分两型。

A型　喇叭形。1件。复原。

标本H75∶20，夹砂灰陶，胎体较薄。敞口，撇沿，斜直腹，下腹内收，平底。口径5厘米，底径2.5厘米，高4.4厘米。（图一百零六∶5）

B型　直筒形。2件。复原1件，胎体较厚。微敞口，直腹，下部略收，平底。底部饰一周捺窝。

标本H101∶10，夹砂褐陶。复原。腹下部略内收。口径5.4厘米，底径3.4厘米，高5.4厘米。（图一百零六∶6）

标本H188∶1，夹砂灰陶。腹较直。口部残。底径3.5厘米，残高4.6厘米。（图一百零六∶7）

甑　1件。采集标本H22∶14，泥质红陶（H22为汉代灰坑）。敞口，口部残，斜直壁，平底，底上有圆形孔。内壁上有白色水垢。底径12厘米，残高8厘米。（图一百零七∶1）

漏斗形器　2件。小口，细长流。

标本 H192:1，夹砂灰陶。细长管状流，流前细后粗，器身呈圆弧状，中空。器形不明。流长 7 厘米，孔径 2.2 厘米～3 厘米，残高 10 厘米。（图一百零七:2）

标本 H24:8，泥质红陶。仅存圆形管状流，器形不明。流表面施有白衣，饰彩绘，上饰黑彩连珠纹、宽带纹等。残高 7.4 厘米，管径 4 厘米～5 厘米。（图一百零七:3）

器座 1件。标本 H171:1，夹砂灰陶。圆形平顶，下为喇叭口形。顶部直径 9.6 厘米，底部直径 13.4 厘米，高 4.2 厘米。（图一百零七:4）

陶圆饼 1件。标本 H190:33，泥质红陶。向内弧，表面饰线纹，直径约 5 厘米。是利用尖底瓶腹部加工而成。（图一百零七:5）

不明器形陶片 1片。标本 H9:2，夹砂褐陶。弧状，厚胎。内外壁为红褐色，中间夹层为土灰色。表面饰有横竖线纹组成的方格纹，还有火烧的黑斑。胎壁较厚，形似后期的坩埚。器形不明。长 5.7 厘米，宽 4.7 厘米，厚 2.3 厘米。（图一百零七:6）

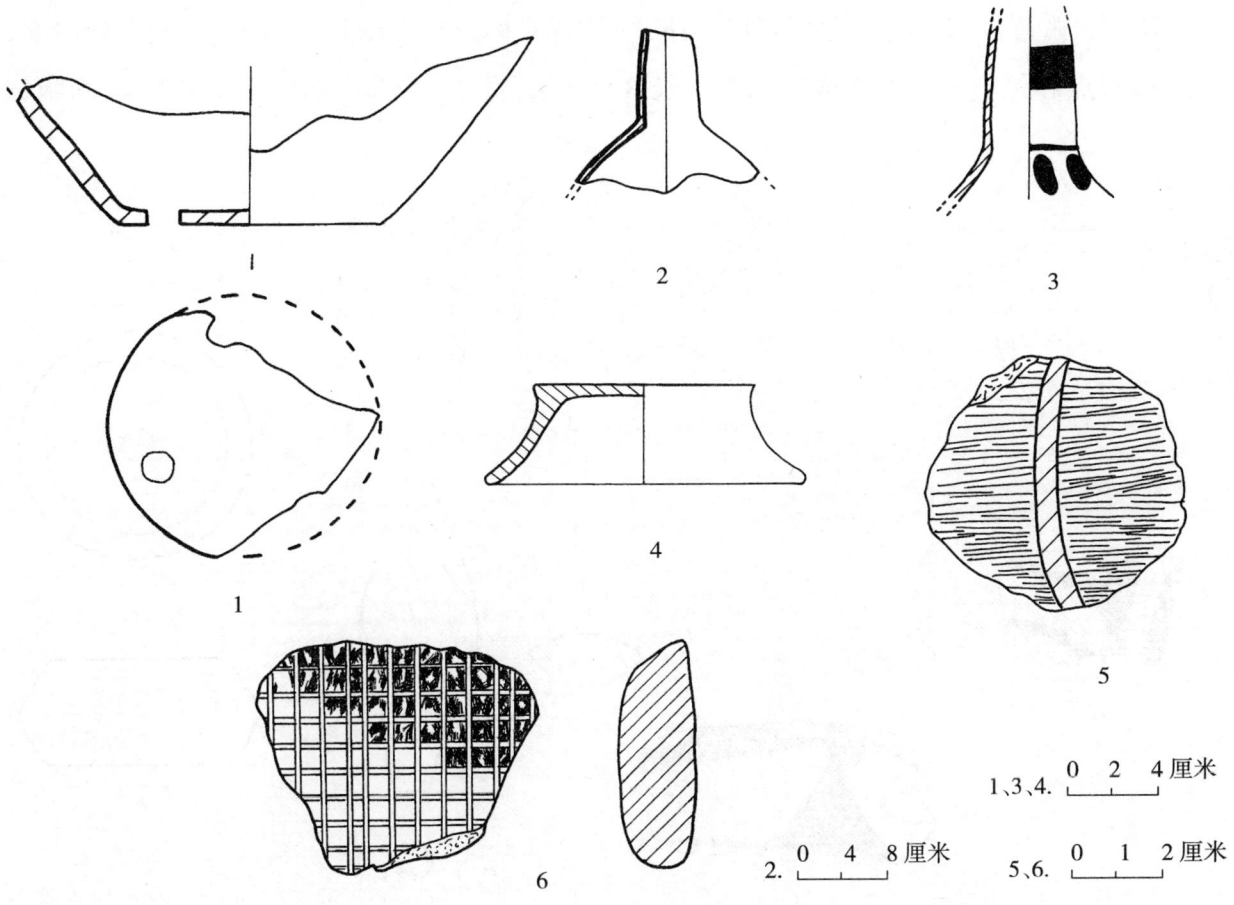

图一百零七 五女冢遗址仰韶文化二期陶甑、漏斗形器、器座、圆饼等

1. 陶甑（H22:14） 2. 漏斗形器（H192:1） 3. 漏斗形器（H24:8） 4. 器座（H171:1）
5. 陶圆饼（H190:33） 6. 不明器形陶片（H9:2）

2. 生产工具

五女冢遗址仰韶二期文化遗存陶质生产工具有刀、镞、纺轮等。

陶刀 4件。3件利用红陶钵口沿制作,1件利用红陶尖底瓶腹部制作。均为长方形,略带弧形,根据形状,可分三式。

Ⅰ式 直背直刃。2件。标本H24:12,两端有三角形缺口。长7.7厘米,宽4.2厘米。(图一百零八:1)

标本H258:27,利用尖底瓶残片打制而成。半成品。圆角长方形,两端呈弧形。无刃。中间有一孔,对钻。表面饰斜线纹。长9.5厘米,宽4.3厘米。(图一百零八:2,图版五十:5)

Ⅱ式 束腰形。1件。标本H167:14,刀刃和刀背对称内凹,刃背上均打制有单面刃。表面有黑彩弧形三角纹和斜线纹。长7.4厘米,宽4.3厘米。(图一百零八:3,图版五十:6)

Ⅲ式 弧背直刃。1件。标本H239:8,两端有对称三角形缺口,单面刃。表面饰白衣,有红彩圆点和黑彩三角形组成的图案。长8.5厘米,宽4.1厘米。(图一百零八:4,图版五

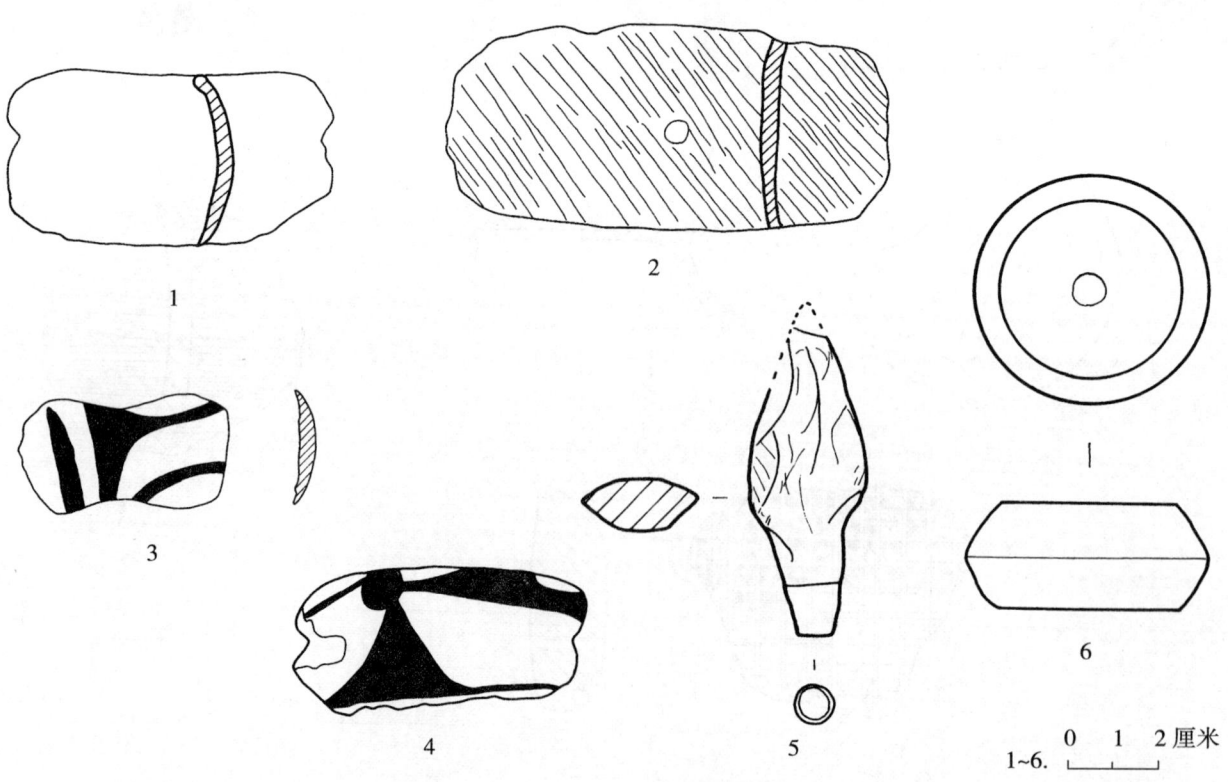

图一百零八 五女冢遗址仰韶文化二期陶质生产工具

1. Ⅰ式陶刀(H24:12) 2. Ⅰ式陶刀(H258:27) 3. Ⅱ式陶刀(H167:14) 4. Ⅲ式石刀(H239:8)
5. 陶镞(H24:13) 6. 陶纺轮(H47:1)

十:7)

陶镞 1件。标本H24:13,红胎黑皮。扁树叶形,两侧薄,中间厚。侧锋上饰有指甲纹。尖残。尾端内收成圆形铤,铤中空,便于插箭杆。残长5.5厘米。(图一百零八:5,图版五十:8)

陶纺轮 1件。标本H47:1,泥质红陶。圆鼓形,通体磨光。侧面中部起棱,面中间有一孔。两平面直径3.4厘米,腹径4厘米,厚2厘米。(图一百零八:6)

(三) 装饰品

仅发现陶环1种,数量较多,共43件。保存较差,多为残段,仅有1件完整。泥质灰陶、黑陶和红陶兼有。灰陶最多,黑陶次之,红陶最少。根据陶环形状,可分两型。

A型 41件。圆环状。根据陶环的断面形状,可分四式。

Ⅰ式 13件。断面呈圆形。

标本H63:13,泥质灰陶。直径5.5厘米。(图一百零九:1)

标本H245:13,泥质灰陶。内径4厘米。(图一百零九:2)

标本H245:12,泥质红陶。内径5厘米。(图一百零九:3)

标本H245:10,泥质黑陶。直径4厘米。(图一百零九:4)

Ⅱ式 12件。断面呈三角形。均为残器。

标本H188:2,泥质灰陶。内径5厘米。(图一百零九:5)

标本H245:?4,泥质灰陶。内径6厘米。(图一百零九:6)

标本H234:1 泥质灰陶。较粗。内径7厘米。(图一百零九:7)

Ⅲ式 1件。断面呈半椭圆形。

标本H234:9,泥质灰陶。内径5厘米。(图一百零九:8)

Ⅳ式 15件,完整1件。断面呈扁圆形。

标本H23:1,泥质灰陶。完整。内径4.4厘米(图一百零九:9)。

标本H234:10,泥质灰陶。内径5.2厘米。(图一百零九:10)

B型 六棱环状。2件。均内圆外方。

乳钉纹环。1件。标本H107:2,泥质褐陶。内侧呈圆形,外侧呈六角形。断面呈扁弧状。外侧六角饰成六个乳丁形,乳丁上饰有弧形凹弦纹。内径6厘米。(图一百零九:11)

六棱方环。1件。泥质黑陶。内圆外方,外侧呈六棱状,断面呈三角形。标本H239:11,内径5厘米,外径6厘米。(图一百零九:12)

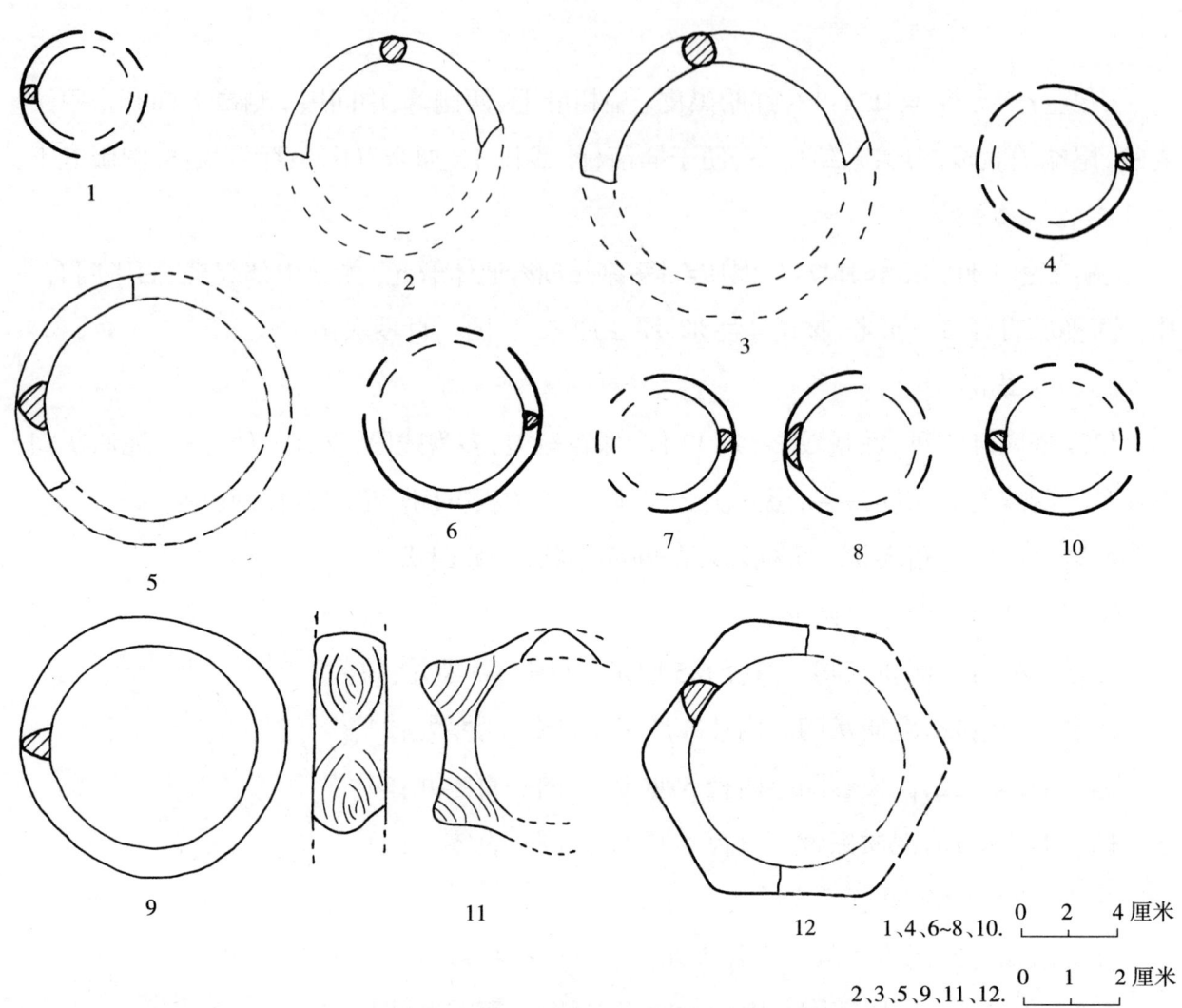

图一百零九 五女冢遗址仰韶文化二期陶环

1. A型Ⅰ式(H63:13) 2. A型Ⅰ式(H245:13) 3. A型Ⅰ式(H245:12) 4. A型Ⅰ式(H245:10)
5. A型Ⅱ式(H188:2) 6. A型Ⅱ式(H245:4) 7. A型Ⅱ式(H234:1) 8. A型Ⅲ式(H234:9)
9. A型Ⅳ式(H23:1) 10. A型Ⅳ式(H234:10) 11. B型(H107:2) 12. B型(H239:11)

(四) 骨器

五女冢遗址仰韶文化二期仅发现骨器3件。

骨锥 1件。标本H75:21,利用动物小关节处制成。完整。一端为动物自然关节,另一端磨成扁锥状。长9.6厘米,上端宽3.5厘米。(图一百一十:1,图版五十一:1)

骨簪 2件。标本H192:3,扁形。完整。一端圆,另一端呈尖状。长14.8厘米。(图一百一十:2,图版五十一:2)

标本H192:18,扁体。上端残,下端呈尖状。残长10.6厘米。(图一百一十:3,图版五十一:3)

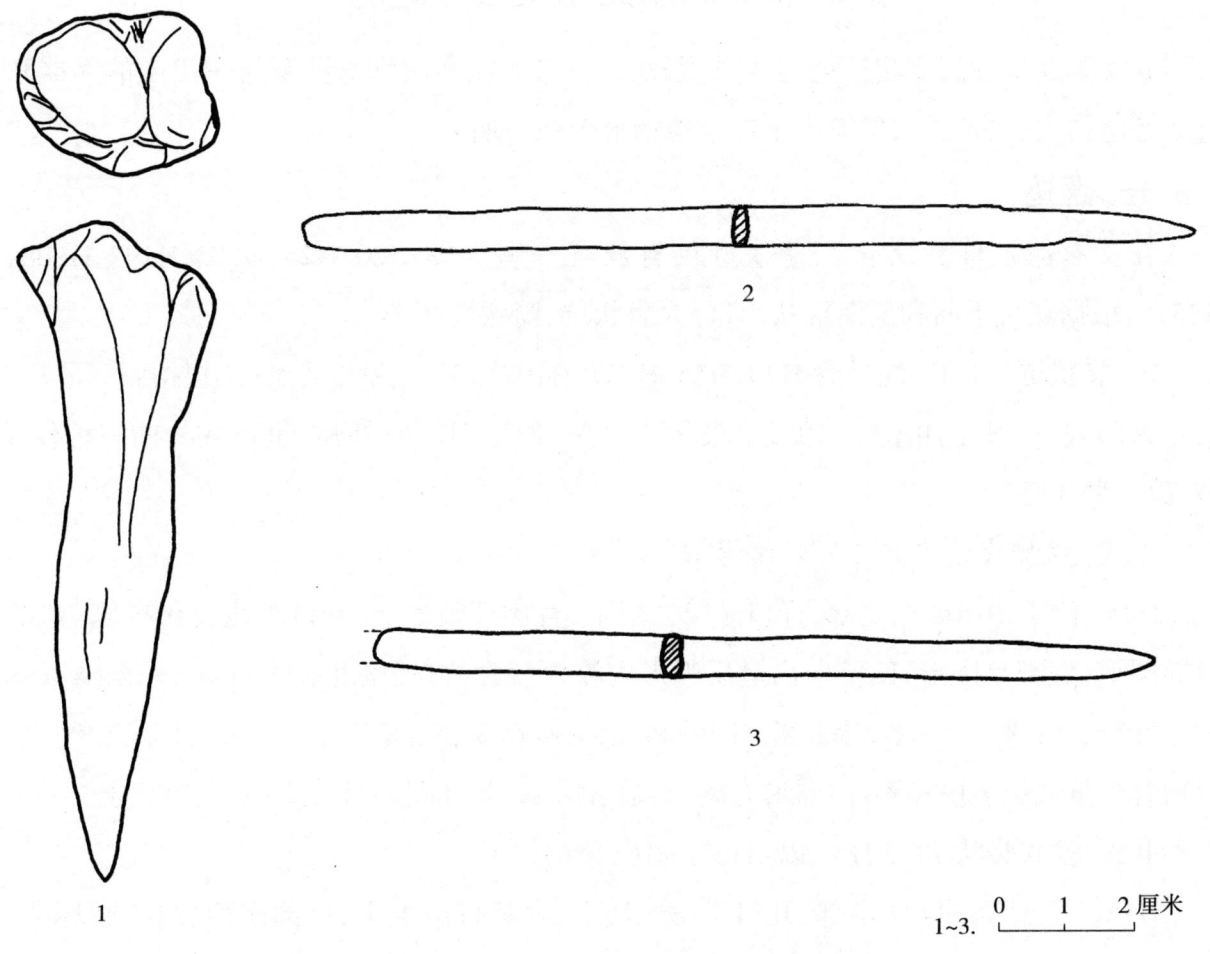

图一百一十　五女冢遗址仰韶文化二期骨器

1. 骨锥（H75:21） 2. 骨簪（H192:3） 3. 骨簪（H192:18）

第四节 仰韶文化第三期遗存

五女冢遗址仰韶文化三期遗存发现较少,仅有6座灰坑和这些灰坑中出土的陶器和石器等遗物,它也是这次发掘出土遗迹遗物最少的一期。

一、遗迹

五女冢遗址仰韶文化三期遗迹仅有灰坑6座。即H20、H25、H157、H197、H208、H251。根据灰坑平面和剖面形状,可分为袋状坑、筒状坑两类。

1. 袋状坑　4座。编号为H20、H25、H157、H197。口小底大,呈瓮式。根据四壁形状,又分为两式:一种是四壁向内弧,呈束腰式;另一种是四壁向外弧,呈鼓式。前一种仅1座,后一种3座。

Ⅰ式　束腰式袋状坑　1座。编号H25。

H25　位于T0108东北部,开口于第二层下,直接打破生土。开口距地表0.25米。口部呈椭圆形,底部呈圆形,四壁向内呈反弧形内收,平底。口径南北长1.11米,东西宽0.88米,底径长2.1米~2.3米,深2米。四壁和底部,修理规整。填土呈浅灰色,土质疏松。包含物有少量红烧土块和陶片,器形有碗、器盖、钵、罐等。(图一百一十一,图版五十二:1)

Ⅱ式　瓮式袋状坑　3座。以H157为例,介绍如下。

H157　位于T0724西南部,开口于第三层下,直接打破生土,口部南侧被G5破坏掉。口部距地表0.78米。口小底大,口、底均呈圆形,四壁弧形向外扩张,平底。口径1.55米,底径1.64米,深1.02米。填土呈深灰色,土质疏松。包含物有烧土块、碳粒和第三期的陶器石器。陶器器形有盆形鼎、折沿罐和1件残损严重的石刀等。(图一百一十二,图版五十二:2)

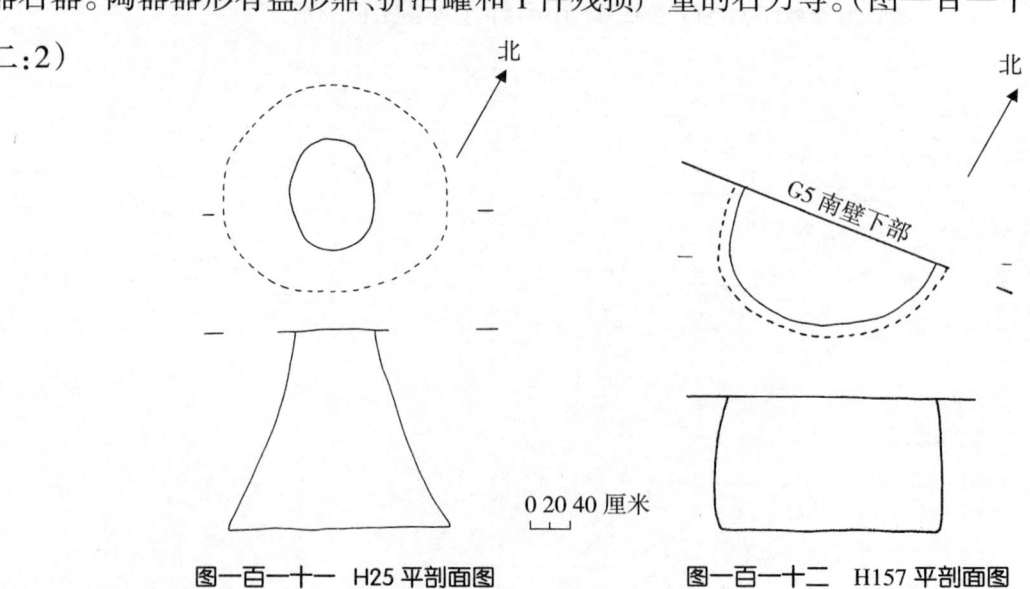

图一百一十一　H25平剖面图　　　图一百一十二　H157平剖面图

2. 筒状坑 2座。编号为H208、H251。以H208为例,介绍如下。

H208 位于T0209西南角,开口于第二层下,直接打破生土。口部距地表0.3米。口部呈椭圆形,南部压在隔梁下,四壁垂直,平底。壁和底结合处为弧形。暴露部分南北长2.3米,最宽1.7米,深0.75米。底部南北长2.2米,宽1.5米。填土呈深灰色,土质疏松。包含物中有大量烧土块和少量残陶片。器形有陶罐、陶盆等。(图一百一十三)

二、遗物

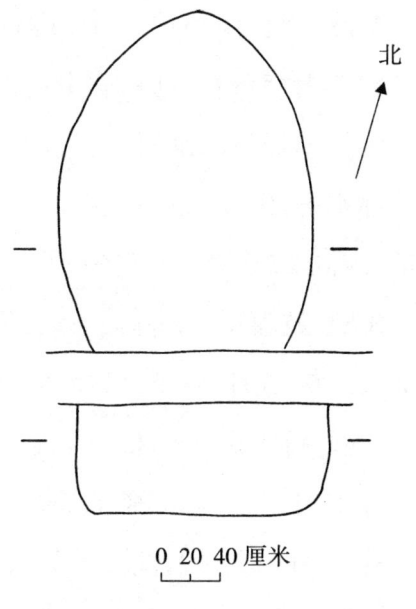

图一百一十三 H208平剖面图

五女冢遗址仰韶文化三期遗物发现最少,共复原陶器5件,以H157出土的器物为典型代表。陶色普遍灰中发黑。我们选取第三期出土陶片较多的4个灰坑进行了统计,统计情况如下:陶片总数为944片,泥质陶占59.85%,夹砂陶占40.15%。泥质陶中又以泥质灰陶居多,占总数的35.49%;泥质红陶次之,占20.23%;黑陶较少,占2.44%;彩陶占1.69%。夹砂陶中以夹砂灰陶居多,占总数的21.08%;夹砂褐陶次之,占18.33%;另有少量夹砂红陶,占0.74%。

在4个灰坑出土的944片陶片中,素面最多,共728片;带纹饰陶片216片。纹饰中以凹弦纹最多,指甲纹、篮纹最少,仅几片。其中凹弦纹占37.40%;附加堆纹次之,占22.43%;线纹占21.12%,划纹占17.12%;指甲纹占0.76%;篮纹占0.47%。其中H157出土的一件篮纹小口高领罐,通体饰篮纹,它是这一时期新出现的、最具有标志性和划时代意义的一件器物。

五女冢遗址新石器时代第三期出土器物较少,主要为陶器,也有少量石器。

(一)陶器

五女冢遗址新石器时代第三期出土的陶器主要有鼎、折沿罐、瓮、圆腹罐、缸、碗、杯、圈足器、小口高领罐、环和刀等。

盆形鼎 1件。标本H157:3,夹砂灰陶,颜色发黑。口部残缺,折腹,平底,方形矮足。折腹处饰一周附加堆纹。折腹处直径16.8厘米,底径10.4厘米,足残高1.6厘米,残高7.5厘米。(图一百一十四:1,图版五十三:1)。

折沿罐 标本6件。折沿,溜肩,深腹,下腹部均残。根据腹部形态,可分三式。

A型 圆腹罐 3件。窄沿,肩腹不分。内沿有倒钩。肩、腹上有轮制痕迹。

标本H157:7,方唇,唇上有凹槽。口径18厘米,残高5.8厘米。(图一百一十四:2)

标本H157:8,圆唇。口径22厘米,残高6.6厘米。(图一百一十四:3)

标本H157:6,口沿残缺。下腹部装饰有钩形泥突。窄沿处直径20厘米,最大腹径32厘米,残高27.6厘米。(图一百一十四:4)

B型 鼓腹罐 2件。方唇,唇上饰一道沟槽,折沿上有一道宽凹槽。上腹部饰一周附加堆纹。标本H157:5,口径24厘米,残高10厘米。(图一百一十四:5)

C型 折腹罐。1件。溜肩,折腹。腹下残。肩上有数周细线纹,折腹处饰一周附加堆纹。标本H157:14,口径16厘米,残高6厘米。(图一百一十四:6)

瓮 1件。夹砂灰陶。大敛口,广圆肩。口沿内加厚。肩上饰数周凹弦纹。标本H157:12,口径38厘米,残高3厘米。(图一百一十四:7)

圆腹罐 标本3件。夹砂陶。折沿或卷沿,束颈,球形腹,下腹残。

标本H197:10,夹砂灰陶。敞口,圆唇,折沿,束颈。口径15厘米,残高10.2厘米。(图一百一十四:8)

缸 标本2件。敛口,沿内加厚,弧肩,肩上饰凹弦纹,肩下残。斜直腹。胎较薄。

标本H157:11,敛口,泥质灰陶。口径42厘米,残高5厘米。(图一百一十四:9)

标本H20:1,夹砂灰陶。口微敛,口沿下饰宽带弦纹,腹较直。口径32厘米,残高5.5厘米。(图一百一十四:10)

圈足 2件。残损严重,为豆的圈足。圆形,束腰式。上有方形和圆形镂孔,二者相间分布。

标本H157:9,底径12厘米,残高4.2厘米。(图一百一十四:11)

标本H157:10,底径10厘米,残高4.6厘米。(图一百一十四:12)

碗 复原2件。可分两型。

A型 深腹碗。1件。标本H251:1,泥质黑陶,磨光。敞口,口部外侈,尖圆唇,深腹,下腹内收,凸圜底,圜底外壁有一周矮圈足。碗底向下突出,高出圈足。口径16.6厘米,高10厘米。(图一百一十四:13,图版五十三:2)

B型 浅腹碗。1件。标本H197:1,泥质灰陶,厚胎粗糙。敞口,弧腹,圜底上凹。口径11厘米,底径6.2厘米,高4.4厘米。(图一百一十四:14,图版五十三:3)

杯 2件,复原1件。分两型:

A型 敞口平底杯。标本H157:2,泥质褐陶。复原。胎体较厚,做工粗糙。敞口,斜直壁,平底。口径12.4厘米,底径9厘米,高7.8厘米。(图一百一十四:15,图版五十三:4)

B型 觚形杯。标本H20:9,泥质黑陶。胎体较薄,做工精细,仅存底部。圆形,束腰。底径6厘米,残高2.2厘米。(图一百一十四:16)

小口高领罐 2件,复原1件。小喇叭口,鼓腹,下腹部内收,小平底。根据形状,分两型。

A型 1件,复原。高领,直领外撇,溜肩,鼓腹,下腹内收,小平底。领以下通体饰篮纹。标本H157:1,口径10.6厘米,底径10.6厘米,高33.6厘米。(图一百一十四:17,图版五十三:5)

B型 1件。直领,领上部外折,圆肩,腹残。肩上饰断续螺旋式划纹。标本H157:4,口径14厘米,残高9.5厘米。(图一百一十四:18)

灰陶环 1件。泥质灰陶。磨光。断面呈三角形。标本H157:13,直径6厘米。(图一百一十四:19)

白陶环 1件。标本H20:7,高岭土胎,器体保存较少。宽带环状,断面呈拱形弧状。内壁略直,外壁弧;中间厚,两侧薄。宽4.2厘米,最厚处0.9厘米。(图一百一十四:20)

陶刀 1件。利用罐的腹部加工而成。标本H208:1,泥质灰陶。形状呈椭圆形,弧背弧刃,两端带缺口。正面有划纹;背面一侧斜削有刃。四周边沿略有残缺。长7.1,宽4.8厘米。(图一百一十四:21)

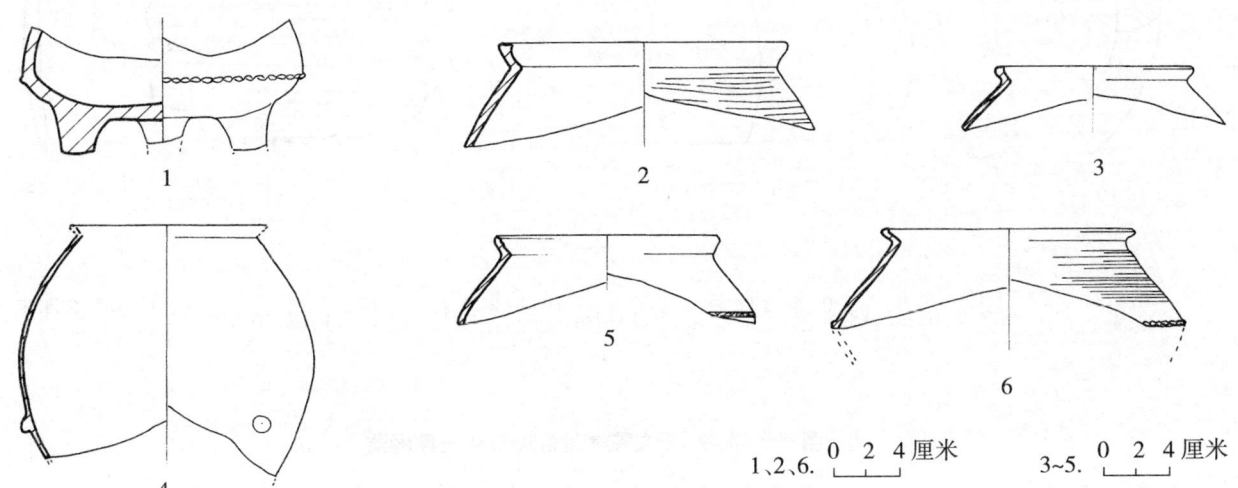

图一百一十四-1 五女家遗址仰韶文化三期陶器

1.盆形鼎(H157:3) 2.A型折沿罐(H157:7) 3.A型折沿罐(H157:8) 4.A型折沿罐(H157:6)
5.B型折沿罐(H157:5) 6.C型折沿罐(H157:14)

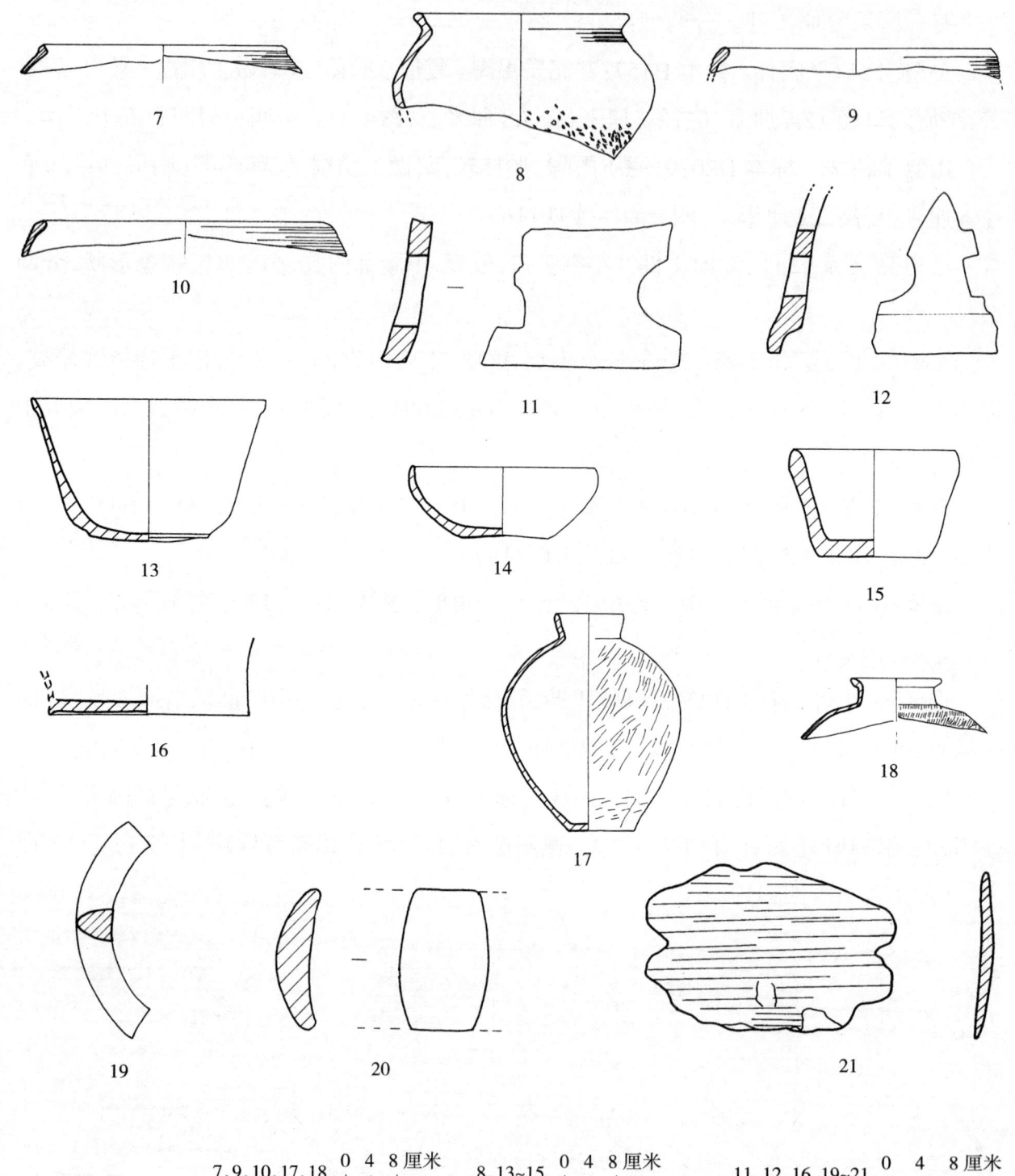

图一百一十四-2 五女冢遗址仰韶文化三期陶器

7. 瓮(H157:12) 8. 圆腹罐(H197:10) 9. 缸(H157:11) 10. 缸(H20:1) 11. 圈足(H157:9)
12. 圈足(H157:10) 13. A型碗(H251:1) 14. B型碗(H197:1) 15. A型杯(H157:2) 16. B型杯(H20:9)
17. A型小口高领罐(H157:1) 18. B型小口高领罐(H157:4) 19. 灰陶环(H157:13) 20. 白陶环(H20:7)
21. 陶刀(H208:1)

（二）石器

该期发现石器较少，仅发现 2 件，石凿和带孔石刀等。

石凿　1件。标本 H157:15，青石质。上窄下宽，呈梯形，顶残。直刃，单面刃。残长 5.6 厘米，上宽 2.8 厘米，刃宽 3.3 厘米。（图一百一十五:1）

带孔石刀　1件。标本 H157:12，青石质。圆角长方形，直背直刃，双面刃。中间有一孔，对钻。长 8.7 厘米，宽 3.9 厘米。（图一百一十五:2）

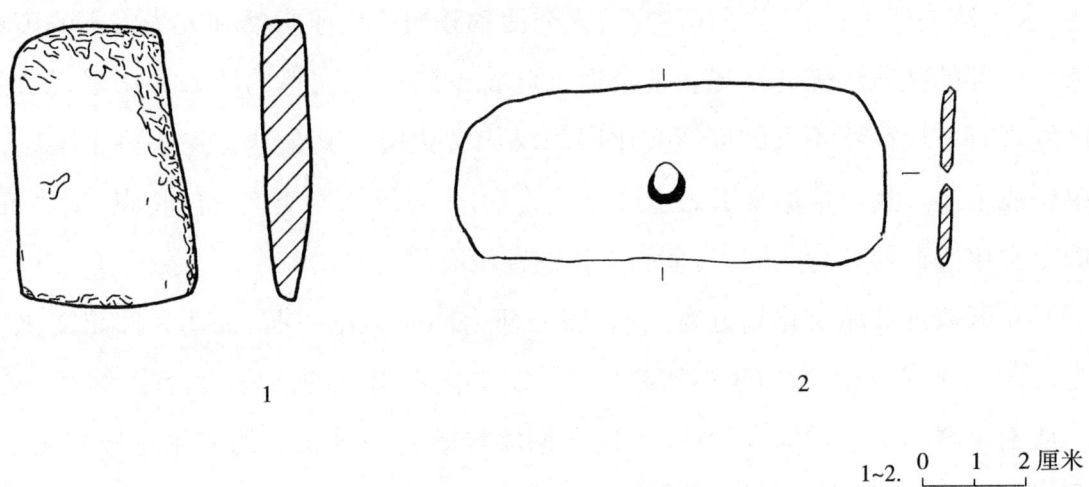

图一百一十五　五女冢遗址仰韶文化三期石器

1. 石凿（H157:15）　2. 带孔石刀（H157:2）

第五节 结语

五女冢遗址地处河洛文明核心区域的洛阳盆地之中，南距东周王城遗址仅1公里，东距洛阳明清时期老城约8公里，西距王湾遗址约10公里，西北距妯娌与寨根遗址约20公里。优越的地理位置造就其非凡丰富的文化内涵。根据发掘情况，五女冢遗址文化内涵包括仰韶、商代、战国和汉代4种文化遗存。但是，由于该遗址地处邙山丘陵地区和涧河岸边，水土流失严重；地近洛阳市中心，人类活动频繁。由于自然和人为因素的破坏，使得该遗址上部的文化层破坏殆尽。整个遗址已找不到一块完整的原始文化层，仅在北部发掘区发现有一块面积不大的仰韶文化层和汉代文化层。其余地方揭去耕土层后，即是遗迹单位或生土。我们根据有限的遗迹打破关系，参考周边同类文化的特点，试将五女冢遗址仰韶文化遗存划分为三期，其余的文化遗存没有再分期。

五女冢遗址仰韶文化划分为三期：即一期为仰韶文化中期、二期为仰韶文化晚期、三期为仰韶文化向龙山文化的过渡期。此三期文化中出土的器物，既有连续性，又有差异性。从出土器物形态的演变规律看，这三期器物既有一脉相承的文化符号和文化因素的存在；各期又有不断改革创新，即有陌生面孔的新器形出现，同时又有老器形的消失。

一、五女冢遗址仰韶文化各期的特征

（一）仰韶一期文化特征

五女冢遗址仰韶文化第一期文化遗存是该遗址目前发现最早的文化遗存，相当于仰韶文化中期。其遗迹遗物的特征总结如下：

五女冢遗址仰韶文化一期遗存，主要包括北部发掘区东侧面积较小的第④层以及各探方中第③层下暴露的一批灰坑；南部发掘区第②层下的一批灰坑和幼儿瓮罐葬。

仰韶文化一期出土的陶片较多，但可复原的器物较少，仅复原102件。虽然复原的较少，但也为我们的分期提供了较为丰富的实物例证。

第一期遗迹遗物特点：遗迹主要为灰坑和瓮罐葬；遗物主要有石器和陶器。

1. 灰坑特点：该期的灰坑以圆形袋状和圆形筒状灰坑为主，圆形圜底灰坑和平底坑次之，不规则灰坑最少。

2. 瓮罐葬特点：瓮罐葬均为埋葬幼儿所用，墓圹均呈长方形、梯形和椭圆形。葬具主要为两个扣合在一起的小口尖底瓶、大口尖底瓶和罐组合使用。我们发现所使用的小口

尖底瓶上，许多有锯割痕迹。小口尖底瓶的使用方法有两种，一种是使用多个尖底瓶的残片。将幼儿遗体放入其中两个较大的尖底瓶中，相对扣合，再用别的尖底瓶的残片覆盖在两个尖底瓶的残缺处。其中W10使用的尖底瓶残片多达7个个体。另一种方法是使用完整的小口尖底瓶。将尖底瓶从中部切开成上下两部分，装入婴儿后，再扣合在一起。瓮棺葬的埋葬方向基本一致，呈西北至东南向。

3. 石器特点：该期发现石器较多，但完整的较少。石器有斧、铲、杵、凿、锛、刀、饼、球、陀螺形网坠、磨棒和研磨器等。以小型石器为主，大型石器较少。其特点有三点：一是利用自然成形的不规则圆形和扁条形石柱作为杵或研磨器直接使用。二是刮削器石刀数量最多。石刀背厚，刃薄；刀面一面光，一面粗，不加磨制，直接使用；两端多带缺口（也有少部分利用陶片制作的），用于捆绑木柄。石刀平面有长方形、半圆形和椭圆形。石刀的制作方法是利用天然鹅卵石，敲击下一块，有的对刃部稍做加工，有的刃部就很锋利，不需要加工，即可使用。由于其制作简单和方便，所以是石器中出土数量最多的。三是大型石器少，仅有石斧和石铲，均制作规整，通体磨光。其中石刀最富有时代和地域特征。

4. 陶器特点，该期陶器的特点突出为粗、大。"粗"体现在胎质和制作上，多数器物胎体厚重，制作粗糙。"大"指的是器形较大。该期器形手工制作的特点非常明显，一部分器物身上有快慢轮整修的痕迹，也有一部分器物口沿根本不加修理。从中透露出一股"原生态"的原始文化气息。

陶器质地以泥质红陶为主，夹砂褐陶次之，有少量的黑陶。其中少量夹砂陶内有掺蚌壳颗粒现象。彩陶数量较少。彩色颜色有黑色和红色，其中以黑彩为主，红色较少。另有少量白衣彩陶。其中红彩均为圆点纹和宽带纹，红彩主要在白衣彩陶中使用，或在碗的口沿处饰宽带纹。彩色纹饰主要有弧形三角纹、平行线纹、网状纹、圆弧纹、圆点纹、宽带纹、叶瓣纹、垂鳞纹、圆圈纹等，器物上的图案均由这些纹饰组合而成。该期的器物表面以素面为主，纹饰较为简单，数量较少。器物上的纹饰主要有平行凹弦纹、附加堆纹、线纹和划纹。其中以线纹和凹弦纹最多。

5. 该期的主要器形有大口缸、大口尖底瓶、小口尖底瓶、小口平底瓶、甑、盆、罐、钵、杯、碗等。我们选择以下几种器形，将其特点总结如下：

炊器类的鼎，数量少，形体小。鼎有罐形鼎和盆形鼎两种，仅复原2件。其中盆形鼎数量多于罐形鼎，未见釜形鼎。显然在这里，鼎不是主要炊具。经过仔细观察，我们发现一期中的圆腹罐、矮领罐等许多陶罐腹部有大量明显的、经过多次火烧的黑斑，因此该聚落是以陶罐作为主要炊具，鼎仅是辅助炊具。盆形鼎的特征是敞口，折腹较深、小平底。上腹斜直较长，下腹斜收较短，最大腹径在下部。

其中盆形鼎从第一期一直延续到第三期。

小口尖底瓶口部可分四型，即重环形口、葫芦形口、敛包口和扁圆形口。其中扁圆形口仅出土一件，而这类造型在大河村遗址仰韶文化一二期中发现较多，这应是吸收东部仰韶文化因素的产品；葫芦形口也仅出土一件，它应是受西部早期半坡类型和庙底沟类型仰韶文化影响的实例。敛包口和重环形口则是洛阳地区仰韶文化中常见的器物。

小口平底瓶，依其口部共分三型，即杯形口、喇叭形口和敛包口。其中杯形口平底瓶是庙底沟仰韶文化的典型器，敛包口是仰韶文化常见器形，只有喇叭形口是周边仰韶文化中所不常见的器型，因此它应是本聚落的特产。平底瓶仅见于一期，其后消失。

盆共分七型，即折腹盆、曲腹盆、鼓腹盆、浅腹盆、彩陶盆、敞口盆和敛口盆。其中折腹盆和浅腹盆数量最多，最富有时代特征，也是最富有特征的典型器。折腹盆多为圆折，方折较少，是周边仰韶文化中期常见的器物。而曲腹盆（垂腹盆）和彩陶盆是庙底沟仰韶文化中的典型器。鼓腹盆、浅腹盆也是仰韶文化中期较为常见的器物。敛口盆、敞口盆数量也较少，器形也较少见。

矮领夹砂罐也是周边仰韶文化中最为常见的器形。其突出特点是器形从大到小，数量较多，夹砂胎，有的肩部饰数周平行凹弦纹，有的素面。折腹上部上浆磨光，下部粗糙。多数折腹处呈圆弧状，少数为方角。其中有一部分矮领内侧有一道凹槽，形成"轨道式"领。上腹部有贴圆饼和扭索状泥条现象。

钵大致可分为直口钵、敛口钵、曲腹钵、圜底钵和红顶钵五种类型。其中红顶钵的造型与直口钵、敛口钵的造型没有差别，差别仅在于是否在口沿处饰彩绘宽带纹。其中直口钵为折腹，数量最多。直口钵、敛口钵为仰韶文化中常见器形。曲腹钵是庙底沟类型中的典型器。直筒深腹圜底钵则较为少见，数量也较少，仅发现2件，复原1件，周边仰韶文化遗址中也不多见。

一期的碗分三型，其中的直口碗、敞口碗，口沿处多饰彩绘宽带纹，仰韶文化中一般称之为"红顶碗"，一期中出土较多，是仰韶文化中的常见器形。而敛口圜底碗胎质较薄，口小底大，是仰韶文化中不多见的器形。

大口缸体形硕大，数量较多，复原8件，也是仰韶文化中期的典型器。器盖器形较大，有半球形和弧形两种。钮分三型，有桥形、半圆形和柱状。钮两侧有贴圆饼现象。这些特征与庙底沟类型的同类器非常相似。

(二)仰韶二期文化特征

五女冢遗址第二期文化遗存相当于仰韶文化晚期。现将其遗迹遗物的特征,总结如下:

五女冢遗址仰韶文化二期遗存,具有鲜明的文化特征,应属于仰韶文化晚期。由于其地近王湾遗址,因此,将其与王湾二期文化相比较,二者的文貌非常相近,其文化内涵应属王湾二期范畴,其年代与王湾二期文化的年代相当。

五女冢遗址仰韶文化二期遗存,遗迹主要包括北部发掘区探方中第三层下的一批半地穴式房基和灰坑,以及南部发掘区第二层下的一批灰坑。遗物主要是这些房基、灰坑中出土的大量陶器、石器、骨器等。总体出土完整遗物不多,可复原的陶器仅有32件。其中在H27、H171、H258灰坑中,复原器物较多,多为第二期的代表性器物。这些复原的器物为我们的文化分期提供了较为丰富的实物例证。

遗迹主要为半地穴式房基和灰坑;遗物主要有石器、陶器和少量骨器。

1. 该期的灰坑与一期的灰坑的形状基本一致,还是以圆形或椭圆形袋状、筒状坑为主,圜底形坑和束腰坑次之,不规则坑较少。

2. 该期发现房基较多,均为半地穴式。其中在北部发掘区发现的四座组合在一起的房基群,最具代表性。面积大小略有差异,形状大致呈圆形和椭圆形,直径在4米左右。房子出口处,均有经过使用而形成不规整的台阶通道,由于踩踏,转角处多呈弧形。房基特点与妯娌遗址一期的"均为半地穴式建筑,平面多呈圆形"的形式一致。在灰坑填土中还发现了几块硬度较高的白灰地面与王湾二期发现的"几处残破的居住面,其结构是一种近似三合土的白灰面"的特征完全相似。其应为"平地起建"的建筑地面。这说明我们虽然没有发现地面建筑,但并不表明当时没有地面建筑,反而恰恰说明当时应有地面建筑的存在。另外,我们在同时期的许多灰坑中还发现有大量的红烧土块,有"木骨泥墙"的台面、转角等,这也从另一个侧面反映出当时地面建筑的存在。这与王湾二期"房子结构很有可能平底起建",特征完全相似。以上的发现说明,五女冢遗址仰韶文化二期的建筑形式,既有半地穴式房子,又有地面建筑。

3. 该期陶器的特点突出为细、小。"细",体现在胎质和制作上,多数器物胎体轻薄,制作精细,表面磨光。"小"指的是器形较小,大型器物基本消失。该期器形为轮制特点非常明显。器物身上磨光现象大幅度增加,有的甚至通体磨光。陶器中灰陶数量显著增加,统计数量占据第一，占陶器总量的30.20%；泥质红陶数量略有减少，退居第二，占总量的28.23%；夹砂褐陶依然占据重要地位，占总量的22.80%；磨光黑陶和磨光灰陶数量显著增加，但在总量中，所占据的比例仍较少。夹砂褐陶中仍有少量掺蚌壳颗粒现象。第二期器物表面以素面为主，纹饰较简单，数量较少。其中以线纹和凹弦纹最多，另有少量附加堆纹和划纹等。彩陶数量依然较少，但白衣彩陶数量显著增加。五女冢遗址二期的彩陶颜色和图案与一期的彩陶有许多共性，如色彩分别为黑色和红色，其中以黑彩为主，红彩次之，但二期红彩数量增加。彩色图案主要有弧形三角纹、平行线纹、网状纹、圆弧纹、圆点纹、宽带纹、叶瓣纹、圆圈纹等，器物上的图案均由这些纹饰组合而成。最明显的特点是该期泥质红陶折沿罐等器物口沿下多饰两三道平行线纹，平行线纹之间填网状纹，少部分饰数组平行竖线纹等。由于彩陶片均较小，彩绘图案没有较为完整的，因此总体彩绘图案面貌，不太清晰。

这一时期的器物造型发生了重大变化。与第一期相比，有显著的自身特点。

第一，制作技术显著提高。第一期制作方法原始，风格豪放。以手工制作为主，在器物口沿处有使用慢轮整修的痕迹。第二期器物形体明显变小。从第一期传承下来的器物，经过轮制技术的进一步加工，器物表面细化，从感官上觉得非常细腻规整。

第二，烧造技术显著提高。第二期的器物普遍火候较高，特别是磨光黑陶的较多出现，反映了人们在燃料没有改变的情况下，通过对窑室结构的改造和氧化还原方法的使用，熟练掌控了火的温度，从而提高了器物的硬度，使得器物使用寿命延长和性能提高。

第三，器形向精细美转化。第一期陶器的总体风格是原始豪放，大而粗；第二期的风格是精细美。第二期的陶器体积变小，纹饰清晰，造型更趋合乎美学比例，给人耳目一新的感觉。第二期更加注重器表加工。如磨光陶进一步缜密细腻，泥质红陶颜色更加纯正等。

第四，出现了许多新的器物，器物群体有所改变，成为第二期的标志。如大量的折沿罐、带流罐、圈足豆、窄沿折腹盆、磨光弦纹敛口缸、敛口瓮、矮领鼓腹瓮等。其中存储器增多，表明随着人们生产力的提高，物质财富进一步丰富，饮食结构、生活方法、储藏方式等都有了相应的改变和提高。

4. 主要器物特征

该期的主要器形有盆、罐、小口瓮、钵、杯、器盖、小口高领罐、圈足豆、带流罐、磨光弦纹、敛口缸等，现将其主要特征总结如下。

鼎数量依然较少。仅复原一件盆形鼎腹部，足残。折腹处上移到中部。上腹外鼓，下腹明显内收，整体形状较扁。

小口平底瓶、大口缸消失。

小口尖底瓶颈部较细变长。口部形状仅剩敛包口和重唇口，其余形式消失。

二期的盆分七型，其中敛口盆、彩陶深腹盆、曲腹盆、浅腹盆均承袭了一期的形状，但数量较少。一期折腹盆与二期的敛口盆造型相似，敛口盆应是一期折腹盆的传承和延续。一期的盆多为泥质红陶，仅有一件为夹砂灰陶。一期折腹盆厚胎，器形大，折腹多圆折，个别折腹略呈方折，肩部多饰数周凹弦纹或素面，身上多有刮削痕迹。二期的胎质多为泥质红陶和泥质灰陶，总体数量减少。其中灰陶盆数量显著增加，胎体变薄，器形变小，腹部特征与一期有所不同。

一期浅腹盆，数量很少，折沿较平较窄；二期数量大量增加，折沿变宽，沿上部分出现凹槽，应是向龙山文化双腹盆演变的开始。

新出现的窄沿折腹盆，大部分为素面磨光，上腹直，下腹斜，折腹处棱角分明，部分在折腹棱上饰规整的附加堆纹。器形整体轻薄精细，造型新颖，别具一格。二期这类盆数量较多，当时应是非常流行的一种实用器，也是二期的典型器。

折沿罐第一期已经出现，但数量较少，胎略厚，沿向上内卷，厚唇，唇内有倒钩，腹较鼓；而第二期的数量多，沿较窄。唇分两种，圆厚唇和尖圆唇，唇尖较平。数量上前者较多，后者较少。弧腹较深。一期的肩部素面多于饰凹弦纹的；二期的肩部饰凹弦纹的多于素面的。二期腹部多饰附加堆纹，纹带较细，有一周和两周之分，十分富有特点。折沿罐也为二期的典型器。

二期的敛口缸，应由一期的大口缸演变而来。一期大口缸均为泥质红陶和泥质灰陶，形体较矮，肩上素面和饰少量不太规整的凹弦纹；二期敛口缸，均为磨光黑陶和磨光灰陶，口部内折，形体变得瘦长，通体磨光，口下饰凹弦纹，纹饰非常规整，线条棱角分明。数量较多，为二期非常流行的典型器。

矮领罐在第一期非常流行，数量很多，从形体上可分为大中小三类，其中大型的数量最多；二期总体数量急剧下降，大型的数量很少，中小型的数量增多。一期和二期的器物形体变化不大。

□耳罐出现于一期，延续到二期。两期此类陶罐数量均较少。一期是在大口矮领罐口沿外贴上鸡冠状□耳，器形较大；二期则是在折沿罐和小口矮领罐口沿外贴上鸡冠状□

耳。矮领罐有圆肩和折肩两种,形体较小。该期新出现在折沿罐口沿下饰对称口耳,很有特点。

钵在二期出土数量较多,复原15件。一期的钵以直口钵为大宗,敛口钵较少,个别有圜底钵;二期敛口钵多于直口钵,也有一件圜底钵。一期的曲腹钵,二期没有见到。一期钵的腹壁斜直或略弧,二期的普遍略内收成反弧形。一期、二期共有一种小直口钵,高度在10厘米以下,口径在17厘米以下,形制相同。由于其形体较小,我们认为它们可能也作为碗使用,也可称为钵形碗。

一期和二期均有一定数量的红顶钵。口沿下有的饰有"人"字纹、"儿"字纹和平行竖线纹,二期多于一期。一期个别钵口沿下饰有平行斜线纹;二期有的钵口沿下饰弧形三角纹和在白衣上饰平行斜线圆点纹。该型钵两期上下传承因素明显。

一期和二期的碗,均以敞口、弧腹、平底碗为主,这类碗口部大部分饰红色或黑色彩带纹。一期以泥质红陶为主,少量灰陶和上红下灰色陶;二期胎质分别为泥质红陶和泥质灰陶。另外一期有1件深腹,小平底,最大腹径在下部的碗,非常原始;二期也有深鼓腹,平底碗。二者从造型上看,有上下传承关系。

小口高领罐均为残器。一期的小口高领罐口部多呈喇叭形,器形较大,胎体厚重,素面磨光;二期的多规整,胎体较薄,高领顶部向外撇,一部分素面磨光,另有一大部分肩上饰以斜划纹。

带流罐为第二期新出现的器形。由于均残缺严重,整体器形不明,但是口部都带流,流较短。有的发掘报告中称其为"带嘴罐"。

圈足豆也为第二期新出现的器形。盘均残,仅剩一部分圈足。圈足均较矮,分鼓形和束腰形两种。圈足上有圆形、方形或二者相间的镂孔。与王湾遗址中形体瘦长的圈足豆形制完全不一样。

二期的敛口瓮口部出现捺窝,形成花边。

彩陶一期二期彩陶数量都较少,彩绘图案变化不大。但是第二期白衣彩陶明显增加,占彩陶的三分之二,其中罐的口沿下装饰网状纹图案的数量最多,并且在白衣彩陶上黑红两彩大量配合使用。

二期器盖大部分形体变小,呈弧形,高度降低,盖边缘起凸棱。盖钮种类增多,形式多样,有半圆钮形、桥形钮、蘑菇状钮、平顶花式钮和凹顶花式钮。

(三)仰韶三期文化特征

五女冢遗址仰韶文化三期遗存发现较少,仅有6座灰坑和灰坑中出土的少量陶片,复原器物仅5件。以灰坑H157和H20为代表。该期出土的陶器有了明显的变化,如灰陶较多,胎体较厚,胎色普遍发黑,制作粗糙,似有"返祖"现象。在H20中还出土了一块白陶手环的残片。虽然遗物较少,但与前期遗物有了显著的差别,我们特将其剥离出来,定为第三期。该期陶器既保留有大量二期仰韶文化的因素,又新出现了庙底沟二期文化因素,应属于仰韶文化最晚阶段。所以该期文化既可以属于仰韶文化最晚期,又可以归属于庙底沟二期文化的早段。由于其文化内涵包含的仰韶文化元素多于庙底沟二期龙山文化元素,故我们将其归入到仰韶文化最晚期,应为从仰韶文化向龙山文化的过渡期。

1. 灰坑特征

该期灰坑发现较少,仅有两种,袋状形和直筒形,与一期、二期同类型的区别不大。

2. 遗物特征

该期陶器泥质陶较多,夹砂陶较少。灰陶占绝对优势,红陶较少,另有少量黑陶。灰陶中陶色普遍发黑。

该期出土陶器共复原5件。典型器物有通体饰斜篮纹的小口高领罐、深腹折沿罐、镂孔圈足豆、觚形杯、敞口平底杯、盆形鼎、敞口凹圜底碗、深腹凸圜底碗等。其中深腹折沿罐、镂孔圈足豆、白衣彩陶钵、彩陶盆、彩陶瓮、灰陶弦纹敛口缸、小口高领罐等与第二期的同类器,造型一样,仍属于二期器形的延续;而新出现的篮纹小口高领罐、敞口平底杯、觚形杯、敞口浅腹凹圜底小碗、深腹凸圜底碗等,从陶质、陶色、造型等则与第二期的器物有天壤之别。特别是灰坑H157出土的器物,最具有代表性,是一个时代的界标。

通过对五女冢遗址仰韶文化三期遗存特征的分析、对比和总结,我们认为:

(1)五女冢遗址三期文化上下传承元素鲜明,是一脉相承的同一种文化在不同时空中形成的具有阶段性连续发展的同一种文化。

(2)五女冢遗址仰韶三期文化是仰韶文化在五女冢聚落的三个发展阶段,各自特征明显,富有特色。每相近阶段既有相同文化元素的传承延续,又有旧的文化元素的消失和新文化元素的诞生。绵延相连,生生不息。

(3)通过对五女冢遗址仰韶文化三个阶段典型器物和器物群体变化的剖析,从一个侧面揭示了豫西仰韶文化从中期到晚期的演变规律。

二、五女冢遗址仰韶文化各期与相邻诸遗址的比较

(一)五女冢遗址仰韶文化第一期遗物与相邻遗址的比较

1. 五女冢遗址仰韶文化一期遗物与洛阳孟津寨根遗址仰韶文化二期最为接近,如出一辙。

五女冢仰韶文化一期的罐形鼎(H97∶1、H42∶29)、重环口尖底瓶(W19、W20)、敛包口(或称单环口)尖底瓶(W23、H139∶7)、大口缸(H29∶1、H42∶104、H42∶105、H42∶106、H109∶1、H135∶1、H135∶2)、折腹盆(H42∶39)、浅腹盆(H42∶12、H42∶52)、束颈盆(H42∶11)、直口钵、敛口钵、大口矮领折腹罐(H42∶61、H42∶107、H135∶21、H135∶22)、大口矮领圆腹罐(H135∶31、H135∶32、H135∶34)和折沿杯(H42∶59、H60、H109∶90)等与洛阳孟津寨根仰韶文化二期的罐形鼎、小口尖底瓶(Ⅰ式)、"轨道式"夹砂折沿罐(A型、B型)、卷沿罐(Ⅱ式、Ⅲ式)、大口瓮、钵(AⅡ式、AⅢ式、BⅠ式)、A型盆(卷沿和折沿浅腹盆)、B型盆(鼓腹深腹盆)、C型盆、杯(Ⅱ式)等相同和非常近似。[①]

2. 五女冢遗址仰韶文化一期的器物与洛阳王湾遗址一期一段相近似。

五女冢遗址仰韶文化一期的部分遗物分别与王湾一期一段的同类器物,如"轨道式"夹砂罐(1aT250∶1)、罐形鼎(F15∶2)、敛口盆(T252⑥∶103)、陶钵(1cH39∶3)、陶钵(1dH39∶1)、直钮器盖(T244②∶10)、杯(T246④∶2、H421∶1)、杯形口尖底瓶(1aF15∶4)、双唇口尖底瓶(1bM66)等许多器物相雷同。五女冢遗址仰韶文化一期的瓮罐葬中使用的敛包口和重环口尖底瓶也和王湾一期的小口尖底瓶葬具组合形式基本相同。根据以上比较,我们认为五女冢遗址仰韶文化一期的年代与王湾一期一段相当。[②]

3. 五女冢遗址仰韶文化一期遗物与郑州大河村二期有许多相似之处。

五女冢遗址仰韶文化一期的许多器物特征与大河村二期的同类器物相似。如与大河村二期的盆形鼎、高领鼓腹平底罐、折领罐(BⅠ式)、束颈罐、敛口鼓腹钵(B型)、折腹钵(C型)、敛口圜底钵(G型)、Ⅰ式缸、杯形口尖底瓶(Ⅲ式)、Ⅰ式大口尖底瓶等具有完全相同的形制和特征。[③]

4. 五女冢遗址仰韶文化一期的文化面貌与陕县庙底沟仰韶文化有许多相同因素。

五女冢遗址和庙底沟遗址二者距离比较近,许多器物造型相同,陶器彩绘图案和纹饰都有很多共性,我们认为五女冢遗址仰韶文化一期,应属于仰韶文化庙底沟类型。

五女冢遗址仰韶文化一期的器形如折腹盆、夹砂矮领凹弦纹罐、垂腹盆、曲腹钵、小口平底瓶、器盖、折沿杯、陶环等分别与庙底沟遗址出土的上腹部带凹弦纹的盆

（A9cH340:11、A10cT235:10）、彩陶盆（A10eH47:41、A10fH59:29、A10gH11:75）、彩陶罐（A16H338:36）、甑（A13a24:09、A13bH79:57）、平底瓶（A18aH338:10）、盆（B5cH47:33）、杯（D9bH12:15、D9cT234:43）、罐（D11dT124:05、D11eHT1:92）、器盖（D13aH312:14、D13bH12:26、D13cT104:08）、1A 环(AT207:56、AT122A:05)以及扁长条形石铲（9CT81:10）等非常相似。另外二者都有在鼎和罐肩上装饰圆形泥饼和扭索状长条形泥条的风俗,二者应属同一个文化类型。④

5. 五女冢遗址仰韶文化一期遗物与山西垣曲东关仰韶文化三期也有诸多相同之处。

以陶器为例,五女冢仰韶文化一期的器物与东关三期陶瓮中的Ⅱ式瓮、Ⅲ式瓮;Ⅱ式浅腹罐;Ⅰ式、Ⅱ式深腹罐;Ⅰ式、Ⅲ式折腹钵、Ⅱ式圆腹钵;Ⅰ式、Ⅱ式大口罐;Ⅱ式器盖等同类器,器形相同或相似,应属同一时期或同一阶段的文化遗物。⑤

另外,五女冢遗址仰韶文化一期的文化面貌与郑州站马屯西遗址一期文化也有许多相同和近似的文化因素。⑥

(二)五女冢遗址仰韶文化二期遗物与相邻遗址的比较

1. 五女冢遗址仰韶文化二期的遗物与洛阳孟津妯娌仰韶文化一期非常接近。

以陶器为例,五女冢遗址仰韶文化二期的三角形鼎足、口耳罐、带流罐、小口高领罐、小口瓮和花边小口瓮、大口瓶、矮圈足豆等与妯娌仰韶文化一期的三角形凿状鼎足（H135:10 等）、A 型带口耳的折沿罐(F11:1,F3:1)、带嘴罐(H117:10,H83:10)、B 型小口高领罐(H71:4,H83:10)、A 型厚圆唇大口瓮(H135:5)、B 型花边口沿大口瓮(H45:4)、A 型附加堆纹陶缸、B 型带乳丁陶缸(F3:23)、豆的圈足(H45:7)和彩陶中的网状纹折沿罐等相同和相似。我们认为,五女冢遗址仰韶文化二期的年代与妯娌遗址一期相当。⑦

2. 五女冢遗址仰韶文化二期的遗物与洛阳王湾遗址一期二段、二期三段相类似。

五女冢遗址仰韶文化二期的夹砂折沿罐、蘑菇状和花边形器盖手握、弦纹敛口缸、带流罐、折腹盆、豆的矮圈足、杯和石器陀螺也可称石网坠(即可以当网坠,又可以作为儿童玩具)等,分别和王湾遗址一期二段、二期三段的夹砂罐(H32:15)、蘑菇形器盖(H416:18)、花边形器盖手握(H504:25)、叠唇瓮(H211:8)、中口罐(H169:29)、彩陶钵(H215:10、H174:3)、彩陶罐(H215:144、H215:196)、带流深腹盆(H448:11、H415:8)、折腹盆(H215:205、H215:197、H149:71)、豆(H174:2)、陶塞(H154:3)、石坠(T237④:22)等器物形制十分相近。⑧

根据以上比较,我们认为五女冢遗址仰韶文化二期的年代与王湾遗址一期二段、二期三段相当。

3. 五女冢遗址仰韶文化二期的遗物与郑州大河村三期有许多相似之处。

五女冢遗址仰韶文化二期的夹砂大口矮领折腹罐、彩陶折沿折腹罐、直口钵、折腹盆、彩带纹碗、敛口缸、直口缸、侈口瓮、矮圈足豆、大口尖底瓶、器盖等与大河村三期出土的折腹罐（W151:1,T4313:1,T43⑩:1）、BⅠ式彩陶罐（F1:27,W11）、BⅡ式彩陶罐（T43⑦:10）、E型折肩钵（T35⑤:13,T34④:21,W149:1）、折腹盆（F19:19,F19:16,F97:10,T4412:12,T43⑨:23,F20:18）、直口带状纹碗(T438:24,T4010:3,T438:26,T438:25)、敛口深腹碗(T439:25)、敛口内折沿缸(F1:52,F29:1,T43⑨:26,T35⑤:16)、直口深腹缸(T43⑨:28)、敛口深腹缸（T4411:14）、小侈口瓮（F20:20,T43⑦:23）、镂孔矮圈足豆(T4410:33,T448:12)、大口尖底瓶口部（W128:2,T33:22)、器盖(F1:46,T4413:48,T34④:23)等器物形制相同或近似。⑨

根据以上比较,我们认为五女冢遗址仰韶文化二期的年代与郑州大河村遗址三期相当。

4. 五女冢遗址仰韶文化二期的遗物与山西垣曲东关仰韶文化四期相同和相似,最为丰富。

五女冢遗址仰韶文化二期的盆形鼎、甑、缸、折沿瓮、敛口小口瓮、圆腹罐、小口矮领瓮、□耳罐、小罐、折腹盆、带流罐、敛口钵、直口钵、小钵、器盖上的花握等与山西垣曲东关仰韶文化第四期的Ⅱ式鼎(H263:8)、甑(ⅠH129:3)、瓮(ⅡH27:7,ⅠH233:2,ⅡH56:44,ⅠH263:19)、深腹罐(ⅠH72:3,ⅡH56:61,ⅠH76:4)、敛口瓮(ⅡH36:11)、侈口圆腹罐(ⅡH34:7)、带□耳圆腹罐(ⅡH40:10)、束颈圆腹罐(ⅡH33:5,ⅠH56:45)、小罐(ⅡH43:4,ⅡH34:8)、折沿盆(ⅡH27:8,ⅡH263:17)、带流盆(ⅠH56:33,ⅠH40:8,ⅠH79:17,ⅠH79:13)、圆腹钵(ⅡH35:14,ⅠH56:22,ⅠH56:57)、折腹钵(ⅠH56:56,ⅡH27:24,ⅠH208:6,ⅡH33:6)、钵型碗(ⅡH27:65,ⅠH79:12)、花边器盖(ⅡH31:1,ⅡH25:29)等器形相同和十分相似。⑩

根据以上比较,我们认为五女冢遗址仰韶文化二期的年代与山西垣曲东关遗址四期相当。

总之,根据五女冢遗址仰韶文化一期、二期文化特征分别与庙底沟遗址、寨根和妯娌遗址、王湾遗址、大河村遗址和垣曲东关遗址的横向比较,我们认为:五女冢遗址仰韶文化一期与庙底沟仰韶文化遗址、寨根遗址二期、王湾遗址一期一段、大河村二期、垣曲东关遗址三期,许多出土遗物相同和相似,时间应相当。

五女冢遗址仰韶文化二期文化与妯娌遗址一期文化、王湾遗址一期二段和二期三段、大河村遗址三期和垣曲东关遗址四期的出土遗物十分相似或相同,故时间应相当。

(三)五女冢遗址仰韶文化第三期器物与相邻遗址的比较

由于第三期出土遗物太少,无法与别的遗址的同类器进行广泛的比较,但从其出土的直口钵、敛口钵、红顶钵、镂空圈足豆、折沿罐、折腹盆、小口高领罐、凹弦纹敛口缸等均与二期的器物形制似乎不可区分。但又出现了新的器物群体,如最富有特点的器物有篮纹小口高领罐、敞口平底杯、敞口浅腹凹圜底碗和敞口深腹凸圜底碗等。虽然出土的新器形遗物较少,但是,它们代表了一个新时代的开始,标志着一个旧时代的即将终结。

五女冢遗址仰韶文化第三期出现的具有庙底沟二期文化特色的器物有:篮纹小口高领罐、敞口平底杯、薄胎筒形杯、敞口浅腹凹圜底碗和敞口深腹凸圜底碗等。它们分别与与王湾二期四段的夹砂折沿罐(H149:29)、小口高领罐(H414:12)、敞口平底钵(H178:33)、筒形杯(H194:16)、曲腹凹圜底钵(H172:15)形制相近或相似。

它们与庙底沟仰韶文化 A7b 式彩陶圈足碗(T301:25),龙山文化的厚胎筒形杯、B5 型薄胎筒形杯(H561:16)、小口篮纹圆肩罐 B7 b(H563:44)形制相似。五女冢遗址三期的这些器物均为灰陶和黑陶,应与庙底沟二期陶质陶色出现的时间相接近。

与垣曲古城东关庙底沟二期早期的小口高领罐(IF8:2、IIIY5:4)、圆腹罐(IIIH19:1)、敞口盆(IH237:4、IH88:1)的形制相似和雷同。

五女冢遗址仰韶文化第三期的器物没有发现河南龙山文化豫西"三里桥类型"的典型器物;这几件器物和仰韶文化庙底沟类型的个别器物、庙底沟二期的部分器物、王湾二期第四段的部分器物有相同和相似的特征。因此,五女冢遗址第三期应与之同属于一个时期。根据以上比较,五女冢遗址第三期应属于仰韶文化晚期向龙山文化早期过渡时期的文化。

(四)五女冢遗址仰韶文化与同乐寨、西干沟遗址仰韶文化面貌的比较

由于同乐寨、西干沟两遗址与五女冢遗址相距最近,故单独进行比较。

同乐寨遗址位于涧河西岸,与五女冢遗址近在咫尺、隔河相望。1958 年,中国社科院考古研究所对同乐寨遗址进行了考古发掘,出土了一批仰韶时期的遗迹和遗物,其中 13 座儿童瓮棺葬使用的小口尖底瓶和深腹平底罐与五女冢遗址仰韶文化时期大部分的儿童瓮棺葬的形状、葬具惊人的相似(个别除外)。出土器物的陶质陶色、制法纹饰、彩陶颜

色、花纹图案等基本一致。特别是器形，如各类鼎、罐、盆、钵、碗、杯等均无出五女冢遗址仰韶文化一期的器物类型之右，连一些器物上的微小装饰也完全一样，如鼎罐类的肩部和器盖上多贴泥条和圆形小泥饼，罐的折肩以下比较粗糙，这两种装饰在两个聚落中同时流行。当时的发掘者认为，同乐寨遗址仰韶文化"相当数量的器形与庙底沟仰韶文化、郑州大河村一期的同类器相同或相似，部分器形与大河村二、三期同类器相似，时代为仰韶文化中期"。⑪

我们认为五女冢遗址仰韶文化一期与同乐寨仰韶文化的时代一致，为同时代的两个村落，共属仰韶文化的同一个类型，时代属仰韶文化中期。

遥想当时，两村隔河相望，共饮一河水。两村"君住涧水西，我住涧水东"。枯水季节时，趟过涧河，互相交往。夜幕降临后，青年男女聚集在河的两岸，仰望着繁星点点的夜空，唱着缠绵情歌，交流着青春的心声，涧河的流水见证了她们的爱情和相思。

西干沟遗址位于同乐寨遗址东南约1公里处，东临涧河。1957年至1959年对该遗址共进行了三次发掘。其新石器时代文化共分四期，四期文化上下相继，一脉相承。仰韶文化遗存分为两期，龙山文化分为两期。发掘者认为，该遗址仰韶文化一期的"一部分器形与大河村二、三期的同类器相似，有的器形与大河村四期的同类器相似，时代为仰韶文化晚期，个别器物的时期还可能早些"。

该遗址仰韶文化二期时，龙山文化时期的新元素大量出现，如"纹饰有绳纹、篮纹、弦纹、方格纹和附加堆纹……白衣陶基本绝迹……新出现有豆、高柄杯和方格纹大口罐等，……彩绘方格纹大口罐为本期典型陶器之一"。最后，发掘者认为：二期"大部分器型与大河村四期的同类器相同或相似，部分器型与庙底沟二期的同类器相似，个别器型与大河村五期的同类器相同。本期的文化面貌属于仰韶文化向龙山文化过渡的形态"。⑫

根据两个遗址发掘出土的遗物特征，分析西干沟遗址仰韶文化一期与五女冢遗址仰韶文化二期的文化特征有许多相同和相似之处。我们认为：

1. 根据王湾遗址、五女冢遗址的遗迹特征和遗物演变序列规律反证同乐寨仰韶文化遗址与西干沟仰韶文化一二期之间是一个体系的上下传承关系。同乐寨仰韶文化应属于仰韶文化中期，西干沟仰韶文化一期应属仰韶文化晚期，二期应属于仰韶文化晚期向龙山文化过渡期。

2. 由于同乐寨与西干沟两遗址同在涧河西岸，南北相距仅1公里多，并且仰韶文化内涵前后相连，薪火相传，文化传承没有间断，因此二者文化的创造者应属同一聚落的人群。

两遗址的形成是由于古人类的迁徙而造成的。我们推测仰韶文化中期时的某一天，由于天灾人祸或居住环境的逐渐人为破坏，居住在同乐寨村北遗址上的人类在酋长的带领下，沿着涧河向南，迁移到了经过多次勘察而确定的，与故居相距较近的新的居住地点——西干沟村。又经过几百年的辛勤耕作，在此留下了西干沟遗址。这种情况与孟津寨根遗址与妯娌遗址之间是由于人群迁移而形成连续的文化是一致的。

3. 五女冢遗址仰韶文化第二期与西干沟遗址仰韶文化第一期的文化有一定的共性和一定的差异性。

其共性在于：灰陶显著增加，红陶所占的比例明显减少；器形进一步规整精细；彩绘进一步盛行，白衣彩陶较多图案略为复杂，器物口沿下网状纹图案较多；器物出现圈足器；夹砂类陶罐的折沿较窄，口部有"倒钩"现象；浅腹盆折沿上多呈弧形凹面；流行敛口深腹弦纹缸等。

差异性在于：五女冢遗址仰韶文化二期的纹饰没有出现绳纹，仍以线纹、划纹为主，而西干沟遗址仰韶文化一期的纹饰则"以绳纹为主，线纹并不多见"。

二者之间共性多于差异性。差异性应是遗址的地理位置、风俗不同或存在的时空略有先后而造成的。因此，五女冢遗址仰韶文化二期与西干沟遗址仰韶文化一期应同属仰韶文化晚期遗存，但前者应略早于西干沟遗址仰韶文化一期。

4. 西干沟遗址仰韶文化二期与五女冢遗址仰韶文化三期的差异性较大。

西干沟遗址仰韶文化二期出土遗物丰富，器形较多；而五女冢遗址仰韶文化三期出土遗迹遗物非常少，无法反映第三期的概貌。但它出土的器物既保留有第二期常见的白衣彩陶和圈足豆、折沿罐、小口高领罐、敛口弦纹缸等，又新出现了篮纹小口高领罐、敞口凸圜底碗、敞口凹圜底碗、小平底盆杯、方足盆形鼎等别具特色且具有划时代的器物，与西干沟仰韶文化二期的Ⅰ式高领罐、Ⅱ式鼎、Ⅰ式豆把、Ⅲ式碗等相同或相似。尽管二者由于各种原因表现出较大的差异性，但是二者是同时存在于人类由仰韶文化向龙山文化过渡阶段的时代特征是显而易见的。因此，西干沟遗址仰韶文化二期与五女冢遗址仰韶文化三期，应属于同一文化发展的同一阶段，即仰韶文化向龙山文化的过渡期，但时间上略有先后，并不完全同步。

总之，根据五女冢遗址仰韶文化三期与东西两侧诸遗址同时期器物的横向比较，我们认为：

（1）五女冢遗址仰韶文化第一期的文化面貌与庙底沟仰韶文化的面貌非常近似，故五女冢遗址仰韶文化第一期,应属仰韶文化中期庙底沟类型。

（2）五女冢遗址仰韶文化第二期的文化面貌与王湾遗址一期二段和二期三段、妯娌遗址一期、郑州大河村三期、山西垣曲东关四期文化面貌非常一致,应是同一类型的文化。这种类型在东部郑州地区称之为"秦王寨类型";在西部三门峡和山西南部地区,称之为"西王村类型";洛阳地区有的书中称之为"王湾二期文化"。这一类型文化应属于仰韶文化晚期。

（3）五女冢遗址仰韶文化第三期,虽然仍有一部分属于仰韶文化晚期元素,但开始出现了龙山文化元素,如篮纹小口高领罐、敞口平底杯、敞凹圜底碗和敞口深腹凸圜底碗等。这一现象表明,当时的社会生产力和人们的意识形态有了新的变革,生产陶器的技术有了一定的进步和提高。其既可以归属到仰韶文化最晚期,又可以归属到龙山文化早期。我们认为:由于该期所包含的仰韶文化因素仍占主导地位,虽出现了龙山文化因素,但仍是仰韶文化的延续,故我们将之划为仰韶文化最晚期,是仰韶文化向龙山文化过渡的开始,属于过渡期的早期。

五女冢仰韶文化各期与附近诸遗址时代大致对应关系表

名称 时期	五女冢遗址	王湾遗址	寨根遗址	妯娌遗址	大河村遗址	垣曲古城东关遗址	同乐寨遗址	西干沟遗址
			一期		一期			
仰韶中期	一期	一段	二期		二期	三期	仰韶文化	
仰韶晚期	二期	二段 三段		一期	三期	四期早段		一期
过渡期	三期	四段		二期	四期	四期晚段		二期

三、关于豫西仰韶文化晚期的定名问题

豫西仰韶文化晚期,应该属于何种类型?由于发掘遗址较少或由于考古资料的整理发表的不多,几十年来一直没有提出。2002年6月,北京大学考古文博学院编写的《洛阳王湾遗址田野考古发掘报告》一书中对以洛阳为中心的仰韶文化晚期文化进行了认真的梳理,并围绕王湾三期文化提出:"王湾新石器文化第一期文化（Ⅰ段）,即豫西仰韶文化;

王湾新石器时代第三期文化（Ⅴ、Ⅵ段），即河南龙山文化'三里桥类型'；王湾新石器时代第二期文化（Ⅱ、Ⅲ、Ⅳ段），即本地区仰韶文化向龙山文化过渡阶段。"又结合以往的考古材料，指出"可见在这一地区，由仰韶文化至河南龙山文化的发展序列并不是孤立的，特别在豫西地区，一再证明它是普遍存在的现象，从而完全确定本地河南龙山文化是由'庙底沟类型'仰韶文化经王湾第二期文化发展来的"。根据地层学的客观存在和类型学演变规律，我们完全同意以上的分析和推论。

从历史的发展规律来看，任何一个时期的任何一个历史阶段，在社会发展的过程中，相对来说，每个阶段都是一个过渡期。运用到考古学中，也同样是适用的。王湾遗址三期文化一脉相承，薪火相传，是一种文化连续发展的不同阶段。那么既然第一段为仰韶文化中期的庙底沟类型，第五、六段为河南龙山文化的三里桥类型，那么位于二者之间相对应有一个仰韶文化晚期的发展阶段。所以我们认为：既然第一段为仰韶文化中期，第二、第三段应属仰韶文化晚期。第四段才应为过渡期。这样似乎更合理一些。根据如上方面的思考，我们认为五女冢遗址第一期为仰韶文化中期遗存，第二期没有出现龙山文化的元素，只有在第三期才出现了少量的龙山文化元素，因此我们将第三期既有仰韶文化元素，也有龙山文化元素的这一段，定为过渡期，那么，第二期则为仰韶文化晚期遗存。

关于豫西仰韶文化晚期的文化类型，过去有人称之为"秦王寨类型"[13]，由于秦王寨遗址材料迟迟未全面发表，不得窥其全貌；再加上"提出时赋予了含混的概念"，普遍没被考古界接受[14]。1959年至1960年，北京大学考古系对洛阳王湾遗址进行了发掘，在2002年出版的《洛阳王湾遗址田野考古发掘报告》中，将王湾新石器时代文化划分为三期六段："王湾新石器时代第一期文化（Ⅰ段），即豫西仰韶文化；王湾新石器时代第三期文化（Ⅴ—Ⅵ段），即河南龙山文化三里桥类型；王湾新石器时代第二期文化（Ⅱ、Ⅲ、Ⅳ），即本地区仰韶文化向龙山文化过渡阶段。"得出了"王湾新石器时代第二期发展的过程，是仰韶文化因素逐渐消失，第三期文化逐渐出现的过程"。进一步细化和具体化了过渡期文化。

那么，豫西仰韶文化晚期和过渡期文化的关系又是怎样的？过渡期文化是否包含仰韶文化晚期，或者说仰韶文化晚期是否属于过渡期文化？

我们根据五女冢遗址仰韶文化的分期，认为：由于五女冢遗址仰韶文化出现龙山文化因素的是在第三期，五女冢遗址虽然没有文化层叠压关系，但其下限明确，特别是H157出土的唯一一个篮纹小口高领罐应成为龙山文化元素出现的标志，在时间上具有界标式的价值。所以第二期应归入仰韶文化，属于仰韶文化的晚期。因为第二期文化中，尚没有出现龙山文化早期的文化元素。如果以上推论不错的情况下，五女冢遗址仰韶文化第二期应是豫西仰韶文化晚期的一个代表性遗址之一。因此豫西仰韶文化晚期和过渡期文化应是一个上下传承的关系,仰韶晚期文化早于过渡期文化。而过渡期文化应是社会在重大转折时期,既包含有前期,又含有后期的文化元素,在这里就是应有仰韶和龙山文化二者的文化因素,在特定的历史的时空中,将各有特色的前后两段文化上下连接。

那么豫西仰韶晚期文化应该起什么名字,以往没有人提出。我们觉得在先前的田野考古中早已出现,就是我们如何去认识它。王湾遗址的第二三段、大河村遗址第三期、垣曲东关第四期、妯娌遗址第一期应是豫西仰韶文化晚期文化。这类文化现在我们姑且暂时称之为"五女冢类型"如何,即豫西地区仰韶文化晚期——五女冢类型。这一称呼,可能不一定科学,姑且临时用之,且待以后有更丰富更典型的遗址材料出土后,再另行更名。

根据已发表的考古材料,我们推测该种类型的遗址分布范围:以洛阳盆地为中心,东到郑州西部,西部不超过三门峡,北部越过黄河以太行山为界,南达嵩山周围。这一推论是否符合实际,尚待今后考古工作的进一步验证。

四、年代的确定

关于五女冢仰韶文化各期的年代问题,由于这次发掘没有采集到理想的可以进行碳十四测定的标本,所以无法对各期的绝对年代进行测定。但是,我们根据五女冢遗址三期文化与上述周边几个遗址相对应的各期文化的对比,可以确定它们各期之间相对应的关系。我们借用郑州大河村遗址二期、三期、四期测定的年代数据和垣曲古城东关测定出的碳十四年代数据,以确定五女冢遗址各期的大致时间。

(一)与大河村各期文化年代的对比

关于大河村各期文化的年代,《郑州大河村》一书记录有最新的数据,经碳十四测定,结合树轮校正估计:第二期距今5500~5100年;第三期距今5100~4700年;第四期距今4700~4400年。⑮

参照大河村遗址的碳十四的标本,估计五女冢遗址第一期、第二期上限与下限的绝对年代,在距今5500~4700年;第三期的绝对年代应是大河村第四期的前期,距今4700~4600年,约100年。三期文化存在于公元前3500~前2600年,约有900年。

五女冢遗址第三期应属过渡期的早段,根据大河村四期的碳十四的标本,我们推测其绝对年代,应在距今4700~4600年之间。

(二)与垣曲古城东关文化年代的对比

根据《垣曲古城东关》一书记载:东关一期的文化性质是庙底沟类型的前身,绝对年代距今7000～6400年;东关二期文化遗存的年代上限晚于东关一期晚段,年代下限早于庙底沟类型早期;三期是典型的庙底沟类型,年代下限当不晚于距今5300年;四期文化遗存的相对年代大体与王湾二期相当,下限早于东关庙底沟二期文化遗存,绝对年代可以确定在距今5300～4900年。……应当视为仰韶晚期文化的一个地方类型。⑯

按照垣曲古城东关仰韶文化的分期,垣曲古城东关仰韶第三期与五女冢遗址一期年代基本相当(一期中包含有仰韶早期的文化因素,如扁口和葫芦形口小口尖底瓶);垣曲古城东关仰韶四期与五女冢遗址二期年代基本相当;五女冢遗址三期年代应早于或相同于庙底沟二期早段。参考垣曲古城东关遗址一期至四期所列的绝对年代,五女冢遗址一期至三期的年代应在距今5500～4700年之间。与参照的大河村遗址的绝对年代基本相符。

总之,我们认为篮纹小口高领罐的出现,是一个里程碑式的器物。它在五女冢遗址的出现,表明庙底沟二期文化即将到来。即使我们的认识有点偏颇,但相差也不会太大。第三期的绝对年代应在距今4700年左右。

五、五女冢遗址仰韶文化遗存的重要价值

五女冢遗址是继配合黄河小浪底工程发掘的妯娌和寨根仰韶文化遗址以后又一次发掘面积较大的一处仰韶文化遗址,文化年代介于仰韶文化中期与河南龙山文化之间,出土了一批较为丰富的文化遗存,对进一步研究仰韶文化中晚期的文化内涵和文化类型,增添了新的实物资料。

五女冢遗址仰韶第二期文化特色鲜明、时代感强烈,具有独特的个性。与王湾、大河村、垣曲古城东关、妯娌等遗址中的同时期遗存有许多共性,但也有其自身的特色,是豫西仰韶文化晚期的典型代表。"基本文化面貌相同是文化性质同一的体现,但特征上的大同小异,却是地域性区别的标志"。⑰由于豫西仰韶文化晚期尚无典型遗址为代表,我们认为可以暂时以"五女冢类型"命名之,待今后如果有更典型更丰富的遗址发现后,再予以更替。

注释:

① ⑦河南省文物管理局编:《黄河小浪底水库考古报告(二)—<妯娌与寨根>》,中州古籍出版社,2006年12月第一版。

②⑧北京大学考古文博学院:《洛阳王湾田野考古发掘报告》 北京大学出版社 2006年6月第一版。

③⑨⑮郑州市文物考古研究所编著:《郑州大河村》,科学出版社,2001年10月第一版。

④中国社科院考古研究所编著:《庙底沟与三里桥》(黄河水库考古报告之二),科学出版社,1959年9月第一版。

⑤⑩⑯⑰中国历史博物馆考古部、山西省考古研究所、垣曲县博物馆编著:《垣曲古城东关》(黄河小浪底水库山西库区考古报告之二),科学出版社,2001年9月第一版。

⑥ 中国社会科学院考古研究所河南新砦队、河南省文物局南水北调文物保护办公室:《郑州市站马屯遗址新石器时代遗存》,《考古》2012年第4期。

⑦⑫中国社会科学院考古研究所编著:《洛阳发掘报告（1955—1960年洛阳涧滨考古发掘资料）》,北京燕山出版社出版,1989年第一版。

⑧《略论仰韶文化和马家窑文化的分期》,《考古学报》1962年第一期。

⑨中国社科院考古研究所编:《新中国的考古发现和研究》,文物出版社,1984年5月第一版。

第三章 商代文化遗存

五女冢遗址商代时期的文化遗存保存较少，未发现商代文化层，仅发现房基 2 座（F5、F7），灰沟 3 条（G2、G6、G7）和灰坑 30 个。

第一节 遗迹

一、房基

房基 2 座。编号 F5、F7，均为地面建筑，仅存基槽。介绍如下：

F5：为地面建筑，仅存部分基槽和柱洞。位于南部发掘区 T0207 东南部。房基口部距地表仅 0.2 米，破坏非常严重，仅存东南角地基。地基开口于二层下，打破生土。东墙北部被汉代灰坑 H222 打破。现存墙基呈曲尺状，即东墙和南墙基槽的一部分，基槽内尚存 6 个圆形柱洞。整体基槽为直壁，平底，较为规整。南墙基槽外侧残长约 2.4 米，宽 0.54 米~0.78 米；东墙基槽内侧残长 2.14 米，宽约 0.54 米~0.58 米。基槽内 6 个柱洞从西向东，再转而向北，依次编号为 D1~D6。直径大小不一，最大直径 0.58 米，最小直径 0.26 米。其中在 D1 和 D6 中间发现有直径 0.05 米的木柱痕迹。基槽内填土呈浅灰褐色，土质疏松，夹杂有红烧土颗粒和炭灰。

房基内未发现遗物。根据该房基的开口层位与其他遗迹的打破关系和形制，我们推测应为商代建筑。（图一百一十六）

F7：地面建筑，仅存部分基槽和两个柱洞。位于南部发掘区 T0308 和 T0309 之间。房基开口于二层下，口部距地表 0.3 米~0.4 米。该房基现存平面呈长方形，地面以上无存，仅残存地基基槽。房基直接打破生土。西墙基被同期商代灰沟 G7 所打破，南墙基西部被灰坑 H232 所打破。该房大致呈东北—西南向。室内面积约 16.34 平方米，南北长约 4.3 米，东西宽约 3.8 米。整体基槽为直壁，平底，深约 0.2 米，较为规整。

北墙基槽保存部分残长约 3 米，宽 0.26 米~0.32 米；东墙基槽残存 3.58 米，宽约 0.5

米;西墙基槽保存残长 3.06 米,宽约 0.3 米;南墙基槽较为特殊,东端突出于东墙外约 0.4 米,总体残长 2.8 米,宽 0.5 米。墙体下保存有 2 个圆形柱洞,D1 直径 0.5 米,D2 直径 0.3 米,深约 0.2 米。

该房基内没有发现遗物,根据其基槽的结构、形状,开口层位等,我们推测其应为商代建筑。(图一百一十七,图版五十四:1)

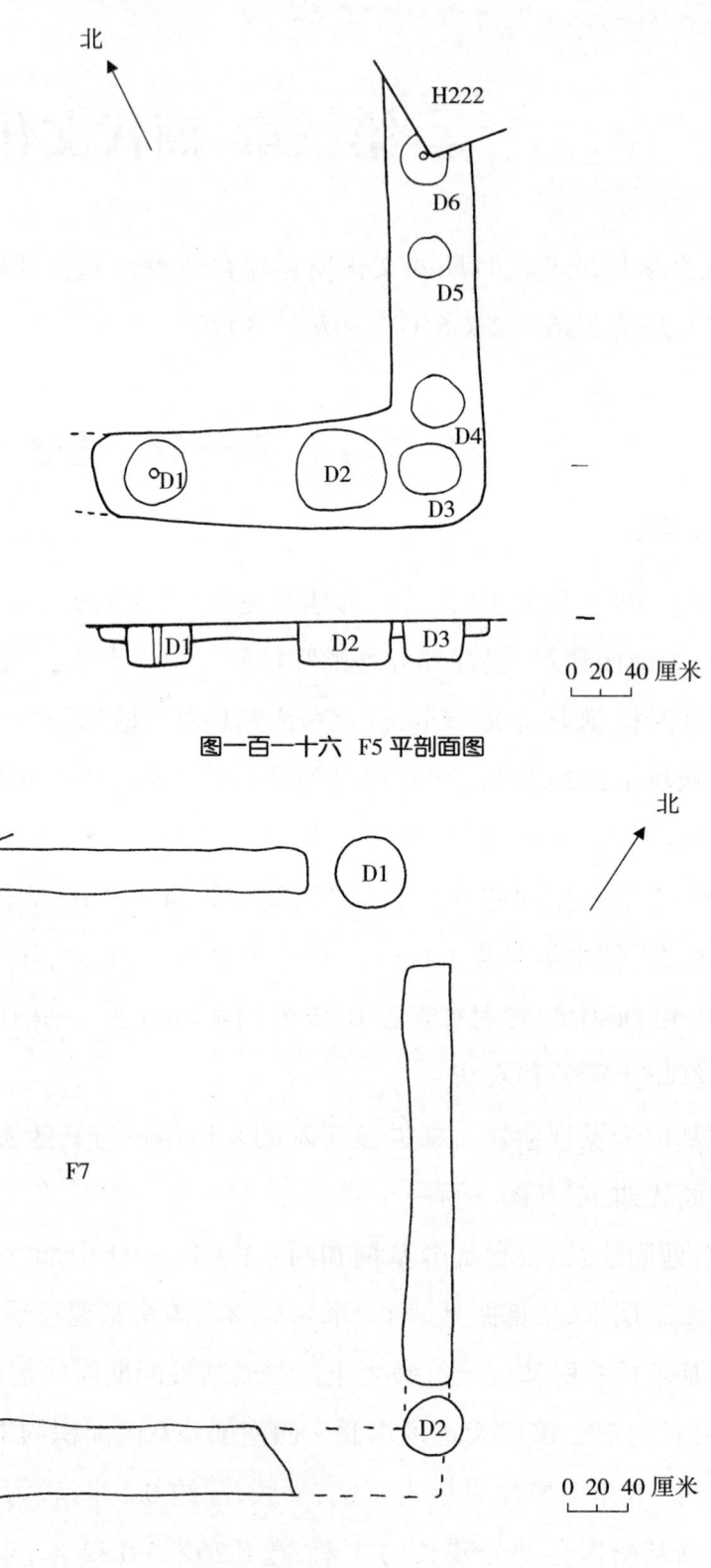

图一百一十六 F5 平剖面图

图一百一十七 F7 平面图

二、沟

共发现3条,编号G2、G6、G7。介绍如下:

G2:位于发掘区北部的西南角,仅限于T0424的西南角。开口三层下,打破H10、H17和生土;又被汉代G1所打破。(图一百一十九)该沟暴露面积较少,总体形状不明。暴露的北壁平面呈直线弧形,总平面不详。G2口大底小,北壁中间有弧形二层台,平底。暴露部分口部宽约7.4米,底部宽约5.2米,残深1米~1.2米。中间二层台高0.5米,宽0.75米。出土器物有商代的鼎足、鬲足、陶甑底部和敞口深腹罐等。纹饰以细绳纹和附加堆纹为主。(图一百一十八)

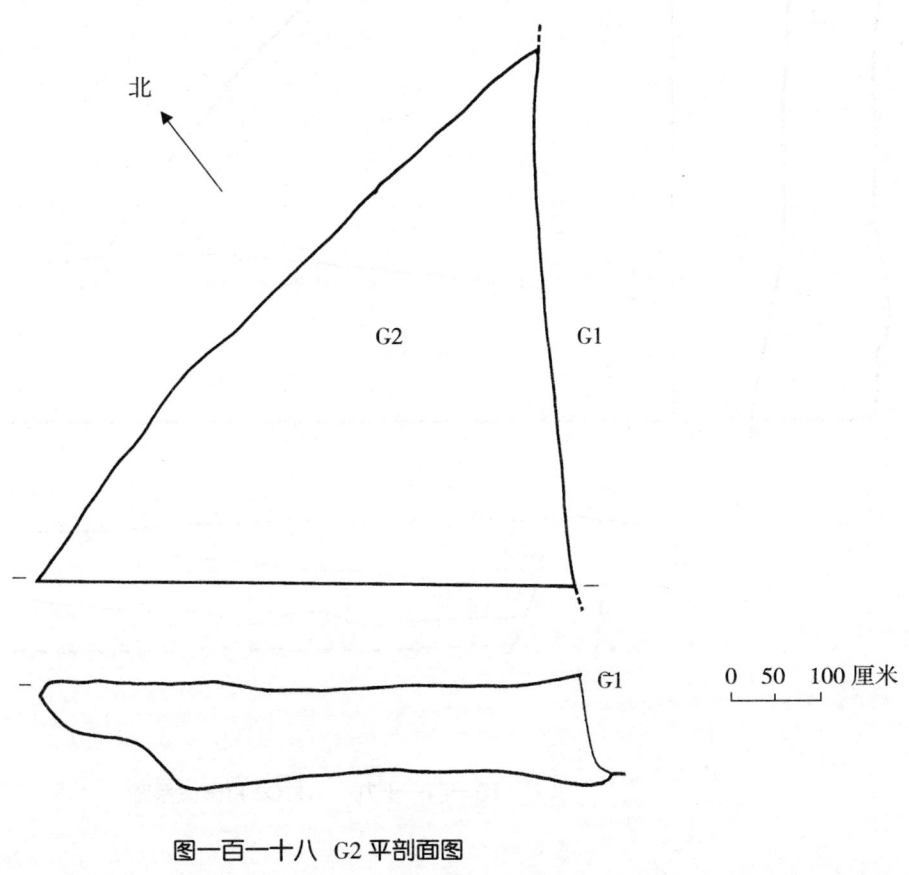

图一百一十八 G2平剖面图

G6:位于北部发掘区的西北部。暴露部分平面呈弧形弯钩状,大约相当于椭圆形的四分之一。从西北向东南呈弧形弯曲,折向西南,南部未发掘。从发掘情况看,该沟的西北部应与涧河相连。从该沟的平面分析,其应为一条防护沟。该沟开口于三层下,口部距地表0.7~0.9米,发掘暴露长度约84米。该沟口宽底窄,断面呈倒梯形,斜坡较陡光滑,平底。口部宽约1.7米~4.6米,底部宽约0.95米~2.3米,深1.8米~1.95米。沟内填土呈平行堆积,根据土质土色,分四层。

第①层:汉代层。浅灰色土。厚约0.4米。土质疏松,内含红烧土颗粒和灰烬。出土遗

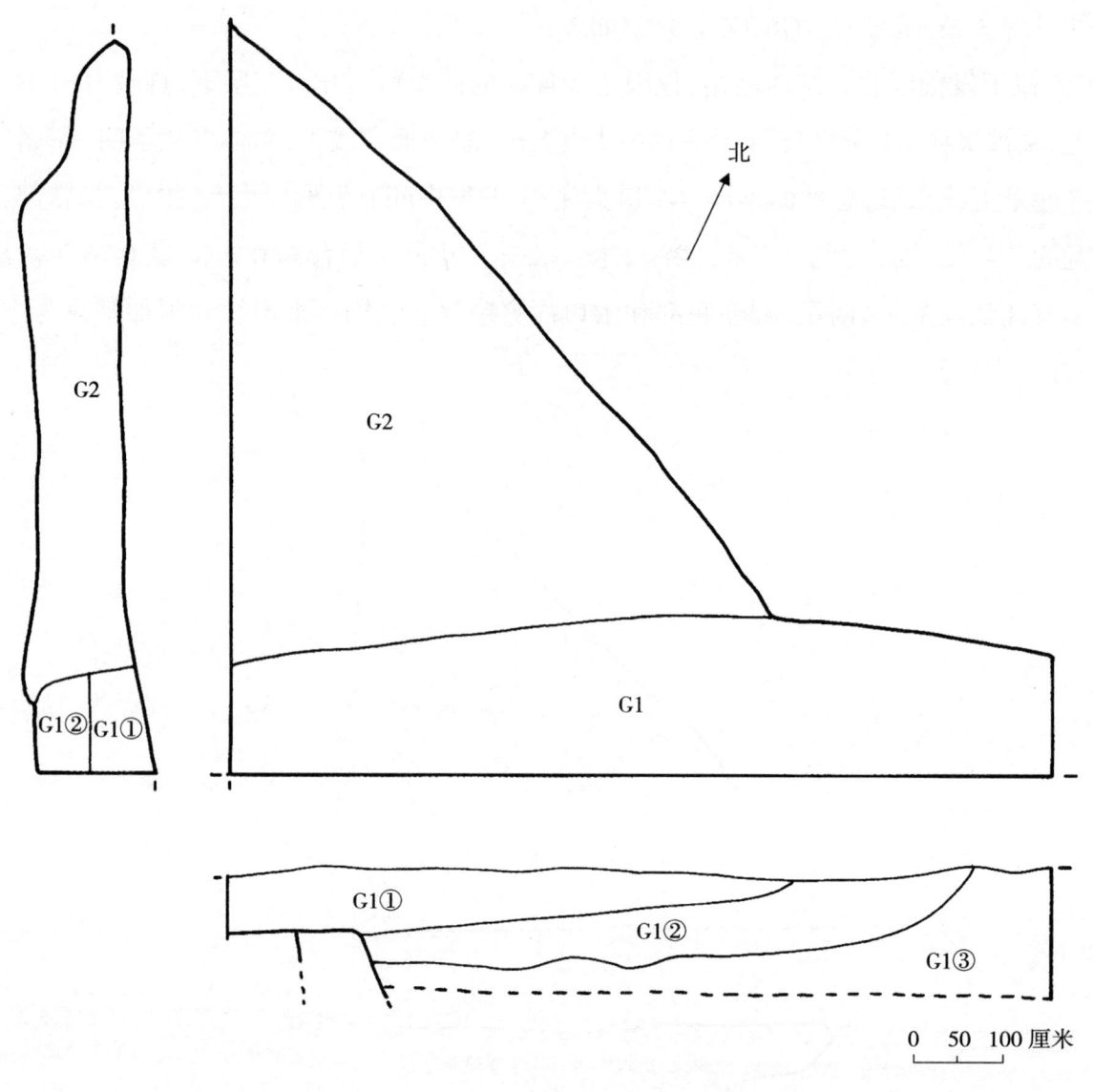

图一百一十九　G1、G2 打破关系图

物有绳纹板瓦等残片。

第②层：二里岗商代层。深灰色土。厚约 0.6 米。器形有大口尊、小口高领瓮、折沿盆、鬲足等。

第③层：二里岗商代层。褐色土。厚约 0.5 米。土质疏松，包含物较丰富。内含红烧土颗粒较丰富，器形与第二层的基本相同。

第④层：淤泥沉积层。绿锈土。厚 0.25 米~0.35 米。土质细腻，坚硬。土色绿中泛黄。无包含物。（图一百二十）

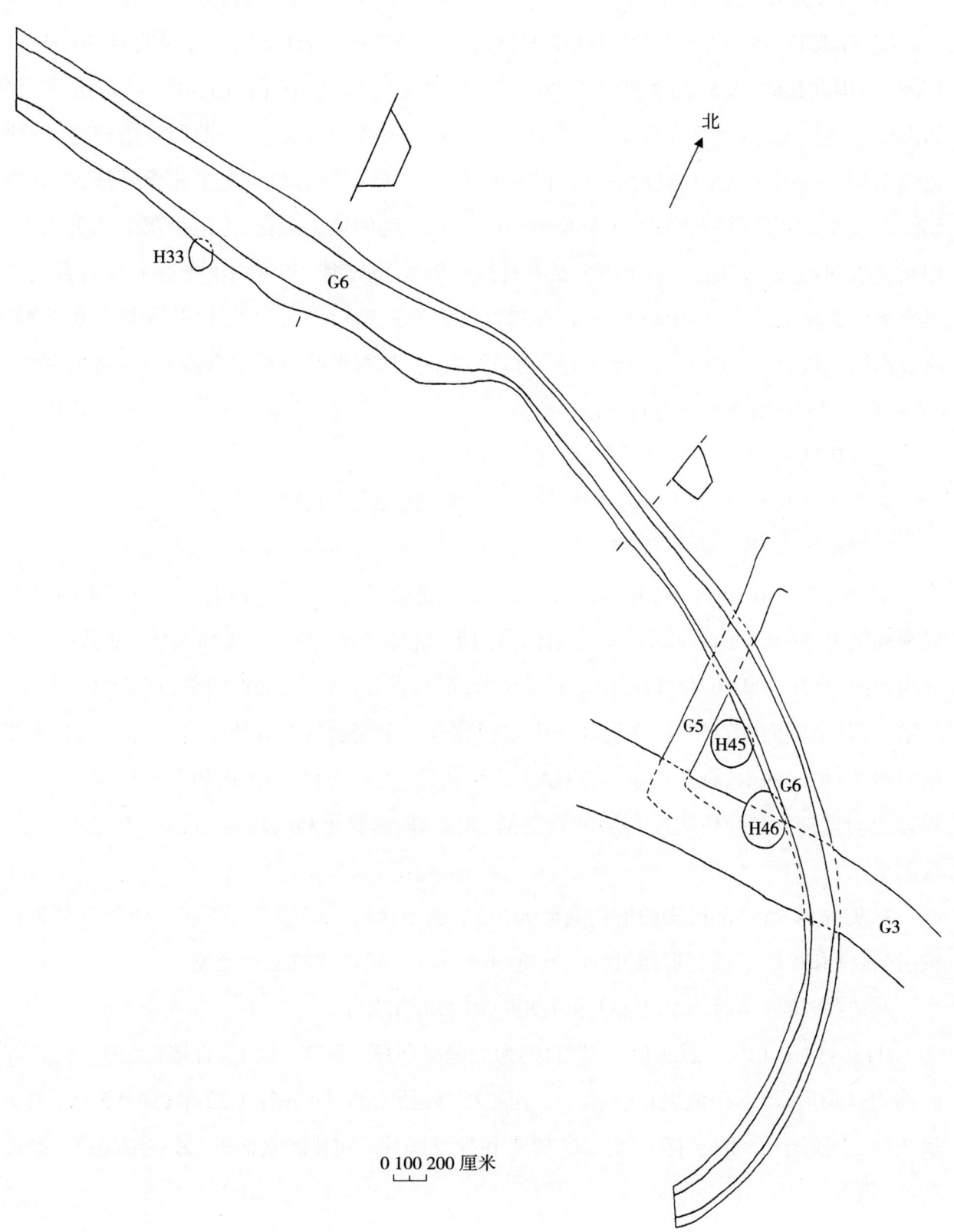

图一百二十　G6 平剖面图

G7：位于南部发掘区的中部，平面呈"曲尺形"。开口于二层下，口部距地表 0.3 米～0.4 米。G7 打破 H208、H225、H226、H231、H234、H235、H245、H280 和生土，并被 H180、H261 打破。沟南北长约 38.5 米，东西长约 20.5 米。北部呈南北向，南部折而向西，呈东西向。北部沟槽形体较宽，向南逐渐收窄，口部最宽处 3.5 米，最窄处 1.9 米。东西向沟槽较窄，口部宽约 1.4 米。整个沟槽断面呈倒梯形，口宽底窄，斜直壁，平底。口部宽窄相差悬殊，口宽约 1.2 米～3.5 米，底宽约 0.65 米～1.3 米，深约 1.2 米。沟内填土疏松，土色呈灰褐和黄褐色，相互叠压和渗透，较杂乱。填土内夹杂有红烧土颗粒和灰烬。灰沟内出土有大量的商代二里岗下层文化的器物，器形有大口尊、敞口鬲、深腹罐、敞口平底盆等，以及兽骨和残石器。该灰沟线条较直，由北向南，转而向西，两端均封闭。从其形状分析，其作用应与蓄水有关。（图一百二十一，图版五十五：1）

三、灰坑

商代灰坑共发现 30 个。除 1 座为祭祀坑外，其余均为灰坑。

1. 祭祀坑 1 座。编号 H175。

H175 位于 T0308 中部，开口二层下，口部距地表约 0.3 米，打破生土。口部平面呈不规则椭圆形，底部平面呈圆形。口部南侧呈圆形，北侧外凸，形成不规则弧状。北部凸出部分为台阶，台阶高 0.16 米。口部南北长 2.5 米，东西宽 2.1 米。底部近圆形，直径约 2 米。除北壁外，其余壁面垂直整齐。在坑底东南角埋葬有一个完整的羊骨架。羊体呈侧躺状，头部扭向西北，尾向西南，脚东背西。坑内填土为黑灰色，土质松软。填土内包含有红烧土颗粒、零碎的动物骨头和商代陶片。器形有盆、鬲、大口尊、深腹罐和陶环等。（图一百二十二，图版五十六：1、2）

2. 灰坑 灰坑口部以椭圆形和圆形为主，个别为梯形。底部多为平底。四壁分别为直壁、斜直壁和弧壁。按其形制可分袋状坑、直筒状坑、敞口状坑三种类型。

A 型：袋状坑 4 座。以 H133 和 H206 为例，介绍如下。

H133：位于 T1021 西北角，口部北侧为北隔梁所压。开口三层下，直接打破生土。口部底部均呈圆形，口部距地表 0.85 米。口小底大。口径 1.04 米，底径 1.22 米，深 0.5 米。填土呈灰色，土质疏松。内含有红烧土块、碎骨和少量陶片。陶片除素面外，另有细绳纹。器形有鬲、罐等。（图一百二十三）

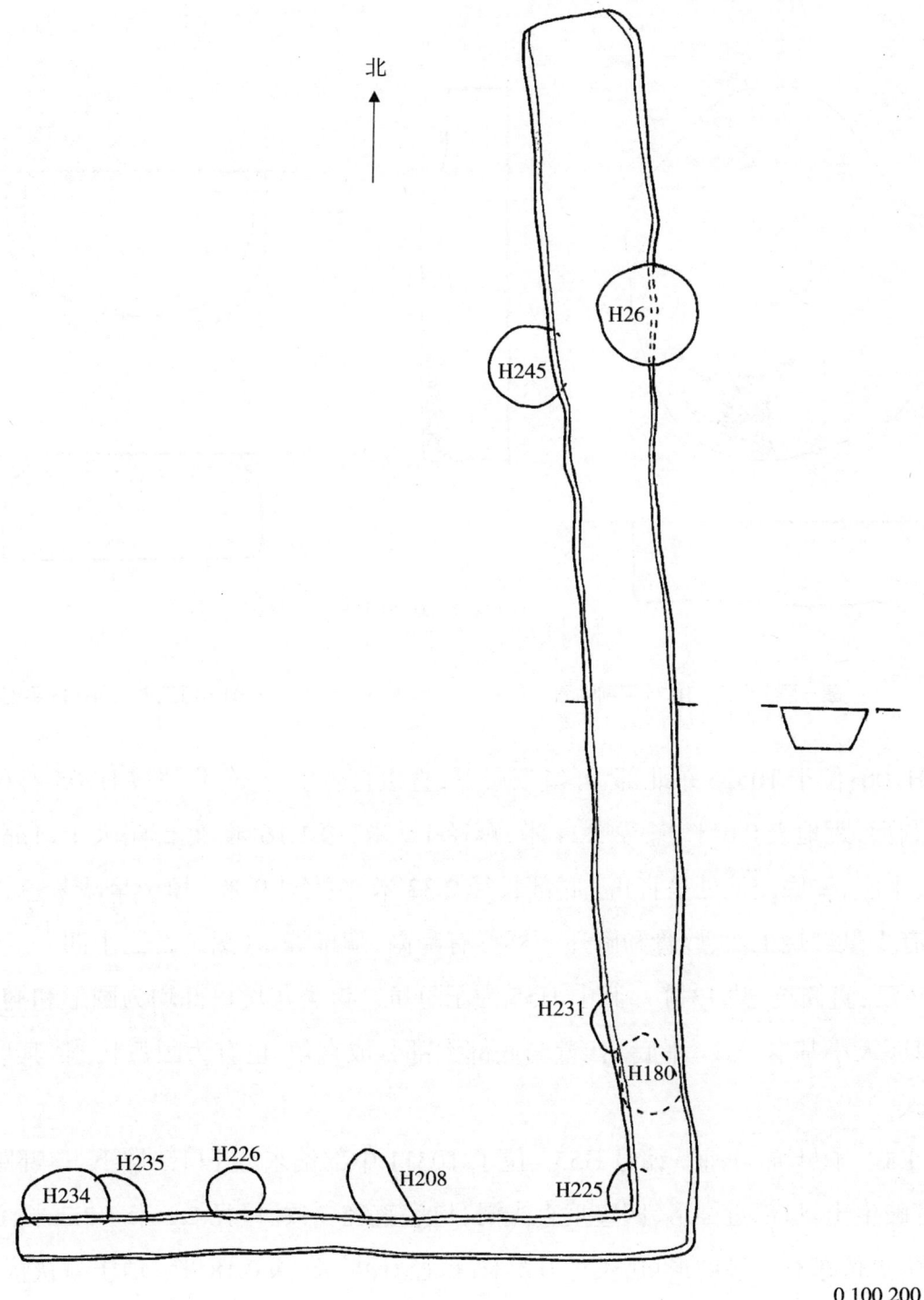

图一百二十一　G7 平剖面图

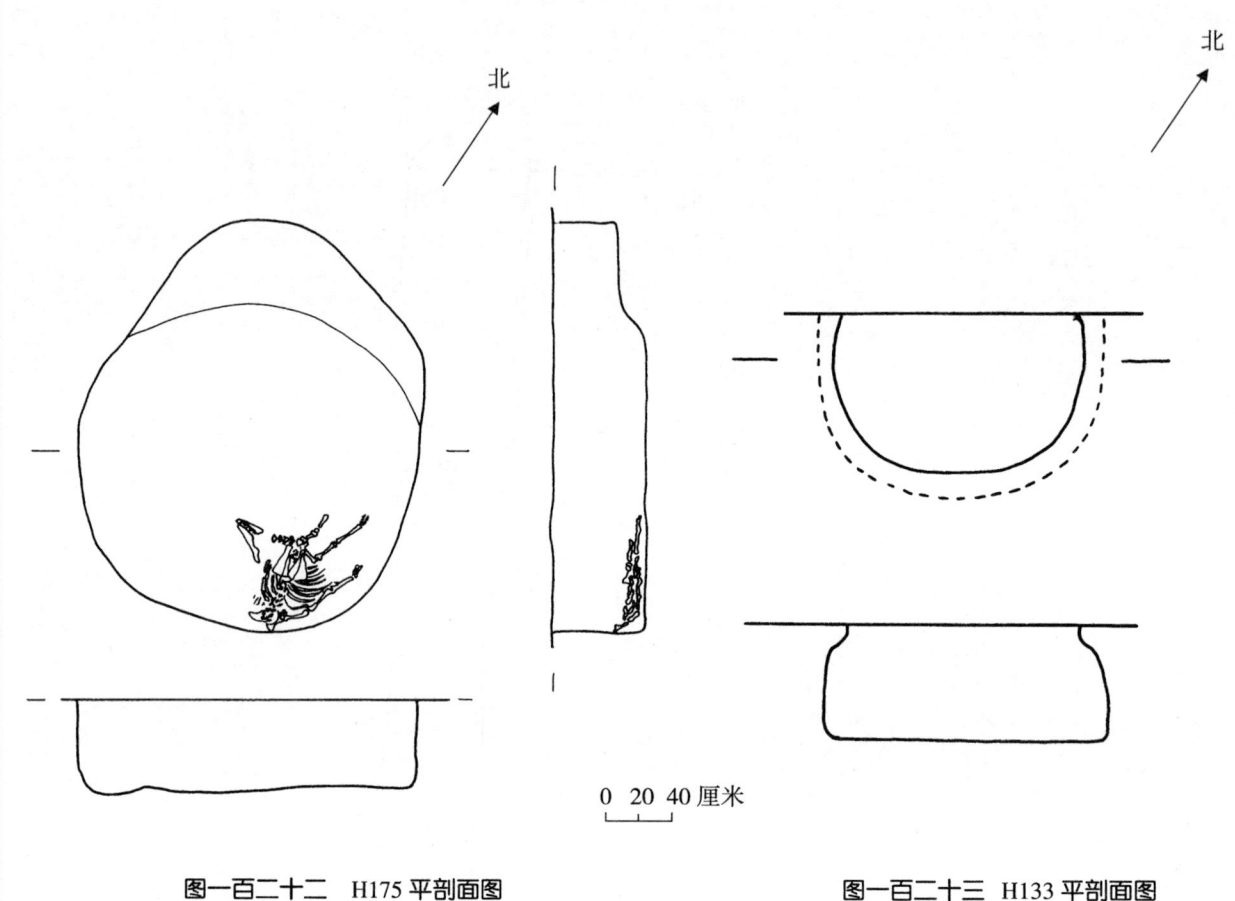

图一百二十二 H175 平剖面图　　　　　图一百二十三 H133 平剖面图

H206：位于 T0525 东北部，开口三层下，直接打破生土，东北部被 H205 所打破。口部近椭圆形，距地表 0.6 米。长径 2.24 米，短径 1.9 米，深 1.16 米。底部略大于口部，接近于直筒状，平底，壁底交接处呈直角。底部长径 2.32 米，短径 1.9 米。填土呈浅灰色，土质疏松。内含有少量红烧土块、碎骨和陶片。器形有陶鬲、陶罐等。（图一百二十四）

B 型：直筒坑 共 13 座。其中 H55 为子母坑。该类灰坑口部均为圆形和椭圆形，竖直壁，口底大小基本一致。平底。四壁与底部大部分成直角，也有为圆弧状。依其形状又可分为三式：

Ⅰ式 子母坑 1 座。编号 H55。位于 T0311 中部偏东。开口二层下，口部距地表 0.22 米，打破生土。口部近圆形，四壁垂直光滑，口底直径一致。口径 2.2 米～2.3 米，深 0.22 米。坑底中央偏东有一椭圆形坑，长径 0.8 米，短径 0.48 米，深 0.18 米。填土呈灰褐色，土质疏松，内含红烧土颗粒和陶片。陶片较少，仅 15 片。器形有陶鬲口沿、深腹罐等。（图一百二十五，图版五十五：2）

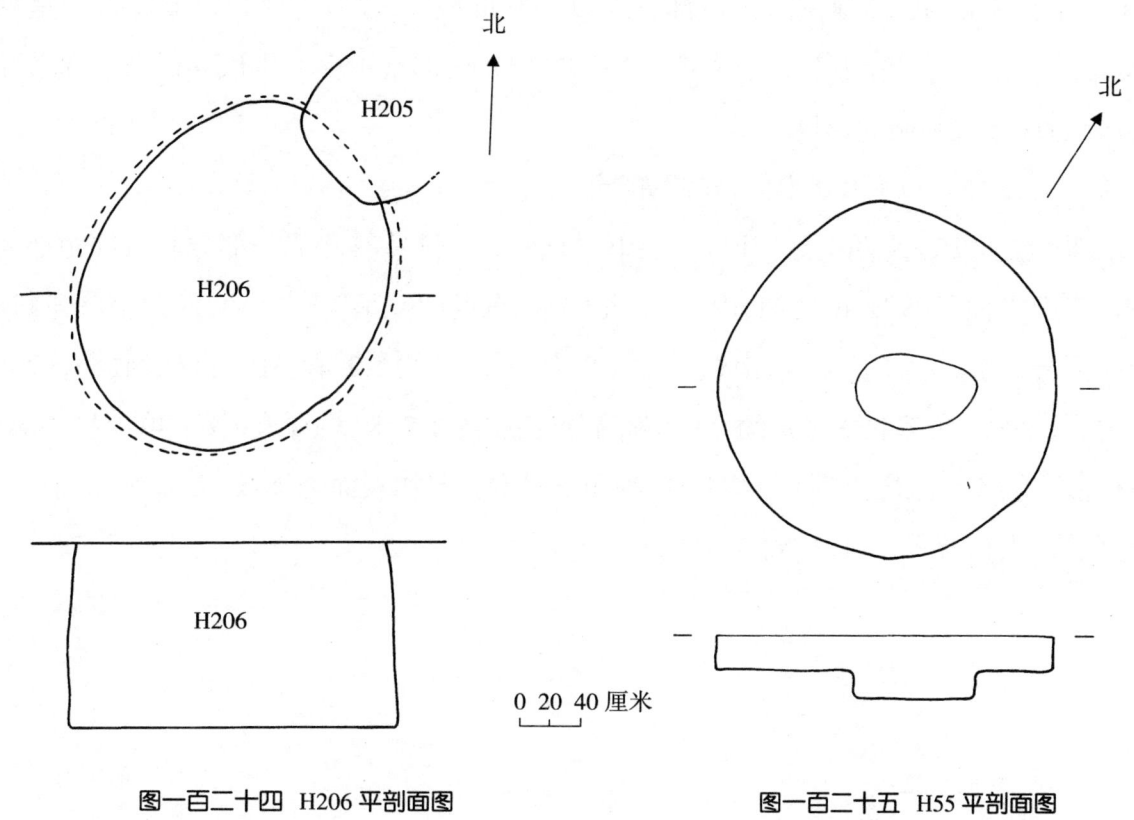

图一百二十四 H206 平剖面图　　　　图一百二十五 H55 平剖面图

Ⅱ式 椭圆形平底坑 6座。口部呈椭圆形,四壁较直,壁面修整光滑,底部较平。壁底交界处大部分为直角,个别有弧角。以 H123、H214 为例,介绍如下。

H123 位于 T0524 北中部,开口三层下,打破生土。口部距地表 0.65 米。口部呈椭圆形,南北较长,东西较短,长径 2米,短径 1.56 米,深 0.6 米。四壁规整,底部平整。填土呈灰褐色,土质较疏松。内含红烧土颗粒、碳粒和少量陶片。器形有大口尊、鬲和深腹罐等。(图一百二十六)

H214 位于 T0920 北中部,开口三层下,打破生土。口部大致呈椭圆形,四壁较直,弧角,底部平整光滑,四壁较粗糙。口底形状一致,口部长径 1.9 米,短径 1.46 米,深 0.85 米~1.2 米。填土呈灰褐色,土质疏松,内含有草木灰、红烧土颗粒和陶片。出土遗物有石斧、陶盆、陶鬲足等。(图一百二十七)

Ⅲ式 圆形平底坑 6座。以 H119 为例,介绍如下。

H119 位于 T0624 西南部。开口三层下,打破生土。口部平面呈圆形,四壁垂直,平底,东侧底部略高。口部距地表 0.72 米,直径 0.85 米,深 0.3 米~0.34 米。填土呈浅灰色,土质疏松,内含有黑炭粒和陶片。陶器数量较少,器物有鬲足、大口尊等。(图一百二十八)

C 型:敞口坑 共 12 座。灰坑口部平面以椭圆形最多,仅有 1 座口部暴露部分呈梯形(仅暴露约一半)。灰坑均口大底小,四壁斜直内收。底部基本上为平底。根据口部平面形状,可分为梯形坑和椭圆形坑。

梯形坑 1 座。以 H180 为例,介绍如下。

H180 位于 T0309 西南角,开口二层下,打破 G7。仅暴露北部一部分。口部距地表约 0.4 米。口部平面呈梯形,南北向,南部宽,北部窄,东西两壁呈"八"字形,四角呈圆弧状。口部暴露部分,北壁宽约 1.04 米,南壁宽约 1.8 米,南北长约 2.2 米。该坑口大底小,四壁呈斜壁内收,平底。底部北壁边长约 0.85 米,暴露长度约 1.5 米,坑深 0.6 米。填土呈灰褐色,土质松散。包含有红烧土颗粒、陶片、石镰和卜骨等。器物表面饰绳纹、弦纹和云雷纹。器形有鬲、罐、大口尊等。(图一百二十九)

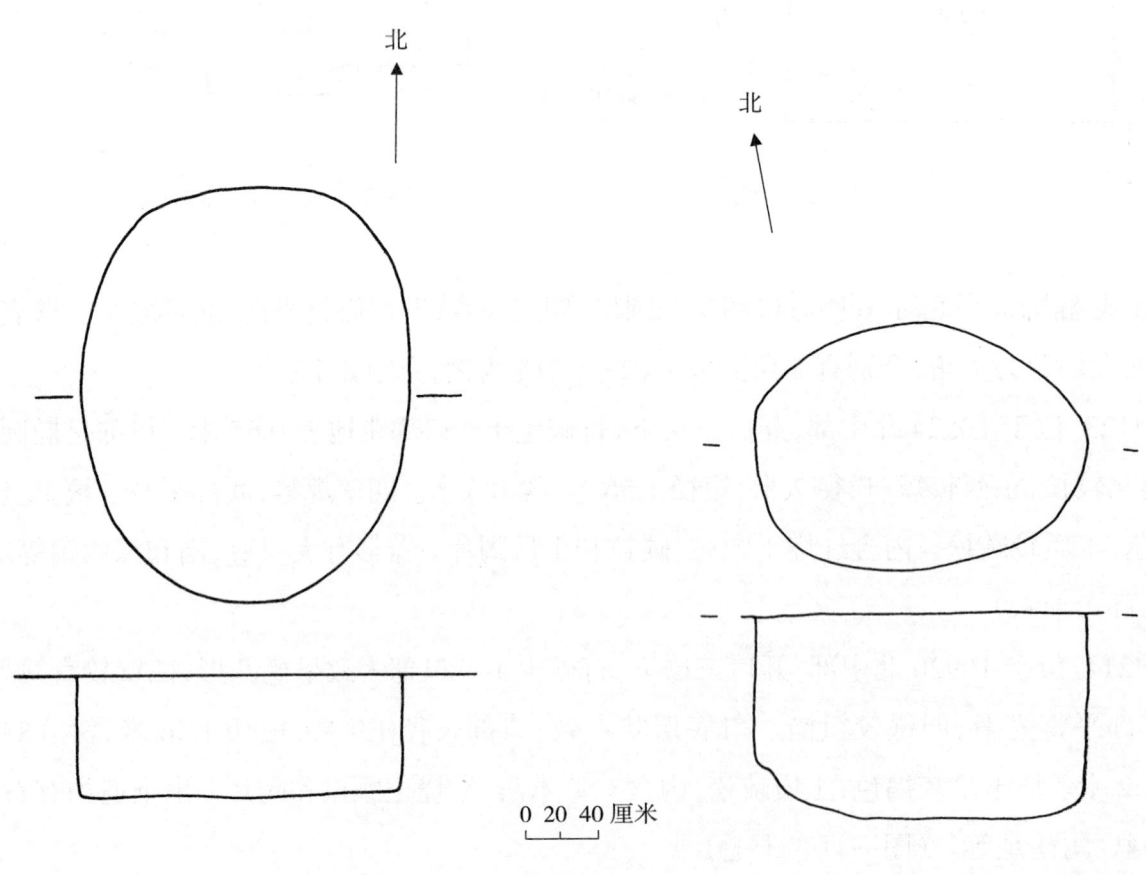

图一百二十六 H123 平剖面图　　　　　图一百二十七 H214 平剖面图

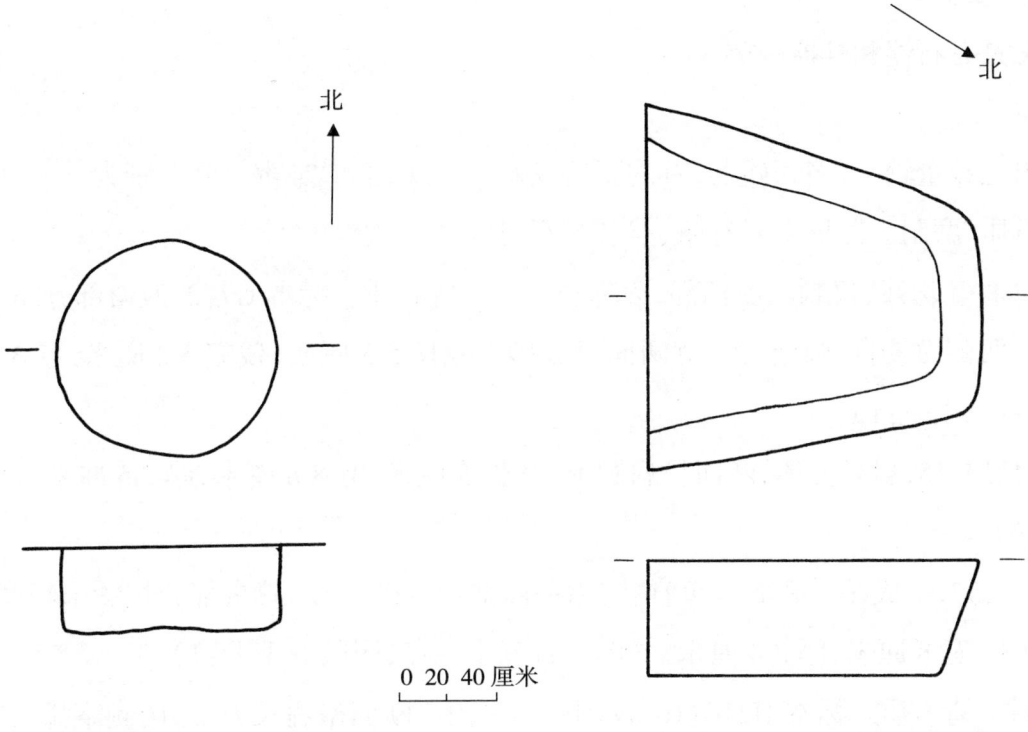

图一百二十八 H119 平剖面图

图一百二十九 H180 平剖面图

椭圆形平底坑 11 座。仅以 H153 为例，介绍如下。

H153 位于 T0820 西南部，开口三层下，口部距地表约 0.88 米。该坑呈南北向，口大底小，打破生土。口部和底部均为椭圆形，斜直壁，平底。四壁修整光滑，底部平整。口部长径 1.16 米，短径 0.72 米；底部长径 0.78 米，短径 0.48 米。深 0.2 米。填土呈黑灰色，土质疏松。包含物有红烧土颗粒、碳粒和少量陶片。器形有大口尊、盆、鬲、和深腹罐等。（图一百三十）

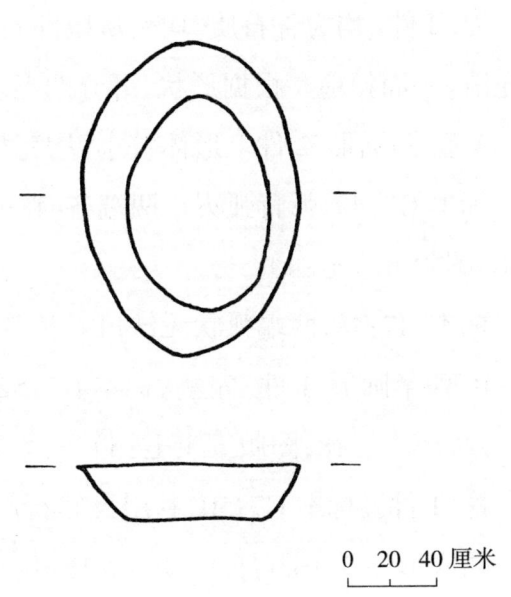

图一百三十 H153 平剖面图

第二节 遗物

一、生产工具

生产工具有石器和蚌器两类。

1. 石器

石器出土数量较少,多为残器,有的石器仅剩一小块,器形难辨。除个别为砂岩外,大部分为青石质,磨制。器形主要有镰、斧、铲、石刀等。

石斧 3件。均残,仅剩上段柄部,刃部缺。均为青石质。标本 G7:2,残留部分略呈梯形。顶面和两侧面较直,圆角,正、背两面呈弧形。残长5.5厘米,残宽5.2厘米,厚3.2厘米。(图一百三十一:1)

标本 H214:15,扁长方体,断面呈扁圆形。残长5厘米,宽8.8厘米,厚2.5厘米。(图一百三十一:2)

标本 G7:57,半成品。断面呈鱼脊状,除一面部分有磨制外,其余部分粗糙未经磨制。残长8.7厘米,宽8厘米,厚3.4厘米。(图一百三十一:3,图版五十七:1)

铲 1件。青石质。标本 H214:16,仅剩中间一段。断面呈扁长方形,两侧略弧。残长11.7厘米,残宽8.7厘米,厚1.8厘米。(图一百三十一:4,图版五十七:2)

镰 1件。标本 H180:4,灰砂岩。仅剩中间一段。两面刃。弧背直刃,刃部残存有两个锯齿。残长9.3厘米,宽4.8厘米,厚0.8厘米。(图一百三十一:5,图版五十七:3)

刀 3件。均为青石质,均是从鹅卵石上剥离的成型石片,稍微加工,即可使用。表面一面光滑,一面粗糙。根据形状,可分两型。

A型 椭圆形 2件。形体较小,均完整。

标本 G7:49,弧背弧刃。两端各有一个小缺口。长9厘米,宽4.3厘米。(图一百三十一:6,图版五十七:4)。

标本 G7:48,两端弧状无缺口。长7.4厘米,宽4.6厘米。(图一百三十一:7)

B型 半圆形 1件。完整。标本 G7:52,直背弧刃,刃部锋利。长11.2厘米,宽6.7厘米。(图一百三十一:8,图版五十七:5)

杵 1件。标本 G7:50,利用自然石加工而成。一面平,一面弯;一侧直,一侧弧。两端均呈圜底形。长10.5厘米,宽1.5厘米~2.1厘米。(图一百三十一:9,图版五十七:6)

刀刃部 1件。标本 G7:51,红砂岩。严重残缺,剩余部分呈三角形。弧形双面刃。一面磨光,另面粗糙。残宽5厘米,残高4.6厘米。(图一百三十一:10)

2. 蚌器

仅有蚌刀1件。标本T0626③:1,将蚌壳下部切去一部分,形成直刃。刀面略呈三角形,单面刃。长10厘米,最宽6.7厘米。(图一百三十一:11,;图版五十七:7)

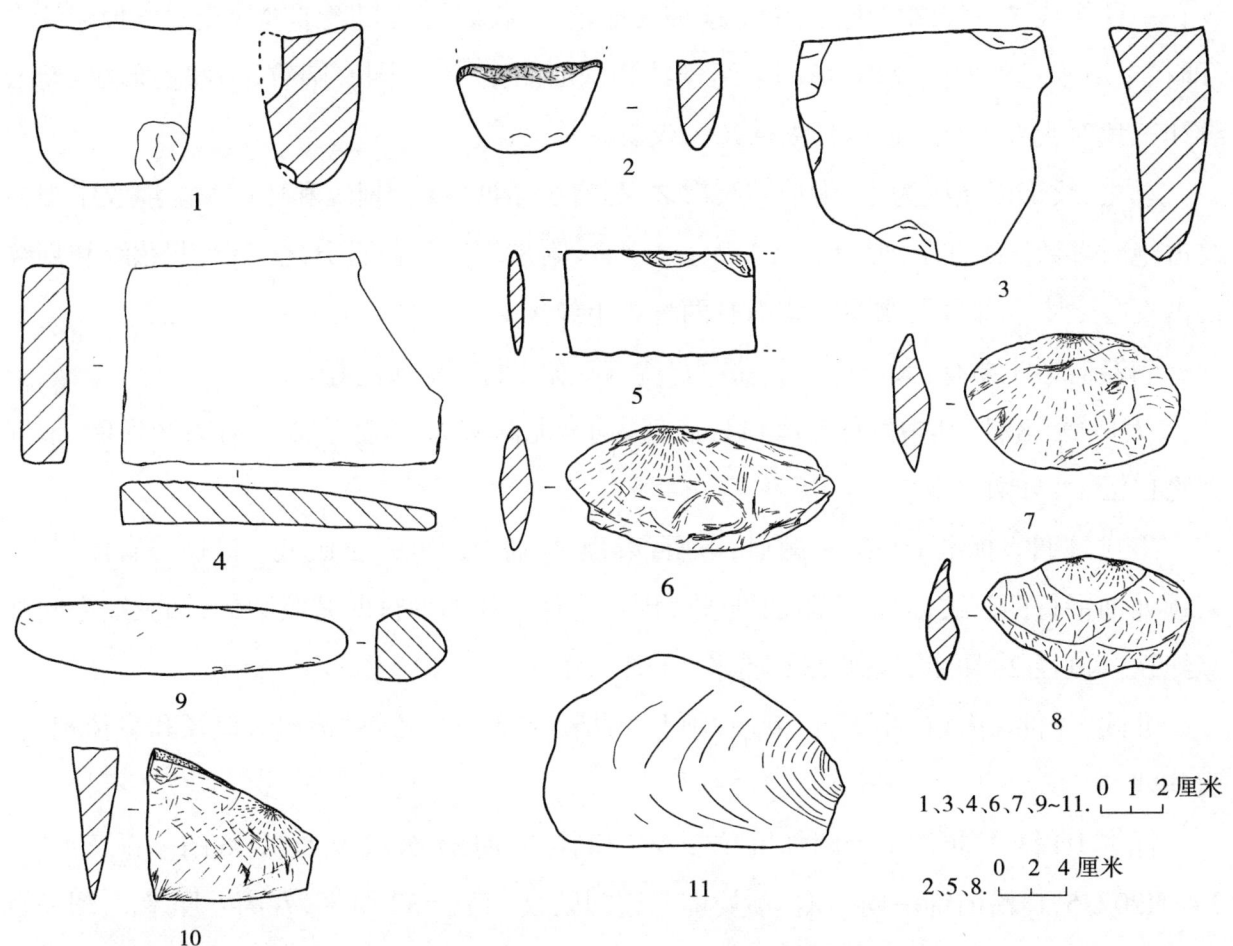

图一百三十一 五女冢遗址商代石器、蚌器

1. 石斧(G7:2) 2. 石斧(H214:15) 3. 石斧(G7:57) 4. 石铲(H214:16) 5. 石镰(H180:4) 6. 椭圆形石刀(G7:49) 7. 椭圆形石刀(G7:48) 8. 半圆形石刀(G7:52) 9. 石杵(G7:50) 10. 石刀刃部(G7:51) 11. 蚌刀(T0626③:1)

二、生活用具

主要为陶器。陶器有炊器、盛器、储器等。炊器类主要有深腹罐、折沿罐、鬲、□等;盛器类主要有盆、圈足豆、筒形罐、侈口罐等;储器类主要有大口尊、小口高领瓮、大口罐和缸等。

五女冢遗址出土商代陶器大部分胎体较薄。陶质有泥质灰陶、泥质红陶、夹砂褐陶、夹砂灰陶、夹砂红陶和磨光黑陶。其中以泥质灰陶为主,夹砂灰陶次之,红陶很少。另有几块陶片颜色泛黄。夹砂褐陶主要用于鬲和深腹罐等,泥质灰陶主要用于盛器、储器。泥质黑陶有罐和盆等。

陶器制法主要为轮制,少量手制,部分磨光。少部分内壁压印有麻点。

纹饰有绳纹、凹弦纹、附加堆纹、宽带印纹,其中以绳纹为主。绳纹中有粗绳纹、细绳纹和一种像线纹一样细的绳纹,由于这种纹饰较少,我们将其归入细绳纹类。宽带印纹中(即在上下平行的凹弦纹内,填印多组连续相同的图案。)有同心圆纹、斜状菱形纹、卷云纹和三角对交卷云纹。这四种纹饰每种仅有一片。

总之,纹饰以绳纹为主,附加堆纹次之,另有少量凹弦纹、划纹和压印纹。绳纹中细绳纹占绝对多数。纹饰中细绳纹占约百分之七十,附加堆纹约占百分之二十,凹弦纹和划纹仅占百分之十。部分器物同时装饰有两种以上纹饰。

陶器器形主要有:大口尊、鬲、盆、豆、瓮、罐、缸、小口高领瓮等。

大口尊 8件,其中两件为大口尊肩部。均为泥制灰陶,多数肩以上有磨光现象。依据器物口沿,可分两式。

Ⅰ式 1件。标本H123:3,敞口,方唇,束颈,折肩,瘦长腹,下腹残。口径与肩径相当。束颈处饰平行凹弦纹,肩上饰附加堆纹一周。器身上部饰平行凹弦纹数周,凹弦纹之间饰竖绳纹。口径28厘米,残高23.6厘米。(图一百三十二:1)

Ⅱ式 4件。敞口,厚圆唇,束颈,颈上起凸棱和饰凹凸弦纹,折肩。口径和肩径相当。腹均残。

标本H123:1,折肩上饰附加堆纹一周。口径40厘米,残高9厘米。(图一百三十二:2)。H202:5,口沿内饰一周凹槽,颈处饰三周凹弦纹。口径32厘米,残高6厘米。(图一百三十二:3)G6:7,口沿下起凸棱和两周凹弦纹,颈下饰绳纹,口沿内壁下有3周凹槽。口径32厘米,残高7厘米。(图一百三十二:4)G7:44,颈肩上留有制作时形成的不规则凸线纹,折肩处饰一周附加堆纹,肩下饰竖绳纹。口径36厘米,残高17厘米。(图一百三十二:5)

大口尊肩部 2件。标本H12:1,泥质灰黑陶。折肩上饰附加堆纹,附加堆纹上饰绳纹。肩上部饰平行细凹弦纹;下部饰竖细绳纹。(图一百三十二:7)G7:45,泥质灰陶。束颈处饰细凹弦纹,折肩上饰一周附加堆纹;肩下部饰两周附加堆纹,附加堆纹呈绳索状,下饰凹弦纹和竖绳纹。(图一百三十二:8)

大口罐 1件。敞口,圆唇,内沿斜折,束颈,斜肩,折腹,下腹弧形内收。肩上饰数周平行凹弦纹,折肩处饰一周附加堆纹。肩以上磨光,腹部粗糙。采集标本H6:12(H6为汉代灰坑),夹砂灰陶。口径34.2厘米,肩径37.2厘米,残高28厘米。(图一百三十二:6,图版五十八:1)

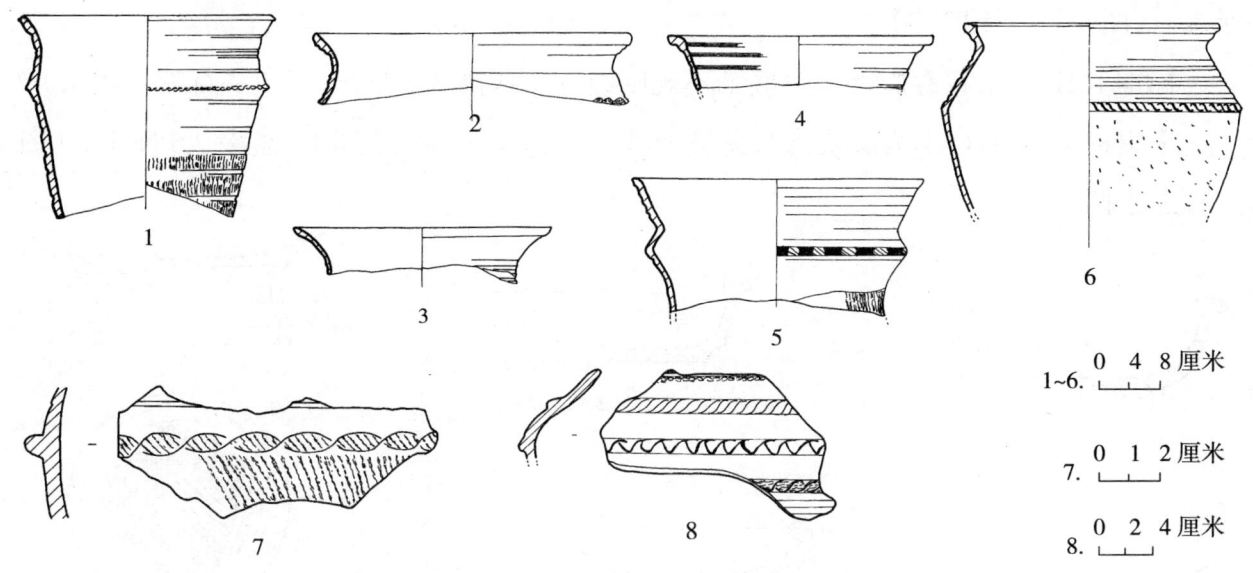

图一百三十二　五女冢遗址商代陶大口尊

1. Ⅰ式大口尊(H123:3)　2. Ⅱ式大口尊(H123:1)　3. Ⅱ式大口尊(H202:5)　4. Ⅱ式大口尊(G6:7)
5. Ⅱ式大口尊(G7:44)　6. 大口罐(H6:12)　7. Ⅲ式大口尊(H12:1)　8. Ⅲ式大口尊(G7:45)

□腰　2件。夹砂灰黑陶。上下一体,腰部内折成宽带状。腰以上呈敞开状;腰下分档较高,上下均残。器身饰竖细绳纹。标本G7:47,腰内径9厘米。(图一百三十三:1,图版五十一,1,图版五十八:2)

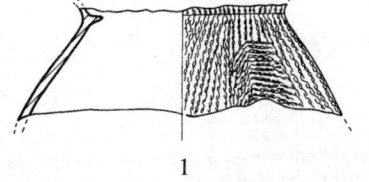

图一百三十三　五女冢遗址商代陶甗腰部

1. 甗腰(G7:47)

圈足豆　5件。泥制灰陶。均残。根据圈足形态,可分两式。

Ⅰ式　矮圈足。2件,复原。圈足较直,较矮,高度在1厘米左右。豆盘敞口,斜折沿,尖圆唇,圜底。腹外部有数周凹凸相间弦纹。

标本G7:18,盘内起凸棱。圈足残。口径16厘米,豆盘深4.4厘米,残高6厘米。(图一百三十四:1)标本G7:16,口径16厘米,盘深4.2厘米,残高6厘米。(图一百三十四:2)

Ⅱ式　3件。高圈足。圈足呈束腰形,上饰凸弦纹。豆盘均残。通体磨光。

标本G7:17,盘呈圜底,盘底内外均饰模糊不规则绳纹。圈足直径16厘米,圈足高4.3

厘米。(图一百三十四:3)。

标本 H214:12,仅存腰部。盘底饰不规则绳纹。残高 3.4 厘米。(图一百三十四:4)

采集标本 G1:1(G1 为汉代沟),盘呈子母口,浅腹。口径 12 厘米,盘深 2.5 厘米。(图一百三十四:5)。

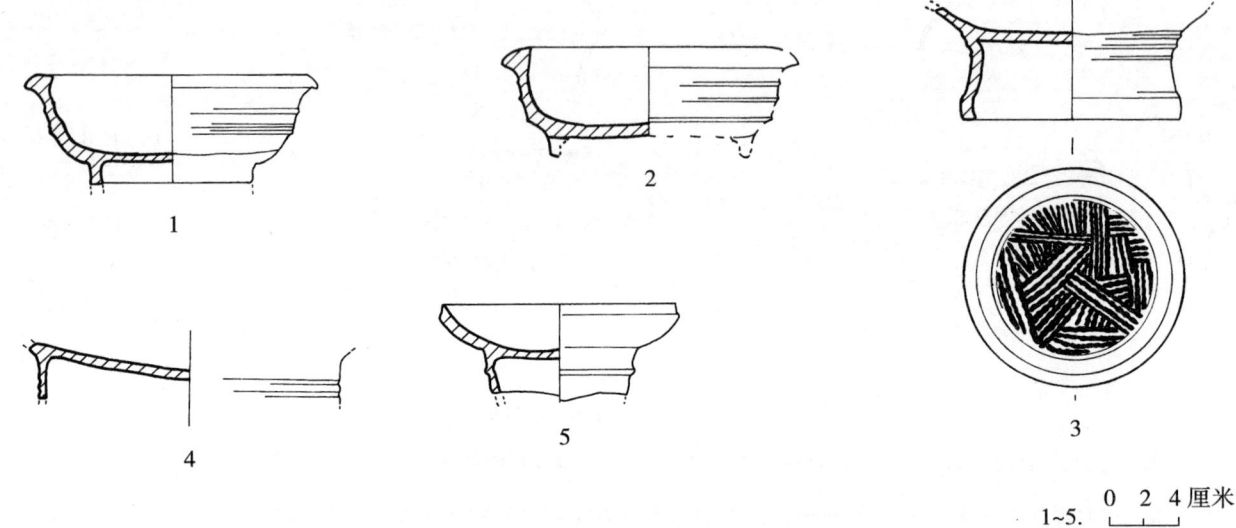

图一百三十四 五女冢遗址商代陶豆

1. Ⅰ式圈足豆(G7:18) 2. Ⅰ式圈足豆(G7:16) 3. Ⅱ式圈足豆(G7:17)
4. Ⅱ式圈足豆(H214:12) 5. Ⅱ式圈足豆(G1:1)

深腹罐 夹砂灰陶。均为残器。根据口部形态,可分两式。

Ⅰ式 子母口深腹罐。侈口,方沿,沿上折,直立,弧腹瘦长。口沿下饰竖绳纹。有的沿外饰一周凹弦纹。

标本 G7:36,沿外饰一道凹弦纹。母口。口径 19 厘米,残高 12 厘米。(图一百三十五:1,图版五十八:3)

标本 H259:3,子口,束颈。口径 20 厘米,残高 7.2 厘米。(图一百三十五:2)

标本 H214:11,母口。口径 16 厘米,残高 6.5 厘米。(图一百三十五:3)

Ⅱ式 折沿深腹缸,侈口,沿外折,方唇。

标本 H202:4,斜直沿,束颈。颈下有一周凹弦纹,下饰粗绳纹。口径 20 厘米,残高 10.5 厘米。(图一百三十五:4)

标本 G7:41,胎质粗糙,颈下饰一周凹弦纹,腹上饰粗绳纹如麦粒状。口径 38 厘米,残高 26 厘米。(图一百三十五:5)

Ⅲ式 卷沿深腹罐。敞口,翻卷沿,鼓腹。口沿下通体饰细或粗竖绳纹,细绳纹为主,粗绳纹较少。

标本 G7:1,口沿上饰一周凹弦纹。底残。口径 26 厘米,残高 23 厘米。(图一百三十五:6,图版五十八:4)。

标本 G7:3,口部完整。尖唇。口径 17 厘米,残高 6.7 厘米。(图一百三十五:7)

标本 G7:4,口部完整。尖唇。口径 19 厘米,残高 4.4 厘米。(图一百三十五:8)

标本 H259:1,束颈,尖唇。口径 18 厘米,残高 6.5 厘米。(图一百三十五:9)

标本 G7:5,器身饰粗绳纹。口径 16 厘米,残高 6 厘米。(图一百三十六:10)

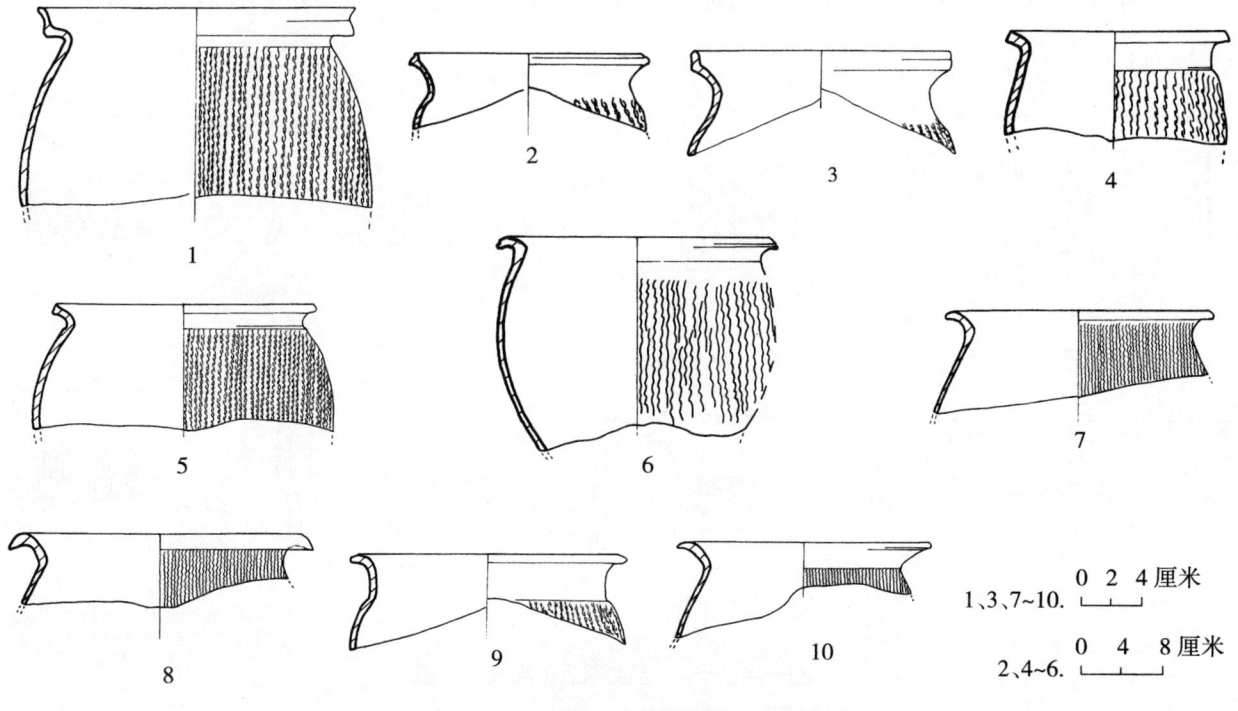

图一百三十五 五女冢遗址商代深腹罐

1. Ⅰ式深腹罐(G7:36) 2. Ⅰ式深腹罐(H259:3) 3. Ⅰ式深腹罐(H214:11) 4. Ⅱ式深腹罐(H202:4)
5. Ⅱ式深腹罐(G7:41) 6. Ⅲ式深腹罐(G7:1) 7. Ⅲ式深腹罐(G7:3) 8. Ⅲ式深腹罐(G7:4)
9. Ⅲ式深腹罐(H259:1) 10. Ⅲ式深腹罐(G7:5)

侈口罐 均为泥质灰陶,残器。根据器物口部形态,可分两式。

Ⅰ式 6件。大口,大部分斜折沿外卷,贴于唇下,粗糙,短颈,深弧腹,下腹残。腹部均饰斜绳纹。

标本 G7:26,唇下加厚。口径 24 厘米,残高 13 厘米。(图一百三十六:1)

标本 G7:27,唇下加厚。沿下即饰细绳纹,沿下细绳纹上又划三周不规则弦纹。口径 26 厘米,残高 10.5 厘米。(图一百三十六:2)

标本G7:28，唇下饰一周凹弦纹。口径26厘米，残高10.5厘米。（图一百三十六：3）

标本G7:30，口径28厘米，残高7.5厘米。（图一百三十六：4）

标本G7:29，颈处绳纹上有抹擦痕。口径28厘米，残高7厘米。（图一百三十六：5）

标本H214:1，沿略直。口径22厘米，残高9.4厘米。（图一百三十六：6）

Ⅱ式　2件。敞口，外出沿，长颈，瘦弧腹，腹下残。

标本G7:43，敞口外撇，平沿圆唇，弧腹。下残。颈下饰绳纹，后又抹擦，模糊不清。颈腹之间饰一周附加堆纹。内壁上附着一层水垢。（图一百三十六：7）

标本G6:9，平唇内折，口内形成倒钩。腹部饰细绳纹。口径30厘米，残高11厘米。（图一百三十六：8）

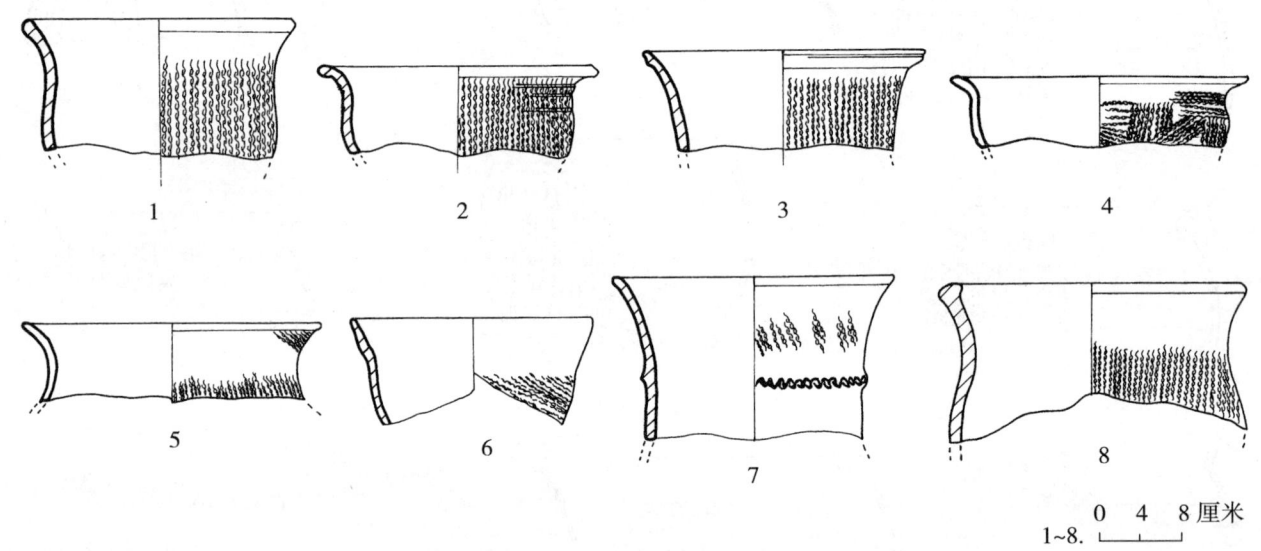

图一百三十六　五女冢遗址商代侈口罐

1. Ⅰ式侈口罐(G7:26)　2. Ⅰ式侈口罐(G7:27)　3. Ⅰ式侈口罐(G7:28)　4. Ⅰ式侈口罐(G7:30)
5. Ⅰ式侈口罐(G7:29)　6. Ⅰ式侈口罐(H214:1)　7. Ⅱ式侈口罐(G7:43)　8. Ⅱ式侈口罐(G6:9)

束颈罐　1件。标本G7:35，泥质灰陶。器形较小，通体磨光。敞口，口沿外卷，束颈，鼓腹，下腹内收。口径14厘米，残高8.5厘米。（图一百三十七：1）

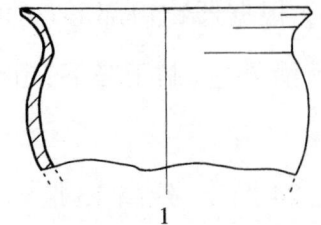

图一百三十七　五女冢遗址商代束颈罐

1. 束颈罐(G7:35)

筒形罐　3件。圆筒状，直腹。根据口部形态，可分两式。

Ⅰ式　平折沿。2件。方唇，腹壁较直，下腹均残。

标本H56:1，泥质红陶。上腹部饰两周凹弦纹，通体饰竖行细绳纹。口径18厘米，残高12厘米。（图一百三十八:1）

标本G7:24，泥质灰陶。腹部饰竖行粗绳纹。口径20厘米，残高6.6厘米。（图一百三十八:2）

Ⅱ式　斜折沿。1件。夹砂灰陶，颜色发黄。标本H65:1，敞口，窄折沿，筒腹微鼓，底残。素面。口径14.4厘米，残高13.8厘米。（图一百三十八:3）

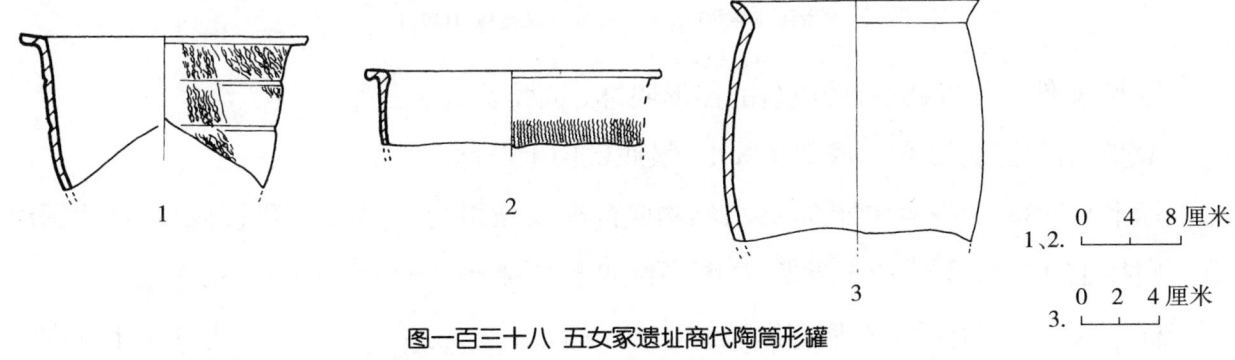

图一百三十八　五女冢遗址商代陶筒形罐

1. Ⅰ式筒形罐(H56:1)　2. Ⅰ式筒形罐(G7:24)　3. Ⅱ式筒形罐(H65:1)

折沿罐　3件。均为夹砂陶，残器。根据口部形态，分两式。

Ⅰ式　1件。宽折沿。敞口，圆唇，圆腹。腹上饰竖粗绳纹。标本H214:3，夹细砂，黑灰陶。口径20厘米，残高7厘米。（图一百三十九:1）

Ⅱ式　2件。窄折沿。沿内斜平，唇部下垂成方沿。圆腹。腹部饰绳纹。

标本H202:2，夹砂红陶。厚胎，内壁呈灰色。腹部饰粗绳纹。口径20厘米，残高4.6厘米。（图一百三十九:2）

标本H175:4，夹砂灰陶。沿下有一圈凸棱。腹上饰细绳纹。口径16厘米，残高5.2厘米。（图一百三十九:3）

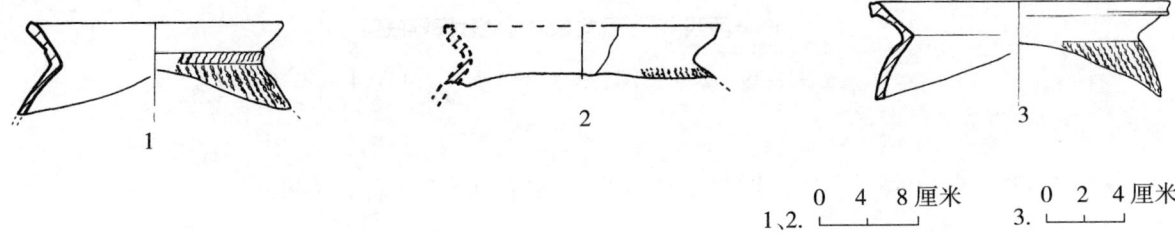

图一百三十九　五女冢遗址商代陶折沿罐

1. Ⅰ式(H214:3)　2. Ⅱ式(H202:2)　3. Ⅱ式(H175:4)

直口深腹罐 2件。夹砂灰陶。大口，厚平沿，直壁深腹，下腹残。沿下饰附加堆纹，腹身饰斜细绳纹。

标本H10:1，唇下饰两周附加堆纹。口径36厘米，残高8.5厘米。（图一百四十:1）。

标本H49:1，口沿下饰一周附加堆纹，口径28厘米，残高6厘米。（图一百四十:2）

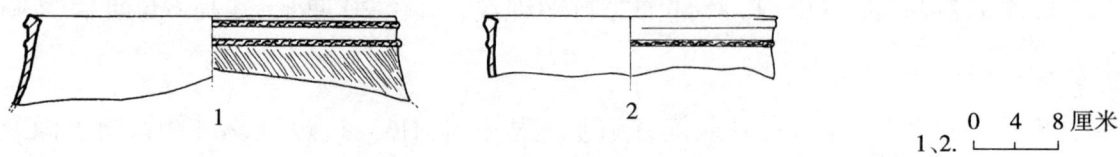

图一百四十 五女冢遗址商代大口罐

1. 直口深腹罐(H10:1) 2. 直口深腹罐(H49:1)

器底 4件。为罐、大口尊或盆的器形底部，分两型。

A型 圜形器底 3件。底部呈圆形，最底部向上凸起。

标本G7:38，器身通体饰细绳纹，器物底部绳纹互相交叉。腹上有细凹弦纹。疑为深腹盆。底径12厘米，残高17.5厘米。（图一百四十一:1）

标本G7:39，胎体厚重，底部绳纹较乱，有抹擦现象。底径12厘米，残高9厘米。（图一百四十一:2）

标本G7:40，器形较小。器身上部素面，下部饰细绳纹，小底微圜。底径5厘米，残高10厘米。（图一百四十一:3）

B型 平底 1件。大平底，腹底连接处有一周刀削痕。近底部饰有弦纹。标本G7:37，底径20厘米，残高5.5厘米。（图一百四十一:4）

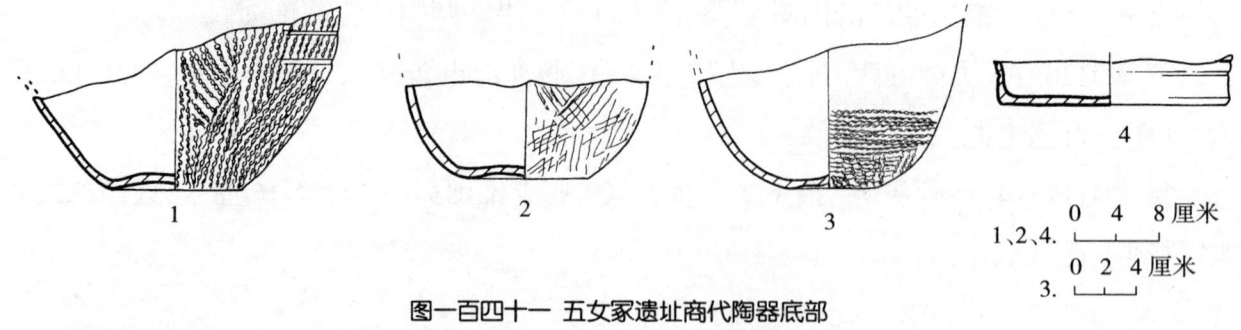

图一百四十一 五女冢遗址商代陶器底部

1. A型(G7:38) 2. A型(G7:39) 3. A型(G7:40) 4. B型(G7:37)

缸 3件。夹砂陶。大口，厚胎，壁较直。根据器物形态，分两式。

Ⅰ式 敛口缸。2件。夹砂灰陶。口部加厚，圆厚唇，鼓腹，下腹残。

标本H259:2，口下饰三周凹弦纹，腹上部饰两周凸线纹。口径44厘米，残高10.4厘米。(图一百四十二:1)。

采集 H6:11(H6 为汉代灰坑),夹砂褐陶。口沿下饰两周附加堆纹,腹上饰竖细线纹。口径 32 厘米,残高 9.2 厘米。(图一百四十二:2)

Ⅱ式 直口缸。1件。泥质红陶。束腰式口,平沿,口沿处加厚,弧肩,肩下残。口下饰划纹。标本 H214:2,口沿厚 2 厘米,口径 32 厘米,残高 9.5 厘米。(图一百四十二:3)

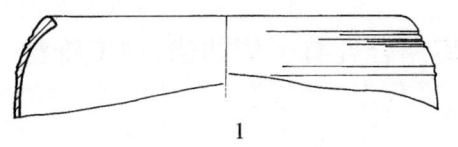
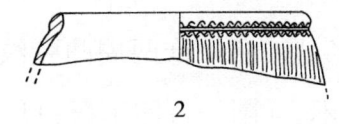
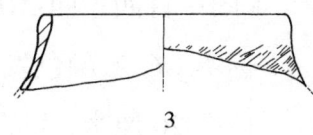

图一百四十二 五女冢遗址商代陶缸

1.Ⅰ式(H259:2) 2.Ⅰ式(H6:11) 3.Ⅱ式(H214:2)

瓮 数量较多,形式多样,可分四型。

A型 折沿瓮 1件。标本 G7:34,敛口,折沿,圆唇,溜肩,下腹残。腹身饰细绳纹。口径 12 厘米,残高 8 厘米。(图一百四十三:1)

B型 敛口瓮 1件。标本 G6:13,器形较大。泥制灰陶。敛口,厚叠唇,圆肩,腹残。肩上饰两周凹弦纹。口径 32 厘米,残高 8 厘米。(图一百四十三:2)

C型 大口矮领瓮 1件。直领,方唇,圆肩,腹残。领下饰绳纹。标本 G6:1,口径 28 厘米,残高 8 厘米。(图一百四十三:3)

D型 小口高领瓮 数量较多,均为残器。小口,高领,广圆肩,肩下均残。大部分肩以下饰绳纹,少部分磨光。根据领部形态,可分四式。

Ⅰ式 直领瓮。唇为方形和圆形。

标本 G7:32,夹砂灰陶。方唇,上饰一周凹槽。肩部饰横绳纹。口径 12 厘米,残高 7.5 厘米。(图一百四十三:4)

标本 G7:33,泥质灰陶。圆唇,通体磨光。素面。口径 12 厘米,残高 5.8 厘米。(图一百四十三:5)

标本 H96:1,颜色发黄。圆唇。肩上饰竖绳纹。口径 12 厘米,残高 5 厘米。(图一百四十三:6)

标本 H180:3,圆唇。肩上饰横绳纹。口径 12 厘米,残高 6 厘米。(图一百四十三:7)

Ⅱ式 喇叭状领瓮。

标本 H160:2，圆肩。肩上饰竖绳纹，上有抹擦痕。口径 12 厘米，残高 5.5 厘米。（图一百四十三:8）

标本 H202:3，口略外侈，尖唇，斜沿下垂。肩上饰竖绳纹。内壁上有一层水垢。口径 14 厘米，残高 6.5 厘米。（图一百四十三:9）

标本 H96:2，圆唇，领上部外撇，领中间起一周不规则凸棱。口径 16 厘米，残高 6.6 厘米。（图一百四十四:10）

标本 G6:2，颜色发黄。尖唇，领外饰两周凸弦纹，领肩结合处有一周凹槽，肩上饰绳纹。口径 20 厘米，残高 5 厘米。（图一百四十三:11）

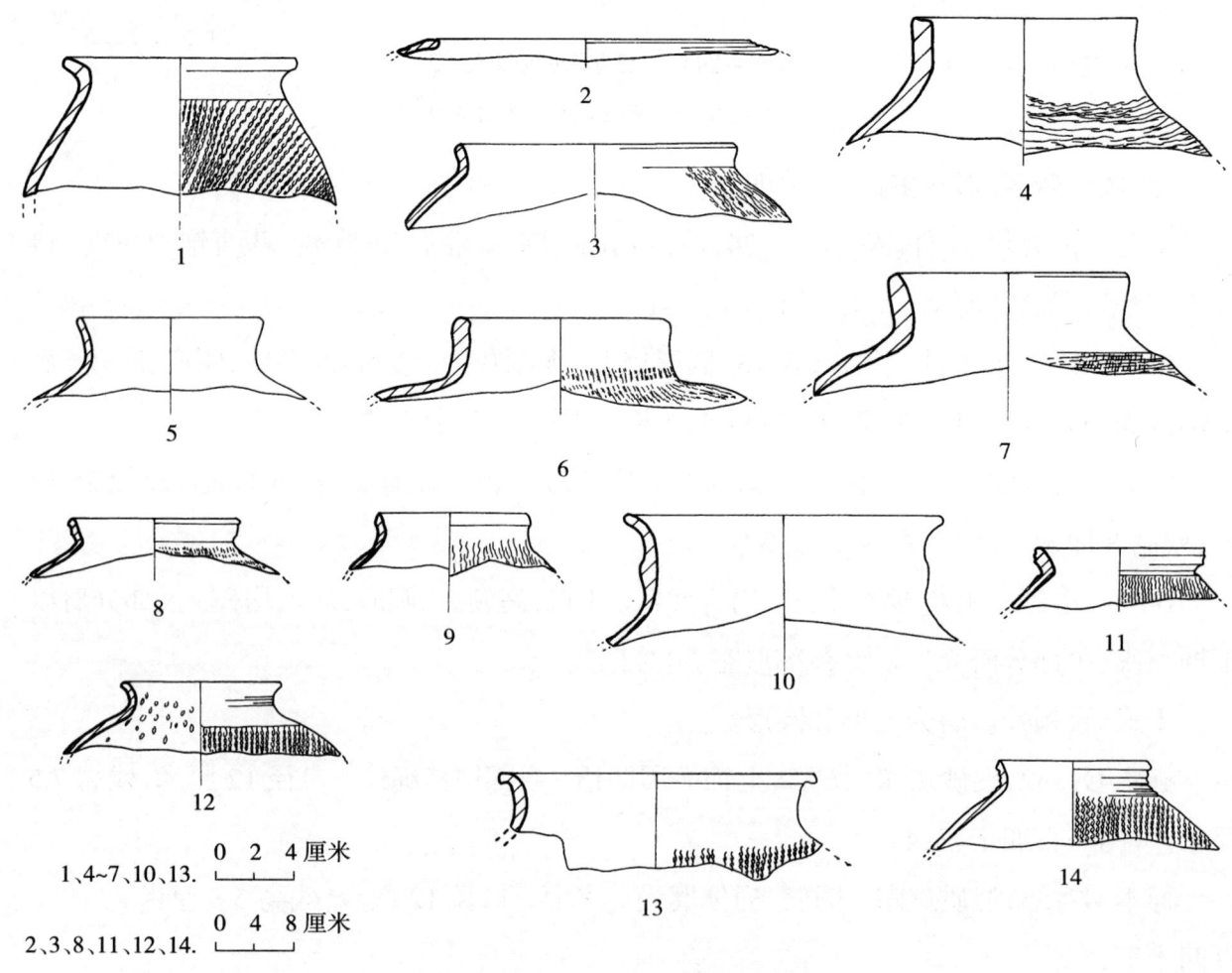

图一百四十三　五女冢遗址商代陶瓮

1. A 型瓮(G7:34)　2. B 型瓮(G6:13)　3. C 型瓮(G6:1)　4. D 型 I 式小口高领瓮(G7:32)　5. D 型 I 式瓮(G7:33)
6. D 型 I 式瓮(H96:1)　7. D 型 I 式瓮(H180:3)　8. D 型 II 式瓮(H160:2)　9. D 型 II 式瓮(H202:3)
10. D 型 II 式瓮(H96:2)　11. D 型 II 式瓮(G6:2)　12. D 型 II 式瓮(G7:31)　13. D 型 III 式瓮(H65:3)
14. D 型 IV 式瓮(H65:2)

标本 G7∶31，口上部略外侈。领肩结合处饰两周凹弦纹，肩中间以下饰细绳纹。内壁上饰麻点。口径 16 厘米，残高 7 厘米。（图一百四十三∶12）

Ⅲ式 外卷领瓮 1件。标本 H65∶3，泥质灰陶，颜色发黄。高领，领口外卷，方唇。肩上饰细绳纹。口径 16 厘米，残高 5.5 厘米。（图一百四十三∶13）

Ⅳ式 直领带棱瓮。1件。标本 H65∶2，泥质灰陶，但颜色发黄。唇外饰一周凸棱，肩上饰两周凸弦纹，下饰细绳纹。口径 17 厘米，残高 10 厘米。（图一百四十三∶14）

饼 1件。夹砂红陶。复原。圆形。中间厚，边缘薄。标本 H180∶2，直径 11.6 厘米，最厚处 1.6 厘米。（图一百四十四∶1，图版五十八∶5）

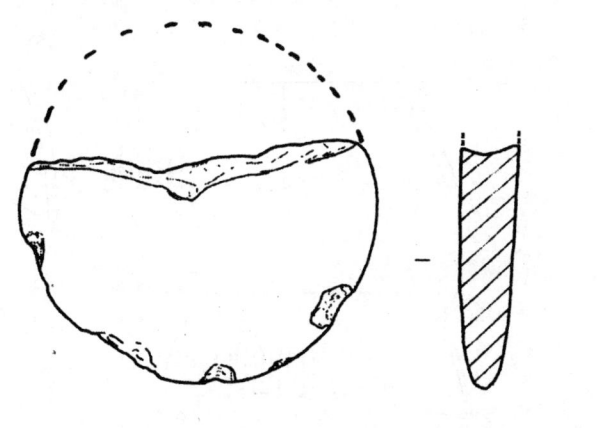

图一百四十四 五女冢遗址商代陶饼
1. 陶饼（H180∶2）

鬲 数量较多，有夹砂灰陶和灰黑陶两种。薄胎。皆为残器，可复原1件。根据口沿形态，可分四型。

A型 卷沿鬲。3件。敞口，沿外翻，束颈。颈下饰竖绳纹。下腹残。

标本 G7∶6，圆唇。口径 17 厘米，残高 6.4 厘米。（图一百四十五∶1）

标本 H160∶1，方唇。口径 20 厘米，残高 6.5 厘米。（图一百四十五∶2）

标本 H180∶7，圆唇。口径 16 厘米，残高 5 厘米。（图一百四十五∶3）

B型 折沿鬲。数量最多，可复原1件。敞口，折沿，边缘下撇，形成凸棱，束颈，分裆较高，袋足较肥，圆锥形尖足。腹饰绳纹，绳纹有细绳纹和粗绳纹。有的鬲口沿上饰一周弦纹，有的饰一道沟槽。

标本 G7∶7，口径 16.5 厘米，高 21.4 厘米。（图一百四十五∶4，图版五十八∶6）

标本 G7∶8，唇微下折。分裆线起于腹部偏上。饰粗绳纹。袋足残。口径 14 厘米，残高 12 厘米。（图一百四十五∶5）

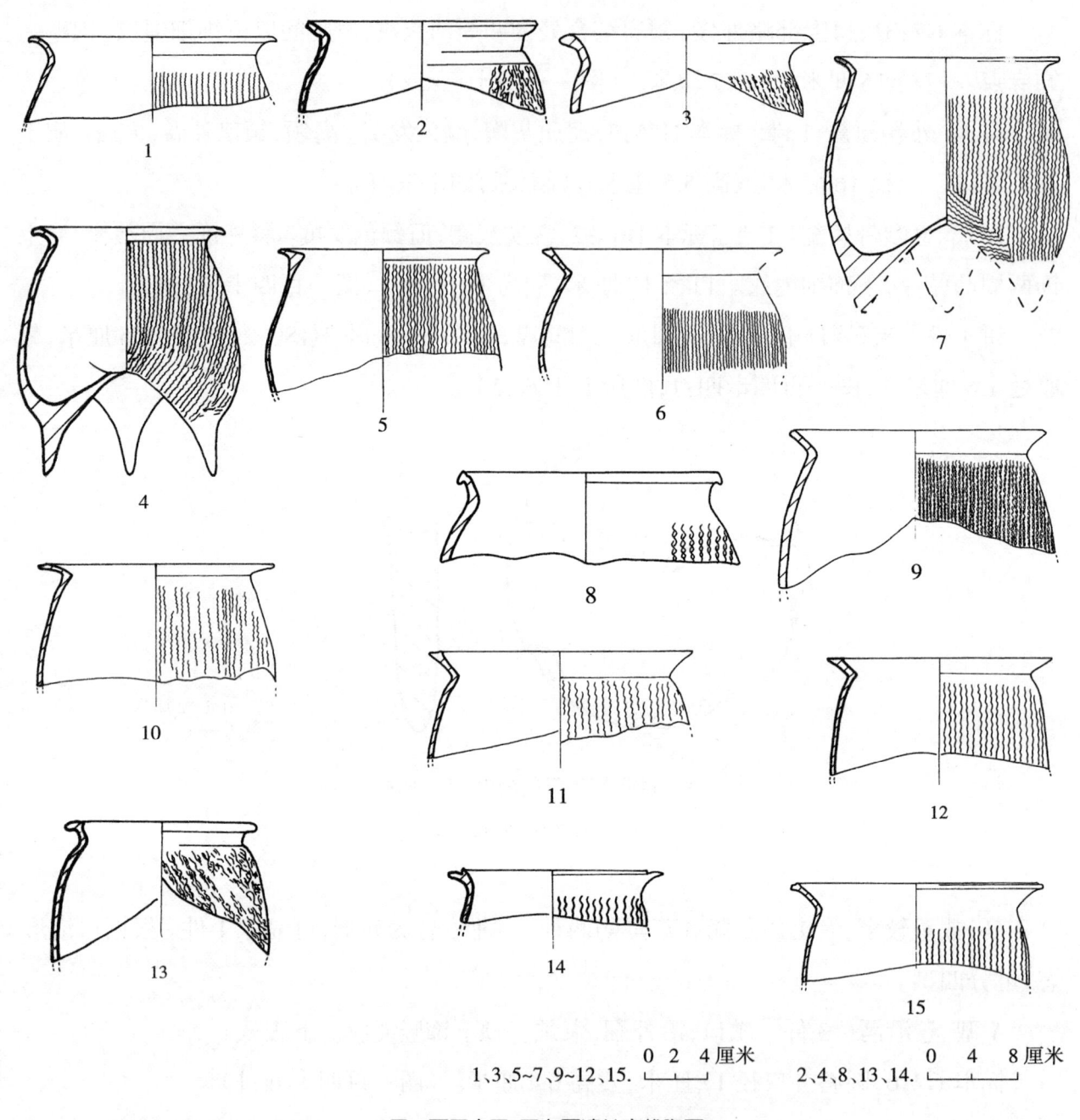

图一百四十五 五女冢遗址商代陶鬲

1. A 型 (G7:6) 2. A 型 (H160:1) 3. A 型 (H180:7) 4. B 型 (G7:7) 5. B 型 (G7:8) 6. B 型 (G7:14) 7. B 型 (G7:46) 8. B 型 (H55:2) 9. B 型 (H102:1) 10. C 型 (G7:9) 11. C 型 (G7:10) 12. C 型 (G7:11) 13. C 型 (H55:1) 14. D 型 (G7:15) 15. D 型 (H180:1)

标本 G7:14，平沿上有一道沟槽。腹饰细绳纹。口径 18 厘米，残高 9.2 厘米。(图一百四十五:6)

标本 G7:46，折沿，平口，圆唇，束颈，颈下饰细绳纹，弧腹，圆锥形实足，足残。口径 14 厘米，残高 14.5 厘米。(图一百四十五:7)

标本 H55:2，口沿下垂。颈下饰粗绳纹。口径 20 厘米，残高 10 厘米(图一百四十五:8)。标本 H102:1，腹饰细绳纹。口径 17 厘米，残高 11.2 厘米。(图一百四十五:9)

C 型　平沿鬲。折沿，尖圆唇，宽平口，口内折成倒钩状，束颈，颈下饰粗绳纹，袋足残。

标本 G7:9，折沿，平口，平沿上有一凹弦纹，下腹残。口径 16 厘米，残高 8 厘米。(图一百四十五:10)

标本 G7:10，折沿，平口，内折成倒钩状。口上有一周凹弦纹，腹饰细绳纹。口径 18 厘米，残高 7 厘米。(图一百四十五:11)

标本 G7:11，平口内折成倒钩状。口径 16 厘米，残高 7.5 厘米。(图一百四十五:12)

标本 H55:1，口径 16 厘米，残高 11.5 厘米。(图一百四十五:13)

D 型　子母口鬲。3 件。折沿平唇，唇内侧直立起棱，形成子母口。束颈，袋足残。腹饰细绳纹。

标本 G7:15，口径 16 厘米，残高 5 厘米。(图一百四十五:14)。

标本 H180:1，口径 19 厘米，残高 7 厘米。(图一百四十五:15)

袋足　3 件。

标本 H175:6，胎较厚，夹砂褐陶。分裆较高，圆锥状实足。袋腹上饰粗绳纹，外壁上部留有烟炱。残高 14 厘米。(图一百四十六:1)

标本 H175:7，夹砂红陶。仅存一袋足，袋足较瘦。上饰粗绳纹。残高 11 厘米。(图一百四十六:2)

标本 H65:6，泥质红陶。薄胎，袋足较瘦。袋腹上饰细线纹。残高 6.7 厘米。(图一百四十六:3)

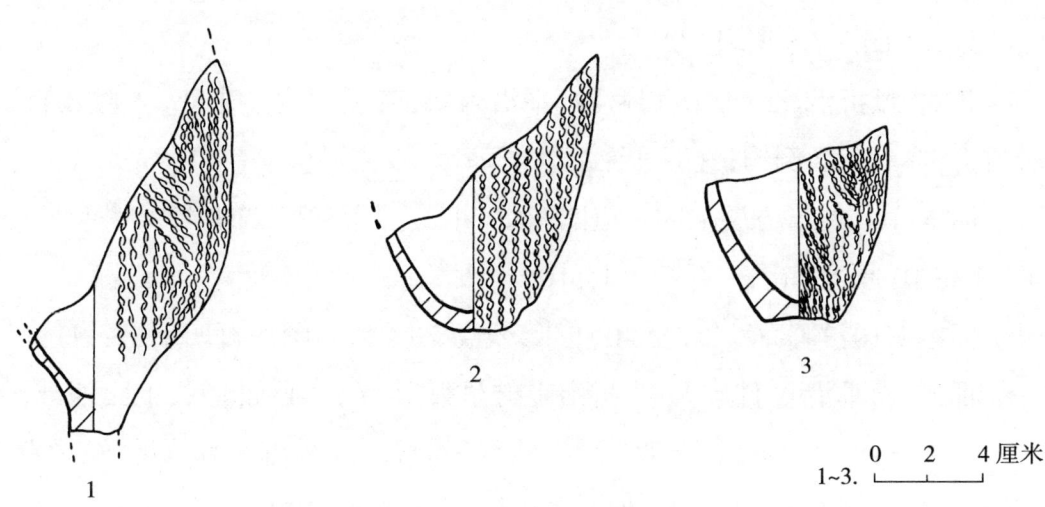

图一百四十六　五女冢遗址商代鬲足

1. 袋足(H175:6)　2. 袋足(H175:7)　3. 袋足(H65:6)

盆 泥质灰陶为主，另有少量泥质黑陶，个别夹砂陶。均磨光。根据器物口沿可分四型。

A型 侈口盆。1件。器形较大。标本H123:4,大口,圆唇,束颈,短肩,深鼓腹,下腹残。

颈下饰斜绳纹,绳纹上有抹擦痕。外壁素面。口径31厘米,残高13厘米。(图一百四十七:1)

B型 折沿盆 10件。数量较多。根据器物口部形态,可分两式。

Ⅰ式 平折沿。大口,平折沿,深腹,下腹残。器身除素面外,多饰弦纹和绳纹。

标本H214:10,内壁口沿下饰两周凹弦纹。外壁素面。口径32厘米,残高4.5厘米。(图一百四十七:2)

标本G7:23,外壁上部饰两周凹弦纹;内壁有两周凸棱,口径24厘米,残高4.6厘米。(图一百四十七:3)

标本H175:3,沿下饰一周凸弦纹。口径24厘米,残高5厘米。(图一百四十七:4)

标本G7:21,颈下有鸡冠囗耳,耳下饰竖绳纹和对顶斜绳纹。口径24厘米,残高12.5厘米。(图一百四十七:5)

标本G6:5,颈下饰凹弦敛纹和竖绳纹。口径32厘米,残高6.5厘米。(图一百四十七:6)

标本G7:22,沿下饰数周凹弦纹。口径20厘米,残高7.6厘米。(图一百四十七:7)

标本H214:7,沿下饰凸凹相间弦纹。口径24厘米,残高4.6厘米。(图一百四十七:8)

标本H214:6,磨光黑陶。窄折沿,尖唇,弧腹。沿下有一周凹槽。口径24厘米,残高5.5厘米。(图一百四十七:9)

Ⅱ式 弧折沿。2件。大口微敛,平沿外斜,束颈,方沿,鼓腹。上腹较直,下腹部残。盆沿内折,形成一圈倒钩;盆沿外缘加厚下垂。

标本H123:2,方唇上饰一道凹弦纹。上腹部为直腹,饰竖绳纹,模糊不清。口径36厘米,残高10厘米。(图一百四十七:10)

标本H10:3,素面。口径40厘米,残高7厘米。(图一百四十七:11)

Ⅲ式 斜垂沿 2件。大口,折沿上鼓呈弧形,方唇或尖圆唇,上腹外鼓,下腹残。

标本H180:6,腹上部较直。沿内侧有一周弦纹。外壁下部饰绳纹;内壁上部饰两周凸弦纹。口径40厘米,残高9.5厘米。(图一百四十七:12)

标本G6:4,胎质内红外黑,夹砂。尖唇,鼓腹。外壁上部饰凹弦纹,下部饰绳纹和凹槽

纹;内壁上部饰凹弦纹。口径26厘米,残高8.5厘米。(图一百四十七:13)

C型 卷沿盆。数量较多。根据器物形态,可分两式。

Ⅰ式 卷沿浅腹盆 1件。标本G7:20,泥质灰陶。敞口,外卷沿,斜直腹,浅腹。沿内内侧有一周凹弦纹。外壁下部饰绳纹;内壁上部有刮削留下的凸棱,下部饰麻点。口径44厘米,残高9.5厘米。(图一百四十七:14)

Ⅱ式 卷沿深腹盆。2件。大口,沿外撇,弧腹,腹较深,下腹残。

标本G7:19,磨光。腹上部饰三周凹弦纹,下饰不规则绳纹。口径34厘米,残高12.5厘米。(图一百四十七:15)

标本H202:8,沿上饰凹弦纹两周。口径32厘米,残高5厘米。(图一百四十七:16)

D型 敞口盆。1件。标本H175:1,微敞口,圆唇,斜直腹,下腹内收。腹部饰粗绳纹,上有抹擦痕。口径28厘米,残高10.5厘米。(图一百四十七:17)

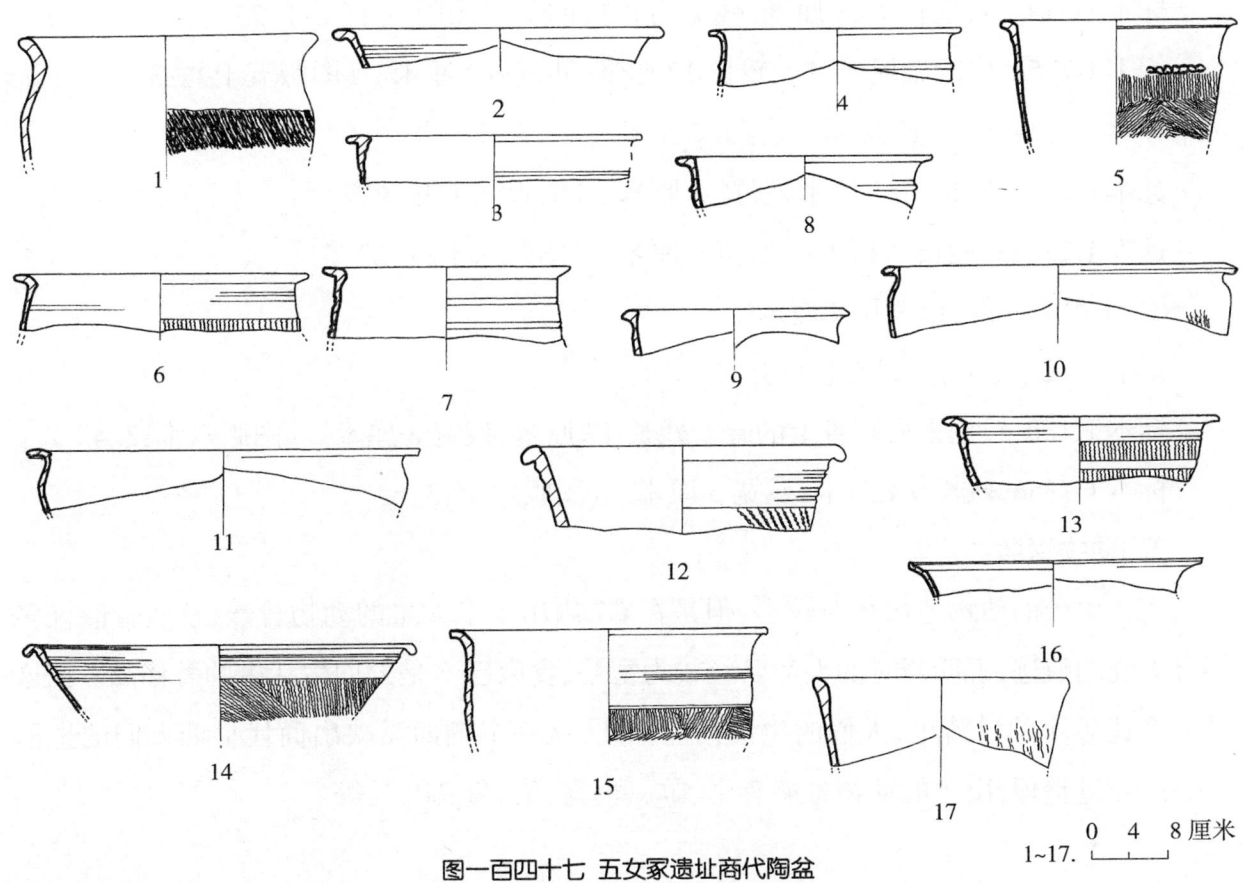

图一百四十七 五女冢遗址商代陶盆

1. A型(H123:4) 2. B型Ⅰ式(H214:10) 3. B型Ⅰ式(G7:23) 4. B型Ⅰ式(H175:3) 5. B型Ⅰ式(G7:21)
6. B型Ⅰ式(G6:5) 7. B型Ⅰ式(G7:22) 8. B型Ⅰ式(H214:7) 9. B型Ⅰ式(H214:6) 10. B型Ⅱ式(H123:2)
11. B型Ⅱ式(H10:3) 12. B型Ⅲ式(H180:6) 13. B型Ⅲ式(G6:4) 14. C型Ⅰ式(G7:20) 15. C型Ⅱ式(G7:19)
16. C型Ⅱ式(H202:8) 17. D型(H175:1)

三、装饰品

仅发现一件贝壳。标本 H221:1,自然形状。扇形,中间有一圆形穿孔。长 5.5 厘米,宽 4 厘米,孔径 0.7 厘米。(图版五十七:8)

四、宗教信仰遗物

卜骨 共发现 8 件,均为牛和羊的肩胛骨。只用火灼,不钻不凿。牛卜骨的制作方法是将肩胛骨有脊的一面,将中间的脊顺着骨头边缘挖去,包括里面的网状骨,直到露出底面的骨头形成平面。在底面的骨头上烧灼,背面产生燃点和不同纹路的裂痕。由于羊的肩胛骨比较薄,用其作卜骨时,其方法有两种:一是将羊肩胛骨清洗干净,直接在上面烧灼;另一种是先将肩胛骨上部比较厚的一部分和脊的高处部分削去,露出底面和网状骨,然后再在上面烧灼。利用背面的裂痕,确定事情的吉凶祸福。

牛卜骨 6 件。均为肩胛骨,残损严重,都仅存上部。

标本 H214:17,残长 15.3 厘米,残宽约 8.5 厘米。(图版五十九:1、2)

标本 G7:53,中间残损严重。残长 12 厘米,残宽 6.2 厘米。(图版五十九:3)

标本 G7:54,残长 12 厘米,残宽 6.7 厘米。(图版五十九:4、5)

标本 G7:55,残长 10.5 厘米,残宽 5 厘米。(图版五十九:6、7)

标本 H221:3,残长 7.4 厘米,残宽 7 厘米。(图版六十:1、2)

G7 中另有 1 件,仅残长 4 厘米。

羊卜骨 2 件。均为肩胛骨,均残。

标本 H180:5,挖去肩胛骨上的脊。残长 17 厘米,残宽 8 厘米。(图版六十:3、4)

标本 G7:56,残长 9.4 厘米,残宽 5 厘米。(图版六十:5、6)

五、动物遗骸

商代出土的动物遗骸相对较多,但是在 G7 内出土了大量的动物骨骸,这些骨骸许多都有火烧的痕迹,说明当时的人类已经较为富裕,食肉已不是人们生活中的奢侈品。在这样一个比较小的村落里,人们的生活尚能如此,从一个侧面反映出商代早期人们的生活水平。经过整理,出土的动物骨骸有牛、羊、鸡、狗、猪、兔、驴、马等。

第三节 结语

五女冢遗址商代遗存东距偃师市尸乡沟商都城址约 25 公里。五女冢遗址商代遗存属商代早期遗存。

五女冢遗址商代早期遗存中,虽然遗迹现象较为丰富,但遗物较少,可复原的器物更少,仅复原1件陶鬲。虽然遗物较少,但大部分出土器物的造型、制作风格和纹饰等均与郑州二里岗下层文化特征有很多相近的因素,个别器物与郑州二里岗上层文化特征也有相似之处。因此,五女冢遗址商代文化遗存的年代应与郑州二里岗上下层文化年代相当,距今约3600年[①]。

　　器物中发现的鬲足最多,均为圆锥状实足跟;鬲体高度大于宽度,形体瘦长;大口尊形体较粗,口径与肩径基本相等。圜底器多于平底器。鬲、深腹罐的口沿以折沿较多,翻卷沿较少,也有少量子母口式。卜骨上均有灼痕,没有发现钻凿痕迹等,这些特征与郑州二里岗下层文化特征极其相近。

　　五女冢遗址东距商代都城偃师商城、东南距夏代都城二里头遗址各25公里左右,五女冢遗址商代早期文化与偃师商城和二里头遗址二里岗上下两层文化面貌的总体特征和单个器物特征极其相同。五女冢遗址商文化的大口尊与二里头遗址二里岗文化下层的Ⅱ式、Ⅲ式的大口尊。Ⅰ式圈足豆与二里岗商文化下层的Ⅰ式簋、Ⅱ式簋。侈口盆与二里岗商文化下层的Ⅰ式盆。Ⅰ式、Ⅱ式小口高领瓮与二里岗商文化下层的高领罐、Ⅰ式、Ⅱ式高领瓮和□等形制相似。[②]

　　五女冢商文化的Ⅱ式圈足豆与二里头遗址二里岗上层商文化圈足豆的圈足,Ⅲ式小口高领罐与二里头遗址二里岗商文化上层的Ⅰ式高领罐,深腹罐与二里头遗址二里岗商文化上层的Ⅰ式、Ⅱ式罐等的形制都非常的相似和近似。[③]

　　根据以上对比,我们认为五女冢遗址的商代文化应属商代二里岗时期,即商代早期,距今约3600年左右。

　　五女冢遗址东距偃师商城较近,在当时应属畿内地一个基层村落,因此它反映了京畿地区农业经济的发展水平和文化面貌。其中二里岗下层遗物多于上层,我们认为五女冢遗址商代二里岗文化下层时期可能较上层时期更为繁荣。由于其包含有二里岗上下两层的文化,说明当时这个遗址一直有人类在此生活居住。

注释:

[①][②]河南省文化局文物工作队:《郑州二里岗》,科学出版社,1959年8月第一版。

[③]中国社会科学院考古研究院:《偃师二里头(1959年—1978年考古发掘报告)》,中国大百科全书出版社,1999年6月第1版。

第四章 战国时期文化遗存

五女冢遗址战国遗存保留较少,这次发掘的遗迹中仅有灰坑 7 个,灰沟 1 条。

第一节 遗迹

一、灰沟

灰沟 1 条,编号为 G3。

G3:位于北部发掘区中部,西北至东南向,横贯遗址东西,开口二层下,距地表约 0.3 米。该沟东西长约 86 米,口部宽 2.9~4.3 米,底部宽 1.1~1.15 米,深 1.6~1.65 米。剖面呈口大底小的倒梯形,两壁为斜坡状,较陡,平底。沟内底部有质地细腻,呈黄绿色的淤土。沟内上部填土呈浅黄色,为含沙量较大的冲积土,较为纯净,内含遗物较少,出土遗物有战国时期的小口高领罐、盆、小尊以及陶环等。(图一百四十八,图版六十一:1)

二、灰坑

灰坑 7 座。编号分别为 H117、H118、H129、H142、H163、H172、H174。根据其形状,可分为直筒形、台阶形和不规则形三种。

1. 筒状坑 3 座。编号 H118、H129 和 H174。以 H174 为例,介绍如下。

H174 位于 T0820 西部,开口三层下,打破生土。坑口南部被 H163 打破。坑口呈圆形,四壁较直,平底。口部距地表 0.9 米。口径 0.97 米,深 0.4 米。填土呈灰褐色,土质较松,内含有红烧土颗粒、黑炭颗粒和 8 片灰陶片。器形有筒瓦、板瓦和罐。纹饰有粗绳纹、交叉绳纹和方格纹等。(图一百四十九)

2. 台阶状坑 2 座。平面均呈不规则扁圆状,一侧有一层或两层台阶,底部较平整。

H163 位于 T0820 西部,开口三层下,打破 H174 和 W19、W20。开口距地表 0.86 米~0.9 米。口大底小,斜直壁,从东部向西部呈台阶状逐渐加深。口部南北最长约 4.36 米,东西最宽约 3.48 米。第①层台阶深约 0.2~0.24 米,进深 1.84 米,第②层台阶高约 0.36 米,进深 1.06 米。第三层台阶高约 0.32 米。坑底较窄,凸凹不平。最深约 0.9 米。填土呈浅灰色,内含有红烧土块、碳粒、料僵石和瓦片等。器形有筒瓦、板瓦等战国时期遗物。(图一百五十,图版六十一:2)

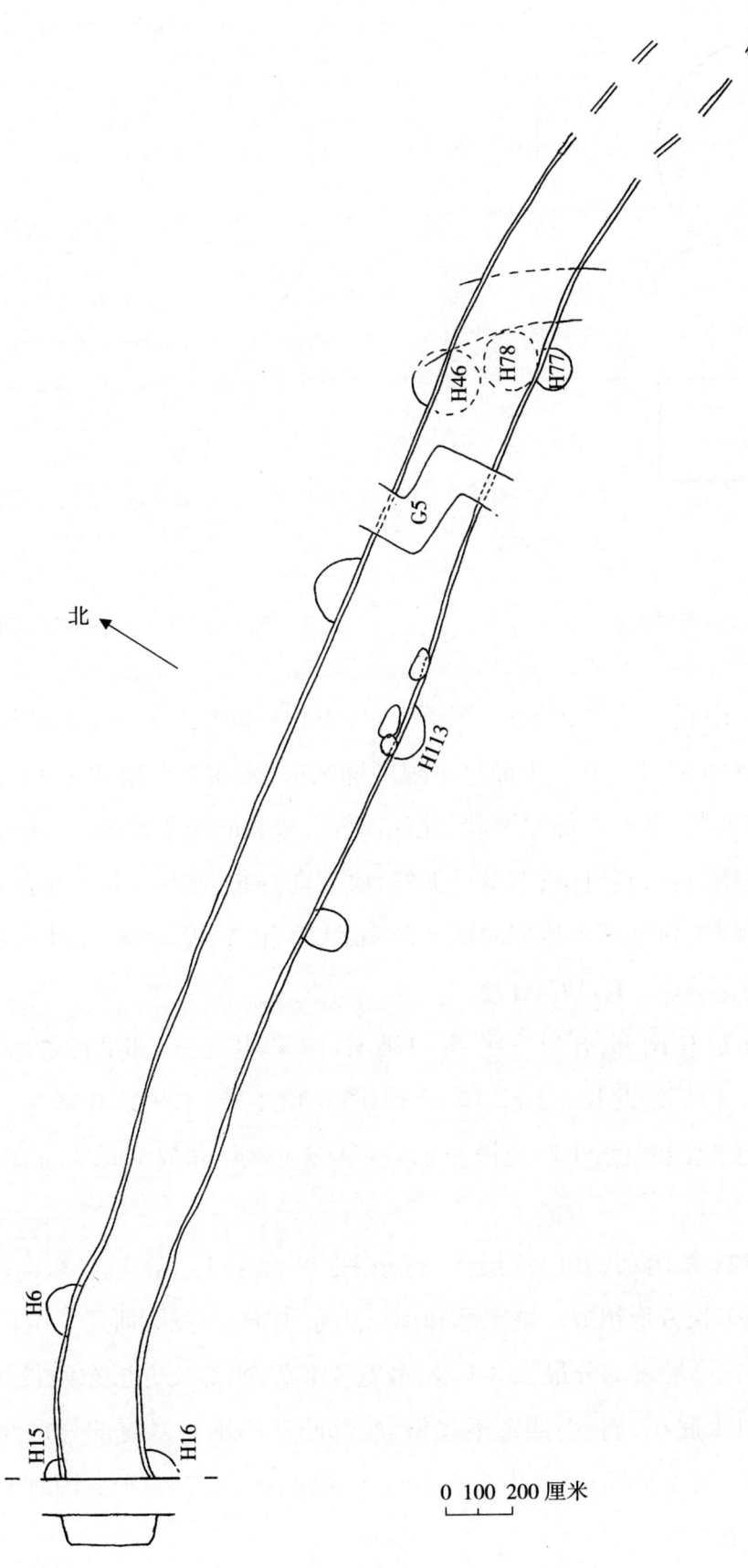

图一百四十八 G3 平剖面图

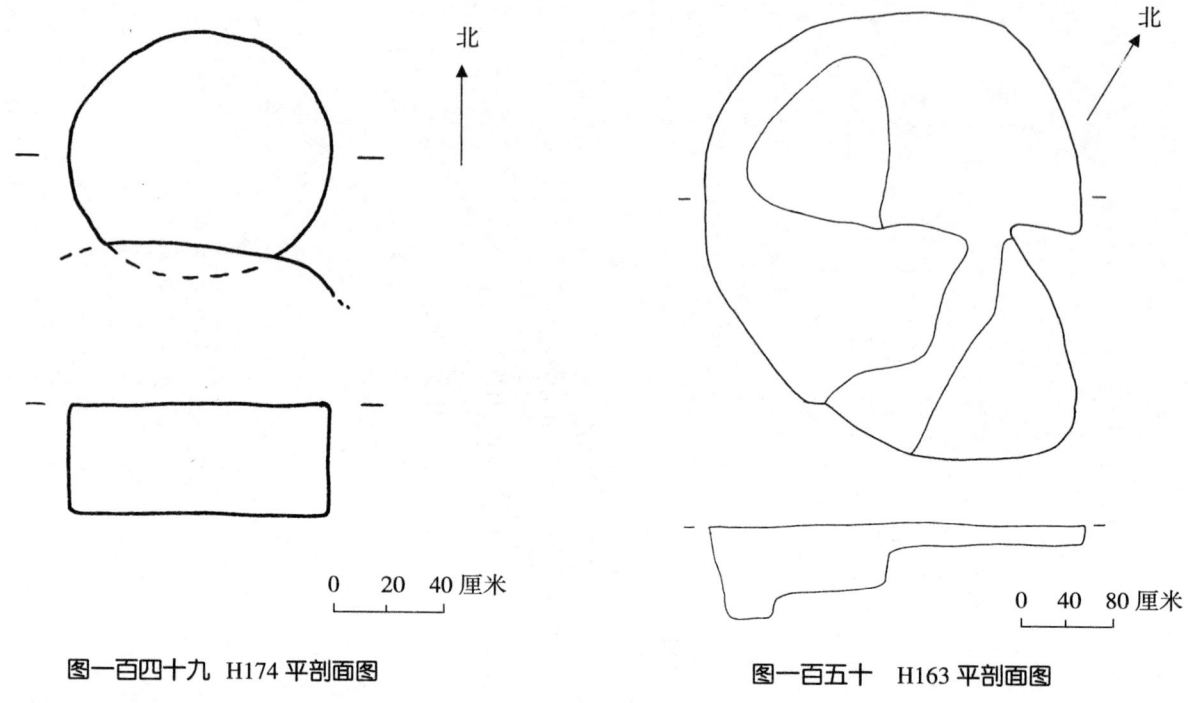

图一百四十九 H174 平剖面图　　　　　图一百五十 H163 平剖面图

H142　位于 T0819 的中北部，开口三层下，打破 H143 和生土。灰坑北部压于北隔梁下。口部距地表 0.85~0.92 米。开口平面呈不规则椭圆形，暴露部分南北长 1.6 米，东西宽 1.6 米。坑深 0.6~0.72 米。灰坑剖面呈瓢状，北浅南深。从北向南为慢坡状，除北侧外，东、南两壁口大底小，呈敞口状，斜直壁；西壁呈弧壁，底部向外扩，平底。填土呈红褐色，土质疏松。内含有黑炭颗粒、料礓石和战国时期的灰陶盆、罐和筒、板瓦等。（图一百五十一）

3. 不规则坑　2 座。编号 H117、H172。

H117　位于 T0624 中南部，开口三层下，打破 H118 和生土。口部呈长条形半月牙状，开口距地表 0.63 米。口部南北长 4.2 米。东西宽 0.26~1.04 米。深 0.1~0.36 米。坑底西浅东深，呈斜坡状。填土呈浅灰色，土质疏松。内含有红烧土颗粒和战国时期的盆、罐和筒板瓦等。（图一百五十二）

H172　位于 T0821 东南部，开口三层下，打破 H173 和生土。该坑坐东向西，平面呈"凸"字形，由东西两个长方形组成。坑东部和南部为东隔梁、南隔梁所压。坑口距地表约 0.5~0.9 米。东部长方形暴露部分最长 4.4 米，最宽 3.4 米；西部长方形东西长 3.25 米，宽 0.92~1.4 米。该坑口大底小，斜壁，四壁不规整，底部凸凹不平。暴露部分东西通长 7.65 米，深度 0.2~1.05 米。填土呈浅灰色，内含有红烧土颗粒、兽骨、石头和战国时期的筒板瓦和瓦当等。（图一百五十三）

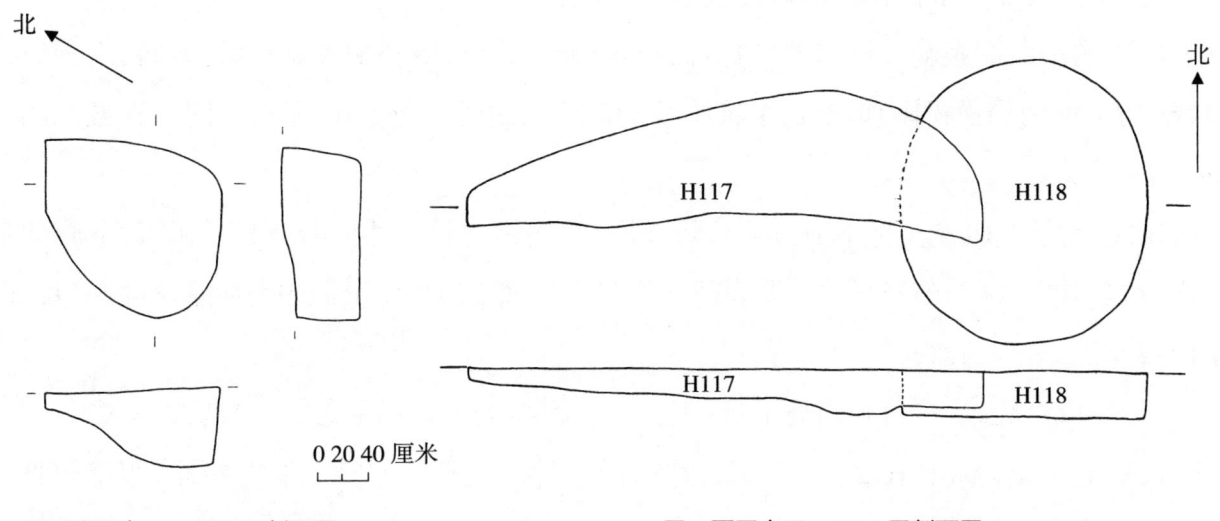

图一百五十一 H142 平剖面图　　　图一百五十二 H117 平剖面图

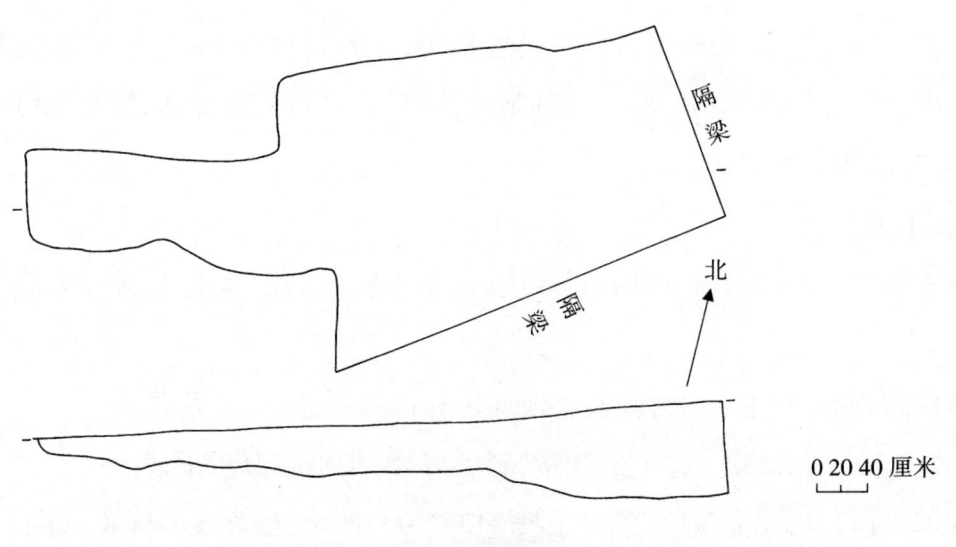

图一百五十三 H172 平剖面图

第二节 遗物

五女冢遗址出土战国时期的遗物较少，主要为陶质的生活用具和建筑材料。

一、生活用具

生活用具中除 1 件带钩为青铜器外，其余的生活用具均为陶器。陶器均为泥质灰陶，轮制。纹饰以绳纹为主，有少量弦纹和附加堆纹。器形有罐、瓮、盆、甑等。

甑　1 件。标本 G3:6，仅存器底残片。圆底，底部气孔较多，残存有 14 个。孔径较小，直径 0.7~0.9 厘米。（图一百五十四：1）

瓮 均为残器。根据器物的口沿形态，可分两式。

Ⅰ式 卷平沿圆腹瓮。标本 H174:4，器形较大。敛口，沿外翻成宽平沿，方唇，广圆肩，腹残。肩下饰两周模糊附加堆纹，上饰绳纹。口径 36 厘米，残高 10 厘米。（图一百五十四：2）

Ⅱ式 斜领圆腹瓮。标本 H174:3，敛包形口，矮领，斜唇，外出沿，圆肩，弧腹，下腹残。领内有宽凹槽。领下饰竖绳纹。器表凸凹不平。口径 24 厘米，残高 9.5 厘米。（图一百五十四：3）

罐 敛口直腹罐。敛口，斜肩下折，下腹残。根据器形口沿形态，可分两式。

Ⅰ式 卷平沿。标本 H129:1，敛口，束颈，沿外翻成宽平沿方唇。斜肩，折腹，腹壁较直，下腹残。腹身饰斜绳纹。口径 28.5 厘米，腹径 33.3 厘米，残高 17 厘米。（图一百五十四：4，图版六十二：1）

Ⅱ式 直领。标本 H163:1，口微敞，矮直领，方唇，斜肩，折腹，下腹残。方唇上有一周凹弦纹。折肩处饰一道凹槽。腹上有刮削涂抹痕迹。口径 20 厘米，残高 13 厘米。（图一百五十四：5，图版六十二：2）

碗 1 件。

标本 H163:2，口微敛，弧腹，下腹内收，小平底。口径 14 厘米，高 5.8 厘米。（图一百五十四：6）

小口高领罐 3 件。均为残器。根据领和口部形态，可分两式。

Ⅰ式 2 件。直领罐。口上部微敞，斜唇外翻，尖沿，圆肩，下残。

标本 H142:1，泥质灰陶，领以下残。口径 9.6 厘米，残高 5.7 厘米。（图一百五十四：7）

标本 G3:3，泥质灰陶。领较高，肩上饰平行细绳纹带，绳纹呈竖行排列，绳纹上又饰平行细凹弦纹。口径 11 厘米，残高 9.2 厘米。（图一百五十四：8）

Ⅱ式 1 件。束颈罐。标本 G3:4，敞口，束颈，领外翻，平唇，方沿，溜肩，肩下残。方沿上有一道凹槽，口内沿出棱。口径 9.8 厘米，残高 7.4 厘米。（图一百五十四：9）

尊 1 件。胎体较厚。

标本 G3:2，喇叭口，圆唇，高领，弧肩，直腹，下腹内收，底残。腹上饰数周平行细划纹。口径 14 厘米，残高 15 厘米。（图一百五十四：10）

盆 1 件。深腹盆。标本 G3:5，敞口，尖唇，微束颈，弧腹较深，下腹残。腹上饰模糊细绳纹，呈块状分布。口径 24 厘米，残高 9.5 厘米。（图一百五十四：11）

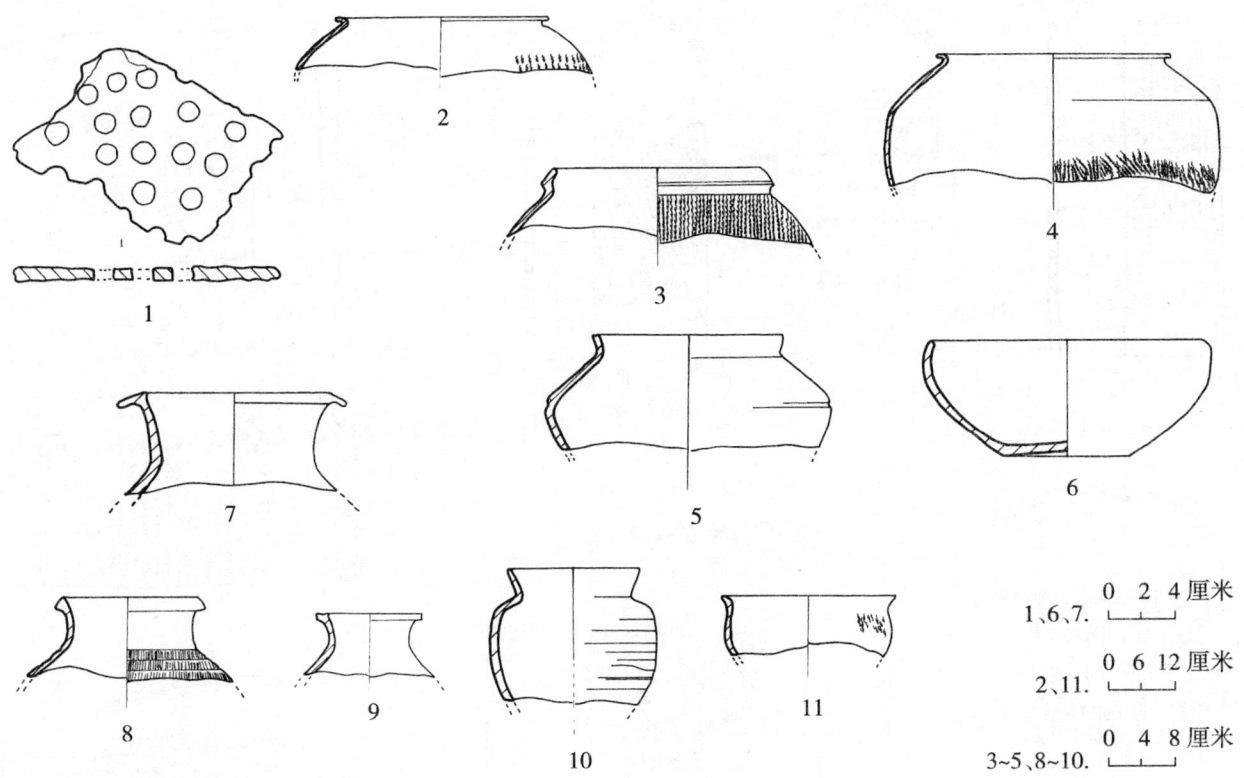

图一百五十四 五女冢遗址战国时期陶器

1. 陶甑(G3:6) 2. A型Ⅰ式瓮(H174:4) 3. A型Ⅱ式瓮(H174:3) 4. Ⅰ式罐(H129:1) 5. Ⅱ式罐(H163:1)
6. 陶碗(H163:2) 7. Ⅰ式小口高领罐(H142:1) 8. Ⅰ式小口高领罐(G3:3) 9. Ⅱ式小口高领罐(G3:4)
10. 陶尊(G3:2) 11. 陶盆(G3:5)

二、建筑材料

建筑材料种类较少,有筒瓦、板瓦和半圆形瓦当。

筒瓦 均呈半圆形。前有唇,后尾内削成斜坡状。表面粗糙。面上饰平行绳纹,内壁上有布纹。

标本 G3:9,基本完整。内壁上有布纹,外壁粗糙起凸棱,上饰竖行粗绳纹。唇、尾齐全,仅瓦唇略有残缺。通长 37 厘米,宽 12.6 厘米,厚 0.8~1 厘米。(图一百五十五:1,图版六十二:3、4)

标本 H174:1,残损,仅存中部。面上饰平行带状斜粗绳纹,内壁饰横绳纹,较模糊。残长 31 厘米,宽 13.5 厘米,厚 1 厘米。(图一百五十五:2)

标本 H174:2,残损,仅存中部。面上饰平行斜粗绳纹,内壁饰模糊斜粗绳纹。残长 26.5,直径 13.6 厘米,厚 1~1.3 厘米。(图一百五十五:3)

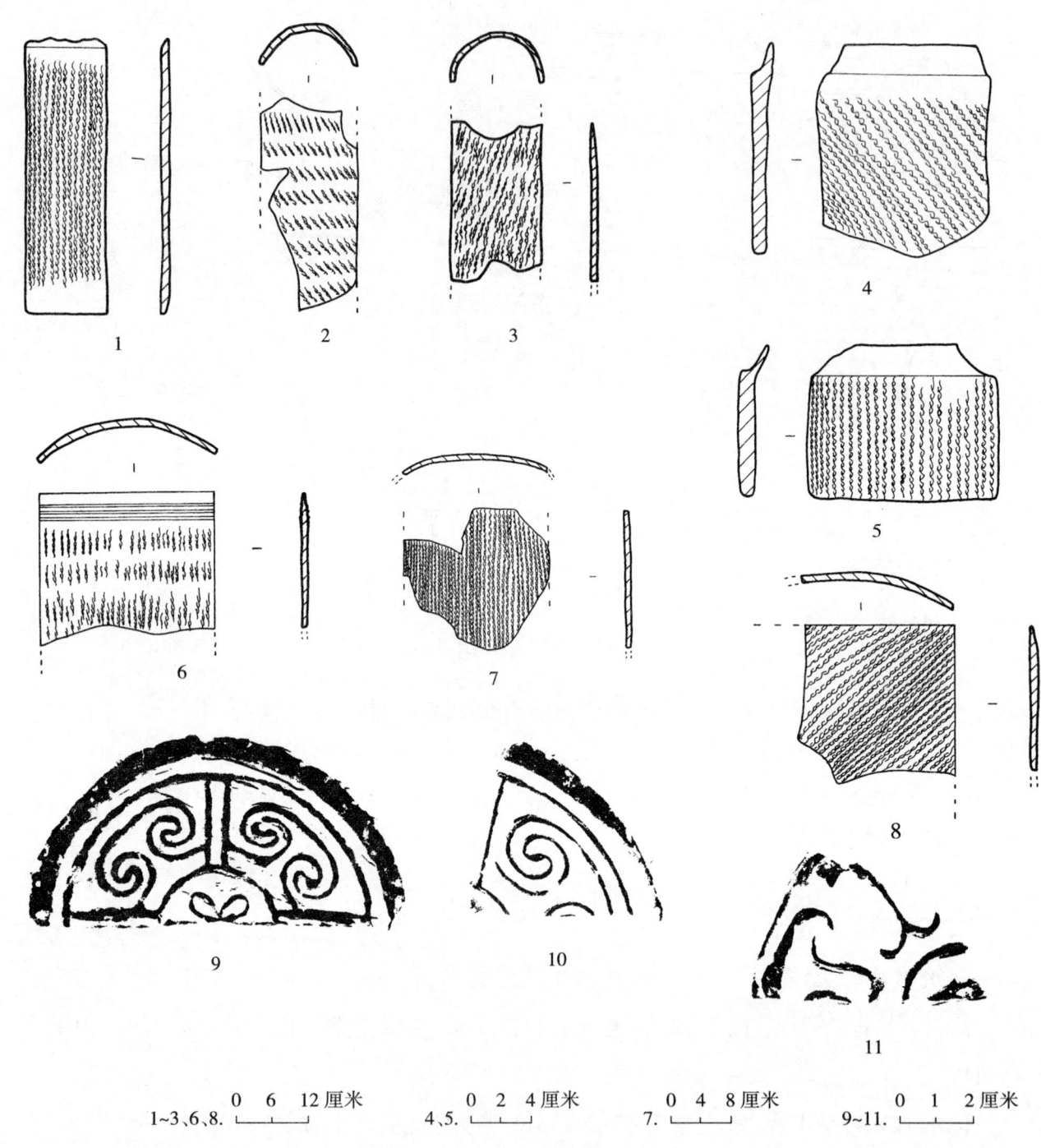

图一百五十五 五女冢遗址战国时期筒板瓦和瓦当

1. 筒瓦（G3:9） 2. 筒瓦（H174:1） 3. 筒瓦（H174:2） 4. 筒瓦（H142:2） 5. 筒瓦（H142:3） 6. 板瓦（G3:10）
7. 板瓦（G3:7） 8. 板瓦（G3:8） 9. Ⅰ式瓦当拓片（G3:21） 10. Ⅰ式瓦当拓片（H117:1） 11. Ⅱ式瓦当拓片（H172:1）

标本 H142:2，斜唇，唇棱明显。面上饰斜粗绳纹，内壁有布纹。残长 14.4 厘米，残宽 11.8 厘米，厚 0.9~1.4 厘米。（图一百五十五:4）

标本 H142:3，弧唇，唇棱切割整齐。面上饰平行竖行粗绳纹，内壁饰模糊粗绳纹。残长

10.7厘米，宽13厘米，厚0.9~1.1厘米。（图一百五十五：5）

板瓦 形体较大，胎较薄，因破碎，长度均不详。

标本G3：10，仅存瓦尾，尾部内壁呈斜削状，表面尾部外壁饰有四道横凹弦纹，通饰带状竖行粗绳纹，上有抹擦痕。残长22.6厘米，宽26厘米，厚0.7~1.1厘米。（图一百五十五：6）

标本G3：7，仅存一小段。表面饰密集竖行粗绳纹，绳纹上饰有间距不等的数组凹弦纹，每组4~5道。内壁粗糙。残长21厘米，残宽22厘米，厚0.9~1.2厘米。（图一百五十五：7）

标本G3：8，仅存一块瓦尾，尾部内壁呈斜削状。表面饰密集斜粗绳纹，内壁饰模糊的斜粗绳纹。残长24厘米，残宽22.8厘米，厚0.8~1.1厘米。（图一百五十五：8）

瓦当 3件，均为半圆形。每个瓦当正面上都有纹饰，纹饰为模印。根据瓦当纹饰图案，可分二式。

Ⅰ式：2件。标本G3：21，带瓦身，基本完整。瓦当中心有两片花瓣纹，花瓣纹外有两道凸棱线同心圆，沿瓦当边缘环绕相连。正面中间有两道平行竖线，将瓦当分割成左右两部分。内饰两组双钩卷云纹。瓦身上饰粗绳纹，平行竖状。粗绳纹上有抹痕。中后部有一孔，孔径1.8厘米。尾残。瓦当宽13.2厘米，高6.8厘米，残长35.5厘米，厚1厘米。（图一百五十五：9，图版六十二：3、4）

标本H117：1，残损严重。瓦当纹饰同上。瓦当残宽6厘米，高6.6厘米，瓦身残长5.5厘米。（图一百五十五：10）

Ⅱ式：1件。标本H172：1，残损严重。中心为一半圆乳丁纹，乳丁纹外有半圆形凸弦纹。在凸弦纹与瓦当边沿之间，有两组纹饰，均由单线条构成。一个是：上为涡纹，下为"V"字纹；另一个是"X"纹。二者相间排列。残宽8.2厘米，残高4.7厘米。（图一百五十五：11）

三、装饰品

装饰品有陶环、带钩等。

陶环均为泥质灰陶，数量较少，根据形体，可分两型。

A型 断面呈弧形三角形。

标本G3：20，外径5厘米。（图一百五十六：1）

标本G3：11，外径4厘米。（图一百五十六：2）

B型 断面呈半椭圆形。

标本 G3:12,外径 5 厘米。(图一百五十六:3)

标本 G3:13,外径 4 厘米。(图一百五十六:4)

带钩 1 件。标本 H129:2,青铜质。弓形。一端呈回首弯钩状;另一端呈扁形宽带状。弯钩的反面偏后部有一圆形钉盖形小柱。素面。通长 8.4 厘米。(图一百五十六:5,图版六十二:5)

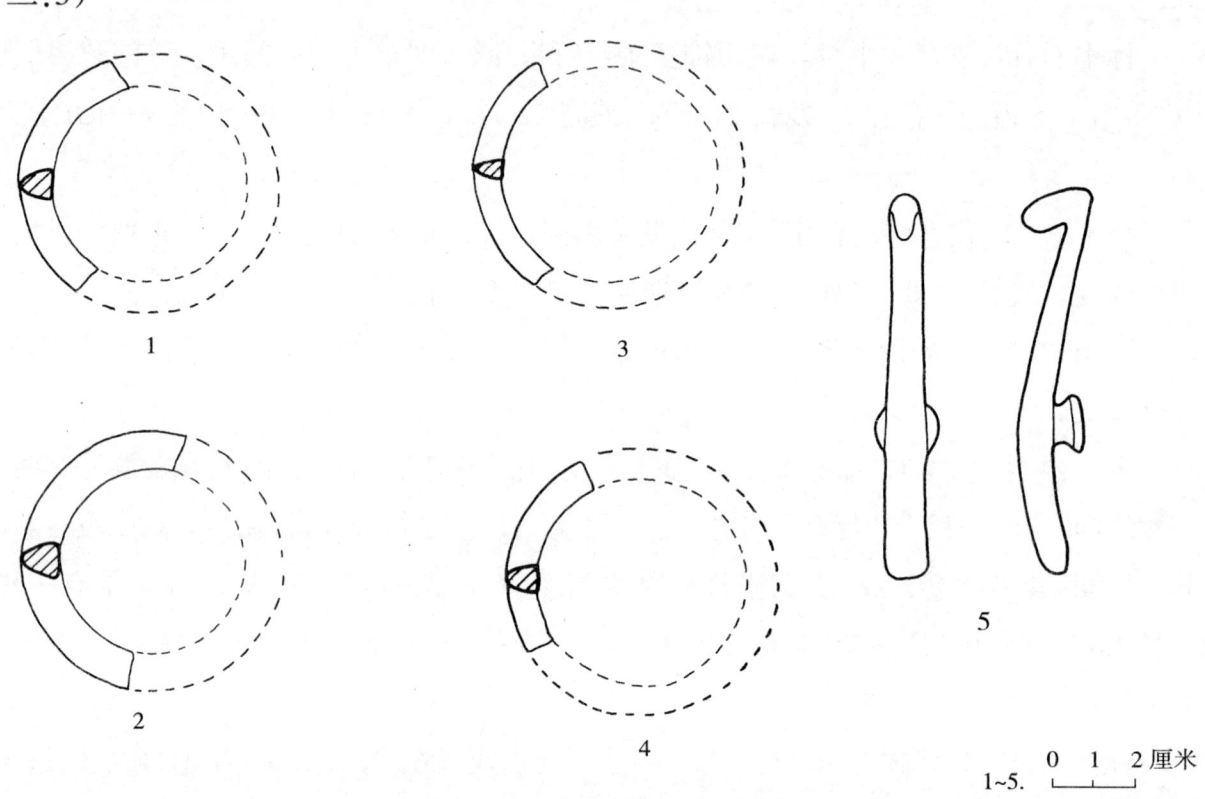

图一百五十六　五女冢遗址战国时期陶环和铁带钩

1. A 型陶环(G3:20)　2. A 型陶环(G3:11)　3. B 型陶环(G3:12)　4. B 型陶环(G3:13)　5. 铁带钩(H129:2)

四、兵器

兵器　仅发现 1 件。

镞　1 件。标本 G3:14,铜铁合体。镞为青铜,杆为铁质。镞呈三角形,面内凹,翼尾内收,圆铤中空。杆呈圆柱状,残断。残长 4.5 厘米。(图一百五十七:1)

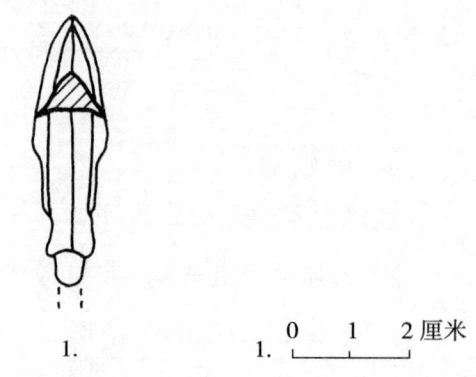

图一百五十七　五女冢遗址战国时期铜镞

1. 铜镞(G3:14)

第三节　结语

五女冢遗址发现战国时期的遗存比较少，仅有1条沟和7座灰坑。从现存的遗迹遗物来看，这一时期灰坑形制多直筒形和口大底小的不规则形。遗物虽然较少，但也有一些较有特点的器物，如陶器中的小口高领罐、碗与洛阳中州路东周文化遗存晚期陶器中的Ⅰ式小口罐和Ⅳ式盆等相近似。特别是出土的Ⅰ式、Ⅱ式半圆形瓦当的形制和图案，同洛阳中州路出土东周瓦当Ⅴ型、Ⅳ型相同。因此我们认为五女冢遗址东周文化相当于洛阳中州路的东周晚期，即战国时期[①]。

五女冢遗址南距东周王城北城墙的西端约1公里，近在咫尺，在这里发现的建筑材料意味着什么呢？我们认为有三种可能：一是由于这里地近国都，经济相对发达，表现在当时居住在这里的部分居民已经住上档次较高，用筒、板瓦覆顶的豪华住所；二是居住在王城里的贵族在这里盖有别墅；三是这里有烧制筒板瓦的窑场。结合五女冢遗址所处的地理位置，我们认为在战国时期，这里地近王城，交通便利，居高临下，前两种情况的可能性最大。

注释：

[①] 中国科学院考古研究所：《洛阳中州路（西工段）》，科学出版社出版，1959年第一版。

第五章 汉代文化遗存

五女冢遗址汉代遗存包括地面上和地面下。地面上的遗迹有 1 座土冢；地面下的遗迹仅在遗址北部的少数几个探方内发现有面积很小的一块文化层和散布在遗址四面八方的灰坑。灰坑分布面积较大。遗迹现象分三类：一块面积不大、文化层较薄的汉代文化层，2 条灰沟和 37 座灰坑。灰坑主要分布在北部发掘区。

第一节 遗迹

遗址内共发现汉代墓冢 1 个，灰沟 2 条，灰坑 37 座和 1 处文化堆积（由于面积较小，文化层较薄，时代较晚，故不介绍）。分别介绍如下：

一、墓冢

墓冢 1 座。

该墓冢位于遗址中部西侧，耸立于地面，西邻涧河，墓冢西侧下即为涧河。墓冢的封土已被涧河冲去一部分。该冢未发掘。土冢呈圆形馒头状，现存底部直径约 30 米，高出现在地面约 4.5 米。夯筑。现在冢上野草丛生。（图版六十三：1）

二、灰沟

灰沟 2 条。

G1：位于北部发掘区西南角的 T0424、T0524 探方中。G1 位于南侧隔梁下，暴露面积仅很小一部分。开口二层下，打破 G2、H8、H161 和生土。暴露部分呈长条状，东西向，东窄西宽。暴露部分东西长约 12.8 米，宽 0.15~1.15 米，发掘深度 2.2 米，实际深度不详，未发掘到底。北壁口部略呈敞口，下部壁面较直，修整光滑。沟内填土呈深褐色，土质上部较硬，下部较疏松。出土了汉代筒瓦、板瓦和一些陶器。（图一百五十八）

G5：位于北区的北部。东北—西南向。开口二层下，打破生土。根据五女冢遗址北高南低的地势，该沟内的水应为从东北向西南流动。该沟形状特殊，呈有规律的"Z"形弯折走势。南北两端均未发掘到头,发掘暴露部分长约 56 米。沟的西端距涧河仅约 20 余米,应是流入涧河的河口。沟北部开口较宽,南部略窄,断面呈倒梯形状。口部宽 1.4 米~2.4 米,底部宽约 1 米左右,深约 1.7 米。

根据该沟有规律的"Z"形走向,渠岸修理规矩整齐的特点,我们认为该沟应为人工挖掘的浇灌农田和提供生活用水的河渠。根据沟渠内出土大量汉代遗物分析,该沟的建造和使用时代,应为东汉早中期。(图一百五十九)

三、灰坑

灰坑 37 座。

灰坑共 37 座,根据灰坑形状,分为直筒形、敞口形、袋状和不规则子母形四种类型。

1. 筒状坑 12 座。根据该类灰坑口部形状,可分三式。即长方形、圆形或椭圆形以及长条形三种。大部分灰坑四壁较直,大部分底部为平底,少部分底部呈斜坡状或高低不平。大部分四壁和底部形成直角,少部分为圆角。

Ⅰ式 长方形直筒坑 6 座。据口部平面分直角和圆角长方形直筒坑。

直角长方形坑 3 座。H222 位于 T0207 东部,开口二层下,口部距地表 0.2 米。东西长 1.8 米,南北宽 0.92 米,深 0.2 米。四壁整齐,底部平整。填土呈浅灰色,土质疏松。内含有汉代的盆、碗和筒板瓦等。(图一百六十)

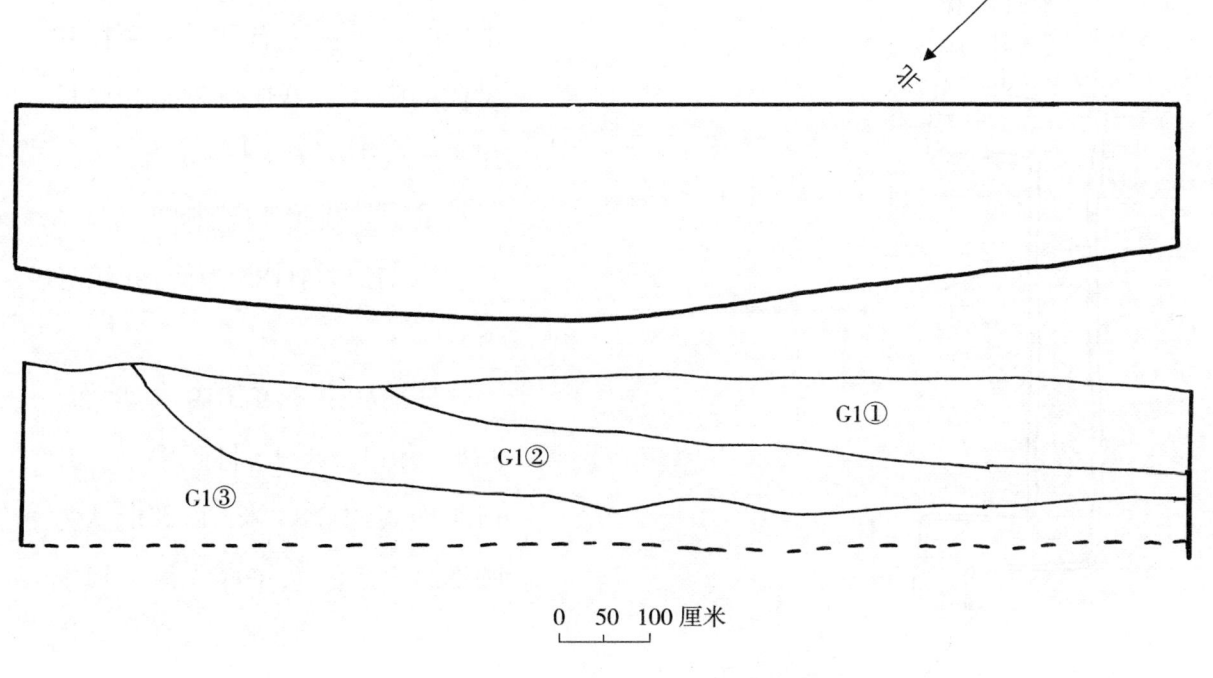

图一百五十八　G1 平剖面图

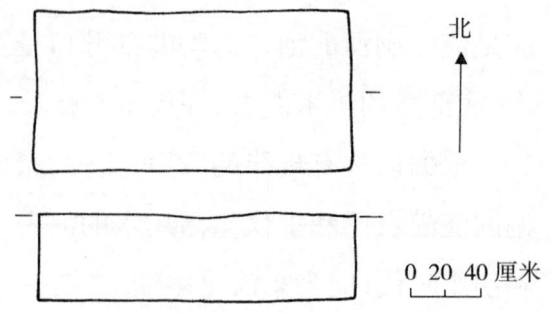

图一百六十　H222 平剖面图

圆角长方形坑 3 座。H5 位于 T0425 中南部，开口三层下，口部距地表约 0.5 米。口部略大于底部，四壁略带弧度，其中北壁中部向外突出明显。口部东西长 2.1 米，南北最宽 1.32 米。四壁较直，底部平整。底部东西长 2.04 米，南北最宽 1.2 米。填土呈浅灰色，土质疏松。内含有红烧土颗粒和汉代的陶片，器形有陶罐和筒板瓦等。（图一百六十一）

Ⅱ式　圆形和椭圆形坑 6 座。以 H217、H185 为例，介绍如下。

H217　位于 T1019 中西部，圆形，开口三层下，打破生土。开口距地表约 0.85 米。口部形状为圆形，四壁垂直，平底光滑。填土呈浅灰色，土质疏松。内含有红烧土颗粒、炭粒和汉代时期的筒、板瓦、陶罐等。（图一百六十二）

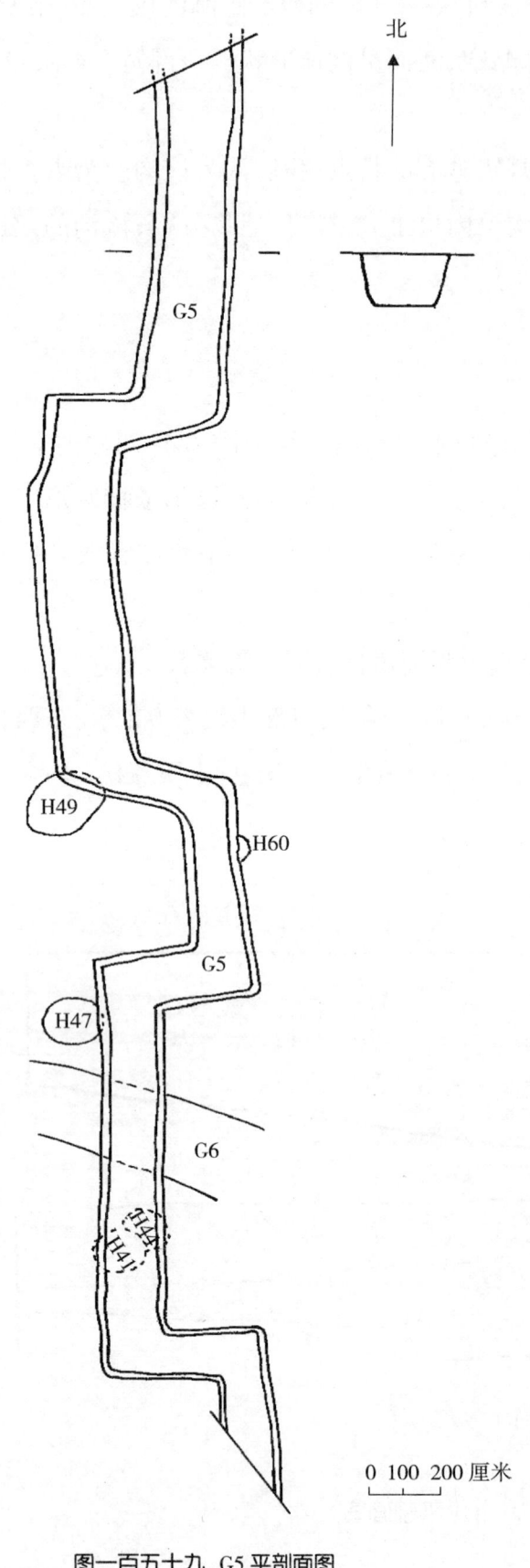

图一百五十九　G5 平剖面图

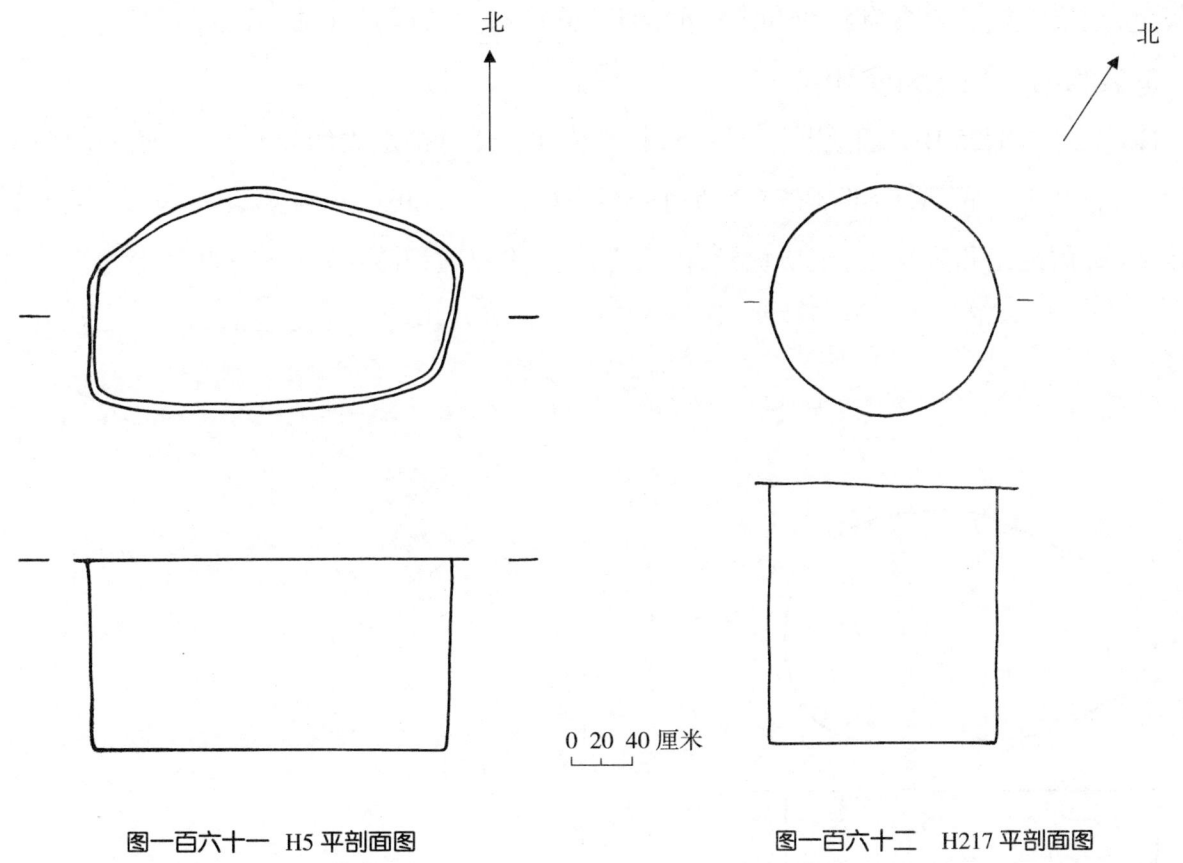

图一百六十一 H5 平剖面图　　　　　图一百六十二 H217 平剖面图

H185　位于 T1020 中南部，椭圆形，开口三层下，打破生土。开口距地表约 0.95 米。口部平面呈不规则梨状椭圆形，四壁垂直，底部北浅南深。北部平整，中部下沉，形似台阶，台阶下呈斜坡状，南部为平面。口部南北长 2.3 米，东西宽 1.44 米，深 0.6 米~1 米。填土呈浅灰色，土质疏松。内含有汉代的筒、板瓦等陶片。（图一百六十三）

Ⅲ式　长条形坑　3 座。以 H124 为例，介绍如下。

H124　位于 T0524 东南部，开口三层下，打破 H125 和生土。开口平面呈长条锥状，东北至西南向。西壁较直，平面东壁呈尖圆形，南北两壁呈曲线状，西部平行，至东部内收相连。东西长约 5.62 米，最宽处 1.8 米，深 0.5 米~0.7 米。填土呈灰褐色，土质疏松，内含有红烧土颗粒和大量陶器、铁器等。陶器有碗、罐、盆和筒、板瓦等，铁器有小铁刀、铁锹头，另外还有铜头铁杆镞等。（图一百六十四）

2. 不规则子母状坑　1 座。编号 H140。

H140　位于 T1020 中东部，开口三层下，打破生土。口部距地表约 0.9 米。坑口平面呈曲尺形，东壁、南壁壁面垂直，西壁为斜坡状，底部平整，但在中东部有一圆形小坑，平底。南北最长 2.82 米，东西宽 2.1 米，深 0.88 米。小坑呈圆形，直径 0.76 米，深 0.3 米。填土为

浅灰色,土质疏松。内含有碳粒和汉代的陶片,器形有盆、罐等。(图一百六十五)

3. 袋状坑 1座。编号H6。

H6 位于T0425中东部,开口三层下,打破生土。开口距地表约0.5米。口底平面均呈圆形,口部略小于底部,南半部被G3所打破。口径2.16米,底径2.44米,深0.9米。填土颜色较杂,有黄褐土和黑灰土,土质疏松,内含有汉代的陶罐和砖块。(图一百六十六)

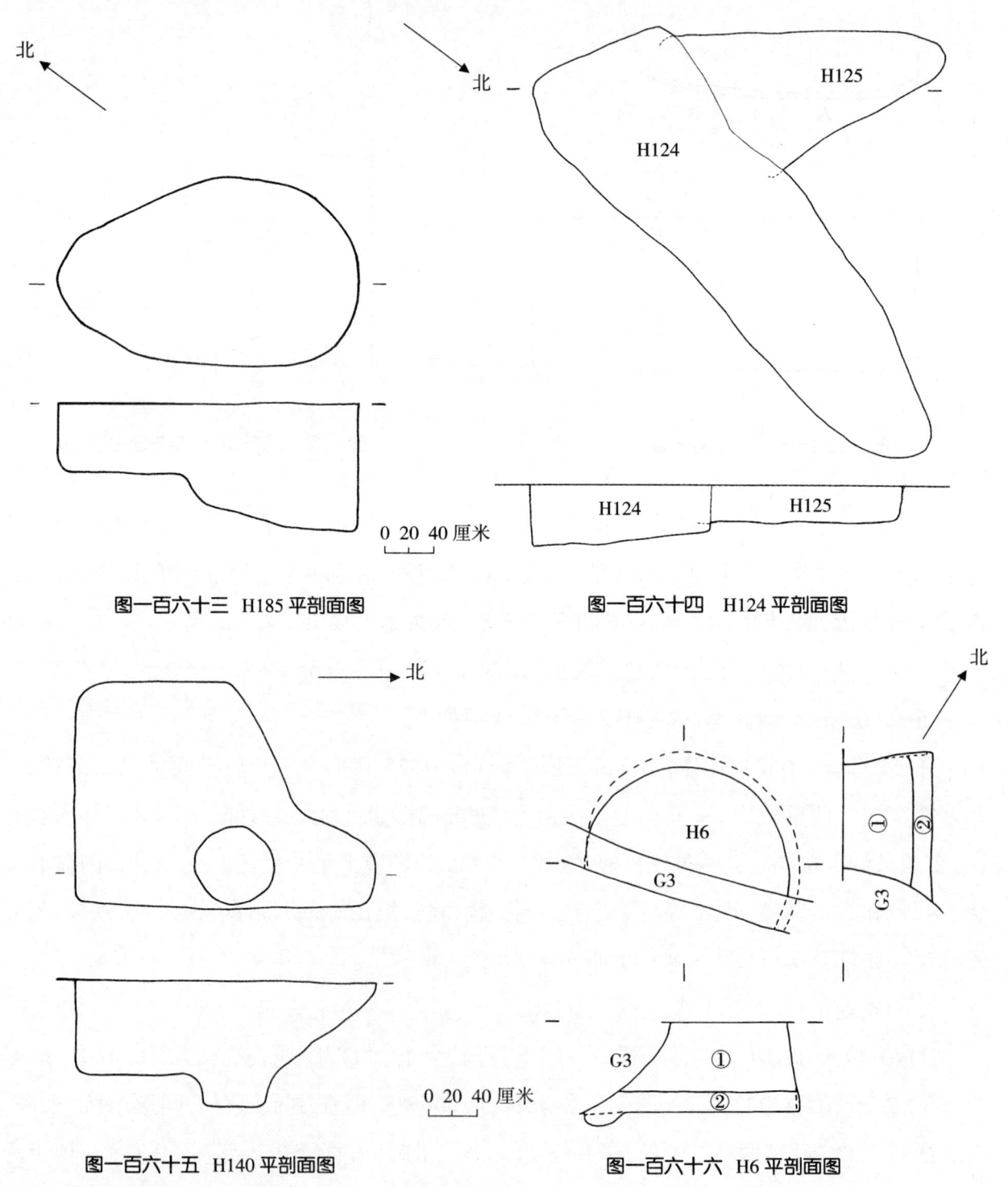

图一百六十三 H185平剖面图

图一百六十四 H124平剖面图

图一百六十五 H140平剖面图

图一百六十六 H6平剖面图

4. 敞口状坑 共10座。口大于底。依底部形状可分两式,即平底坑和圜底坑两种。

Ⅰ式 平底坑 6座。口部平面有圆形和椭圆形,四壁有斜直壁和弧壁,底部平整。以H74、H218为例,介绍如下。

H74 位于T1024西北部,开口三层下。口部北侧被H105打破,该坑直接打破生土。开口距地表约0.83米。口部平面呈梨状椭圆形,东宽西窄。东西最长处2.04米,南北最宽处1.46米。四壁向下内收,底部弧角,平底。最深0.74米。填土呈灰褐色,土质疏松,内含有红烧土块和汉代的盆、罐和筒、板瓦等。(图一百六十七)

H218 位于T1019西南部,开口三层下,打破生土。口底均呈圆形,四壁斜直,平底光滑。开口距地表约0.79米。口径1.6米,底径1.2米,深1.8米。填土呈浅灰色,土质疏松。内含有红烧土块、鹅卵石和汉代砖块、板瓦、陶盆、陶罐等残片。(图一百六十八,图版六十三:2)

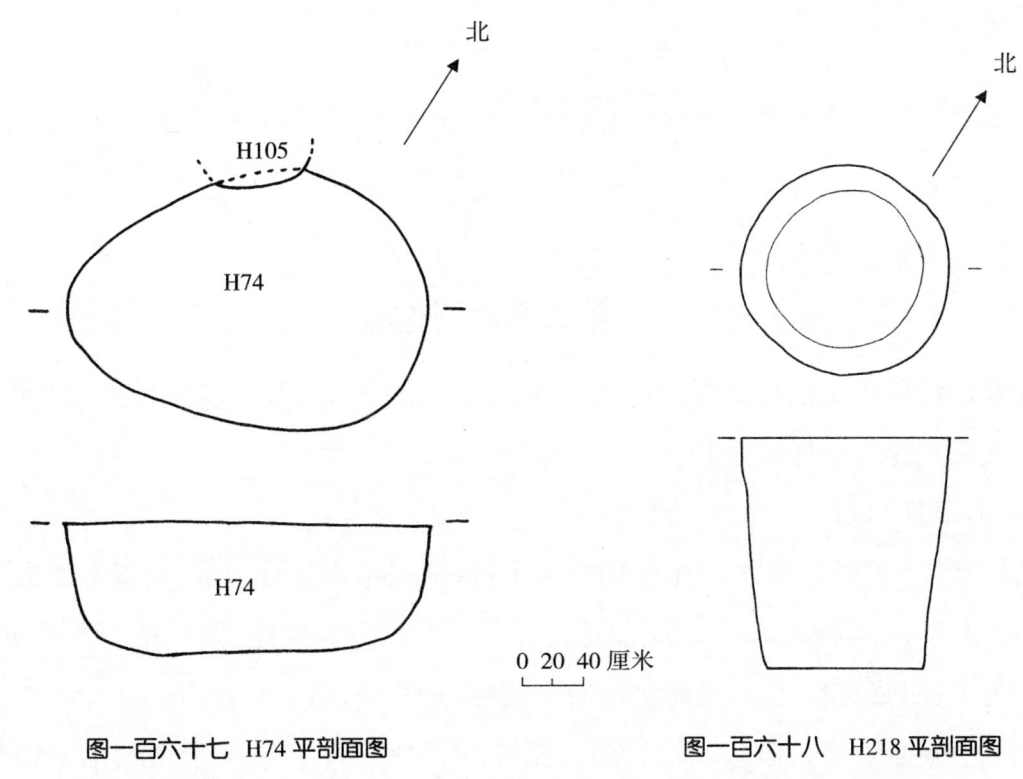

图一百六十七 H74平剖面图　　图一百六十八 H218平剖面图

Ⅱ式 圜底坑 4座。开口平面呈椭圆形和不规则椭圆形,四壁弧形内收,圜底。以H147为例,介绍如下。

H147 位于T0819中部,开口三层下,打破H149和生土。口部距地表0.75米~0.78米。平面呈不规则椭圆形,四壁弧形内收。口部东西最长约3米,南北最宽约2.34米,最深0.34米。填土呈浅灰色,土质疏松。包含有红烧土块、料僵石和汉代遗物。陶器有盆、罐和筒、板瓦;铁器有刀和镰等。(图一百六十九)

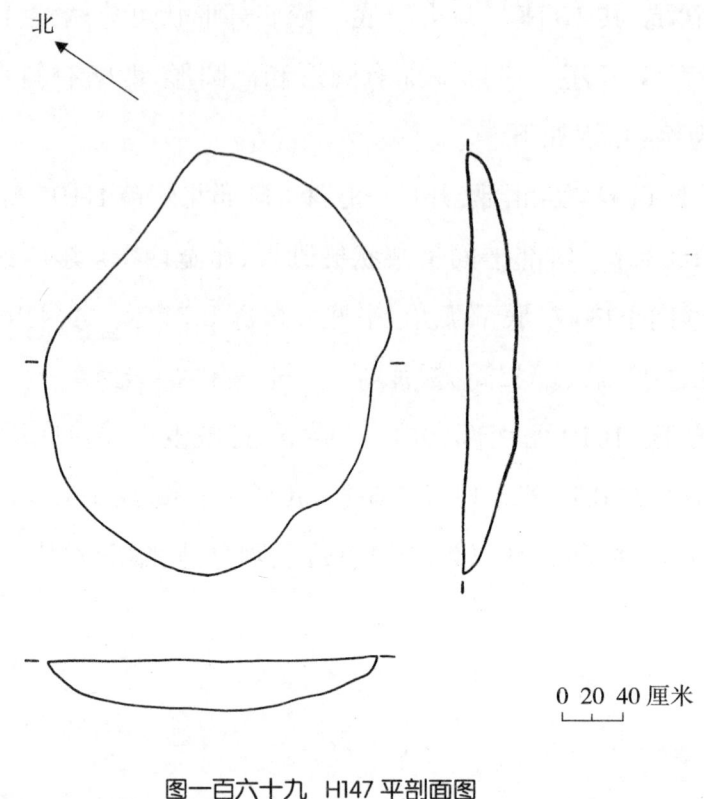

图一百六十九 H147 平剖面图

第二节 遗物

五女冢遗址所出土的汉代遗物种类主要有陶质的生活用具、建筑材料和装饰品；铁质的生产工具和铜镞铁杆的兵器。

一、生活用具

生活用具均为陶器。陶器以生活用具为主，铁器以生产工具为主；兵器主要为铜镞铁杆的箭。陶器可复原的器形有碗、盆、圈足盘、甑等，大部分为残器。陶质均为泥质灰陶。纹饰以绳纹为主，凹弦纹次之，少见附加堆纹。器形有盆、瓮、罐、豆、甑等。

甑 2件。复原1件。敞口，平沿，方唇，弧腹，小平底。唇上饰一周凹槽，沿下饰数周凹弦纹。标本H87:1，平底上有7个圆孔，中间一个，四周均匀分布6个，孔径约2厘米。口径35厘米，底径14厘米，通高21厘米。（图一百七十-1:1，图版六十四:1、2）

标本H87:2，底残。口径34厘米，残高14厘米。（图一百七十-1:2）

碾盘 1件。标本H87:5，圆形盘状。仅存一半。可复原。盘外有一周竖直沿，沿较厚。盘内从四周向中间倾斜，底面向上隆起。侧面上饰网状菱形方格纹。盘径44厘米，高5.5厘米，沿厚2.3厘米。（图一百七十-1:3，图版六十四:3）

盆 数量较多，共 14 件。依其腹部形制可分为两型。

A 型 深腹盆。该类型盆体形硕大，应为盛食器或淘洗东西所用。大口，平沿方唇，直腹或弧腹较深，下腹钩残。唇上多有一周凹弦纹。腹部多为素面，少数饰一到两周凹弦纹。

标本 H6:1，直口，宽平沿，方唇。口沿内壁上有一周凹弦纹，通体素面磨光。腹下部残缺。口径 57 厘米，残高 16 厘米。在其口沿上刻二字"少□"。"少"字为隶书，"□"字为篆体。我们推测少□，应为人名，其身份应是该盆的制作者或是该盆的所有者。（图一百七十 -1：4、39 拓片）

标本 H72:2，椭圆形口（烧制过程中，变形），口沿处内折，起一道棱。平沿上有两道凹弦纹，方唇上有一道沟槽。腹部上有数周凸棱。下腹残。最长口径 41 厘米，最短口径 37 厘米，残高 22.5 厘米。（图一百七十 -1：5）

标本 H147:2，窄平沿，弧腹。腹中部有一周凹弦纹。口径 38 厘米，残高 13.2 厘米。（图一百七十 -1:6）

标本 H6:2，斜平沿，方唇。弧腹。斜平沿和方唇上各有一道凹弦纹。口径 54 厘米，残高 9.6 厘米。（图一百七十 -1:7）

标本 H72:5，宽平沿，弧腹。口径 50 厘米，残高 4.7 厘米。（图一百七十 -1:8）

标本 H88:1，窄平沿，直腹。口径 32 厘米，残高 5.5 厘米。（图一百七十 -1:9）

标本 H88:2，宽平沿，直腹。口径 38 厘米，残高 7.4 厘米。（图一百七十 -1:10）

标本 H72:3，平沿，直腹。口径 38 厘米，残高 7.2 厘米。（图一百七十 -1:11）

标本 H72:4，窄平沿，弧腹。口径 36 厘米，残高 5.2 厘米。（图一百七十 -1:12）

标本 H6:9，窄平沿，弧腹。口沿下和腹中部饰数周平行凹弦纹。在壁上刻画有一个圆圈。口径 40 厘米，残高 13.5 厘米。（图一百七十 -1:13）

标本 H88:4，口沿内饰一周凹槽。沿下饰两周细弦纹，弦纹之下饰平行戳印纹。腹下残。口径 52 厘米，残高 8.7 厘米。（图一百七十 -1:14）

标本 H147:1，腹上部饰两周附加堆纹，附加堆纹上有绳纹，腹中部饰一道凹弦纹。口径 70 厘米，残高 16.2 厘米。（图一百七十 -1:15）

标本 H88:3，素面。口径 48 厘米，残高 8.4 厘米。（图一百七十 -1:16）

B 型 浅腹盆。复原一件。依口沿形态分两式。

Ⅰ式 敞口盆。复原 1 件。标本 H140:1，敞口，束颈，沿外翻，弧腹，平底。腹部起两道凸棱。口径 28 厘米，底径 14 厘米，高 9.6 厘米。（图一百七十 -1:17）

Ⅱ式 敛口盆。2件。敛口,鼓腹,窄平沿,下腹残。标本H6:7,敛口,沿外卷,方圆唇,弧腹略深,下腹残。口径30厘米,残高6.5厘米。(图一百七十-1:18)

标本H205:1,敞口,平沿,方斜唇,弧腹较浅,下腹残。腹部起数周凸棱。口径56厘米,残高7.2厘米。(图一百七十-1:19)

钵 复原3件。分两式。

Ⅰ式 折腹钵。2件。直口微敞,圆唇,唇下有一道凹槽。圆折腹,腹下内收,小平底。胎体较厚。

标本H72:1,复原。口径18.5厘米,底径8.5厘米,高7厘米。(图一百七十-1:20,图版六十四:4)

Ⅱ式 弧腹钵。1件。复原。标本H88:7,腹部有凸棱和刮削摩擦痕。口径20厘米,底径8.4厘米,高9.8厘米。(图一百七十-1:21)

碗 5件,复原3件。根据器物形态,可分三式。

Ⅰ式 弧形碗。2件,复原1件。微敛口,圆唇,弧腹,小平底。标本H185:1,完整。口径14.6厘米,底径6.5厘米,高6.7厘米。(图一百七十-1:22)

Ⅱ式 直口碗。2件,复原1件。直口,方唇,折腹,小平底。口沿不平,口沿下饰有对称3道划纹。标本T0821③:1,复原。口径14.7厘米,底径6.6厘米,高6.7~7.4厘米。(图一百七十-1:23,图版六十四:5)

Ⅲ式 棱纹碗。1件。标本H159:1,完整。敞口,卷平沿,方唇,束颈,直腹,下腹内折,饼形足。内壁有数周同心圆暗纹。外壁折棱明显。口径14.4厘米,底径7.8厘米,高7.2厘米。(图一百七十-1:24,图版六十四:6)

缸 厚胎。大口,微敛,平沿,方唇。沿下有数周不规则凹弦纹,通体饰竖细绳纹。H22:1,口径48厘米,残高14厘米。(图一百七十-1:25)

瓮 共6件。依器形口部形态的特点,分四型。

A型 大瓮。1件。器形硕大,胎体厚重,最厚处达2厘米。直领,圆厚唇,束颈,溜肩,下残。标本T0919③:1,口径52厘米,残高24厘米。(图一百七十-2:26)

B型 直领瓮。3件。矮直领,尖圆唇,广圆肩,肩下均残。

标本H88:6,器形硕大,胎体厚重,最厚处达2厘米。斜尖唇。口下饰一道凹槽。口径32厘米,残高10厘米。(图一百七十-2:27)

标本H6:6,矮领,圆唇。肩部画有两道同心圆弦,中间画有平行斜线纹。口径18厘米,

残高 8 厘米。（图一百七十 -2:28）

标本 H147:3,小平唇。口径 24 厘米,残高 5.8 厘米。（图一百七十 -2:29）

C 型 折沿瓮。1 件。标本 H88:5。敛口,折沿,领断面呈三角形,圆肩圆腹,下腹残。肩下有一道断断续续的细弦纹。口径 22 厘米,残高 15.5 厘米。（图一百七十 -2:30）

D 型 小口高领瓮。1 件。直口,高领,小圆唇,耸肩,弧腹,下腹残。标本 H6:5,口径 10 厘米,残高 8 厘米。（图一百七十 -2:31）

大罐 1 件。器形硕大,胎体厚重,器壁厚 1.2 厘米。

标本 H227:5,敞口,折沿,圆唇下垂,沿外壁中部饰一道较深的沟槽。内壁折沿处饰一道凹弦纹。沿上线刻两组文字,上为"始建国四年正买此宜泪食",字体为隶书,下为"河南史氏",字体为篆书。口径 60 厘米,残高 13.5 厘米。（图一百七十 -2:32,）

豆盘 1 件。标本 H14:8,浅盘,圆唇。盘内弧形,盘外沿上折,细长柄,柄残。口径 13.3 厘米,高 3 厘米。（图一百七十 -2:33）

豆柄 1 件。标本 H155:1,柄呈柱状,细长中空。座为覆盘状。残高 9.5 厘米,底座直径 11.2 厘米。（图一百七十 -2:34）

圈足盘 2 件。盘呈敞口,沿下斜,尖唇,浅腹,矮圈足。一件缺失圈足,另一件圈足略残。

标本 T0920③:1,较完整。泥质灰陶。口径 13.5 厘米,足径 9 厘米,通高 4 厘米,足高 1 厘米。（图一百七十 -2:35,图版六十四:7）

标本 T0825③:1,泥质红陶。圈足脱落。口径 12.8 厘米,残高 4.2 厘米。（图一百七十 -2:36,图版六十四:8、9）

圆圈形器 H87:3,器形不明,形似臼样。器形较大,胎体较厚。环形底座,中空,斜腹。内壁光滑,表面粗糙。腹壁和底座上戳印不规则细绳纹,每组之间互有覆盖。腹壁厚 2.2 厘米~2.6 厘米。底座外径 34 厘米,内径 26.4 厘米。（图一百七十 -2:37）

纺轮 1 件。标本 T1016③:1,扁圆形,中有一小孔。直径 4.6 厘米,厚 0.8 厘米。（图一百七十 -2:38,图版六十四:10）

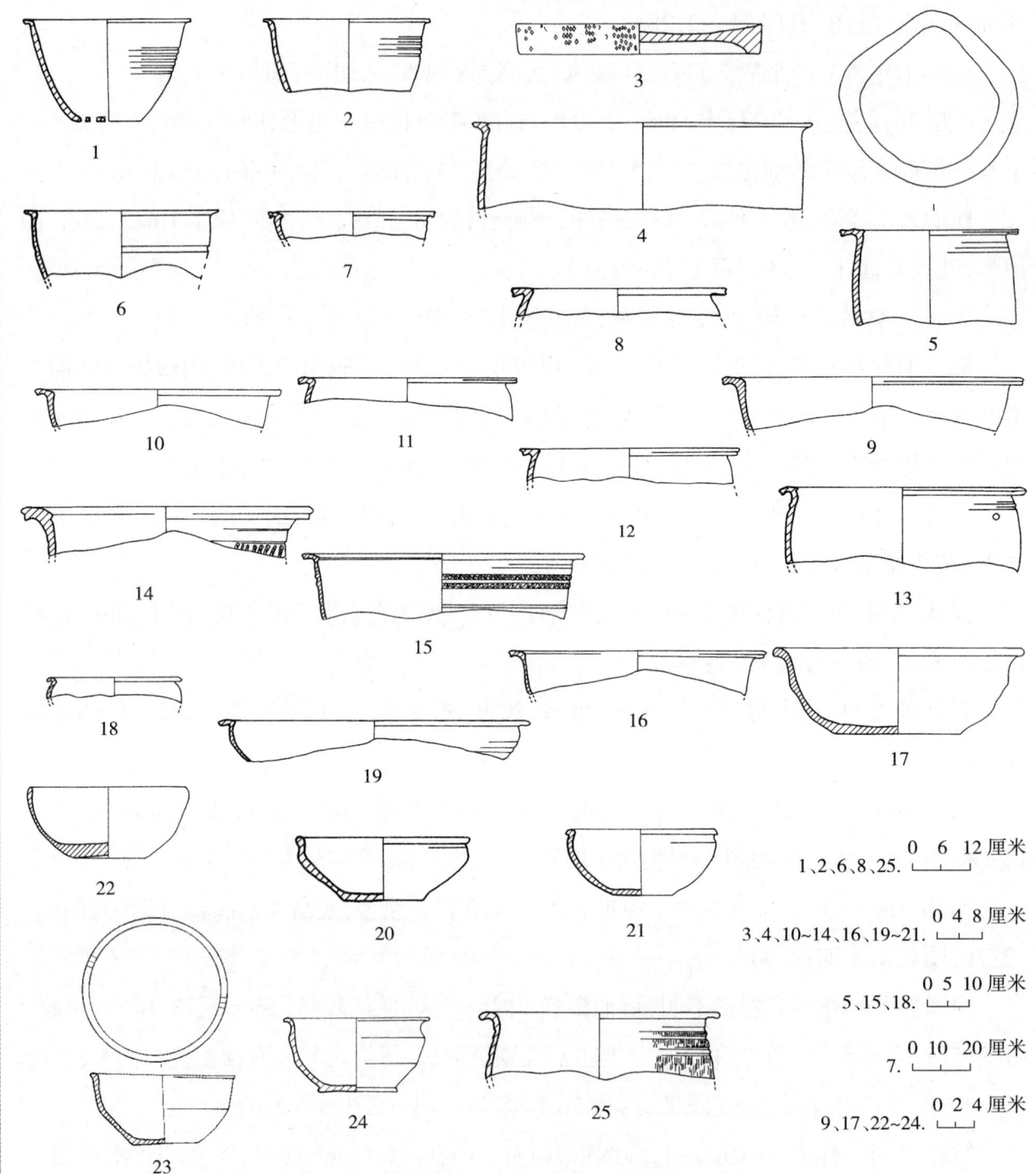

图一百七十-1 五女冢遗址汉代陶器

1. 陶甑(H87:1) 2. 陶甑(H87:2) 3. 碾盘(H87:5) 4. A型深腹盆(H6:1) 5. A型深腹盆(H72:2)
6. A型深腹盆(H147:2) 7. A型深腹盆(H6:2) 8. A型深腹盆(H72:5) 9. A型深腹盆(H88:1)
10. A型深腹盆(H88:2) 11. A型深腹盆(H72:3) 12. A型深腹盆(H72:4) 13. A型深腹盆(H6:9)
14. Ⅱ式深腹盆(H88:4) 15. Ⅱ式深腹盆(H147:1) 16. Ⅱ式深腹盆(H88:3) 17. A型浅腹盆(H140:1)
18. Ⅰ式浅腹盆(H6:7) 19. Ⅱ式浅腹盆(H205:1) 20. 陶钵(H72:1) 21. 陶钵(H88:7)
22. Ⅰ式陶碗(H185:1) 23. Ⅱ式陶碗(T0821③:1) 24. Ⅲ式陶碗(H159:1) 25. 陶缸(H22:1)

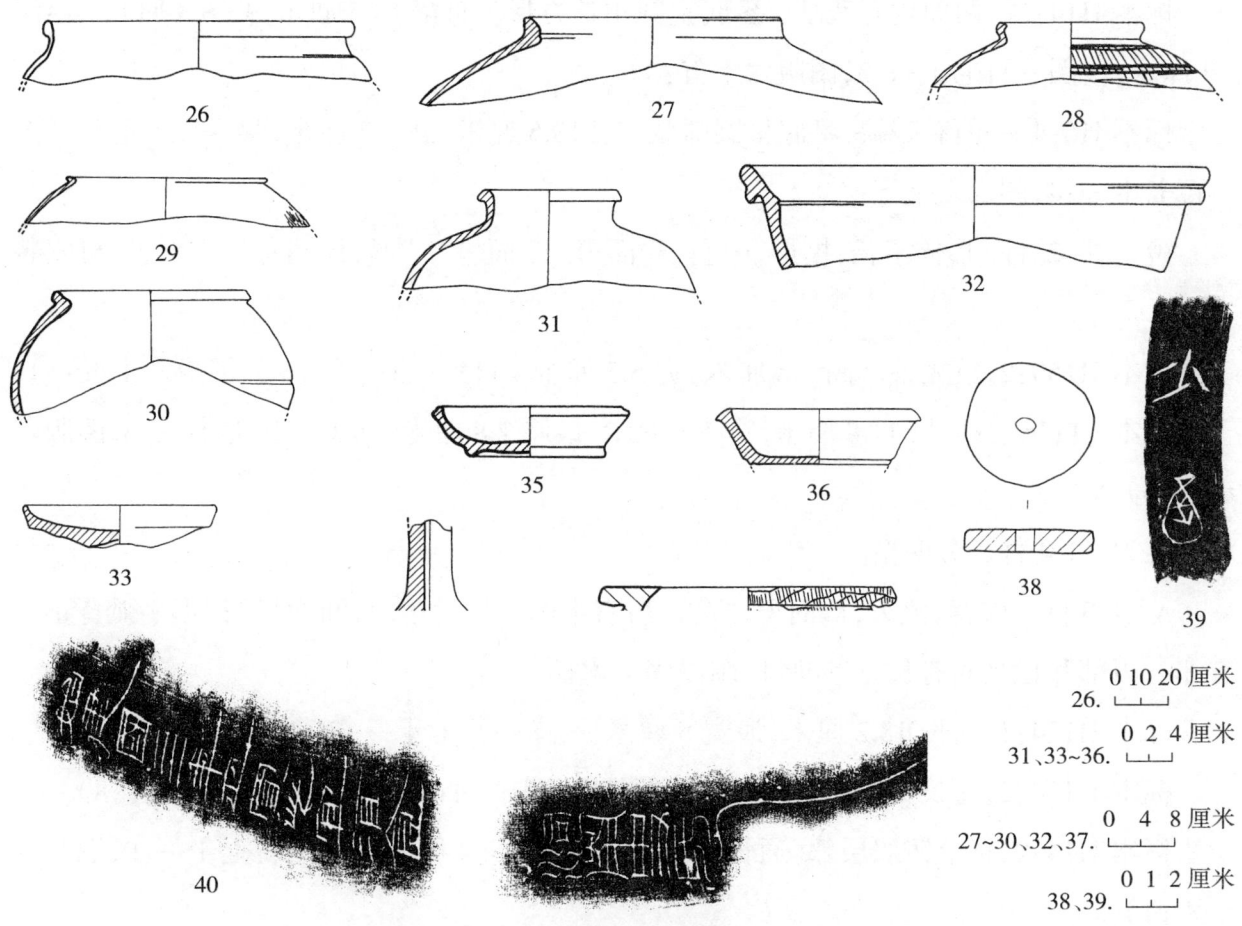

图一百七十-2 五女冢遗址汉代陶器、陶文拓片

26. A型陶瓮（T0919③:1） 27. B型陶瓮（H88:6） 28. A型陶瓮（H6:6） 29. B型陶瓮（H147:3）
30. C型陶瓮（H88:5） 31. D型陶瓮（H6:5） 32. 陶罐（H227:5） 33. 陶豆盘（H14:8） 34. 陶豆柄（H155:1）
35. 陶圈足盘（T0920③:1） 36. 陶圈足盘（T0925③:1） 37. 圆圈形器（H87:3） 38. 纺轮（T1016③:1）
39. 文字拓片（H6:1） 40. 文字拓片（H227:5）

二、生产工具

生产工具均为铁质，器形有锄、镰刀、小刀、削和锛等。

锄 共4件。长方形，楔状，中空，双面刃。断面呈"V"形。顶端有长方形銎，可嵌入木质锄面，与犁铧的组装结构相似。

标本G5:2，较为完整。宽14厘米，高7厘米。（图一百七十一:1，图版六十五:1）

标本H147:6，一面损坏，可以看出銎内底部呈圆角长方形。宽13.5厘米，高7厘米。銎深约4.2厘米。（图一百七十一:2，图版六十五:2）

标本 H14:1，两面均有残缺。銎底呈圆角长方形。面宽 13.5 厘米，高 6.3 厘米。銎深 3.4 厘米。（图一百七十一:3，图版六十五:3）

标本 H6:4，一面有残缺，銎底呈圆弧状。宽 13.5 厘米，高 7.7 厘米，銎深 3.8 厘米。（图一百七十一:4，图版六十五:4）

锛 共 2 件。形体窄长，楔形，中空，双面刃。断面呈"V"形，顶端有长方形銎，可安装木柄。

标本 H159:2，较完整。高 7.8 厘米，宽 5.5 厘米。（图一百七十一:5，图版六十五:5）

标本 T1116③:1，长 11.8 厘米，宽 5.1 厘米，最厚 2.8 厘米。（图一百七十一:6，图版六十五:6）

镰刀 共 4 件。分两型。

A 型 3 件。弧背，弧刃，双面刃，方首，后有半圆形栏。短内，断面呈"T"形。弧背正面有郭。刃部和栏之间有长方形缺口，用以固定木柄。

标本 H124:1，通长 18.2 厘米，最宽 5 厘米。（图一百七十一:7，图版六十五:7）

标本 H124:2，通长 16.5 厘米，最宽 4.4 厘米。（图一百七十一:8，图版六十五:8）

标本 H14:2，背上铸双层郭。通长 14.9 厘米，最宽 4.4 厘米。（图一百七十一:9，图版六十六:1）

B 型 1 件。弯钩状，弧背弧刃，尖首，双面刃。尾后有卷栏。标本 H147:5，通长 23.5 厘米，最宽 3.8 厘米。（图一百七十一:10）

小刀 1 件。标本 H124:3。弧刃直背，双面刃，刀尖残。长方形柄，环首。通长 20 厘米，刀面最宽 1.8 厘米。（图一百七十一:11，图版六十六:2）

削 2 件。扁条状。直背，双面刃，短柄，柄首向下弯曲，尖残。

标本 H147:4，残长 15.8 厘米。刃较宽，因使用刃部向上内凹，柄首内卷下垂。现存刃长 11.6 厘米，柄长 4.2 厘米；刃宽 1.6 厘米~2.3 厘米，柄宽 1.7 厘米。（图一百七十一:12，图版六十六:3）

标本 H124:6，残长 14.1 厘米。直背，直刃，尖首略残，短柄，柄首呈圆形螺旋式内卷。刃长 6.9 厘米，刃最宽处 1.3 厘米；柄长 7.2 厘米，柄宽 1.1 厘米。（图一百七十一:13，图版六十六:4）

箍形器 1 件。标本 H6:10，筒状，内圆外方。外形呈六棱状体。内径 8.8 厘米，高 7.2 厘米，壁厚 0.7 厘米。（图一百七十一:14，图版六十六:5、6）

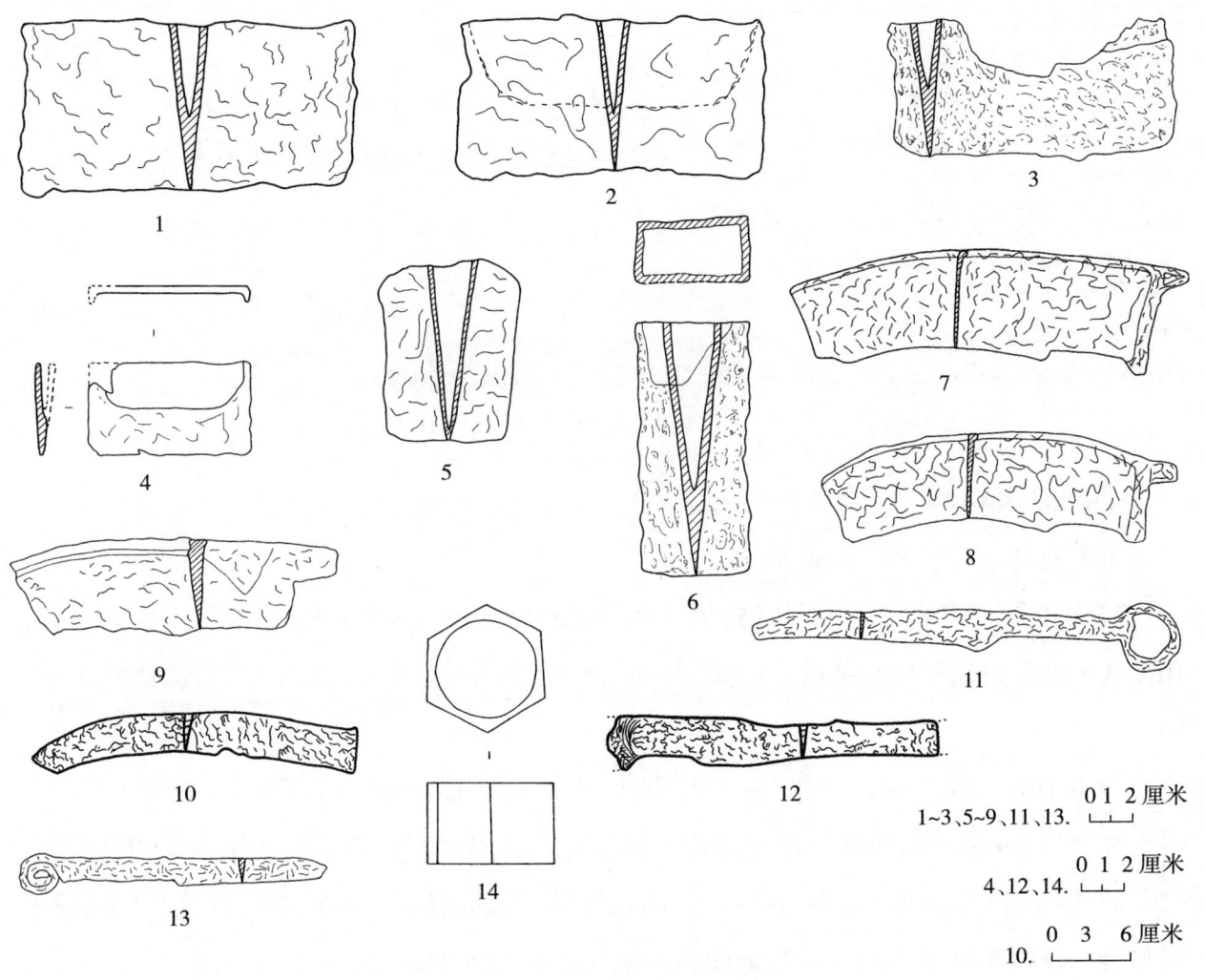

图一百七十一 五女冢遗址汉代铁器

1. 铁锄(G5:2) 2. 铁锄(H147:6) 3. 铁锄(H14:1) 4. 铁锄(H6:4) 5. 铁锛(H159:2) 6. 铁锛(T1116③:1)
7. A型铁镰(H124:1) 8. A型铁镰(H124:2) 9. A型铁镰(H14:2) 10. B型铁镰(H147:5) 11. 小铁刀(H124:3)
12. 铁削(H147:4) 13. 铁削(H124:6) 14. 铁箍形器(H6:10)

三、兵器

仅出土有4支铜镞铁杆的箭。

箭 4支。均为铜铁合体。箭镞为青铜质，箭杆为铁质铸造。箭镞呈弧形三角形，尾内收；箭杆为圆条形，均残。箭杆嵌入箭镞尾部的铤内。

标本H14:3，镞长2.4厘米，杆残长18厘米。箭杆后部变形，折成90度弯状。（图一百七十二：1，图版六十六：7）

标本H14:4，镞长2.4厘米，杆残长15厘米。（图一百七十二：2，图版六十六：8）

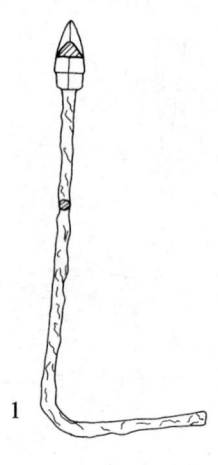
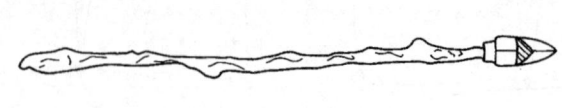

图一百七十二 五女冢遗址汉代兵器

1. 铁箭（H14:3） 2. 铁箭（H14:4）

四、建筑材料

主要有砖、筒瓦、板瓦和陶质水管道。

砖 模制。长方体。一面无纹饰，另一面饰斜行粗绳纹。标本 G5:1，完整，中间有一孔，孔径 3.8 厘米。砖长 27.5 厘米，宽 14.2 厘米，厚 4.5 厘米。（图一百七十三:1，图版六十七，5）

标本 H6:8，残长 16.5 厘米，宽 14.2 厘米，厚 4.5 厘米。（图一百七十三:2）

瓦 分筒瓦和板瓦两种。均为残片，且较小。大部分为泥质灰陶，个别为泥质红陶。

筒瓦 2 件。半圆形。标本 H87:4，为筒瓦尾部，尾部内侧斜削成坡状，以便和后瓦的子口扣合。表面饰绳纹，但不均匀，里面为布纹。直径 12.8 厘米，残长 13.3 厘米。（图一百七十三:3）

标本 H22:3，为筒瓦口部，子母口。瓦端表面口部饰三周浅阴弦纹，后饰平行竖绳纹。残宽 9.5 厘米，残长 11 厘米。（图一百七十三:4）

板瓦 呈拱形弧状。胎较薄。数量较多。

标本 H22:4，泥质灰陶。瓦端表面口部饰三周凹弦纹，后饰平行斜绳纹，绳纹上又摸压痕迹，使绳纹模糊不清。残宽 14 厘米，残长 16 厘米，厚 0.9 厘米。（图一百七十三:5）

标本 H72:6，泥质红陶，表面饰细绳纹，里面有布纹。残宽 7.5 厘米，残长 14.5 厘米，厚 0.8 厘米。（图一百七十三:6）

管道 保存较大的共 4 件。泥质灰陶。形制雷同，均为残器，出土于同一灰坑（H227）。圆筒状，一端较细，另一端略粗。近口处都有数周条状凸棱。器身上饰不规则斜绳纹。腹内也起凸棱。其制作方法应是泥条盘筑法。

标本 H227:1，一端口径 15.2 厘米；另一端残，残径为 17.5 厘米，残长 63 厘米。（图一

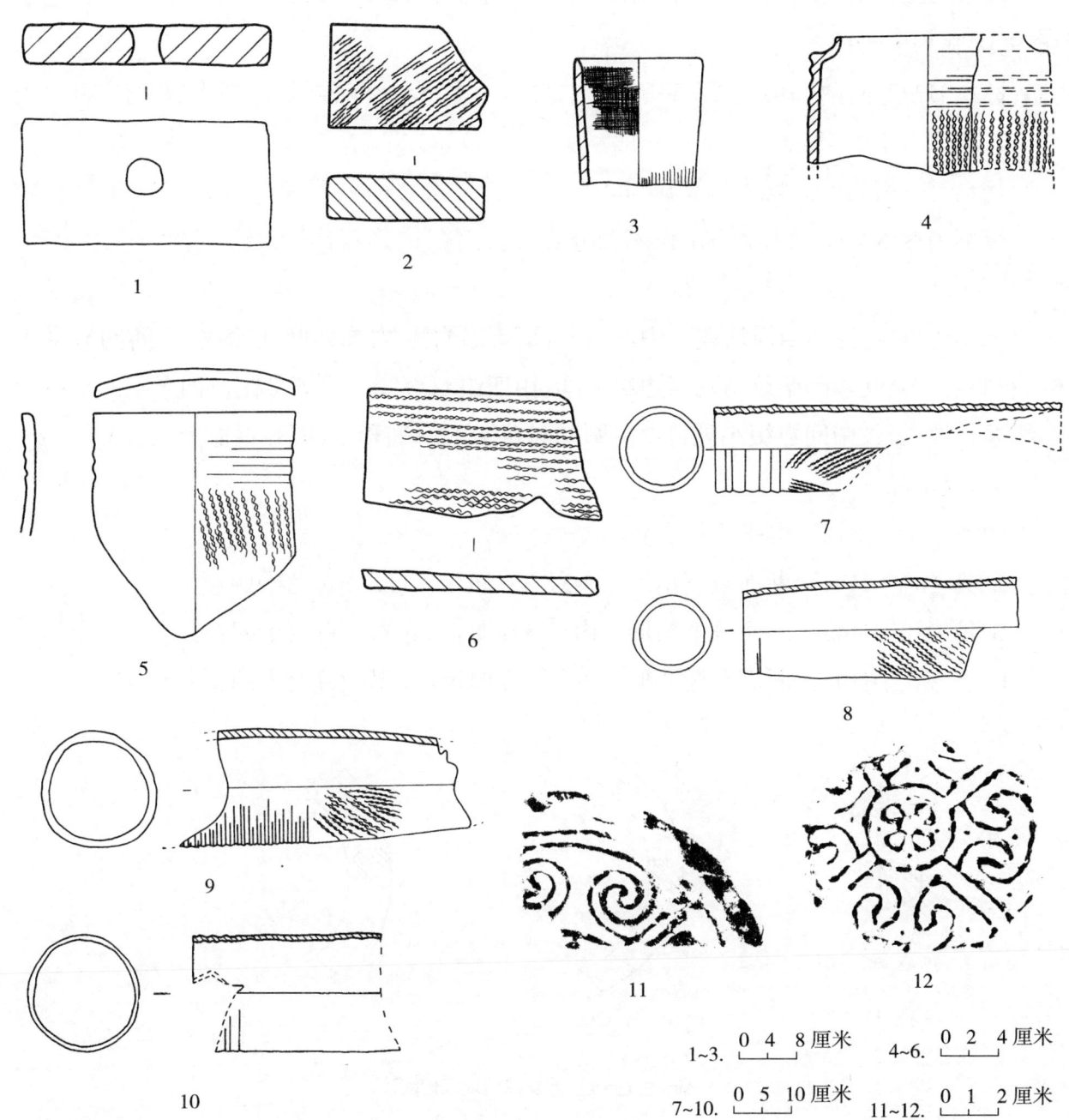

图一百七十三 五女冢遗址汉代建筑材料

1. 砖(G5:1) 2. 砖(H6:8) 3. 筒瓦(H87:4) 4. 筒瓦(H22:3) 5. 板瓦(H22:4) 6. 板瓦(H72:6) 7. 陶水管(H227:1) 8. 陶水管(H227:2) 9. 陶水管(H227:3) 10. 陶水管(H227:4) 11. 瓦当拓片(T0825③:1) 12. 瓦当拓片(T0924③:1)

百七十三:7,图版六十七:1)

标本 H227:2,一端口径 14.5 厘米,另一端残,残径为 16,残长 47.2 厘米。(图一百七十三:8,图版六十七:2)

标本 H227:3，两端均残，仅存中部。中间直径 17.5 厘米，残长 48 厘米。（图一百七十三:9，图版六十七:3）

标本 H227:4，两端均残，仅存中部。中间直径 17.6 厘米，残长 31 厘米。（图一百七十三:10，图版六十七:4）

瓦当 2 件，均残。均为云纹瓦当。

标本 T0825③:1，泥质红陶。仅剩四分之一。窄缘，内饰双钩线云纹。（图一百七十三:11）

标本 T0924③:1，四周均残。中心有一凸弦纹圆圈，内饰四叶花瓣纹，花瓣间有乳丁纹，花心有一圆孔。凸弦纹与瓦当边缘之间，用四组双直线等距离分割成四个空间。内填曲线卷云纹，云纹中间点缀小乳钉纹。圆圈与花瓣上涂红彩。（图一百七十三:12）

五、装饰品

陶环 7 件。圆形，均残。分三型。

A 型 标本 H14:5，断面呈三角形。内径 3.6 厘米。（图一百七十四:1）

B 型 标本 H14:6，断面呈半圆形。内径 4.6 厘米。（图一百七十四:2）

C 型 标本 H14:7，断面呈椭圆形。内径 4.6 厘米。（图一百七十四:3）

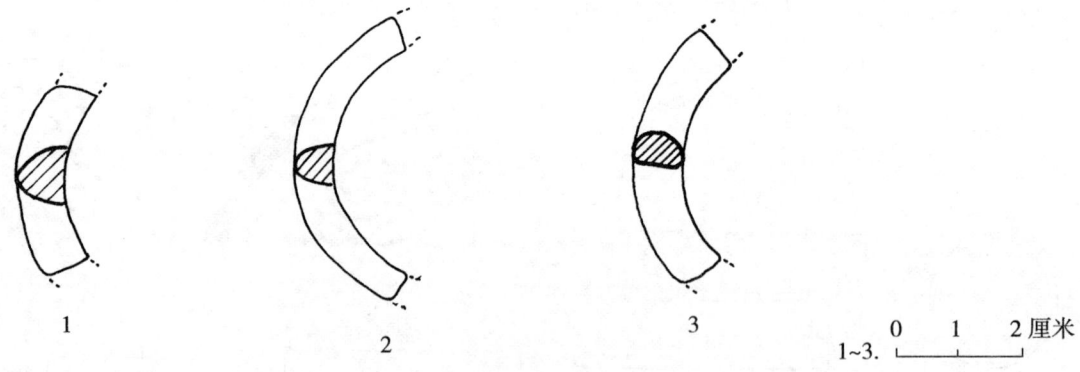

图一百七十四 五女冢遗址汉代陶环

1. A 型陶环（H14:5） 2. B 型陶环（H14:6） 3. C 型陶环（H14:7）

第三节 结语

1. 墓冢与几座灰坑的关系。在 H6、H87、H88 和 H227 等少数几座灰坑中，出土的几件陶器，器形硕大，胎体厚重，且均为生活中实用器具。我们分析这些器物不是普通百姓所用之物，应是在建造遗址上那座墓冢时，用于盛放饮食的实用器皿。这几座灰坑和墓冢应是同一时期的，这些形体硕大的器物，应是建造该座墓葬时，供建筑人员饮食所使用的盛食器。而别的汉代遗迹和遗物,则是居住在附近的汉代居民所遗留下来的。

H227出土的陶罐上的题记,为我们确定该墓冢的确切年代,提供了确切的依据。陶罐上有两段题记,第一段为"始建国四年,正买此,宜洦食"。第二段为"河南史氏"。

始建国四年,为新莽时期的年号,即公元12年。"正",应为人名,即墓冢主人或其儿孙的名字。"买",购买之意。"此",这件器物。关于"洦食"中的"洦"字,《说文解字》注释曰:"洦,灌釜也。"本义为:往锅里添水。《太平御览》一书里曾曰:"洦食口唉滋味,百日复其本质。"总之,该罐上这段文字说明该罐是盛水或盛稀饭的用具,说明了该罐的用途。该罐应是为在此修筑墓冢的劳工提供喝水或吃饭的盛器。若以上分析不误的话,该罐或是墓主人生前已经购买;或是其逝世后,由于需用,由其子孙所购。因此,该墓冢应为"始建国四年"当年或之后不久所建,时间不会相差太远。墓主人应是当时的官宦之士或富豪大户。

"河南史氏"。"河南",即指汉代的河南郡,现在的洛阳。"史氏",姓氏。它有两种可能,一是表明制作陶器的作坊主人的姓氏;二是此罐所有者的姓氏。若是第一种,则是广告用词;若是第二种,则表明该罐的所有者为史姓,即墓主人姓史。我们根据两句话的上下连接关系,认为第二种的可能性最大。表明该罐和该墓冢埋葬的主人,应是史氏。

2. 汉代遗物是五女冢遗址中出土最晚的器物,表明汉代仍有人类生活于此。在出土的汉代遗物中,最重要的是筒、板瓦和陶水管道,特别是陶水管道。这里出土的陶水管道意味着怎样的意义?从五女冢村的地理环境来看,该遗址坐落在半山坡上,北高南低,南北落差较大,并且西临涧河,排水应该是不成问题的,地表排水即可,当时该村落似乎不需要这种排水设施。如果上述推论正确,那么这里出现排水管道就只能有一种可能,即这里生产这种产品。说明这里应有生产作坊,即烧制砖瓦窑场。五女冢村北部黄土堆积深厚,这种可能性最大。

从这里现存的一部分灰坑和出土的一部分铁质农业生产工具来看,说明当时这里的村落还是有一定规模的。但是,新莽时期土冢的出现,又说明当时这个村落已趋于荒芜和破落,即将走到历史的尽头。

3. 五女冢遗址汉代遗物,主要是陶质的生活用具、建筑材料残片和被废弃的铁质生产工具等。其中陶甑、盆、碗、罐、瓮等和铁镰、锄、锛以及陶筒瓦、板瓦残片等器形是汉代考古中常见的器物,同洛阳中州路(西工段)[①]、洛阳烧沟[②]和一些汉代遗址出土的同类器形相同和近似。

4. 五女冢遗址汉代遗物中的铁制工具均为当时的实用器,它使我们对汉代的农业生产工具和木材加工工具的形制有了进一步的了解，使我们对汉代生产力的发展水平和生产能力的相对提高有了进一步的认识，并对研究汉代生产生活工具提供了新的实物资料。

注释：

①中国社会科学院考古研究所：《洛阳中州路(西工段)》，科学出版社，1959年第一版。

②中国社会科学院考古研究所：《洛阳烧沟汉墓》，科学出版社，1959年第一版。

附 表

附表 1

五女冢遗址仰韶文化一期灰坑统计表

灰坑号	位置	型式结构	口径（米）	底径（米）	深（米）	坑内堆积情况	出土遗物	备注
H1	T0924	圆形敞口圜底	残 1.0	2.3	残 0.8	浅灰，疏松	陶罐、小口尖底瓶等	被 G6 和 G3 打破
H2	T0924	袋状瓶颈式	1.8	2.4	2	浅灰，局部深灰，疏松	陶罐、盆、尖底瓶、缸、钵、彩陶网坠、器盖、瓮、鼎足、石器等	
H19	T0424	袋状瓶颈式	1.16	2	2.1	浅灰+黄褐，疏松	仅见陶片，无可辨器形	被 H17 打破
H26	T0109	袋状瓶颈式	2.1	2.3	1.7	浅灰土，疏松	尖底瓶、盆、碗等	
H28	T0109	袋状漏斗式	长径 1.6 短径 0.6	0.86	1	灰土，疏松	陶罐、盆、尖底瓶、环等	
H29	T0109	袋状瓶颈式	1.64	2.38	1.7	浅灰土夹红褐斑点，疏松	陶尖底瓶、罐、盆、缸等	
H32	T0526	圆形筒状平底	0.84	0.84	0.24	灰褐色，疏松	器盖等	
H33	T0526	圆形敞口圜底	1.4		0.45	灰褐，疏松	陶钵等	被 G6 打破
H41	T0824	袋状瓶颈式	0.9	1.5	1.28	深灰土，疏松	陶盆、罐、尖底瓶、钵等	打破 H44
H42	T0825	袋状瓮式	1.3	2.1	2.6	浅灰、黄褐色杂填	陶缸、瓮、瓶、盆、罐、钵、甑、碗、鼎、器盖、石器等	被 G5 打破
H44	T0824	圆形敞口圜底	1.4		0.5	浅灰色，疏松	陶罐、鼎、红顶碗、钵、折沿盆等	被 H41 打破

灰坑号	位置	型式结构	口径（米）	底径（米）	深（米）	坑内堆积情况	出土遗物	备注
H46	T0825	袋状瓮式	1.5	2.96	0.26~1.08	深灰，疏松	陶缸、瓮、瓶、盆、罐、钵、甑、碗、鼎、器盖、石器等	被G5、G6打破
H52	T0210	袋状瓶颈式	2.7	2.2	1.7	灰褐色，疏松	陶盆、罐、钵等	打破H200
H54	T0311	袋状不规式	长1.6 宽1.52	长1.94 宽1.74	2.6	灰褐，疏松	陶盆、罐、杯座、尖底瓶、缸、钵、碗、器盖、彩陶等	
H57	T0210	不规则直筒平底	长2.46 宽1~1.1	长2.4 宽1	1.4	灰褐色，疏松	陶钵、缸、罐、盆、器座、陶球等	局部隔梁下
H61	T0927	圆形敞口圜底	1.3		0.35	灰黑色，疏松	陶罐、缸、钵等	
H62	T0927	圆形敞口圜底	长1.5 宽1.3		0.43	灰黑色，疏松	陶尖底瓶、罐、盆、石陀螺（网坠）等	
H66	T1024	圆形筒状平底	2	2	1.26	灰土，疏松	陶鼎、缸、罐、钵、盆、尖底瓶、器盖等	打破H70
H67	T1124	袋状瓶颈式	1.2	2.1	0.8	深灰褐色，松软	陶盆、罐、环、尖底瓶等	
H70	T1024	圆形敞口平底有台阶	长1.75 宽1.6		0.91	浅灰褐色，较密	陶尖底瓶、罐等	被H66打破
H81	T0826	袋状瓮式	2.1	2.26	1.5	深灰色，疏松	陶鼎、盆、钵、石斧等	被H80、H79打破

灰坑号	位置	型式结构	口径(米)	底径(米)	深(米)	坑内堆积情况	出土遗物	备注
H82	T0826	亚腰敞口平底	2.8	2.4	0.32	浅灰,疏松	陶盆、罐等	
H83	T0827	圆形筒状斜底	2.5~2.6	2.5~2.6	1.88~2.1	深灰色,疏松	陶罐、器盖、尖底瓶、瓮、钵、盆、鼎、鼎等	
H97	T1022	袋状漏斗式	2.4	2.8	1.6	浅灰,松软	陶盆、钵、碗、罐、鼎、尖底瓶、器盖盖等	被 H96 打破
H103	T0826	不规则敞口圜底	3.5		0.6	浅灰色,疏松	陶罐、鼎、盆、尖底瓶等	
H104	T0827	袋状瓮式	2.5	2.64	1.38	深灰色,疏松	陶盆、碗、缸等	
H109	T1025	袋状瓶颈式	1.2	1.92	1.66	浅灰,疏松	陶器盖、盆、罐、盘、钵、瓮、尖底瓶、鼎、缸、石器等	
H113	T0724	不规则筒状平底	长2,宽0.8	长2	0.4	浅灰色,疏松	陶罐、盆、钵等	被 G3 和 H156 打破
H115	T0624	袋状瓮式	2.2	2.2	0.8	浅灰色,疏松	陶尖底瓶、罐等	
H135	T1120	袋状漏斗式	0.82	2.34	2.30	黄褐色夹灰土	陶盆、瓮、盆、尖底瓶、石器等	
H139	T0918	袋状瓶颈式	0.80	1.0	0.82	灰褐土,疏松	陶尖底瓶、盆、缸、钵碗、罐等	
H141	T0819	不规则形平底圜底	长1.66		1.1	黑灰色,疏松	陶碗、瓮、盆等	被 W18 打破

灰坑号	位置	型式结构	口径（米）	底径（米）	深（米）	坑内堆积情况	出土遗物	备注
H144	T0819	袋状漏斗式	1.08	2.38	2.6	灰色，疏松	陶尖底瓶、钵、盆、罐、器盖、缸等	被H145打破
H148	T0819	亚腰形敞口平底	长3.02 宽1.9		0.7~0.86	浅灰色，疏松	陶盆、钵、器盖、罐等	被H171打破
H149	T0819	喇叭形、斜直壁平底	长2.9 宽1.7	长1.06 宽0.85	0.71	黑灰色，疏松	陶罐、尖底瓶、盆、钵等	被H147打破
H150	T0819	椭圆形敞口平底	长径2.3 短径1.9	长径1.5 短径1.3	1~1.1	灰褐色，疏松	陶罐、罐、钵等	
H151	T0819	椭圆形敞口平底	长径2 短径1.4	长径1.8 短径1.4	0.30	浅灰色，疏松	陶尖底瓶、瓮等	
H152	T0819	亚腰形敞口平底	长2.1 宽1.8	1.8	0.2~0.36	深灰色，疏松	陶盆、罐、钵、碗等	
H154	T0820	椭圆形平底	长1.7 宽1.44	0.9	0.6	浅灰土，较疏松	陶盆、罐、罐等	
H156	T0724	椭圆形敞口平底	长径0.85 短径0.66	长径0.84	0.44	浅灰色，疏松	陶罐、钵等	被H158打破
H161	T0524	近圆形筒状平底	长1.26 宽1.1	长1.26	0.2	浅灰色，疏松	陶罐等	被G1打破、打破H128
H164	T0207	袋状瓶颈式	1	1.12	0.5	浅灰色，疏松	陶钵、尖底瓶等	打破H189
H165	T0207	袋状不规则式	长径2.2 短径1.85	长径2.7 短径2.3	1.8	浅灰色疏松	陶缸、罐、钵、尖底瓶、鼎等	

灰坑号	位置	型式结构	口径（米）	底径（米）	深（米）	坑内堆积情况	出土遗物	备注
H166	T0108	直筒圆形平底	1.98	2.5	1.26	灰土,疏松	陶罐、盆、钵、器盖、彩陶盆等	被H190打破、打破H191
H168	T0107	圆形筒状平底有台阶	1.95	1.92	0.46	浅灰土,疏松	陶尖底瓶、盆、钵、罐、器座等	
H169	T0107	袋状漏斗式	0.9~2.13	2.4	2.44	深灰色,疏松	陶罐、盆、钵、碗、尖底瓶、彩陶等	
H177	T0627	圆形敞口平底	1.74	2	0.6	浅灰色,疏松	陶钵、器盖、盆等	
H182	T0310	圆形筒状平底	2.2		0.38	黑灰色,疏松	陶器盖、罐、壶、盆、钵等	
H183	T0310	圆形敞口平底	1.8		1	黑灰色,疏松	陶缸、盆、罐等	打破H184
H184	T0310	椭圆形敞口弧壁圜底	长径2.6 短径1.3		1	黑灰色,疏松	无可辨器形	被H183打破
H187	T0210	袋状不规则式	1.5	2.38~2.44	2.3	浅灰色,疏松	陶盆、罐、钵、器盖、缸、石球等	被186打破
H189	T0207	椭圆形敞口平底	（残）长径2.48 短径2.38	长2.2 宽1.9	1.2	灰褐,疏松	陶瓶、器盖、罐、盆、碗、环、甑、彩陶等	被H164打破
H191	T0108	椭圆形敞口平底	残长径1.9 短径1.8	残长径1.9 短径1.28	0.8	浅灰土	陶鼎、瓮、盆、器盖、缸等	被H166、H190打破,打破H246
H194	T0920	圆形筒状平底	2.2	2.2	0.8	灰褐色,疏松	陶瓮、盆、罐、缸、瓶、石器等	被H279打破

附表

205

灰坑号	位置	型式结构	口径（米）	底径（米）	深（米）	坑内堆积情况	出土遗物	备注
H196	T0309	圆形筒状平底	1.2	1.15	0.3		陶罐等	
H199	T0212	椭圆形斜壁平底	长径2.5 短径1.9	长径2 短径1.5	0.4	灰褐色,疏松	陶罐、瓮、钵等	被H53打破
H200	T0211	椭圆形斜壁平底	长径3.9 短径2.3	长径3.6 短径2.0	0.6	灰褐色,疏松	彩陶盆、盆、罐等	被H52打破
H201	T0307	不规则筒状平底	2.5		1.86	褐色,疏松	陶瓶、缸、钵、罐、盆、器盖、鼎等	局部隔梁下
H210	T0209	袋状瓶颈式	1.55	1.35	1.15	灰褐色,疏松	陶鼎、钵、盆、缸、罐、环等	被H211打破、打破H249
H212	T0209	近圆形敞口圜底	长3.6 宽2		2.02	灰褐,疏松	陶盆、缸、罐等	打破H263、H264
H213	T0209	袋状瓶颈式	1.76	2.94	2.3	黄褐色灰褐色疏松	陶盆、钵、尖底瓶、罐、小罐、瓮、缸、器盖等	打破H262
H223	T0207	椭圆形敞口圜底	长径2.76 残短径		0.75	黄褐+灰褐色疏松	陶盆等	被H222打破
H224	T0208	圆形敞口圜底	1.2		0.4~0.6	浅灰色	陶钵等	
H225	T0208	不规则筒状底不平	2.4	2.4	1.1~1.3	黄灰色,疏松	未见遗物	被G7打破
H226	T0308	袋状瓮式	1.25	2.5	2.35	黄褐,较密	陶盆、器盖、环等	被H221打破

灰坑号	位置	型式结构	口径（米）	底径（米）	深（米）	坑内堆积情况	出土遗物	备注
H229	T0726	袋状瓶颈式	1.4	1.82	1.5	灰褐色，疏松	陶瓶、钵、盆、缸、碗、罐、器盖等	被G6打破
H230	T0309	不规则敞口平底	长3.2 宽1.5	长2米 宽1米	1.3	黄灰褐，疏松	无可辨器形	被G7打破
H231	T0309	圆形筒状平底	长1.6 宽0.45	长1.6 宽0.45	0.6	黄灰褐，疏松	陶钵、罐、环等	被G7打破，打破H280
H233	T0207	圆形敞口圜底	1.4		0.3	浅灰，疏松	陶钵等	
H235	T0109	不规则筒状平底	长2.96 宽1.2	长2.96 宽1.2	0.1	浅灰土，疏松	陶尖底瓶、罐、钵	被G7、H234打破
H238	T0107	椭圆形带台阶平底	长径4.6 短径3.45	长径3.7 短径2.55	1-1.9	灰土夹灰褐斑点，疏松	陶钵、盆、尖底瓶、碗、缸、釜等	被H20打破，打破H266
H243	T0207	椭圆形敞口平底	长1.02 宽0.66	长0.85 宽0.52	2.4	浅灰色，疏松	无可辨器形	
H246	T0108	袋状瓮式	1.84	2.7	1.8	浅灰色，疏松	陶钵、盆、罐、器盖等	被H191打破
H247	T0109	袋状瓶颈式	2.06	2.8	1.1	红褐土浅灰土，疏松	陶尖底瓶、罐等	被H192打破，打破H267
H248	T0109	袋状漏斗式	2.4	1.8	1.3	灰土夹红褐斑点，疏松	陶罐、钵、盆	被H192、H237打破，打破H275
H249	T0209	袋状瓶颈式	长1.5 宽0.3	宽0.38	1.55	灰色，疏松	无可辨器形	被H210、H211打破

灰坑号	位置	型式结构	口径（米）	底径（米）	深（米）	坑内堆积情况	出土遗物	备注
H250	T0307	袋状瓶颈式	1.5	宽2.5	1.85	灰褐，疏松	陶尖底瓶、瓮、盆、罐、钵、环等	
H262	T0209	袋状瓶颈式	长1.6 宽0.5	2.4	1.9	深灰色，疏松	陶盆、钵等	被H213、H275打破，打破H282
H263	T0209	不规则敞口圆底	长1.8 宽0.78		0.8	灰褐色，疏松	陶尖底瓶、罐、盆、碗等	被H212打破
H264	T0209	圆形筒状平底	0.9	0.76	0.3	浅灰色，疏松		被H212打破
H265	T0411	椭圆形筒状平底	长径2.3 短径1.1	长径2.3 短径1.1	1.56	灰褐色，疏松	陶盆、鼎、石器等	被G8打破
H266	T0107	圆形筒状平底	2.4	2.56	1.2	灰土，疏松	尖底瓶、罐、钵等	被H238、H239
H267	T0109	椭圆形敞口平底	长3.4 宽2.64	长3.1 宽2.25	2.3	浅灰色夹黄褐土，疏松	陶尖底瓶、碗、缸、罐、盆等	被H192、H247打破，打破H268
H268	T0109	袋状不规则式	残1.94	残1.98	残0.88	灰土，疏松	陶盆、罐、钵等	被H192叠压 H267打破
H270	T0818	圆形筒状平底	1.9	1.84	0.4	浅灰色，疏松	陶缸、罐等	
H271	T0818	袋状漏斗式	1.25	2.44	1.9	浅灰色，疏松	陶尖底瓶、钵、盆、缸、罐、鼎、器盖等	被H272打破
H272	T0818	圆形筒状平底	1.25	1.25	0.16	灰褐色，疏松	无可辨器形	打破H271

灰坑号	位置	型式结构	口径（米）	底径（米）	深（米）	坑内堆积情况	出土遗物	备注
H275	T0209	袋状瓶颈式	2.16	长2.35	1.12	浅黑色，疏松	陶钵、盆、瓮、罐、环等	打破 H282，被 H248、H237、H258、H262 打破
H279	T0920	长方形不规则合阶式	长5.6 宽3.2	长5.1 宽3.3	0.7~1.2	灰褐浅黄，疏松	陶盆、罐、缸、钵、瓮、尖底瓶等	打破 H194
H280	T0310	圆形敞口平底	长1.8 宽0.8	0.8	1.5	黑灰色，疏松	无可辨器形	被 G7、H230 打破
H282	T0209	圆形敞口平底	1.48	1	0.4~0.48	黑灰色，疏松	陶罐、盆、缸等	被 H275、H262、H258 打破

附表2

五女冢遗址仰韶文化二期灰坑统计表

灰坑号	位置	型式结构	口径（米）	底径（米）	深（米）	坑内堆积情况	出土遗物	备注
H4	T0424	椭圆形筒状平底	长径2.2 短径1	长径2.2 短径1	0.4	浅灰色,疏松	无可辨器形	被H3打破
H7	T0424	长条形敞口圜底	长5.1 宽1.7		1.34	黄褐,疏松	陶盆、罐	被H3、H4、H12打破,打破H13
H9	T0424	圆形敞口台阶式平底	1.4	1.1	1	浅灰色,疏松	陶盆、缸、钵、罐等	
H13	T0424	圆形敞口圜底	2.5		1.5	灰色黄褐,疏松	陶器盖、钵、碗、尖底瓶、罐、缸等	被H7打破
H17	T0424	圆形敞口圜底	5		1.2	灰色,疏松	陶钵、盆、罐、器盖等	被G1、G2打破
H21	T0108	椭圆形袋状瓶颈式	长径1.4 短径0.6	长径2.6 短径1.6	1.1	灰土,疏松	陶罐、缸、钵、碗、瓶、盆等	
H23	T0107	圆形敞口平底	2.2	2.1	0.35	灰色+黄褐	陶罐等	
H24	T0107	长方形筒状台阶式	2.66	2.15	0.5	浅灰褐色,疏松	陶罐、盆、缸、钵、器盖、鼎、瓮、瓶、网坠等	口部被现代坑打破,打破
H27	T0109	圆形袋状瓶颈式	1.4	1.9	1.6	灰土,疏松	陶罐、盆、罐、器盖、圈足盘、碗等	
H30	T0107	椭圆形袋状瓮式	长径2.1 短径1.7	长径2.44 短径2.24	1.2	红褐色,较硬	陶罐、瓶、钵等	
H31	T0526	圆形筒状平底	1.3	1.3	0.25	浅灰色,疏松	陶钵、缸、环等	

灰坑号	位置	型式结构	口径（米）	底径（米）	深（米）	坑内堆积情况	出土遗物	备注
H39	T0526	圆形筒状平底	1.3	1.3	0.48	红褐色，疏松	遗物较少	
H40	T0426	圆形袋状瓮式	1.65	1.75	1.6	灰褐色，疏松	无可辨器形	
H43	T0825	圆形袋状瓮式	1.8	2.2	1.0	灰褐色，疏松	陶钵、环等	被G6打破
H45	T0824	椭圆形敞口圜底	长径2.06 短径1.8		0.6	浅灰色，疏松	陶罐、盆、鼎、钵、缸、环等	被G6打破
H47	T0825	圆形筒状平底	1.5	1.5	1.4	灰褐色，疏松	陶器盖、盆、纺轮、缸等	
H50	T0826	近椭圆形圜底	长径2.3 短径2.06		1.38	浅灰色，疏松	陶罐、缸、钵等	
H51	T0211	圆形敞口平底	1.94	1.54	0.18	浅灰色，疏松	陶罐、缸等	打破H198
H53	T0212	圆形敞口台阶式	2.96~3	2	1.5	浅灰，疏松	陶罐、盆、钵、器盖、钵等	打破H199
H58	T0210	圆形袋状瓶颈式	1.4	2.2	1.5	浅灰色，疏松	陶盆、器盖等	打破H186
H59	T0211	圆形袋状瓶颈式	1.1	2	1.4	浅灰色，疏松	陶钵、罐、瓶、环、碗、缸、盆等	打破H198
H60	T0210	圆形敞口平底	2.1~2.3	1.8	1.2	浅灰色，疏松	陶尖底瓶、盆、钵、碗、缸、鼎、罐、器盖等	被H197打破

灰坑号	位置	型式结构	口径(米)	底径(米)	深(米)	坑内堆积情况	出土遗物	备注
H63	T0925	近圆形袋状漏斗式	长1.52 宽1.3	2.32	1.64	黄褐,灰黑,疏松	陶盆、罐、缸、钵、鼎、尖底瓶等	
H64	T0925	椭圆形圜底	长3.1 宽1.9		0.5	灰黑色,疏松	陶罐、盆、钵等	被晚期遗迹打破
H71	T1124	圆形筒状平底	1.12~1.15	1.12~1.15	1.26	浅灰,疏松	陶缸、罐等	
H75	T1024	圆形筒状平底	1.1	1.10	0.36~0.44	灰褐色,疏松	无可辨器形	
H76	T1023	椭圆形筒状平底	长径0.7 短径0.44	长径0.7 短径0.44	0.3	灰褐色,疏松	无可辨器形	
H77	T0823	圆形筒状斜底	1.54		0.57	浅灰色,疏松	陶罐、盆、钵等	
H78	T0823	圆形袋状束腰式	2.5	3.1	1.1	深灰色,疏松	陶盆、口缸等	
H79	T0826	圆形敞口圜底	2.16~2.5		1.38	浅灰色,疏松	陶罐、盆、钵等	打破H81
H80	T0826	椭圆形敞口平底	1.3~2.2	1.3~2.2	1.4	浅灰色,疏松	陶罐、鼎、盆、钵等	打破H81
H84	T0826	圆形筒状平底	2.1	2.1	0.96	深灰色,疏松	陶盆、器盖、罐等	
H93	T1025	近椭圆形筒状斜底	长径1.97 短径1.9	长径1.97 短径1.9	1.1~1.2	灰褐色,疏松	陶盆、罐等	

灰坑号	位置	型式结构	口径（米）	底径（米）	深（米）	坑内堆积情况	出土遗物	备注
H95	T1022	圆形袋状瓶颈式	1.3	1.8	1.2	灰褐色,疏松	陶盆等	被H94、H96打破
H99	T1023	圆形筒状平底	0.7		0.7	灰褐色,疏松	无可辨器形	被H100打破
H101	T1023	不规则形敞口平底	长4.82 宽3.96	2.5	1.52	灰褐色,疏松	陶罐、盆、杯、瓮、鼎、钵等	被H98、H99、H99、H100打破
H107	T1025	椭圆形敞口圜底	长1.8 宽1.2		0.42	灰褐色,疏松	陶缸、盆、瓮、石饼等	
H108	T0925	长方形圜底	长2.4 宽1.9		1	灰褐色,疏松		
H110	T0724	圆形袋状瓶颈式	2.65	2.8	0.86	深灰色,较疏松	陶环、罐、器盖、盆、鼎、瓮等	被G3打破
H111	T0724	圆形袋状瓶颈式	1.1	1.56	0.7	浅灰色,疏松	陶罐、器盖等	
H112	T0724	圆形袋状瓶颈式	1.3	1.4	1.2	浅灰色,疏松	陶口、罐、盆、钵、彩陶等	
H114	T0624	椭圆形筒状平底	长1.46 宽0.6	长1.26	0.1	浅灰色,疏松	无可辨器形	
H116	T0624	圆形筒状平底	1.3	1.3	0.32	浅灰色,疏松	陶盆、罐、钵、鼎等	
H121	T0624	圆形袋状瓮式	1.65	2.32	0.95	浅灰色,疏松	陶瓶、碗、罐、钵、盆、缸等	被G3打破

灰坑号	位置	型式结构	口径（米）	底径（米）	深（米）	坑内堆积情况	出土遗物	备注
H122	T0624	圆形筒状平底	1.8	1.8	0.2	灰褐色，疏松	陶盆、器盖、罐、钵等	
H126	T0524	圆形袋状瓮式	1.5	2.4	1.4	浅灰色，疏松	陶尖底瓶、盆、彩陶器、瓮罐等	
H127	T0524	圆形筒状平底	1.5	1.5	0.7	灰褐色，疏松	无可辨器形	
H128	T0524	圆形筒状平底	1.9	1.54	0.14	浅灰色，疏松	陶罐等	打破H161
H130	T0524	圆形袋状瓮式	0.95	1.8	1	灰褐色，疏松	陶罐、钵等	
H132	T1021	椭圆形筒状平底	长径2.2 短径1.6		0.4	浅灰色，疏松	陶器盖、罐、钵、鼎足、圈足豆、石器等	
H158	T0724	椭圆形袋状束腰式	长径1.8 短径0.6	长1.9	0.26~0.5	浅灰色，疏松	陶盆、高领罐等	打破H156
H167	T0107	圆形袋状束腰式	1.5	2	0.9	灰褐色，疏松	陶罐、盆、钵、环、鼎等	打破H193
H170	T0107	不规则袋状束腰式	长1.4 残宽0.24	长1.72 残宽0.24	1.1	浅灰色，疏松	无可辨器形	被H24打破
H171	T0819	圆形袋状漏斗式	1.1	2.8	2.05	深灰色，疏松	陶盆、缸、罐、钵、碗、器座、彩陶器、网坠、鼎、石器等	打破H148
H173	T0821	圆形敞口平底	0.9	0.7	0.35	黑灰色，疏松	无可辨器形	被H172打破

灰坑号	位置	型式结构	口径（米）	底径（米）	深（米）	坑内堆积情况	出土遗物	备注
H176	T0627	椭圆形敞口平底	长径2.8 短径2.7	长径2.6 短径2.4	0.6	浅灰色，疏松	陶尖底瓶、钵盆、罐等	
H178	T0627	椭圆形敞口平底	2.32~2.6	长径2.4 短径2.1	0.7	浅灰色，疏松	陶钵、盆、缸、罐、器盖等	打破H256
H179	T0308	不规则形圜底	长3.4 宽1.5		0.6	上深中褐下灰褐，疏松	无可辨器形	
H186	T0210	不规则形筒状斜底	长2.32 宽2.28	长2.32 宽2.28	0.2	灰褐色疏松	陶罐、盆等	被H58打破，打破H187
H188	T0107	圆形袋状瓶颈式	1.3	2	1.3	浅灰色，疏松	陶钵、盆、罐	
H190	T0108	椭圆形敞口平底	长径3.18 残短径1.75	长径2.67 短径1.45	1.3~1.6	灰土+黑灰疏松	陶罐、盆、鼎、尖底瓶、彩陶器等	打破H191、H166
H192	T0109	不规则形圜底	5		1.2	灰土，疏松	陶罐、盆、器盖、缸、鼎、钵、尖底瓶、环、石器、骨簪等	打破H237、H247、H248
H193	T0107	束腰袋状台阶式	1.68	1.98	0.7	灰土，疏松	陶罐、碗、石器等	被现代坑和H167打破
H195	T0920	圆形敞口平底	1.2	1.1	1.4	灰褐色，疏松	无可辨器形	
H198	T0211	圆形敞口平底	2.6	长2.36 宽2.06	1	灰褐色，疏松	陶罐、尖底瓶、盆、钵、器盖、鼎、碗等	被H51、H59打破
H203	T0525	圆形袋状瓶颈式	1.4	2.06	1.4	浅灰色，疏松	陶缸、盆、罐、钵、鼎等	

灰坑号	位置	型式结构	口径（米）	底径（米）	深（米）	坑内堆积情况	出土遗物	备注
H204	T0525	椭圆形筒状平底	长径1.3 短径1.1	长径1.3 短径1.1	0.36	浅灰色，疏松	陶盆、器盖、瓮、小口尖底瓶等	
H207	T0526	不规则敞口平底	长2.2 宽1.7	长1.9 宽1.5	0.4	浅灰色，疏松	陶钵、尖底瓶、罐等	
H209	T0209	椭圆形袋状瓶颈式	1.37~1.46	2.5	2.08	浅灰色浅黄色，疏松	陶瓮、碗、盆、钵、缸、罐等	
H211	T0209	圆形袋状瓶颈式	1.6	长2.36 宽2.1	1.6	深灰色，疏松	陶尖底瓶、盆、钵、罐、碗、豆等	打破H263、H264
H228	T0726	圆形敞口平底	1.95	1.8	0.3	浅灰色，疏松	无可辨器形	打破H277
H234	T0109	圆形袋状束腰式	2.45	3.6	3.3	灰褐色，疏松	无可辨器形	被G7打破，打破H235
H236	T0109	圆形袋状瓮式	1.8	2.56	2.2	灰土，疏松	陶罐、盆等	被G7打破
H237	T0109	圆形敞口平底	1.37	0.95	1.16	浅灰色，疏松	无可辨器形	被H192打破，打破H243、H275
H239	T0107	圆形袋状瓶颈式	1.4	1.9	1	浅灰土夹黄褐斑点，疏松	陶罐、钵、尖底瓶、釜、鼎、器盖等	打破H266
H240	T0208	圆形袋状束腰式	0.5~0.65	0.80	0.8不底	浅灰褐色，疏松	陶盆、罐、钵等	清理至0.8米处后无法清理
H241	T0308	圆形敞口平底	长2.2 残宽1.6		0.45	黄褐色，疏松	陶盆、罐、钵等	被H179打破

灰坑号	位置	型式结构	口径（米）	底径（米）	深（米）	坑内堆积情况	出土遗物	备注
H242	T1019	不规则形筒状平底	长 1 宽 0.9	长 1 宽 0.9	0.1~0.75	浅灰色，疏松	陶钵、罐等	
H244	T0918	圆形筒状平底	2.4	2.32	0.8	灰褐色，疏松	无可辨器形	
H245	T0311	椭圆形袋状瓮式	长 2.6 宽 1.66	长 2.82 宽 1.66	0.7	浅灰色，疏松	陶罐、碗、盆、钵、器座等	被 G7 打破
H252	T0725	椭圆形筒状平底	长 1.54 宽 1.3	长 1.52 宽 1.3	0.4	浅灰色，疏松	无可辨器形	
H253	T0725	椭圆形筒状平底	长 1.7 宽 1.4	长 1.7 宽 1.4	0.12~0.46	浅灰色，疏松	无可辨器形	被 H254 打破
H254	T0725	圆形筒状平底	1.3	1.24	0.32	浅灰色，疏松	无可辨器形	打破 H253
H256	T0627	圆形袋状瓶颈式	0.8	1.2	1.08	灰褐色，疏松	无可辨器形	被 H178 打破
H257	T0307	圆形筒状平底	1.58	1.58	0.3	黄褐色，疏松	陶罐等	
H258	T0209	圆形敞口平底	2.06	1.4	0.66	灰褐色，疏松	陶器盖、罐、缸、钵、盆、石器等	打破 H262、H275
H260	T0312	圆形袋状瓶颈式	2.1~2.2	2.08	0.7	灰褐色，疏松	陶罐、盆等	
H269	T0109	近圆形筒状平底	长 0.9 宽 0.8	长 1.6 宽 0.86	1.2	疏松	无可辨器形	

灰坑号	位置	型式结构	口径（米）	底径（米）	深（米）	坑内堆积情况	出土遗物	备注
H273	T0818	圆形敞口平底	1.6	1.25	0.2~0.4	灰褐色，疏松	无可辨器形	
H277	T0626	圆形袋状瓶颈式	1.6	2.05	1.3	灰褐色，疏松	无可辨器形	被H228打破
H278	T0918	不规则形筒状平底	长1.5 宽0.3~0.4	长1.5 宽0.3~0.4	0.45	灰褐色，疏松	无可辨器形	
H281	T1115	椭圆形筒状平底	长径1.44 短径0.96	长径1.44 短径0.97	1.2	灰褐色，疏松	无可辨器形	

附表 3

五女冢遗址仰韶文化三期灰坑统计表

灰坑号	位置	型式结构	口径（米）	底径（米）	深（米）	坑内堆积情况	出土遗物	备注
H20	T0107	圆形袋状瓮式	2.2	2.6	1.4	浅灰色，疏松	陶罐、盆、钵、环、杯、鼎、瓮等	打破 H238
H25	T0108	椭圆形袋状束腰式	长径 1.1 短径 0.9	长径 2.3 短径 2.1	2	浅灰色，疏松	陶鼎、器盖、尖底瓶、钵、缸、彩陶器、杯、骨锥等	
H157	T0724	圆形袋状瓮式	1.55	1.64	1.02	深灰，疏松	陶罐、鼎、环、器座、杯、石刀等	
H197	T0210	不规则圆形瓮式	长 2.26 宽 2		1.7	黄灰褐，疏松	陶尖底瓶、钵、罐、缸、盆等	打破 H60
H208	T0209	椭圆形筒状平底	长 2.3 宽 1.7	长 2.2 宽 1.5	0.75	深灰，松软	陶缸、盆、瓮、石饼等	
H251	T0308	圆形筒状平底	2.4	2.4	0.45	灰褐色，疏松	无可辨器形	被 H175 打破

附表 4

五女冢遗址商代灰坑统计表

灰坑号	位置	型式结构	口径(米)	底径(米)	深(米)	坑内堆积情况	出土遗物	备注
H10	T0424	长方形圜底	长2.9 宽1.2		1.4	浅灰色,疏松	陶罐、器盖、盆、钵、鬲等	被G1打破
H11	T0424	圆形袋状瓶颈式	1.4	1.26	1.1	浅灰色,疏松	无可辨器形	
H12	T0424	圆形筒状平底	1.5	1.4	0.6	黄褐土夹灰褐斑点	陶缸、罐等	被H7打破
H15	T0425	圆形敞口圜底	1.7		0.8	浅灰色,疏松	鬲足等	被G3打破
H16	T0425	圆形敞口圜底	2.6		0.8	浅灰色,疏松	陶盆、罐、鬲等	被G3打破
H35	T0526	圆形筒状底	1	1	0.4	灰褐色,疏松	无可辨器形	
H49	T0826	椭圆形敞口圜底	长径2.5 短径1.8		0.8	浅灰色,疏松	缸、鼎等	
H55	T0311	圆形筒状子母坑	2.3	0.8~0.48	0.4	灰褐色,疏松	陶鬲、罐等	
H56	T0311	圆形筒状斜底	2.3	2.3	0.32	灰褐色,疏松	陶鼎、盆、缸、罐等	
H65	T1124	圆形敞口平底	2.8	2.4	0.5	浅灰色,疏松	陶鬲、罐等	
H96	T1022	圆形筒状平底	2.6	2.6	0.3	浅灰色,疏松	陶罐、鬲口、大口尊等	打破H86、H95、H97

灰坑号	位置	型式结构	口径（米）	底径（米）	深（米）	坑内堆积情况	出土遗物	备注
H102	T1123	不规则口敞口圜底	长4.8 宽3.2		0.45	浅灰色,疏松	陶缸、盆、瓮、罐、器盖、大口尊、石器等	
H119	T0624	圆形筒状平底	0.85	0.85	0.34	浅灰色,疏松	陶鬲、大口尊等	
H120	T0624	圆形筒状平底	1	1	0.2	灰褐色,疏松	陶罐、鼎等	
H123	T0524	椭圆形筒状平底	长径2 短径1.56	长径2 短径1.56	0.6	灰褐色,疏松	陶大口尊、罐、盆等	打破H160
H131	T0524	圆形袋状瓶颈式	1.25	1.95	0.75	深灰色,疏松	陶盆、罐等	被H160打破
H133	T1021	圆形袋状瓶颈式	1.04	1.22	0.5	浅灰色,疏松	陶盆、鼎等	
H134	T1121	近椭圆形敞口圜底	1.7	1.2	0.5	深灰色,疏松	陶鬲等	发掘一部分
H143	T0819	近圆形敞口圜底	1.1		0.4	浅灰色,疏松	无可辨器形	被H142打破
H153	T0820	椭圆形敞口平底	长1.16 宽0.72	长0.78 宽0.48	0.2	黑灰色,疏松	陶大口尊、深腹罐、鬲足、器盖等	
H160	T0524	近圆形筒状平底	长2.9 宽2.6	长2.9 宽2.6	0.2	浅灰色,疏松	陶罐、圈足盘、盆、鬲、瓮等	被H159、H123打破，打破H131
H175	T0308	椭圆形筒状带台阶（祭祀坑）	长2.5 宽2.1	长2.1 宽2	0.55	上部黑灰色下部灰褐色,疏松	陶大口尊、罐、盆、豆、鬲、兽骨等	打破H221、H251

灰坑号	位置	型式结构	口径（米）	底径（米）	深（米）	坑内堆积情况	出土遗物	备注
H180	T0309	梯形敞口平底	长1~1.9 宽1.7	0.8~1.5 宽1.5	0.6	灰褐色，疏松	陶鬲、罐、盆等	打破G7
H202	T0410	圆形敞口圆底	长2.3 宽0.9		0.7	黄灰色，疏松	陶深腹罐、盆、器盖、大口尊等	打破G8
H206	T0525	椭圆形筒状瓮式	长2.24 宽1.9	长2.32 宽1.9	1.16	浅灰色，疏松	陶鬲、罐、盆等	
H214	T0920	椭圆形筒状平底	长径1.9 短径1.46	长径1.9 短径1.5	0.85~1.2	灰褐色，疏松	陶大口尊、豆、罐、鬲、盆、缸等	
H221	T0308	近圆形敞口平底	残长3.4 宽3.9	长2.4 残宽1.7	0.8	黑灰色，疏松	陶罐、盆、钵、环、鬲等	打破H226，被H175打破
H255	T0725	圆形筒状平底	1.1	1.1	0.34	浅灰色，疏松	陶罐等	
H259	T0307	不规则圆形敞口圆底	2		0.25	灰褐色，疏松	无可辨器形	打破H257
H276	T0426	椭圆形筒状平底	1.5~1.9	1.5~1.9	0.32	浅灰色，疏松	陶圈足盘、盆等	

附表 5

五女冢遗址战国灰坑统计表

灰坑号	位置	型式结构	口径（米）	底径（米）	深（米）	坑内堆积情况	出土遗物	备注
H117	T0624	月牙形敞口圜底	长 4.2 宽 0.2~1.04		0.1~0.36	浅灰色，疏松	陶罐、盆、板瓦、瓦当等	打破 H118
H118	T0624	椭圆形筒状平底	长 2.34 宽 2	长 2.34 宽 2	0.38	浅灰色，疏松	陶盆、罐等	被 H117 打破
H129	T0524	椭圆形筒状平底	长 1.5 宽 1		0.45	黄灰褐色	带钩、盆等	
H142	T0819	不规则椭圆形台阶式	长 1.62 宽 1.6		0.6~0.72	红褐色，疏松	筒瓦、板瓦、高领罐等	打破 H143
H163	T0820	椭圆形台阶式	长 4.36 宽 3.48		0.2~0.9	浅灰色，疏松	陶罐、钵、板瓦、筒瓦等	打破 H174、W19 及 W20
H172	T0821	凸字形斜壁圆底	7.65	0.92~3.4	0.2~1	浅灰色，疏松	筒瓦、板瓦、陶盆、罐、瓦当等	打破 H173
H174	T0820	圆形筒状平底	0.97	0.95	0.4	灰褐色，疏松	筒瓦、板瓦、陶瓮等	被 H163 打破

附表6

五女冢遗址汉代灰坑统计表

灰坑号	位置	型式结构	口径(米)	底径(米)	深(米)	坑内堆积情况	出土遗物	备注
H3	T0424	半椭圆形圆底	长3.8 宽2		0.8	浅灰色土,疏松	灰褐色疏松筒瓦、板瓦等	打破H4、H7
H5	T0425	不规则长方形筒状	长2.1 宽1.32	长2.04 宽1.2	1.1	浅灰色,疏松	陶罐、缸、钵、盆等	打破H18
H6	T0425	圆形袋状亚腰式	2.16	2.44	0.9	1层黄褐夹杂灰褐,2层黑黑土	绳纹砖、陶罐、盆等	打破G3
H8	T0424	圆形敞口圆底	1.4		1.2	浅灰色,疏松	筒瓦、板瓦等	被G1打破
H14	T0425	椭圆形敞口圆底	长径2.6 短径1.65		1.3	浅灰色,疏松	板瓦、陶豆、罐、盆等	打破H18
H18	T0425	长条形敞口平底	长5.38 宽1.5	长5.28 宽1.4		灰褐色,疏松	无可辨器形	被H5、H14打破
H22	T0108	圆形袋状平底	1.5	2	1.2	浅灰色,疏松	陶钵、罐、盆、缸、环、甑等	
H34	T0526	圆形筒状平底	1	1	0.3	浅灰色,疏松	无可辨器形	
H36	T0526	圆形筒状平底	0.6	0.6	0.2	浅灰色,疏松	无可辨器形	
H37	T0526	椭圆形筒状平底	长径0.6 短径0.4	长径0.6 短径0.4	0.18	浅灰色,疏松	板瓦等	
H38	T0526	长方形筒状平底	长1.25 宽0.5	长1.25 宽0.5	0.28	浅灰色,疏松	板瓦等	

灰坑号	位置	型式结构	口径（米）	底径（米）	深（米）	坑内堆积情况	出土遗物	备注
H48	T0826	不规则形敞口圆底	1.6		0.6	浅灰色，疏松	陶罐、板瓦等	
H72	T1023	长方形筒状平底	长3.4 宽1.3	长3.4 宽1.3	0.4	灰褐色，松软	陶盆、碗、板瓦等	
H73	T1023	长方形筒状平底	长2.2 宽1	长2.2 宽1	0.4	灰褐色，疏松	铁器等	
H74	T1024	椭圆形敞口圆底	长径1.46 短径2.04	1.85	0.74	灰褐色，疏松	板瓦、筒瓦等	
H87	T1022	近椭圆形筒状平底	长径1.44 短径1.1	长径1.44 短径1.1	1.35	疏松	陶甑、盆、圆盘形器、筒瓦等	
H88	T1123	圆形筒状平底	1.3		1.8	浅灰褐色，松软	筒瓦、板瓦、陶罐等	未发掘到底
H100	T1023	长方形筒状平底	长1.1 宽0.45	1.1~0.45	0.1~0.6	黄灰褐色，松软	筒瓦、板瓦等	打破H99
H124	T0524	不规则形敞口斜底	长5.6 宽0~1.8		0.5~0.7	灰褐色，疏松	陶盆、罐、铁刀等	打破H125
H125	T0524	不规则形筒状平底	长2.5 宽0.2~1.85	长2.5 宽0.2~1.85	0.4	灰褐色，疏松	筒瓦、板瓦等	被H124打破
H140	T1020	不规则形子母坑	长2.82 宽2.1		0.86	浅灰色，疏松	板瓦、筒瓦、陶盆、高领罐、瓮等	
H145	T0819	不规则形底不平	长3.2 宽2.6	长2.68 宽1.6~1.9	0.65	浅灰色，疏松	板瓦、筒瓦等	打破H146、H144

灰坑号	位置	型式结构	口径（米）	底径（米）	深（米）	坑内堆积情况	出土遗物	备注
H146	T0819	圆形敞口平底	1.7	1.32	0.45	浅灰色，疏松	筒瓦、板瓦等	被H145打破
H147	T0819	不规则形敞口圆底	长3 宽2.34		0.35	浅灰色，疏松	陶盆、瓮、筒瓦、板瓦等	打破H149
H155	T0820	近圆形敞口斜壁平底	2.6~2.8	2~2.3	0.7	浅灰色，疏松	筒瓦、板瓦、陶盆、豆等	
H159	T0524	不规则形底不平	长4.1 宽3.4		0.34	浅灰色，疏松	筒瓦、板瓦等	打破H160
H162	T0820	圆形敞口圆底	1.36		0.22	浅灰色，疏松	板瓦、筒瓦、陶片等	
H185	T1020	椭圆形筒状台阶式	长2.3 宽1.44	长2.3 宽1.5	0.6~1	浅灰色，疏松	陶盆、罐、筒瓦等	
H205	T0525	圆形筒状平底	1.1	1.1	0.32	浅灰色，疏松	筒瓦、板瓦、陶罐等	打破H206
H215	T1019	椭圆形筒状平底	长2.5 短1.4	长2.5 短1.4	0.2~0.3	浅灰色，疏松	板瓦、陶罐等	
H217	T1019	圆形筒状平底	1.25	1.25	1.45	浅灰色，疏松	筒瓦、板瓦、陶罐等	
H218	T1019	圆形敞口平底	1.6	1.2	1.8	浅灰色，疏松	陶盆、板瓦等	
H220	T1019	椭圆形筒状平底	长1.3 宽1	长1.3 宽1	0.5	浅灰色，疏松	陶瓮、板瓦等	

灰坑号	位置	型式结构	口径（米）	底径（米）	深（米）	坑内堆积情况	出土遗物	备注
H222	T0207	长方形筒状平底	长1.8 宽0.92	长1.8 宽0.92	0.2	浅灰色，疏松	筒瓦、板瓦等	打破H223
H227	T0310	口部为近长方形敞口平底	长2.9 宽1.5	长2.9 宽1.5	1.8	黑灰色，疏松	陶罐、陶管道等	打破G7
H261	T0411	圆形筒状平底	3.2	3.2	0.9	黄褐色，疏松	筒瓦、板瓦、陶罐等	打破G7
H274	T0818	椭圆形直筒圆底	长径2.15 短径1.67	长径2.04 短径1.67	0.15	灰褐色，疏松	筒瓦、板瓦等	打破H244

附表7

五女冢遗址仰韶文化一期瓮罐葬统计表

墓号	所在位置	墓圹形状和长×宽一深（米）	葬具	墓向
W1	T1123	椭圆形 1.2×0.74—0.23	小口尖底瓶底部与底部	310°
W2	T1123	椭圆形 1.05×0.55—0.28	底部与底部	300°
W3	T1123	椭圆形 1.48×0.61—0.3	底部与底部	300°
W4	T1122	椭圆形 0.84×0.46—0.22	底部与底部	292°
W5	T0922	梯形 1.1×0.55(0.44)—0.23	口部与底部	300°
W6	T0922	椭圆形 0.58×0.54—0.21	口部与底部	305°
W7	T1024	椭圆形 0.84×0.46—0.22	底部与底部	292°
W8	T0925	长方形 1.25×0.5—0.26	小口尖底瓶口部与大口尖底瓶	290°
W9	T0820	长方形 1.05×0.5—0.15	口部与底部	289°
W10	T1121	长方形 1.03×0.44—0.3	口部与底部	290°
W11	T0921	长方形 1.04×0.43—0.23	大口尖底瓶	294°

墓号	位置	墓圹形状和长×宽—深（米）	葬具	墓向
W12	T0307	梯形 0.8×0.4(0.22)—0.15	小口尖底瓶底部与罐	295°
W13	T0307	长方形 0.95×0.34—0.16	口部与底部	285°
W14	T0307	长方形 1.07×0.45—0.2	口部与口部	286°
W15	T1017	长方形 1.06×0.4—0.14	口部与口部	288°
W16	T1017	梯形 1.0×0.4(0.3)—0.14	口部与底部	291°
W17	T0307	椭圆形 1.06×0.35—0.4	口部与口部	296°
W18	T0819	长方形 1.34×0.58—0.3	大口尖底瓶与小口尖底瓶底部	290°
W19	T0820	长方形 1.84×0.5—0.22	口部与底部	292°
W20	T0820	长方形 0.88×0.5—0.24	口部与底部	295°
W21	T1019	梯形 0.8×0.4(0.36)—0.12	口部与底部	288°
W22	T0308	椭圆形 1.05×0.45—0.25	口部与口部	310°
W23	T0818	长方形 0.7×0.4—0.12	口部与底部（一个尖底瓶，完整）	293°

注：括号内的数字代表梯形墓坑较窄一端的数据

附表 8

五女冢遗址灰沟统计表

编号	时代	所在位置	形状结构	尺寸	沟内堆积情况	出土遗物	备注
G1	汉代	T0424和T0524	长条状	东西长约12.8米，宽约0.15~1.15米，发掘深度2.2米，未发掘到底	填土深褐色，土质上部较硬，下部较疏松	筒瓦、板瓦、陶片等	打破 G2、H8、H161
G2	商代	T0424	形状不详	口部宽约7.4米，底部宽约5.2米，残深1~1.2米。中间二层台高0.5米，宽0.75米	填土浅灰褐色	鼎足、鬲足、陶甑、深腹罐等	被G1、打破H10、H17
G3	战国时期	T0425、T0525、T0524、T0625、T0624、T0724、T0824、T0823	长条状，略弧	东西长约86米，宽约2.9~4.3米，底部宽约1.1~1.15米，深1.6米~1.65米	上部呈浅黄色，下层为含沙纯净冲积土	罐、盆、小尊、环等。	打破 H15、H121、H156、H113、H158、H157、H46、G6、H1、H78、H77
G4	明清时期	T0919、T1016、T1019、T1118、T1117	长条状	长25米，宽0.5	填土灰褐，松软	瓷片等	
G5	汉代	T0724、T0824、T0825、T0826、T0625、T0926、T1027	呈有规律的"Z"形弯折	长约56米，口部宽约1.4–2.4米，底部宽约1米左右，深约1.7米	填土黄褐色	板瓦、筒瓦、绳纹砖	打破 H49、H42、H41、H44、G6、G3

编号	时代	所在位置	形状结构	尺寸	沟内堆积情况	出土遗物	备注
G6	商代	T0427、T0526、T0527、T0626、T0726、T0725、T0825、T0824	弧形条状	长度约84米。口部宽约1.7~4.6米,底部宽约0.95~2.3米,深约1.8~1.95米	填土分四层。第①层汉代层,第②层二里岗商代层,第③层二里岗商代层,第④层淤泥沉积层	绳纹板瓦、大口尊、小口高领瓮、折沿盆、鬲足等	打破H33、H228、H43、H45、H46、H1,被G3、G5打破
G7	商代	T0109、T0208、T0308、T0309、T0310、T0411	曲尺形	南北长约38.5米,东西长约20.5米,最宽3.5米,最窄1.9米。深1.2米	填土疏松,土色呈灰褐和黄褐色,夹杂有红烧土颗粒和灰烬	大口尊、敞口两腹罐、敞口平底盆、兽骨和残石器等	G7打破H208、H225、H226、H231、H234、H235、H245、H280和生土,并被H180、H261打破
G8	仰韶文化一期	T0410、T0411、T0412的东部	呈不规则形。	南北长约23.2米,宽约4.5~6.5米,发掘部分最深1.25米	填土呈浅黄色,土质松散	有红烧土块、蚌壳、石器、罐、盆、钵等	被H265、H202打破

附表9

五女冢遗址房址统计表

编号	期别	位置	形状结构	尺寸	房内堆积情况	出土遗物	备注
F1	仰韶文化二期	T0924中部	不规则台阶式圆形	南北长约4.2米,东西宽约3.76米,深1.68米	填土浅灰、黄灰,草木灰杂填	陶豆、折沿罐、叠唇瓮、小口盆、大口盆、陶球、直口钵、器盖等	
F2	仰韶文化二期	T0925中部	圆角长方形,北部南宽,南部较窄	口部南北长约4.32米,北部宽约2.48米。底部南北长约3.6米,宽呈不规则形,北宽南窄,西部呈束腰形,东部呈扁弧状。最宽处2.34米	填土浅灰、黄灰,草木灰杂填	折沿罐、大口瓮、弦纹罐、盆、红烧土块	南部被晚期打破,东北角被现代墓葬破坏
F3	仰韶文化二期	T1024西北部和T1025西南角	"凸"字形	突出部分宽1.6~1.8米,进深0.8~1.0米。底部呈斜坡状。长约2.26米;后室平整,宽约0.92米	填土浅灰、黄灰,草木灰杂填	直口钵、叠唇瓮、大口倭领凹弦纹罐、小口高领罐、白衣彩陶钵、带流罐	被H74打破
F4	仰韶文化二期	T1025西部	椭圆形	南北约4.36,东西约3.46米四周有台阶,台阶约宽0.08~0.56米,高约0.18米~0.5米,底南北长约4米,东西宽约2.72米	填土浅灰、黄灰,草木灰杂填	无可辨器形	东南角被H109打破
F5	商代	T0207东南部	仅存基槽	南墙基槽外侧残长约2.4米,宽约0.54~0.78米;东墙基槽内侧残长2.14米,宽约0.54~0.58米	浅灰褐色,土质疏松	未见遗物	被汉代灰坑H222打破
F6	仰韶文化二期	T0208中部偏西	圆角长方形	面阔2.9~3米,进深2.6米,残深约0.2厘米	浅灰色土,土质疏松	叠唇瓮和直口钵等	
F7	商代	T0308和T0309之间	长方形	南北长约4.3米,东西宽约3.8米	浅灰,松软	未见遗物	被H232打破,被G7打破

附表 10　五女冢遗址仰韶文化一期典型灰坑陶片陶质陶色统计表

灰坑编号	夹砂 34.4%					泥质 65.6%					总计
	黑	灰	褐	红	小计	黑	灰	红	彩陶	小计	
H2	6	66	145	42	259	8	65	240	8	321	580
H29			19		19			127		127	146
H41			143	8	151		38	47		85	236
H42			371		371	48	576	150		774	1145
H52		6	30		36		50	54		104	140
H54			190	20	210		188	285		473	683
H57			28	6	34		36	51	2	89	123
H66		17	99	2	118		48	28		76	194
H81		11	3	22	36		30	308		338	374
H83		8	146	19	173		168	154		322	495
H97			56	20	76		12	197	2	211	287
H109		160	42	88	290	110		5		115	405
H139			35		35		25	115		140	175
H165			81	4	85			64		64	149
H166			148	12	160		18	320	3	341	501
H168			4	23	27		4	105		109	136
H177			19	55	74		21	52		73	147

灰坑编号	夹砂 34.4%					泥质 65.6%					总计
	黑	灰	褐	红	小计	黑	灰	红	彩陶	小计	
H187					0		67	46		113	113
H189			273	70	343		52	644		696	1039
H194		10	96		106		50	17		67	173
H201		8	207		215		17	710		727	942
H213			54	18	72			180	23	203	275
H238		63	125		188	20	70	154		244	432
H267		40		5	45		40	110	10	160	205
H271			120	7	127		55	150	2	207	334
H279			53		53		5	110		115	168
百分比（%）	0.06	4.06	25.91	4.39	34.42	1.94	17.04	46.08	0.52	65.58	100.00

附表 11

五女冢遗址仰韶文化一期典型灰坑陶片纹饰统计表

灰坑编号	纹饰						总计
	附加堆纹	附加堆纹+贴饼	凹弦纹	划纹	弦纹+贴饼	线纹	
H2	19		65	20		58	162
H29			3	8			11
H41	1		28			22	51
H42	27		86	10	2	20	145
H52	14		21	6		5	46
H54	4		30			88	122
H57			5			20	25
H66	4		5			3	12
H81	15		3			270	288
H83	21		69	10		45	145
H97			15	11		122	148
H109	10		63	6			79
H139			16			32	48
H165	3		101				104
H166			1	7			8
H168			13			15	28
H177	3					28	31

灰坑编号	纹 饰						总计
	附加堆纹	附加堆纹+贴饼	凹弦纹	划纹	弦纹+贴饼	线纹	
H187	3		16				19
H189	11	3	43				57
H194			18	1		15	34
H201	9	2	17	32			60
H213			31	2	1	48	82
H238	2		6			5	13
H267	6		18			15	39
H271	2		30			100	132
H279			22	1		18	41
百分比(%)	7.98	0.26	37.56	5.91	0.16	48.13	100.00

附表 12

五女冢遗址仰韶文化二期典型灰坑陶片陶质陶色统计表

灰坑编号	夹砂 34.4%					泥质 65.6%					总计
	黑	灰	褐	红	小计	黑	灰	红	彩陶	小计	
H21			36		36		32	48		80	116
H27			86	17	103	30	8	126	2	166	269
H45					0		145	13	2	160	160
H50		60	25		85		60			60	145
H53			19	15	34			170		170	204
H60		105	5	10	120		97	70		167	287
H80		38	10	22	70		20	36		56	126
H101			6	2	8		198	75		273	281
H112			80		80		25	14	2	41	121
H167		20			20		70	9	3	82	102
H171		53		6	59		75	15		90	149
H178		12	26		38		18	52		70	108
H190		200	90	31	321		7	95		102	423
H192	2	5	405	230	642		187	230	15	432	1074
H198					0		140	46		186	186
H211			96		96		105	122	3	230	326
H239		3	54	46	103		6	39	7	52	155
H258			76	15	91		98	198	8	304	395
百分比(%)	0.04	10.72	21.91	8.52	41.19	0.65	27.90	29.35	0.91	58.81	100.00

附表 13　五女冢遗址仰韶文化二期典型灰坑陶片纹饰统计表

灰坑编号	纹饰					总计
	附加堆纹	附加堆纹+贴饼	凹弦纹	划纹	弦纹+贴饼	线纹	
H21	2		3	2			7
H27			46	16		56	118
H45	5		8			14	27
H50	10		6				16
H53			13				13
H60	9		15	10		5	39
H80	6		18				24
H101			32				32
H112			2	8			10
H167	14		4	2			20
H171	7		12	4			23
H178	3					28	31
H190			23	16	2	100	141
H192	20		73	45		107	245
H198	7	1	27	33			68
H211	5		8			22	35
H239	7		18	5		5	35
H258	2		22	3		88	115
百分比(%)	9.72	0.10	33.03	14.41	0.20	42.54	100.00

图 版

图版一

参加发掘的工作人员合影

左起：韩战波　李光夫　常永卿　王云涛　张长杰　郭朝杰　吴业恒　史跃团　冯少辉　彭海军　罗火金

1. 五女冢遗址全貌

2. 五女冢遗址探方分布卫星图

图版三

五女冢遗址发掘区场景

1. 发掘区北部

2. 发掘区南部

图版四

1. 五女冢遗址考古发掘现场（一）

2. 五女冢遗址考古发掘现场（二）

图版五

五女冢遗址瓮棺的整体提取

1. 瓮棺整体提取（一）

2. 瓮棺的整体提取（二）

图版六

1. W18

2. W18(局部)

仰韶文化一期瓮棺葬

图版七

1. W12 内的幼儿骨骼

2. W13 内的幼儿骨骼

图版八

1. W14

2. W15

仰韶文化一期瓮棺葬

图版九

1. W16

2. W22

仰韶文化一期瓮棺葬

图版十

1. W1、W2 分布图

2. H29（由东向西摄）

仰韶文化一期瓮棺葬和灰坑

图版十一

仰韶文化一期石器

1. 石斧（H81:1）   2. 石斧（H194:12）

3. 石斧（H2:18）   4. 石斧（H194:10）

5. 石斧（H194:11）

图版十二

1. 石斧(H52:1)

2. A型石铲(H265:1)

3. B型石铲(H2:15)

4. 石陀螺(网坠)(H62:1)

仰韶文化一期石器

图版十三

仰韶文化一期石器

1. 石球(H187:1)

2. 石锛(H2:17)

3. 石凿(H166:12)

4. A型Ⅰ式石刀(H229:2)

5. A型Ⅰ式石刀(H250:28)

图版十四

1. A型Ⅱ式石刀(H201:38)

2. B型Ⅰ式石刀(H67:30)

3. B型Ⅰ式石刀(H238:30)

4. B型Ⅱ式石刀(H67:2)

5. B型Ⅱ式石刀(H166:11)

6. 研磨器(H191:1)

仰韶文化一期石器

图版十五

仰韶文化一期彩陶

1. 彩陶（H194:18）

2. 彩陶（H250:3）

4. 彩陶（H2:19）

3. 彩陶折沿罐（H109:66）

5. 彩陶（H54:2）

6. 彩陶（H201:12）

7. 彩陶（H213:11）

图版十六

1. 罐形鼎(H42:29)

2. 盆形鼎(H109:5)

3. 盆形鼎(H271:2)

4. 盆形鼎(H238:1)

5. 盆形甑(H109:3)

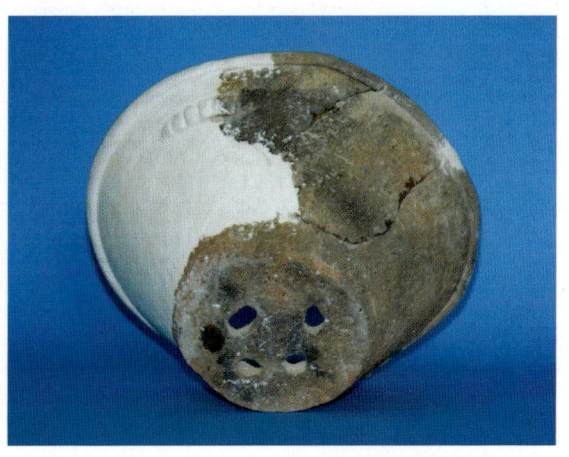

6. 盆形甑底部(H109:3)

仰韶文化一期陶器

图版十七

仰韶文化一期陶器

1. 盆形甑（H109:4）

2. 盆形甑底部（H109:4）

3. 桶形甑（H42:3）

4. 桶形甑底部（H42:3）

5. 桶形甑（H238:35）

6. 桶形甑底部（H238:35）

图版十八

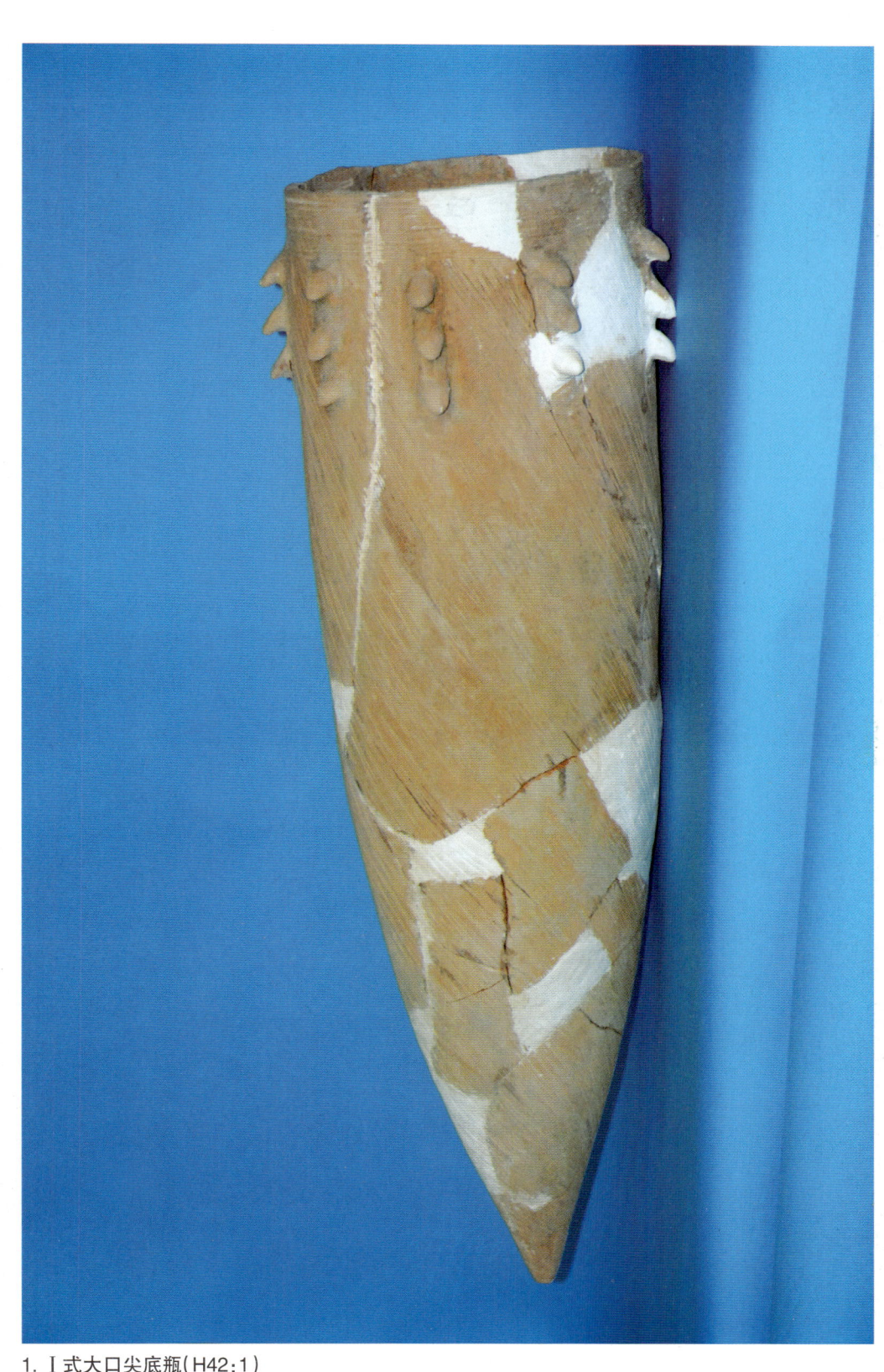

仰韶文化一期陶器

1. Ⅰ式大口尖底瓶（H42:1）

图版十九

仰韶文化一期陶器

1. Ⅱ式大口尖底瓶（W11）

2. Ⅱ式大口尖底瓶（W11 口部）

3. Ⅱ式大口尖底瓶腹部白衣宽带纹（W11 局部）

图版二十

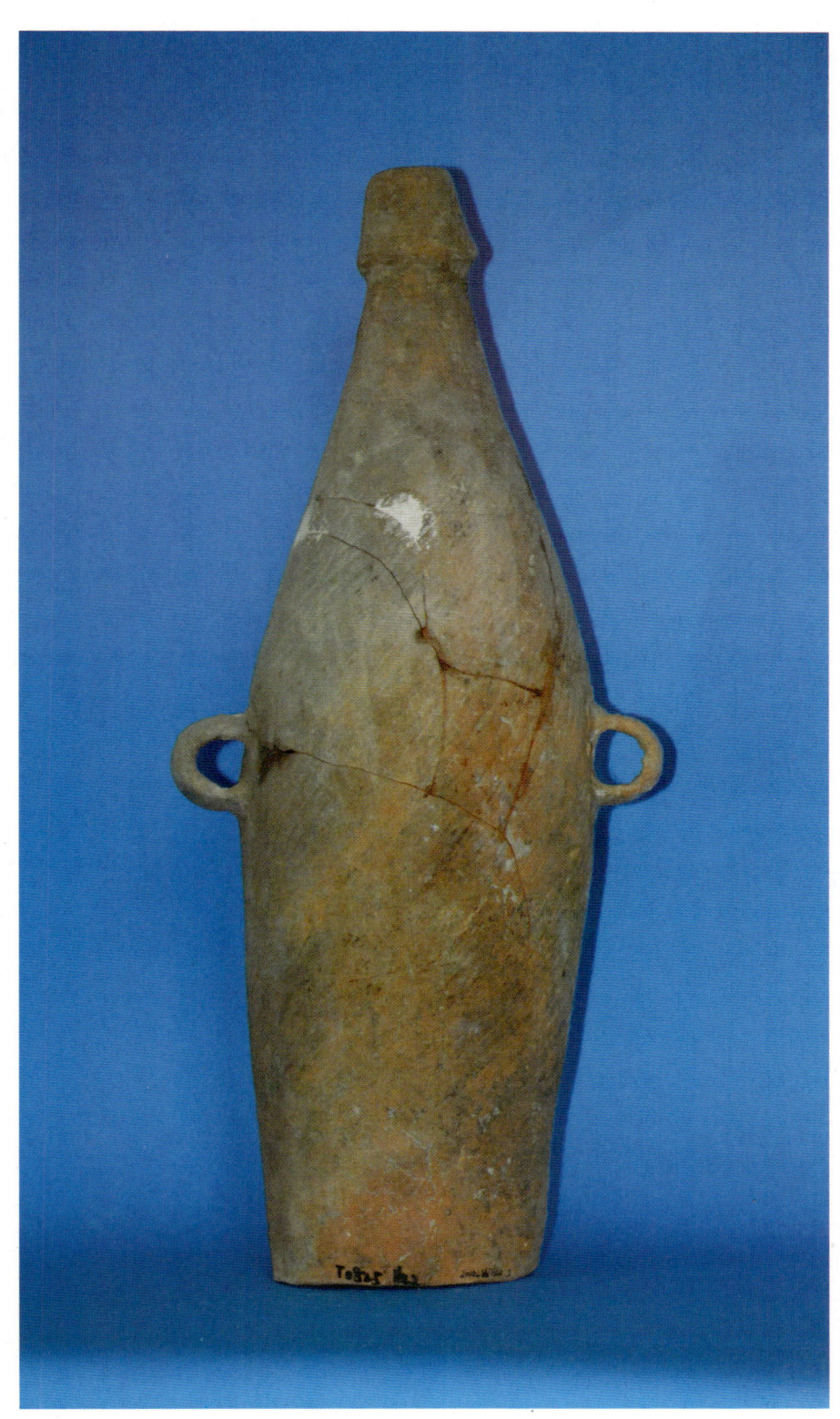

仰韶文化一期陶器

1. Ⅰ式小口平底瓶（H42:2）

图版二十一

仰韶文化一期陶器

1. Ⅱ式小口平底瓶（H42:5）

2. Ⅱ式小口平底瓶（H42:17）

3. Ⅲ式小口平底瓶（H42:6）

4. Ⅲ式小口平底瓶（H42:22）

图版二十二

1. C型小口尖底瓶（W23）

2. D型小口尖底瓶（W19）

3. D型小口尖底瓶府部（W10）

仰韶文化一期陶器

图版二十三

仰韶文化一期陶器

1. A型Ⅰ式盆(H135:8)

2. A型Ⅰ式盆(H139:20)

3. A型Ⅰ式盆(H42:7)

4. A型Ⅱ式盆(H42:8)

5. A型Ⅱ式盆(H42:9)

6. A型Ⅱ式盆(H271:1)

7. A型Ⅱ式盆(H97:2)

图版二十四

1. A型Ⅱ式盆(H109:14)

5. B型Ⅰ式盆(H97:5)

2. A型Ⅱ式盆(H109:15)

6. B型Ⅱ式盆(H135:9)

3. B型Ⅰ式盆(H42:12)

7. C型盆(H210:2)

4. B型Ⅰ式盆(H135:10)

8. D型盆(H135:11)

仰韶文化一期陶器

图版二十五

仰韶文化一期陶器

1. E 型盆（H139:4）

2. F 型 I 式盆（H42:10）

3. F 型 II 式盆（H42:11）

5. G 型盆（H2:6）

4. G 型盆（H13:12）

图版二十六

1. A 型大口缸（H42:105）

2. B 型大口缸（H42:104）

3. B 型大口缸（H135:1）

仰韶文化一期陶器

图版二十七

1. B型大口缸（H135:2）

2. B型大口缸（H109:1）

3. B型大口缸（H139:9）

4. B型大口缸（H42:106）

5. C型大口缸（H29:1）

图版二十八

1. A型Ⅰ式矮领罐（H42:61）

2. A型Ⅰ式矮领罐（W12）

3. A型Ⅰ式矮领罐（H135:22）

仰韶文化一期陶器

图版二十九

仰韶文化一期陶器

1. A型Ⅱ式矮领罐（H109:33）

2. A型Ⅱ式矮领罐（H109:36）

3. A型Ⅱ式矮领罐（H109:37）

4. A型Ⅱ式矮领罐（H109:81）

图版三十

1. A型Ⅲ式矮领罐(H109:39)

2. A型Ⅲ式矮领罐(H109:92)

3. A型Ⅲ式矮领罐(H109:41)

4. A型Ⅲ式矮领罐(H109:42)

5. A型Ⅲ式矮领罐(H109:91)

6. A型Ⅲ式矮领罐(H42:107)

仰韶文化一期陶器

图版三十一

仰韶文化一期陶器

1. B型Ⅰ式矮领罐（H109:31）

2. B型Ⅰ式矮领罐（H109:35）

3. B型Ⅰ式矮领罐（H135:23）

4. B型Ⅱ式矮领罐（H229:1）

5. C型Ⅰ式矮领罐（H135:18）

6. C型Ⅰ式矮领罐（H238:6）

图版三十二

1. C 型 Ⅱ 式矮领罐（H109:32）

2. C 型 Ⅱ 式矮领罐（H109:34）

3. C 型 Ⅱ 式矮领罐（H109:38）

4. C 型 Ⅲ 式矮领罐（H135:21）

5. A 型 Ⅰ 式圆腹罐（H200:1）

仰韶文化一期陶器

图版三十三

仰韶文化一期陶器

1. 彩陶罐（H135:14）

2. 彩陶钵（T0819③:1）

图版三十四

1. A型Ⅰ式钵(H109:86)

2. A型Ⅰ式钵(H42:26)

3. A型Ⅰ式钵(H42:25)

4. A型Ⅱ式钵(H109:11)

5. A型Ⅱ式钵(H109:85)

6. A型Ⅱ式钵(H109:87)

7. A型Ⅱ式钵(H109:88)

8. A型Ⅱ式钵(H97:3)

仰韶文化一期陶器

图版三十五

仰韶文化一期陶器

1. A型Ⅱ式钵（H271:8）

2. A型Ⅱ式钵（G6:1）

3. A型Ⅱ式钵（H135:7）

4. B型钵（H210:1）

6. C型钵（H109:30）

5. C型钵（H139:1）

7. C型钵底部（H109:30）

图版三十六

1. F型钵（H2:2）

2. F型钵（H271:3）

3. F型钵（H109:82）

4. A型Ⅰ式碗（H139:14）

5. A型Ⅱ式碗（H109:83）

6. B型碗（H42:33）

7. B型碗（H42:33）

图版三十七

仰韶文化一期陶器

1. 陶折沿杯（H42:59）

2. 陶折沿杯（H109:90）

3. 陶折沿杯（H42:60）

4. C型陶壶（H42:30）

5. D型陶壶（H42:4）

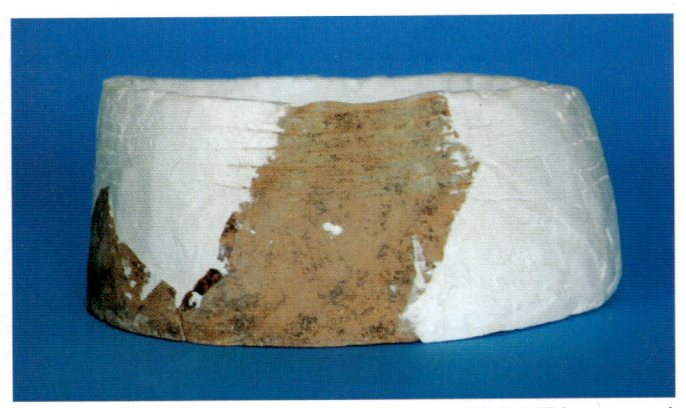

6. 圈足形器（H168:10）

图版三十八

1. A型器盖（H135:15）

2. A型器盖局部（H135:15）

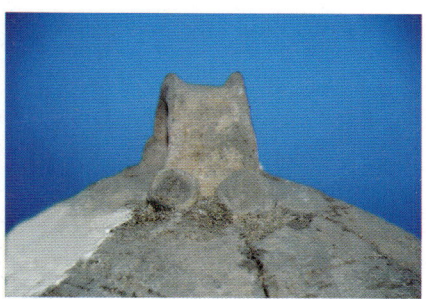

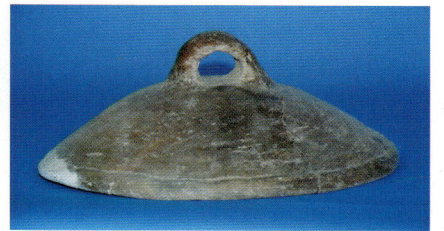

4. B型器盖（H109:7）

3. A型器盖（H246:1）

6. B型器盖（H135:16）

5. B型器盖（H109:8）

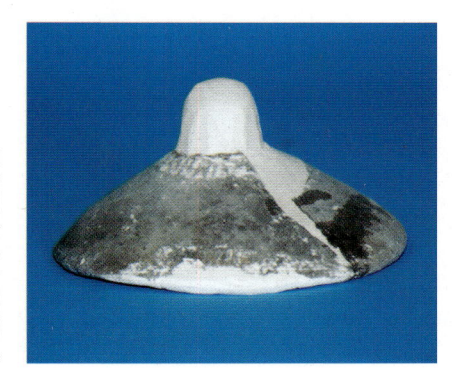

7. C型器盖（H109:10）

8. C型器盖（H109:9）

仰韶文化一期陶器

图版三十九

仰韶文化一期陶器

1. 陶球（H57:2）

2. 陶球（H250:15）

3. 瓦形厚胎红陶片（H109:27）

8. 纺轮（H238:38）

4. 三合土地面（H238:36）

5. 陶刀（H2:1）

6. 陶刀（H2:28）

7. 陶刀（H182:3）

9. 陶环（H231:1）

图版四十

1. F1（由北向南）

2. F1 踩踏面（由西向东）

图版四十一

仰韶文化二期房址和灰坑

1. F2（由东北向西南）

2. H171（由西北向东南）

图版四十二

1. 石钺（H195:10）

2. 石钺（H84:1）

3. 石斧（H192:35）

4. 石斧（H190:30）

5. 石斧（H190:20）

6. 石磨棒（H211:12）

仰韶文化二期石器

图版四十三

仰韶文化二期出土石器

1. Ⅰ式石刀（H126:1）

2. Ⅰ式石刀（H132:9）

3. Ⅱ式石刀（H171:20）

4. Ⅱ式石刀（H211:3）

5. Ⅳ式石刀（H192:6）

6. Ⅳ式石刀（H193:4）

7. Ⅴ式石刀（H193:3）

8. Ⅵ式石刀（H63:3）

图版四十四

1. 石凿（H101:1）

2. 垫饼（H107:1）

3. 砺石（H101:20）

4. 石杵（H126:10）

5. 研磨器（H193:5）

仰韶文化二期石器

图版四十五

仰韶文化二期彩陶

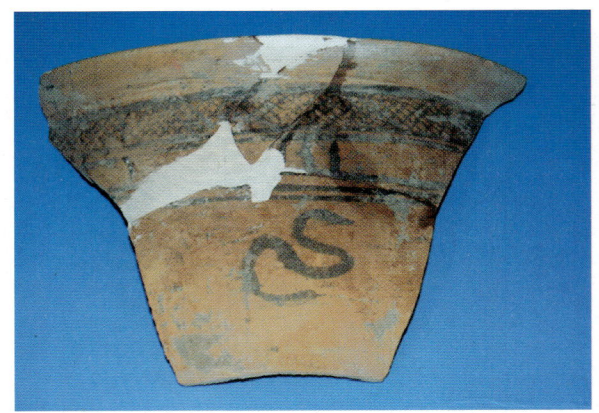

1. A型Ⅲ式折沿罐（H131:1）

2. 型Ⅲ式折沿罐（H112:9）

3. 彩陶（H63出土）

4. 彩陶（H193出土）

5. 彩陶（H47出土）

6. 彩陶（H258出土）

图版四十六

1. 罐形鼎（H239:3） 2. A型陶器盖（H239:2）

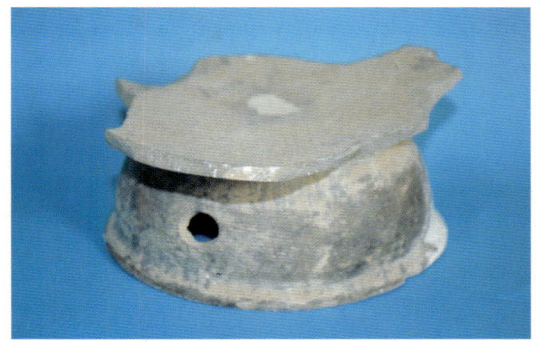

3. A型豆座（H110:1） 4. A型豆座（H132:7）

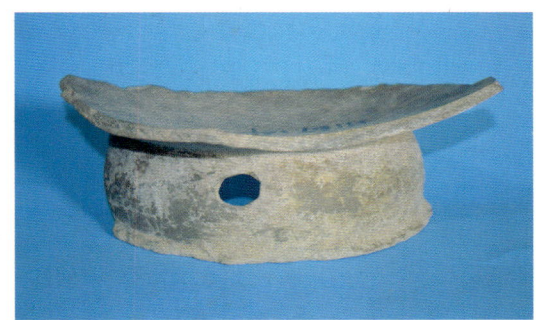

5. A型豆座（H167:4） 6. A型Ⅰ式盆（H24:2）

7. A型Ⅰ式陶盆（H239:4） 8. A型Ⅰ式盆（H239:5）

仰韶文化二期陶器

图版四十七

仰韶文化二期陶器

1. D型Ⅰ式陶盆（H31:1）

2. D型Ⅰ式陶盆（H171:2）

3. E型陶盆（H27:1）

4. F型陶盆（H4:1）

5. A型陶钵（H190:25）

6. A型陶钵（H167:1）

7. A型陶钵（H257:1）

8. B型Ⅰ式陶钵（H60:1）

图版四十八

1. B型Ⅰ式陶钵(H22:1)

2. B型Ⅱ式陶钵(H59:1)

3. B型Ⅱ式陶钵(H39:3)

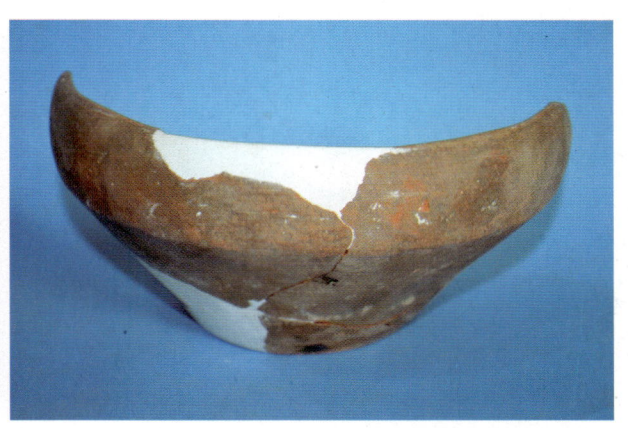
4. C型陶钵(H59:2)

5. C型陶钵(H258:28)

6. A型Ⅰ式折沿罐(H78:1)

仰韶文化二期陶器

图版四十九

仰韶文化二期陶器

1. B型矮领罐（H27:5）

2. A型小陶罐（H239:9）

3. B型Ⅱ式小陶罐（H71:1）

4. 陶桶形罐（H47:2）

5. A型小口瓮（H107:3）

6. B型小口陶瓮（H27:6）

图版五十

1. B型小口瓮（H239:1）

2. C型小口瓮（H27:3）

3. C型小口瓮（H27:2）

4. B型陶碗（H27:4）

5. Ⅰ式陶刀（H258:27）

6. Ⅱ式陶刀（H167:14）

7. Ⅲ式陶刀（H239:8）

8. 陶镞（H24:13）

仰韶文化二期陶器

图版五十一

仰韶文化二期骨器

1. 骨锥（H75:21）

2. 骨簪（H192:3）

3. 骨簪（H192:18）

图版五十二

1. H25（由南向北）

2. H157（由北向南）

仰韶文化三期灰坑

图版五十三

仰韶文化三期陶器

1. 盆型鼎（H157:3）

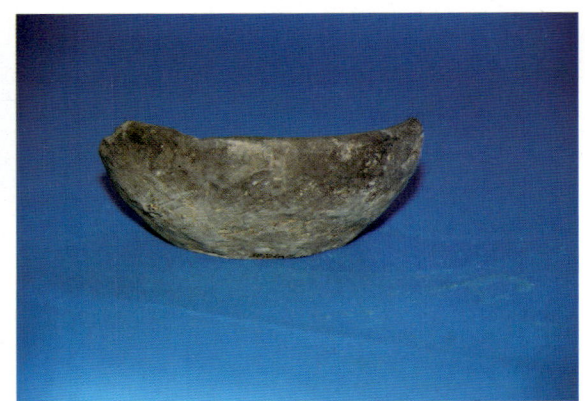

3. B型陶碗（H197:1）

2. A型陶碗（H251:1）

4. 陶杯（H157:2）

5. A型小口高领罐（H157:1）

图版五十四

1. F7(由北向南)

2. G6 局部(由西北向东南)

图版五十五

五女冢遗址商代灰沟和灰坑

1. G7（由东北向西南）

2. H55（由东向西）

图版五十六

1. H175（由北向南）

2. H175 羊骨架（由东北向西南）

图版五十七

五女冢遗址商代石器和蚌器

1. 石斧（G7:57）

2. 石铲（H214:16）

3. 石镰（H180:4）

4. A型石刀（G7:49）

5. B型石刀（G7:52）

6. 石杵（G7:50）

7. 蚌刀（T0626③:1）

8. 贝壳（H221:1）

图版五十八

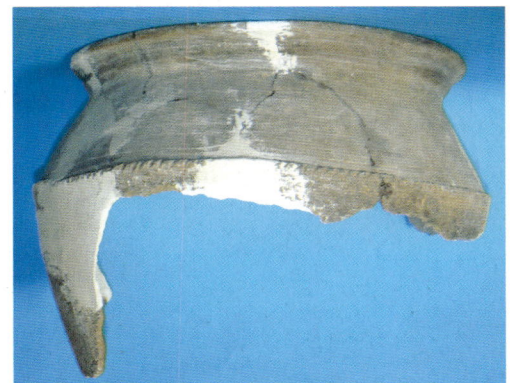

1. 大口罐（H6:12）

2. 瓿腰（G7:47）

3. Ⅰ式深腹罐（G7:36）

4. Ⅲ式深腹罐（G7:1）

5. 陶饼（H180:2）

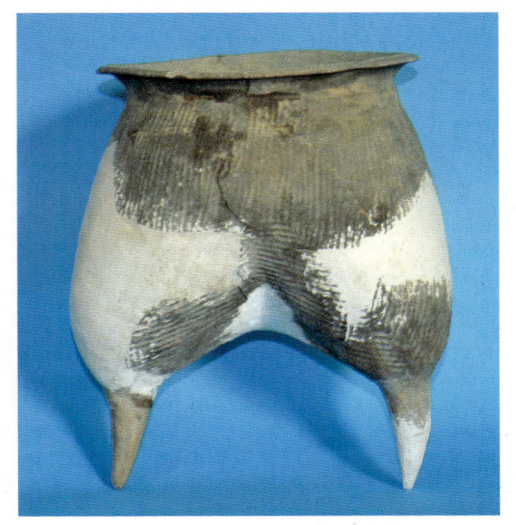

6. B型陶鬲（G7:7）

五女冢遗址商代陶器

图版五十九

五女冢遗址商代卜骨

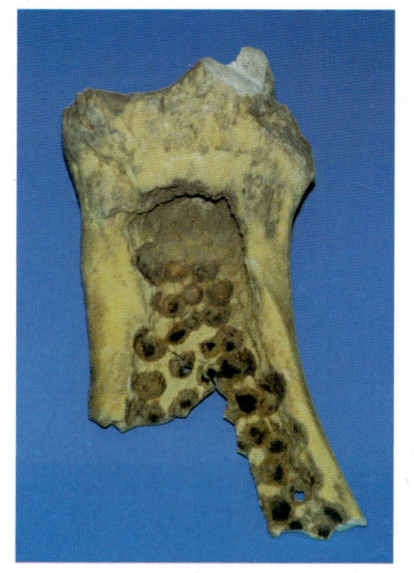

1. 卜骨（H214:17）正面

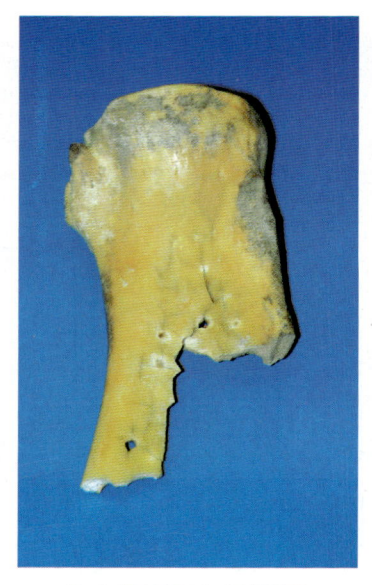

2. 卜骨（H214:17）背面

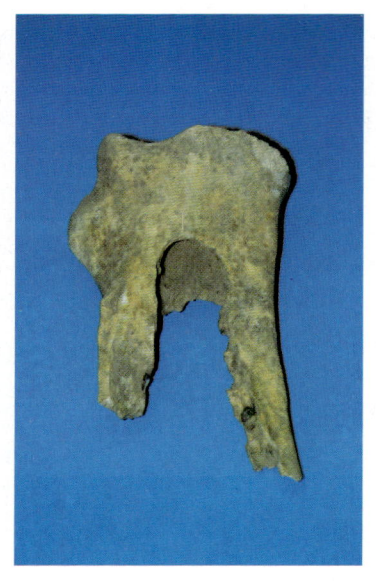

3. 卜骨（G7:53）

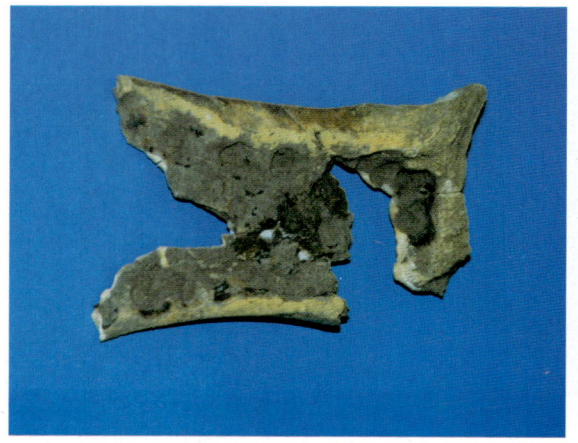

4. 卜骨（G7:54）正面

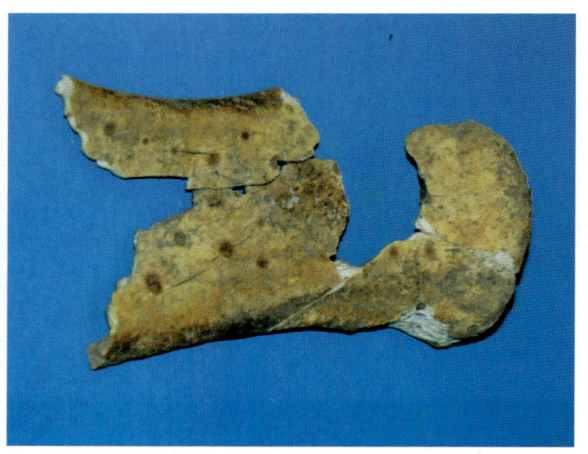

5. 卜骨（G7:54）背面

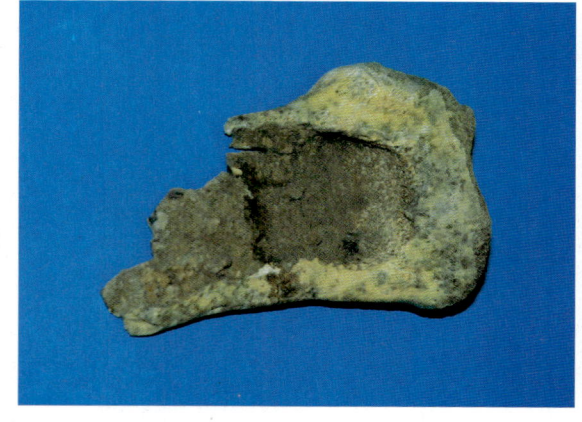

6. 卜骨（G7:55）正面

7. 卜骨（G7:55）背面

图版六十

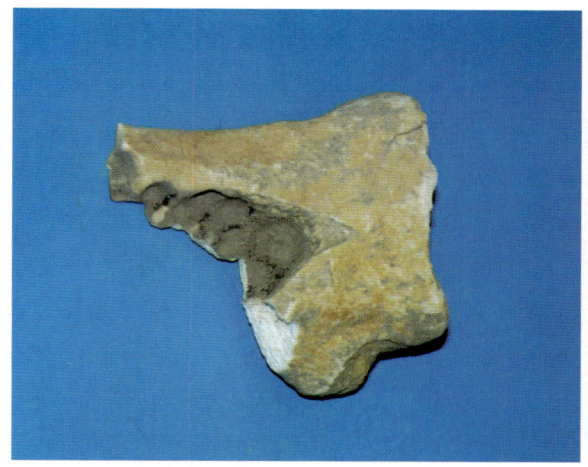

1. 卜骨(H221:3)正面

2. 卜骨(H221:3)背面

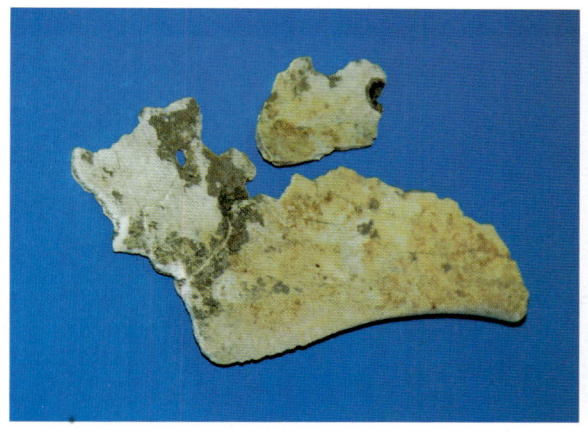

3. 卜骨(H180:5)正面

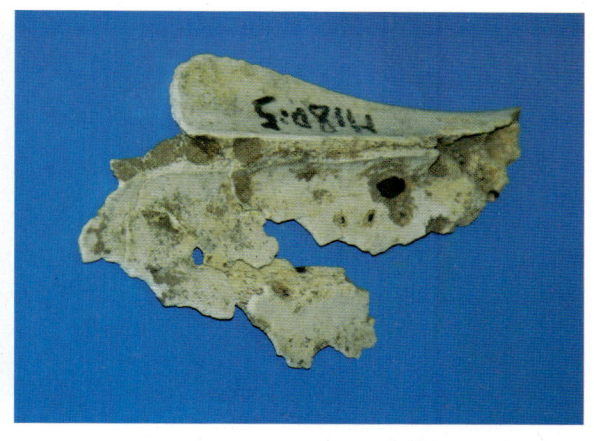

4. 卜骨(H180:5)背面

5. 卜骨(G7:56)正面

6. 卜骨(G7:56)背面

五女冢遗址商代卜骨

图版六十一

1. G3(由西北向东南)

2. H163.(由东南向西北)

五女冢遗址战国时期灰沟和灰坑

图版六十二

1. Ⅰ式陶罐（H129:1）

2. Ⅱ式陶罐（H163:1）

3. 筒瓦（G3:21）

4. 筒瓦侧面（G3:21）

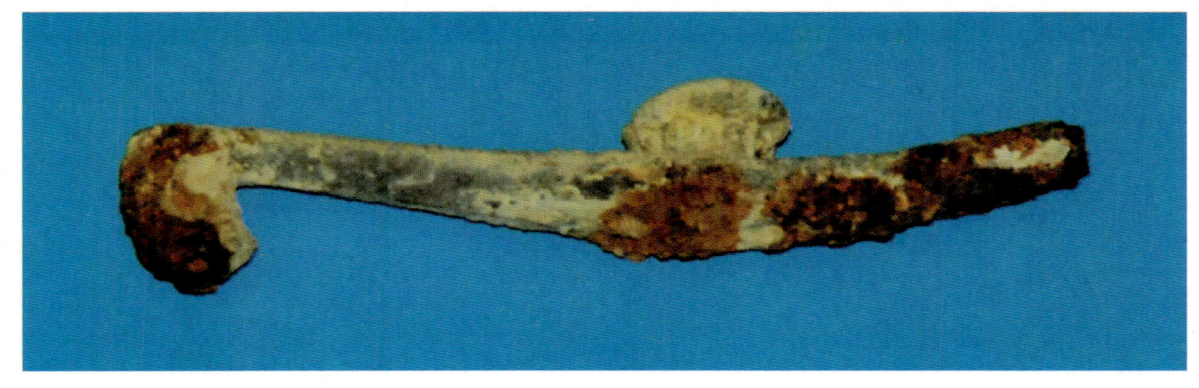

5. 带钩（H129:2）

五女冢遗址战国遗物

图版六十三

五女冢遗址汉代墓冢和灰坑

1. 汉代墓冢（由东南向西北）

2. H218（由东向西）

图版六十四

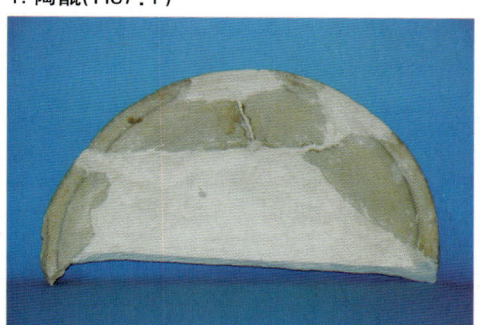
1. 陶甗（H87:1）

2. 陶甗（H87:1）底部

3. 碾盘（H87:5）

4. 陶钵（H72:1）

5. 陶碗（T0821③:1）

6. Ⅲ式陶碗（H159:1）

7. 圈足盘（T0920③:1）

10. 纺轮（T1016③:1）

8. 陶圈足盘（T0825③:1）

9. 陶圈足盘底部（T0825③:1）

五女家遗址汉代陶器

图版六十五

五女冢遗址汉代铁器

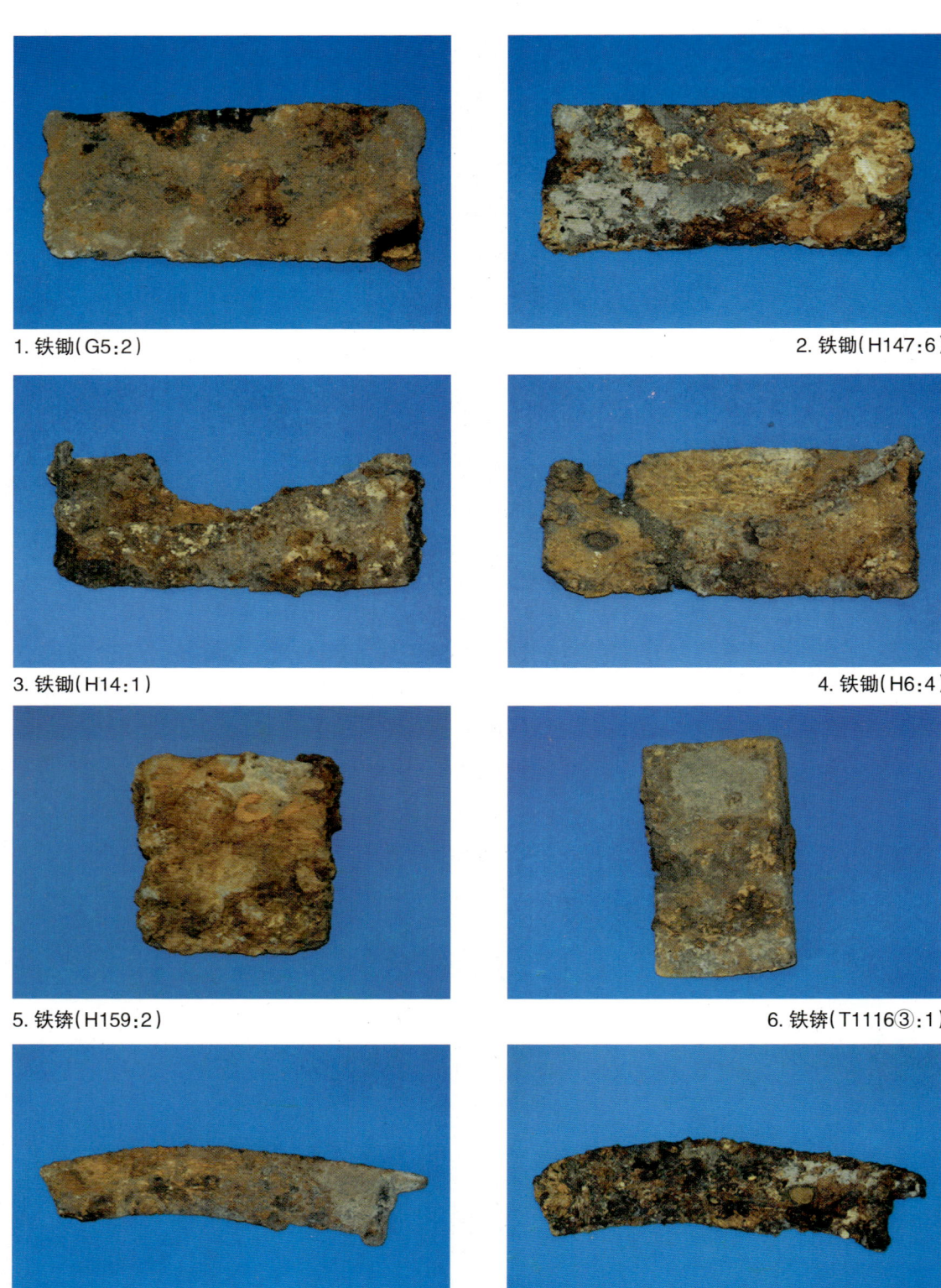

1. 铁锄（G5:2）　　　　　　　　　　　　　　2. 铁锄（H147:6）

3. 铁锄（H14:1）　　　　　　　　　　　　　　4. 铁锄（H6:4）

5. 铁锛（H159:2）　　　　　　　　　　　　　6. 铁锛（T1116③:1）

7. 铁镰（H124:1）　　　　　　　　　　　　　8. 铁镰（H124:2）

洛阳五女冢遗址

图版六十六

1. 铁镰（H14:2）

2. 铁刀（H124:3）

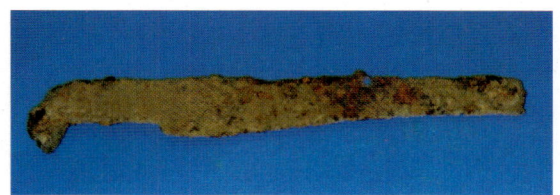

3. 铁削（H147:4）

4. 铁削（H124:6）

7. 铁箭（H14:3）

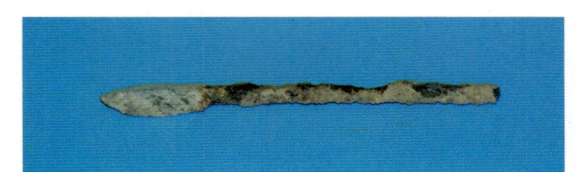

8. 箭（H14:4）

5. 箍形器外形（H6:10）

6. 箍形器内壁（H6:10）

图版六十七

1. 陶管道（H227:1）

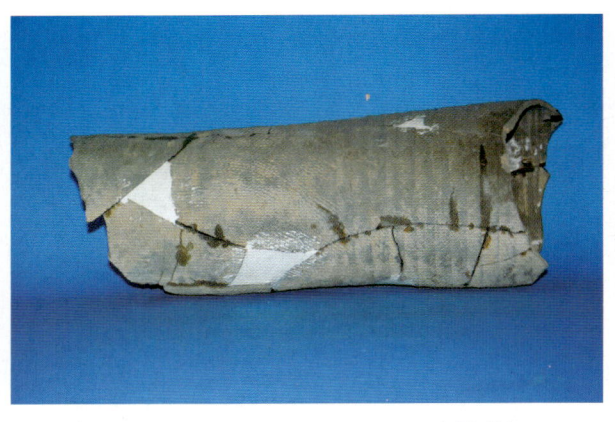

3. 陶管道（H227:3）

4. 陶管道（H227:4）

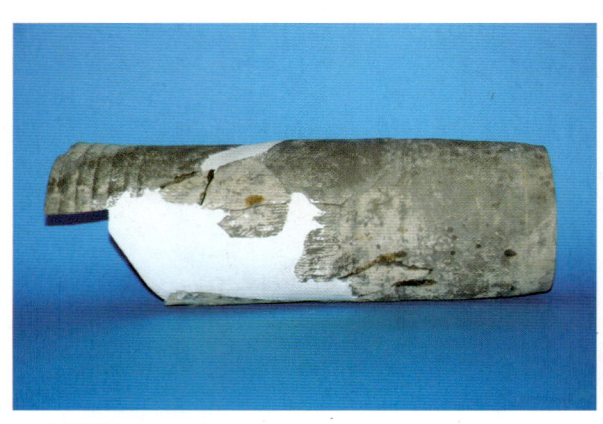

2. 陶管道（H227:2）

5. 砖（G5:1）

五女冢遗址汉代陶管道

后 记

本报告由院长史家珍研究员主持编写，整理、执笔由吴业恒、罗火金等同志完成，全书由吴业恒统稿，最后由史家珍审定。执笔分工如下：第一章由吴业恒执笔，第二、三、四章由罗火金、吴业恒执笔，第五章由罗火金、褚卫红、郑卫执笔。

先后参与本报告整理与修复工作的有吴业恒、罗火金、智爱玲、史杭、郑卫、张长杰、马占山、郭改伟、王云涛、常永卿、郭朝杰、彭海军、屈红国、李光夫、侯瑛等。器物底图由苏静、彭丽莎、褚卫红、罗火金绘制；描绘由苏静、彭丽莎、褚卫红完成。线图扫描马占山。工地摄影吴业恒、陈南南、马占山；器物摄影罗火金；拓片褚卫红。

本报告编写过程中也得到了单位同仁的热情支持和帮助。中州古籍出版社的同志在本书出版过程中也付出了辛勤劳动。在此谨致谢忱！

由于编者水平和经验有限，报告中错误与不足在所难免，诚望各位专家、学者、同仁和读者批评指正。

图书在版编目（CIP）数据

洛阳五女冢遗址/田野考古发掘报告，洛阳市文物考古研究院编著. -- 郑州：中州古籍出版社，2014.1
2013.11
ISBN 978-7-5348-4673-1

Ⅰ.①洛… Ⅱ.①田… ②洛… Ⅲ.①古城遗址－发掘报告—洛阳市 Ⅳ.①K878.35

中国版本图书馆CIP数据核字(2014)第021953号

责任编辑：	米　敏
责任校对：	吴业恒　罗火金
出　版　社：	中州古籍出版社
	（地址：郑州市经五路66号　邮政编码：450002）
发行单位：	新华书店
承印单位：	洛阳雅森包装印刷有限公司
开　　本：	889mm×1230mm　1/16
印　　张：	20.375
字　　数：	300千字
印　　数：	001－1000 册
版　　次：	2014年5月第1版
印　　次：	2014年5月第1次印刷

定价：238.00元（精）

本书如有印装质量问题，由承印厂负责调换。